Walther Hubatsch
Hitlers Weisungen für die Kriegführung 1939–1945

Walther Hubatsch

Hitlers Weisungen für die Kriegführung 1939–1945

Dokumente des Oberkommandos der Wehrmacht

KARL MÜLLER VERLAG

Der Herausgeber

Professor Dr. Dr. h.c. Walther Hubatsch

Geboren 1915 in Königsberg/Pr. Nach Arbeitsdienst und Militärzeit Studium der Geschichte, Germanistik und Geographie. 1939–1945 Reserveoffizier (Infanterie), 1943 zeitweise Führer des Kriegstagebuches im Oberkommando der Wehrmacht. Seit 1945 Lehrtätigkeit an der Universität Göttingen, ab 1956 an der Universität Bonn Professor für Mittlere und Neuere Geschichte. Verfasser und Herausgeber zahlreicher wissenschaftlicher Werke auf dem Gebiet der allgemeinen Geschichte.

© Bernard & Graefe Verlag, Bonn
Alle Rechte vorbehalten. Nachdruck und fotomechanische Wiedergabe, auch auszugsweise, nur mit Genehmigung des Verlages.

Genehmigte Lizenzausgabe für Karl Müller Verlag, Danziger Straße 6, D-91052 Erlangen

Umschlaggestaltung: Andreas Dorn
Titelbild: Interfoto-Pressebild-Agentur, München

ISBN 3-86070-801-5

1 2 3 4 5   3 2 1 00 9

INHALTSVERZEICHNIS

			Seite
Einleitung des Herausgebers			9
Nr.	Datum	Inhalt	
	1939		
1a	3. IV.	Weisung „Fall Weiß" (Angriff auf Polen)	17
1b	31. VIII.	Weisung Nr. 1 für die Kriegführung (Polen und Westmächte)	19
2	3. IX.	Weisung Nr. 2 für die Kriegführung (gegenüber England und Frankreich)	22
3	9. IX.	Weisung Nr. 3 für die Kriegführung (Überführung von Kräften aus Polen nach dem Westen)	25
4	25. IX.	Weisung Nr. 4 für die Kriegführung (Weiterführung des Krieges)	27
5	30. IX.	Weisung Nr. 5 (Abgrenzung gegenüber Rußland in Polen, Militärverwaltung)	29
6	9. X.	Weisung Nr. 6 für die Kriegführung (Vorbereitung des Angriffs im Westen)	32
7	18. X.	Weisung Nr. 7 für die Kriegführung (Kampfführung im Westen)	34
8	20. XI.	Weisung Nr. 8 für die Kriegführung (Aufmarsch im Westen)	37
8a	11. XII.	Ergänzung der Weisung Nr. 8 für die Kriegführung (Sperrmaßnahmen gegen holländische und belgische Häfen)	39
9	29. XI.	Weisung Nr. 9 Richtlinien für die Kriegführung gegen die feindliche Wirtschaft	40
	1940		
9a	26. V.	Ergänzung zur Weisung Nr. 9	44
10	[19. I.-24. II.]	Weisung Nr. 10 (Aufmarschanweisung „Fall Gelb")	46
10a	1. III.	Weisung für „Fall Weserübung"	47
11	14. V.	Weisung Nr. 11 (Bildung des Schwerpunktes bei H. Gr. A)	50
12	[18. V.]	Weisung Nr. 12 (Deckung der Südflanke)	52
13	24. V.	Weisung Nr. 13 (Führung der Operationen in Frankreich)	53
13a	5. VI.	Weisung „Fall Naumburg"	56
14	8. VI.	Weisung Nr. 14 (Fortführung des Angriffs in Frankreich)	58

15	14. VI.	Weisung Nr. 15 (Vorgehen gegen die Loire)	59
16	16. VII.	Weisung Nr. 16 über die Vorbereitungen einer Landungsoperation gegen England	61
17	1. VIII.	Weisung Nr. 17 für die Führung des Luft- und Seekrieges gegen England	65
18	12. XI.	Weisung Nr. 18 (Sicherung von Frankreich und der Iberischen Länder)	67
18 a	27. XI.	Weisung Vorbereitung „Fall Felix"	72
19	o. D.	Weisung Nr. 19 Entwurf Unternehmen „Felix"	74
19 a	11. XII.	Befehl zur Einstellung der Vorbereitungen für „Felix"	78
19 b	10. XII.	Weisung Nr. 19: Unternehmen Attila	79
20	13. XII.	Weisung Nr. 20: Unternehmen Marita	81
21	18. XII.	Weisung Nr. 21 Fall Barbarossa	84

1941

21 a	13. III.	Richtlinien auf Sondergebieten zur Weisung Nr. 21 (Fall Barbarossa)	88
21 b	1. V.	Beteiligung fremder Staaten an den Vorbereitungen „Barbarossa"	91
22	11. I.	Weisung Nr. 22 Mithilfe deutscher Kräfte bei den Kämpfen im Mittelmeerraum	93
22 a	14. I.	Vorbereitung der Transportbewegungen nach Tripolis und Albanien	95
22 b	20. I.	Decknamen zu vorstehenden Unternehmungen	96
22 c	21. I.	Unternehmungen „Sonnenblume", „Alpenveilchen", „Felix"	96
22 d	o. T. II.	Aufgaben der Luftwaffe im Mittelmeerraum	98
22 e	o. T. II.	Verhalten deutscher Truppen auf italienischen Kriegsschauplätzen	99
23	6. II.	Weisung Nr. 23: Richtlinien für die Kriegführung gegen die englische Wehrwirtschaft	100
24	5. III.	Weisung Nr. 24 über Zusammenarbeit mit Japan	103
25	27. III.	Weisung Nr. 25 (Angriff auf Jugoslawien)	106
26	3. IV.	Weisung Nr. 26 Zusammenarbeit mit den Verbündeten auf dem Balkan	108
26 a	5. IV.	Beteiligung von Rumänen und Ungarn am Angriff auf Jugoslawien	111
27	13. IV.	Weisung Nr. 27 (Angriff gegen Griechenland)	112
28	25. IV.	Weisung Nr. 28 (Unternehmen Merkur)	115
29	17. V.	Weisung Nr. 29 (Deutsche Militärverwaltung auf dem Balkan)	117
30	23. V.	Weisung Nr. 30 Mittlerer Orient	120
31	9. VI.	Weisung Nr. 31 (Befugnisse des Wehrmachtsbefehlshabers im Südosten)	122
31 a	16. IX.	Befehl zur Niederschlagung der Aufstandsbewegung in Jugoslawien	128
32	11. VI.	Weisung Nr. 32 Vorbereitungen für die Zeit nach Barbarossa	129
32 a	21. VI.	Dienstanweisung für den Sonderstab F (Mittlerer Orient)	134
32 b	14. VII.	Richtlinien für die personelle und materielle Rüstung	136
33	19. VII.	Weisung Nr. 33 Fortführung des Krieges im Osten	140

33 a	23. VII.	Ergänzung zur Weisung Nr. 33	142
34	30. VII.	Weisung Nr. 34 (Operationen an der Ostfront)	145
34 a	12. VIII.	Ergänzung der Weisung 34 (Weiterführung der Operationen an der Ostfront)	148
35	6. IX.	Weisung Nr. 35 (Entscheidung bei Heeresgruppe Mitte)	150
36	22. IX.	Weisung Nr. 36 (Einstellung der Kämpfe im Lappland)	154
36 a	5. X.	Besondere Anordnungen zur Weisung Nr. 36 (Versorgung in Finnland und Nord-Norwegen)	157
37	10. X.	Weisung Nr. 37 (Umgruppierung im Nordraum)	161
38	2. XII.	Weisung Nr. 38 (Deutsche Kräfte im Mittelmeerraum)	169
39	8. XII.	Weisung Nr. 39 (Verteidigung an der Ostfront)	171
39 a	15. XII.	Fernschreiben: Sicherung auf dem Balkan	175

1942

40	23. III.	Weisung Nr. 40 betr. Befehlsbefugnisse an den Küsten	176
40 a	5. XII.	Richtlinien für den Kampf im Küstenvorfeld	182
41	5. IV.	Weisung Nr. 41 (Operationen an der Ostfront)	183
42	29. V.	Weisung Nr. 42 Richtlinien für die Operationen gegen Restfrankreich bzw. die Iberische Halbinsel	189
43	11. VII.	Weisung Nr. 43 Fortsetzung der Operationen von der Krim	192
44	21. VII.	Weisung Nr. 44: Kampfführung in Nordfinnland	194
45	23. VII.	Weisung Nr. 45 für die Fortsetzung der Operation „Braunschweig"	196
46	18. VIII.	Weisung Nr. 46 Richtlinien für die verstärkte Bekämpfung des Bandenunwesens im Osten	201
46 a	18. X.	Befehl zur Vernichtung der an Kommando-Unternehmungen beteiligten Truppen	206
46 b	18. X.	Kampf gegen Partisanen und Sabotagetrupps	207
47	28. XII.	Weisung Nr. 47 für die Befehlsführung und Verteidigung des Südostraumes	209

1943

47 a	1. VI.	Änderung der Weisung Nr. 47	216
(48)	19. V.	Entwurf Weisung Nr. 48 b (Verteidigung des Balkans ohne Italien)	217
48	26. VII.	Weisung Nr. 48 für die Befehlsführung und Verteidigung des Südostraums	218
48 a	3. VIII.	Besondere Anordnungen Nr. 2 für Weisung Nr. 48	223
48 b	7. VIII.	Besondere Anordnungen Nr. 3 zur Weisung Nr. 48	224
49	31. VII.	Weisung Nr. 49 („Fall Alarich", später „Achse")	227
50	28. IX.	Weisung Nr. 50 für die Vorbereitung der Rückführung des Geb. AOK 20 nach Nordfinnland und Nordnorwegen	231
51	3. XI.	Weisung Nr. 51 (Vorrang des Westens in der Zuführung von Personal und Material)	233
51 a	27. XII.	Befehl zur Versammlung von Kräften auf die Halbinsel Cotentin	238
51 b	28. XII.	Verbot des Abzugs von Personal und Material aus dem Westen und aus Dänemark	240

1944

51 c	17. I.	Kampfzonen im Bereich des Oberbefehlshabers West	241

52	28. I.	Der „Kampf um Rom"	241
53	8. III.	Führerbefehl Nr. 11: Kommandanten der festen Plätze und Kampfkommandanten	243
54	2. IV.	Operationsbefehl Nr. 7: Weisung für die weitere Kampfführung der H. Gr. A, Süd und Mitte	250
55	16. V.	Führerbefehl vom 16. Mai 1944 betr. Einsatz der Fernwaffen gegen England	252
56	12. VII.	Führerbefehl über den Seetransport	253
57	24. VII.	Vorbereitungen für die Verteidigung des Reiches	255
58	19. VII.	Befehl des Chefs OKW betr. Vorbereitungen für die Verteidigung des Reichs	260
59	23. VII.	Neuregelung der Befehlsverhältnisse im Bereich der Heeresgruppe Nord	264
60	27. VII.	Befehl zum Ausbau der Voralpenstellung	267
60 a	29. VII.	Änderungen und Ergänzungen hierzu	268
60 b	3. VIII.	Ausführungsbestimmungen zu Nr. 60	269
61	24. VIII.	Befehl über [sic!] Ausbau der deutschen Weststellung	272
62	29. VIII.	Befehl über Ausbau der deutschen Bucht	276
63	1. IX.	Befehl über Herstellung der Verteidigungsbereitschaft des Westwalls	279
63 a	1. IX.	Befehl für die Sicherung der deutschen Weststellung und des Westwalls	282
64	3. IX.	Weisung für die weitere Kampfführung Ob. West	286
64 a	7. IX.	Wehrmachtbefugnisse Oberbefehlshaber West	288
64 b	9. IX.	Übernahme des Befehls über die deutsche Weststellung	289
65	12. IX.	Befehl über Ausbau im Südosten	290
66	26. IX.	Zweiter Erlaß des Führers über die Befehlsgewalt im Operationsgebiet innerhalb des Reiches	292
67	Sept.-Dez.	Befehle betr. Stellungsbau und Verteidigungsmaßnahmen in West-Deutschland	297
68	28. XI.	Führerbefehl über die Befehlsführung bei auf sich selbst gestellten Truppenteilen	298

1945

69	21. I.	Führerbefehl über Meldewesen	300
70	28. I.	Führerbefehl betr. Einsatz des Volkssturms	301
71	Jan.-Febr.	Anordnungen des OKW verschiedener Art	301
71 a	5. II.	Rückführungstransporte aus dem Osten nach Dänemark	302
72	19. III.	Zerstörungsmaßnahmen im Reichsgebiet	303
73	1. IV.	Antrag des OB West auf Wehrmachtbefugnisse	306
73 a	7. IV.	Neue Befehlsgliederung auf dem Westkriegsschauplatz	306
74	15. IV.	Führerbefehl betr. Befehlsgliederung im getrennten deutschen Nord- und Südraum. 15. April 1945	308
75	15. IV.	Hitlers Aufruf an die Soldaten der Ostfront	310

Anhang: Operationsbefehl „Zitadelle" vom 15. IV. 1943   312
Abkürzungen   315
Decknamen   318
Dienststellen   319
Orts- und Personenverzeichnis   325

Einleitung des Herausgebers

I.

Unter „Weisung" versteht Grimms Deutsches Wörterbuch (Bd. XIV, I, 1, 1955, Sp. 1174 f.): „Befehl, Auftrag, Anweisung, daß man etwas tun soll, häufig mit abhängigem Infinitiv; in der historischen und politischen Sprache seit dem Ende des 18. Jahrhunderts gebräuchlich, besonders in festen Verbindungen wie eine Weisung geben, erhalten, und ähnlich." Die Weisung hat demnach Befehlscharakter, ist aber vom Befehl dadurch unterschieden, daß die Art der Ausführung der gegebenen Richtlinien den untergeordneten Dienststellen und Kommando-Behörden überlassen wird. Die Weisung will vorausschauend die Operationsabsichten bezeichnen, sie in den Gesamtablauf des Kriegsgeschehens und der politischen Zielsetzungen einbauen, sie möchte nicht nur die Wehrmachtteile zum Zusammenwirken bringen, sondern die Kampfmittel zur Erreichung politischer und wirtschaftlicher Pläne einsetzen. Während Moltke seine Aufmarschanweisungen bis zu dem Augenblick des Zusammentreffens mit dem Gegner erstreckte, griff der Schlieffen-Plan weit darüber hinaus und stellte unvermutete feindliche Gegenwirkungen und damit neue Lagen kaum in Rechnung. Den Charakter des großen, für längere Zeit gültigen, einen ganzen Kriegsschauplatz umfassenden, einen Feldzug betreffenden Rahmenbefehles haben die Weisungen erst in der Zeit der Hitler-Diktatur erhalten. Der Begriff „Weisung" tritt schon im Herbst 1933 auf („Weisung für die Wehrmacht im Falle von Sanktionen" des Reichsverteidigungs-Ministeriums, IMT XXXIV S. 488), setzte sich fort in den „Weisungen für die einheitliche Vorbereitung eines möglichen Krieges" vom 26. Juni 1936 und in der „Weisung für die einheitliche Kriegsvorbereitung der Wehrmacht" vom 24. Juni 1937. Am 11. März 1938 wurden die „Weisung Nr. 1" (Besetzung Österreichs) und unmittelbar danach am gleichen Tage die „Weisung Nr. 2" (kampfloser Einmarsch in Österreich) erlassen; am 30. Mai 1938 wurde die Weisung „Fall Grün" (Besetzung der Tschechoslowakei) unterzeichnet.* Am 30. September 1938 erging hierzu eine weitere „Weisung Nr. 1" an die Wehrmachtteile. Sodann folgte, jetzt schon mit Blick auf Polen, die „Weisung für die Wehrmacht 1939/40" vom 3. April 1939. Sie enthielt bereits die Aufmarsch-

---

* Am 18. März 1938 erließ Hitler für den Fall des drohenden polnisch-litauischen Krieges eine Weisung an die Wehrmacht zur Sicherung des Memellandes (durch den Grenzzwischenfall von Marcinkance vom 11. 3. und das polnische Ultimatum an Litauen vom 17. 3. 1938 hervorgerufen). Die Weisung wurde gegenstandslos durch den deutsch-litauischen Staatsvertrag vom 23. März 1938.

anweisung für den „Fall Weiß". Als Hitler entschlossen war, den Krieg gegen Polen durchzuführen, unterzeichnete er am 31. August 1939 die „Weisung Nr. 1 für die Kriegführung".

Damit beginnt die Reihe der von Hitler erlassenen 52 Weisungen, von denen eine („Weserübung") keine Nummer trägt. Während noch am 8. Dezember 1938 der Oberbefehlshaber des Heeres (1. Abt. (I) Generalstab des Heeres) eine „Weisung für das Oberkommando der 3. Armee im Kriegsfall" herausgab, ist vom Kriegsbeginn an der Begriff „Weisung" an das Oberkommando der Wehrmacht gebunden. Diese Weisungen können grundsätzlich alle Kriegsschauplätze betreffen, auch nachdem der Generalstab des Heeres verantwortlich die Leitung der Operationen auf dem russischen Kriegsschauplatz übernahm. Andererseits hat Hitler in seiner Eigenschaft als Oberbefehlshaber des Heeres (seit Dezember 1941) keine „Weisungen" erlassen, sondern „Führerbefehle", die wiederum nur die Ostfront betrafen.

Dennoch ist es — von der Aktenkunde her gesehen — bemerkenswert, daß die Benennung und Ausfertigung der Weisungen mit erheblichen Unterschieden erfolgte. Nr. 1—4 und 6—8 heißen „Weisungen für die Kriegführung". 18 weitere, nämlich die Nummern 5, 11, 13—15, 18, 25, 27, 29, 31, 34—39, 41, 51 tragen lediglich Ziffern als „Weisung Nr. 5" usw., während 24 (außer „Weserübung" die Nummern 9, 16, 17, 19—24, 26, 28, 30, 32, 33, 40, 42—48, 50) eine Inhaltsangabe im Titel tragen (Nr. 40 und 44 mit Betreff-Vermerk). Nr. 10 und 12 sind, letztere gänzlich abweichend von den bisherigen Grundsatz-Direktiven als Befehl zeitlich und örtlich begrenzten Inhalts, an das Oberkommando des Heeres ergangen; die Nr. 49 ist, durch die Ereignisse überholt, nur in der Form von Einzelanordnungen erlassen worden.

Ähnlich unterschiedlich sind die Titulaturen der Ausgangsstelle. Die Weisungen Nr. 1—9, 19, 20 und 23 tragen den Briefkopf „Der Oberste Befehlshaber der Wehrmacht"; die Weisung „Weserübung" sowie die Nr. 11—41 (außer den oben genannten): „Der Führer und Oberste Befehlshaber der Wehrmacht". Von Weisung 42 an (29. 5. 1942) bis zum Schluß heißt es: „Der Führer". Die Ausfertigungen der letzten beiden Weisungen 50 und 51 tragen zusätzlich das Hoheitszeichen. Die Weisung 24 ist vom Oberkommando der Wehrmacht erlassen worden (gez. Keitel).

Auch hinsichtlich der Unterzeichnung gibt es formale Unterschiede, die nicht sachlich bedingt sind. Eigenhändig von Hitler in allen Ausfertigungen unterzeichnet sind 33 Weisungen: 1, 2, 4, 6, Weserübung, 11, 13—23, 25, 27, 29, 31—39, 41—44. Nur im Entwurf gezeichnet (f. d. R. Keitel) ist Nr. 5; entsprechend (f. d. R. Warlimont) Nr. 45, 48; desgleichen mit verschiedenen Unterschriften von Abteilungs-Chefs des OKW oder deren Sachbearbeiter und Hilfsoffiziere (bisweilen bei einzelnen Ausfertigungen derselben Weisung wechselnd!) Nr. 3, 9, 26, 28, 30, 40, 46, 47, 50, 51. Von diesen trägt Nr. 3 das Dienstsiegel „Oberkommando der Wehrmacht — Abteilung Landesverteidigung". Lediglich „Im Auftrage gez. Keitel, f. d. R. Warlimont" sind Nr. 7 und 8 unterzeichnet. Die jeweilige Ausfertigung für den Wehrmachtführungsstab (WFSt) ist meist von Keitel, Jodl, Warlimont oder von einem derselben mit Paraphe, vor der Unterzeichnung durch Hitler, abgezeichnet worden. Ebenso zeichnete Jodl die von Keitel zu unterschreibenden Schriftstücke vorher ab. Auf der mit besonders großen Typen ausgestatteten sogenannten „Führer-Maschine" sind die Weisungen Nr. 34, 35, 36, 42, 44 geschrieben, alle übrigen mit normaler Schreibmaschine. Der Verteiler der Weisungen wechselte je nach Bedarf. Teilweise wurden Abschriften angefertigt und an nachgeordnete Dienststellen gesandt (z. B. die Weisung Nr. 31 an den Admiral Südost).

In sprachlicher Hinsicht, auch in der Zeichensetzung, ist die Vorlage des Originals beibehalten worden. Singular- statt Pluralformen bei Verben nach Aufzählungen (z. B. Nr. 19 Ziffer 3), Vermeidung der Deklination von Bezeichnungen der Kommando-Stellen (vgl. Änderung der Weisung 47 Ziffer 3cc) sind charakteristische Merkmale der militärischen Behördensprache, wie sie im Reichs-Kriegs-Ministerium üblich war.

II.

Über die Organisation der deutschen Wehrmachtführung im Kriege soll hier nur so viel mitgeteilt werden, wie zum Verständnis der abgedruckten Texte erforderlich ist. Chef des Oberkommandos der Wehrmacht im Range eines Reichsministers war Gen.Oberst (seit 19. Juli 1940 Generalfeldmarschall) Keitel. Er übte keine unmittelbare Befehlsbefugnis aus, sondern war eine Art chef de bureau des Obersten Befehlshabers der Wehrmacht (Hitler). Die Abteilung L (Landesverteidigung) im Oberkommando der Wehrmacht war ein Teil des Wehrmacht-Führungs-Amtes (seit August 1940 Wehrmacht-Führungsstab) als der für die Planung der militärischen Operationen zuständigen Dienststelle des OKW im Führerhauptquartier. Chef WFSt war Generaloberst Jodl, der stellvertretende Chef WFSt war General Warlimont.

Über seine eigene Dienststellung und über die Entstehung der Führer-Weisungen hat der Chef OKW, Generalfeldmarschall Keitel, im Nürnberger Prozeß am 15. September und 9. Oktober 1945 ausgesagt (vgl. auch IMT XVII S. 659 ff.). Dagegen hat berichtigend und einschränkend General a. D. Warlimont (Brief an den Herausgeber vom 12. 11. 1960) nur zwei Haupt-Kategorien von Weisungen unterschieden:

1. Weisungen, die das OKW nach mündlichen Richtlinien Hitlers ausarbeitete als Grundlagen für die weiteren Pläne der Kriegführung. Beispiel dafür ist die Weisung Nr. 18;

2. Weisungen nach den Vorträgen des Chefs des Generalstab des Heeres als Grundlagen für die Einleitung oder für die Fortführung bestimmter Operationen. Beispiel dafür ist die Weisung Nr. 21. Hier ist das gelegentlich

von Halder so bezeichnete „Gedankengut des Heeres" vom OKW in Weisungsform umgearbeitet worden.

Diese Vorschläge wurden jeweils mit den einzelnen Wehrmachtteilen abgestimmt und dann von Hitler noch mehr oder weniger verändert, der schließlich die Verantwortung dafür übernahm.

Der Inhalt der Weisungen bestand ursprünglich in der Zielsetzung für zusammengefaßte militärische Operationen aller Wehrmachtteile. Abgesehen von der Weisung Nr. 12 waren sie großzügig angelegt und zeigten weitgesteckte Absichten, die sich bis zu Utopien ausweiten konnten. Bisweilen tritt eine seltsame Mischung von Aufruf, Lagebeurteilung und Wünschen auf (Nr. 41). Es ist in ihnen allerdings nicht allein der dem militärischen Führungsstab oktroyierte persönliche Wille eines Dilettanten zum Ausdruck gekommen, sondern die Fachleute des militärischen Führungsstabes haben die Weisungen mitgezeichnet und damit auch ihrerseits die Verantwortung übernommen. Auf die entsprechend Hitlers Einwirkungen bewußt unklar gebliebene Befehls- und Verantwortungsbefugnis der militärischen obersten Kommando-Behörden soll hier nur hingewiesen werden, da ausführlich P. E. Schramm in dem Band IV des Kriegstagebuches OKW 1944/45 hierzu Stellung genommen hat. Über die Arbeitsweise des Wehrmachtführungsstabes unterrichtet vortrefflich Helmut Greiner: Die Oberste Wehrmachtführung 1939—1943. Wiesbaden 1951. Dort sind einige Weisungen, teils referierend, teils im Wortlaut, wiedergegeben.

Hinsichtlich der politischen Zielsetzungen Hitlers ist festzustellen, daß die Führung der Wehrmacht daran unbeteiligt und bis zu einem gewissen Grade auch uninteressiert war. Die grundsätzliche Trennung von Kriegführung und Politik liegt in der Natur der militärischen Denkweise tief begründet und ist keineswegs auf Deutschland beschränkt. Zwei Zeugnisse aus dem Bereich der kontinentalen Nachbarstaaten Deutschlands mögen hierfür beispielhaft angeführt werden. In seinem Gespräch mit dem Völkerbundskommissar Carl J. Burckhardt äußerte sich im Juli 1939 der italienische Botschafter in Berlin, Attolico über den „polnischen Generalstab, dem das politische Maßgefühl fehlt". (C. J. Burckhardt: Meine Danziger Mission 1937—39, München 1960, S. 298). Und eine charakteristische Verhaltensweise hoher Militärs gegenüber einem Diktator ist in dem Brief sichtbar, den der französische General Castellane aus dem verbrannten Moskau am 5. Oktober 1812 über Napoleons Absichten schrieb: „Man spricht davon, nach Indien zu gehen. Wir haben ein so großes Vertrauen, daß wir über die Möglichkeit des Erfolges eines solchen Unternehmens nicht weiter nachgrübeln, nur etwa über die Anzahl der Monate, die der Marsch benötigen wird und wie lange dann die Briefe aus Frankreich brauchen würden. Wir sind an die Unfehlbarkeit des Kaisers, an das Gelingen seiner Pläne gewöhnt."

III.

Der Zweck der vorliegenden Edition besteht darin, zum ersten Mal eine vollständige Sammlung der Weisungen Hitlers für die Kriegführung in der Originalfassung zu bieten. Die besondere Gattung dieser Schriftstücke — so unterschiedlich sie nach Form und Inhalt sein mögen — wird gekennzeichnet durch die militärische Macht des Diktators, durch die Entwicklung von dessen Kriegsplänen, durch die Einschätzung der politischen und militärischen Lage und durch die jeweilige Ausnutzung des militärischen Instrumentes für die aufgestellten Ziele. Deren weitgesteckte Forderungen, Wechsel der Richtungen und Rücksichtslosigkeit hinsichtlich der Wahl der Mittel sind typische und unwiederholbare Merkmale der Führungsgrundsätze Hitlers und seines Wehrmachtstabes. Bemerkenswert ist, daß die ursprünglich nur als Grundsatz-Anweisungen gedachten Richtlinien immer ausführlicher werden, zunehmend bestimmten Befehlscharakter erhalten und sich in Einzelheiten verlieren. Mit dem Dahinschwinden der letzten Möglichkeit zu einer militärischen Initiative enden die fortlaufend gezählten Weisungen am Ausgang des Jahres 1943.

Das hiermit vorgelegte Studienmaterial wird noch nach mancher Richtung hin auszuwerten sein. Es ist ergänzt durch eine Reihe von Befehlen Hitlers, die in den Jahren 1944 und 1945 erlassen worden sind und die weisungsähnlichen Charakter haben. Soweit es der Umfang zuläßt, sind Ergänzungen und Veränderungen zu den Weisungen aufgenommen worden. Führerbefehle und andere, nicht vom OKW herausgegebene Weisungen sind hier jedoch, als nicht zugehörig, nicht aufgenommen worden. Daneben gibt es noch zahlreiche OKW-Befehle oder Verfügungen, die mit den Worten eingeleitet werden: Der Führer hat befohlen (gebilligt, genehmigt, angeordnet o. ä.), die hier im allgemeinen keine Berücksichtigung finden konnten. Die Befehlsgebung in neuzeitlichen Kriegen erhält ihren aktenmäßigen Niederschlag in Registraturen, nicht in Einzelstücken. Es ist ein methodischer Irrtum, der nicht nur den Herausgebern der Nürnberger Dokumenten-Serien unterlaufen ist (die zudem nicht historische, sondern Prozeß-Absichten verfolgten), sondern in ihrer Nachfolge auch sonst vielfach Publizisten und Historikern, daß das einzelne Aktenstück, isoliert betrachtet, schon volle Beweiskraft besäße. Erst der Zusammenhang der Weisungen und ihrer Varianten kann jedoch die arbeitende Behörde der obersten Wehrmachtführung in ihren wichtigsten Entschließungen rekonstruieren.

Der Abdruck der Texte erfolgte nach der jeweils am Ende des Schriftstückes angegebenen Vorlage. Von einer Sach-Interpretation ist um so eher abgesehen worden, als genügend Übersichtsdarstellungen über den Kriegsverlauf 1939—45 existieren und die hier vorgelegte Sammlung eine dokumentarische Ergänzung zu dem von P. E. Schramm herausgegebenen Kriegstagebuch des OKW darstellt. Der Text der Weisungen ist in der Form wiedergegeben worden, wie sie nach Vollziehung die ausstellende Behörde verlassen haben. Dementsprechend sind Eingangsvermerke, Marginalien und Zusätze der Bearbeiter aller Wehrmachtteile und der im Verteiler genannten Dienststellen weggelassen worden. Andernfalls hätten dafür sämtliche Exemplare der ausgegebenen Weisungen und deren Abschriften daraufhin geprüft werden müssen, die jedoch nur noch zum geringsten Teil zur Verfügung stehen.

Die Original-Ausfertigungen der Weisungen sind zur Zeit in verschiedenen Dokument-Sammlungen verstreut. Über den am meisten zusammenhängenden Bestand verfügt jetzt in Freiburg i. Br. das Bundesarchiv-Militärarchiv (Oberkommando der Kriegsmarine. Weisungen OKW Führer. Aktz. IV, 1. Bd. 1 (bis 1. 12. 1941), Bd. 2 (bis 20. Juni 1942), Bd. 3 (bis November 1943) sowie in anderen Beständen). Weitere Akten besitzen: US Office of Naval History, Washington; National Archiv Washington (vgl. dessen Guides to German Records microfilmed at Alexandria, Va. 1956 ff.); Historical Branch, Cabinet Office, London; War Department, London. — Abschriften, Photokopien und Mikrofilme besitzen außerdem: Foreign Office, London; Air Ministry, London; Historical Division, USAREUR, Heidelberg; Bundes-Archiv, Abt. Militär-Archiv, Koblenz; Studiengruppe zur Geschichte des Luftkrieges, Führungsakademie, Hamburg-Blankenese; Militärgeschichtliches Forschungsamt Freiburg (Brsg.); Politisches Archiv des Auswärtigen Amtes, Bonn; Institut für Zeitgeschichte München; Staatsarchiv Nürnberg; Staatliches Archivlager, Abt. Zeitgeschichte, Göttingen. — Vgl. im einzelnen W. Rohr: Schicksal und Verbleib des Schriftgutes der obersten Reichsbehörden (Der Archivar 8, 1953); B. Poll: Vom Schicksal der deutschen Heeresakten und der amtlichen Kriegsgeschichtsschreibung (Welt als Geschichte XII, 1952, S. 61 ff.).

Die Weisungen Hitlers für die Kriegführung sind bisher nur in englischer Übersetzung für den Dienstgebrauch vervielfältigt worden (Fuehrer Directives and other top-level Directives of the German Armed Forces 1939–1945, 2 vols., Washington, D. C., 1948, Departement of the Navy), von dort sind sie einzeln in die englischsprachige Fachliteratur übernommen worden. In deutschem Wortlaut sind einzelne Weisungen ohne Zusammenhang in verschiedenen Bänden der Sammlung: Der Prozeß gegen die Hauptkriegsverbrecher vor dem Internationalen Militärgerichtshof Nürnberg 1948 (zitiert IMT mit Bandzahl) abgedruckt worden. Von dort sind einzelne Stücke übernommen in die Sammlung von H. A. Jacobsen: 1939–1945. Der 2. Weltkrieg in Chronik und Dokumenten. 5. Aufl. Darmstadt 1961. In der Fachliteratur sind bisher lediglich die Weisungen 19 (H. G. Seraphim in Die Welt als Geschichte XV, 1955, S. 45 ff.), 21 (G. Weinberg: Germany and the Soviet Union 1939–1941, Leiden 1954, ders. in Vierteljahreshefte für Zeitgeschichte 1954, S. 240 ff.) und 32 (K. Klee in Wehrwissenschaftliche Rundschau 6, 1956, S. 127 ff.) genauer untersucht worden; ferner hat H. A. Jacobsen die auf den Westfeldzug bezüglichen Akten abgedruckt in: Dokumente zur Vorgeschichte des Westfeldzuges 1939/40, Göttingen 1956 und Dokumente zum Westfeldzug 1940, Göttingen 1960; desgleichen K. Klee die auf die Landungsvorbereitungen in England bezüglichen Akten in Dokumente zum Unternehmen „Seelöwe", Göttingen 1959; W. Hubatsch: Weserübung, 2. Aufl. Göttingen 1960 betr. Dokumente zur deutschen Besetzung von Dänemark und Norwegen. — An ergänzender Literatur ist ferner heranzuziehen: Das persönliche Tagebuch des Chefs des Generalstabs des Heeres, General Halder, hrsg. von H. A. Jacobsen. Band 1: Vom Polenfeldzug zur Westoffensive 1940, Stuttgart 1962. — W. Warlimont: Die Entscheidung im Mittelmeer 1942 (in: Entscheidungsschlachten des 2. Weltkrieges, hrsg. von H. A. Jacobsen und J. Rohwer, Frankfurt 1960). — General Warlimont schrieb über die Befugnisse und Arbeitsweise der Obersten Wehrmachtführung im 2. Weltkrieg: Im Hauptquartier der deutschen Wehrmacht 1939—1945 (3. Aufl. 1978). — Ein nützliches Nachschlagewerk stellte Fritz Frh. v. Siegler zusammen: Die höheren Dienststellen der deutschen Wehrmacht 1933—1945, München 1953.

Für die schwierige und zeitraubende Beschaffung der Texte mit dem originalen Wortlaut bin ich folgenden Herren zu Dank verpflichtet: Commander Saunders, R. N., Oberamtmann W. Pfeiffer, Mr. Beaumont und Mr. Lawson von der Historical Section der Admiralty, London; Mr. Charles von Lüttichau in Washington; den Herren Generalmajor a. D. Philippi, Dr. Jacobsen, Dr. Rohwer, Dr. Seraphim und Frau, Oberst a. D. Greffrath sowie Oberst d. G. a. D. Wien für verständnisvolle Förderung der Edition. Besonders verbunden weiß ich mich meinem verehrten Freund und Kollegen Prof. Dr. Percy Schramm in Göttingen in dem Bemühen, zur Aufhellung der Entstehung der schicksalschweren Führungsentschlüsse im zweiten Weltkriege beizutragen.

W. H.

Vorwort zur 2. Auflage

Das als Quellenwerk angelegte Buch steht in engem Zusammenhang mit dem von Percy E. Schramm herausgegebenen „Kriegstagebuch des Oberkommandos der Wehrmacht" in 7 Bänden 1961—1964. Es wird jetzt ergänzt durch die Interpretation von W. Warlimont: Im Hauptquartier der deutschen Wehrmacht. 3. Aufl. 1978 und von W. Hubatsch: Kriegswende 1943. Darmstadt 1966. Zur Ergänzung des Schrifttums sind heranzuziehen die Jahresbibliographien der Bibliothek für Zeitgeschichte, Stuttgart. Das Dienststellenverzeichnis wurde auch in der 2. Auflage (im Unterschied zur Taschenbuchausgabe) beibehalten. Die Ziffern zur Numerierung der Weisungen wurden von dem Bearbeiter gesetzt. Neu beigegeben wurde im Anhang der Operationsbefehl Nr. 6 „Zitadelle" vom 15. April 1943, wegen der deutlichen Markierung der Kriegswende von allgemeiner strategischer Bedeutung. Da die bisherigen Drucke der „Weisungen" weit verstreut, meist unvollständig oder sonst unzulänglich sind, wurde in jedem erreichbaren Fall das Original oder eine gleichrangige Ablichtung dieser Ausgabe zugrunde gelegt. Die Sammlungen aus dem Staatl. Archivlager für Zeitgeschichte sind jetzt großenteils dem Bundesarchiv zugeführt worden.

H. R. Trevor-Roper druckte die „Weisungen" nach meiner Ausgabe von 1962 mit einem von ihm verfaßten, schlichten verbindenden Text, jedoch ohne den Notenapparat meiner Bearbeitung (engl. Übersetzung 1964, davon französische Übersetzung 1965). Diese „Editionen" können wissenschaftliche Ansprüche nicht erheben.

Bonn, Frühjahr 1983   W. H.

1 a.

Weisung
„Fall Weiß"

I. Die gegenwärtige Haltung Polens erfordert es, über die bearbeitete Grenzsicherung Ost hinaus die militärischen Vorbereitungen zu treffen, um nötigenfalls jede Bedrohung von dieser Seite für alle Zukunft auszuschließen.

1.) Politische Voraussetzungen und Zielsetzung:

Das deutsche Verhältnis zu Polen bleibt weiterhin von dem Grundsatz bestimmt, Störungen zu vermeiden. Sollte Polen seine bisher auf dem gleichen Grundsatz beruhende Politik gegenüber Deutschland umstellen und eine das Reich bedrohende Haltung einnehmen, so kann eine endgültige Abrechnung erforderlich werden.

Das Ziel ist dann, die polnische Wehrkraft zu zerschlagen und eine den Bedürfnissen der Landesverteidigung entsprechende Lage im Osten zu schaffen. Der Freistaat Danzig wird spätestens mit Beginn des Konfliktes als deutsches Reichsgebiet erklärt.

Die politische Führung sieht es als ihre Aufgabe an, Polen in diesem Falle womöglich zu isolieren, d. h. den Krieg auf Polen zu beschränken.

Eine zunehmend krisenhafte innere Entwicklung Frankreichs und eine daraus folgernde Zurückhaltung Englands könnten eine derartige Lage in nicht zu ferner Zeit entstehen lassen.

Ein Eingreifen Rußlands, soweit dieses dazu fähig sein sollte, wird Polen aller Voraussicht nach nichts nützen, da es seine Vernichtung durch den Bolschewismus bedeuten müßte.

Die Haltung der Randstaaten wird allein von den militärischen Erfordernissen Deutschlands bestimmt werden.

Auf deutscher Seite kann mit Ungarn als Bundesgenossen nicht ohne weiteres gerechnet werden. Die Haltung Italiens ist durch die Achse Berlin-Rom bestimmt.

2.) Militärische Folgerungen:

Die großen Ziele im Aufbau der deutschen Wehrmacht bleiben weiterhin durch die Gegnerschaft der westlichen Demokratien bestimmt. Der Fall „Weiß" bildet lediglich eine vorsorgliche Ergänzung der Vorbereitungen, ist aber keineswegs als die Vorbedingung einer militärischen Auseinandersetzung mit den Westgegnern anzusehen.

Die Isolierung Polens wird umso eher auch über den Kriegsausbruch hinaus erhalten bleiben, je mehr es gelingt, den Krieg mit überraschenden, starken Schlägen zu eröffnen und zu schnellen Erfolgen zu führen.

Die Gesamtlage wird es aber in jedem Falle erfordern, daß auch Vorkehrungen zum Schutz der Westgrenze und der Nordseeküste des Reiches und des Luftraumes über ihnen getroffen werden.

Gegen die Randstaaten, insbesondere gegen Litauen, sind Sicherungsmaßnahmen für den Fall eines polnischen Durchmarsches zu treffen.

3.) Aufgaben der Wehrmacht:

Die Aufgabe der Wehrmacht ist es, die polnische Wehrmacht zu vernichten. Hierzu ist ein überraschender Angriffsbeginn anzustreben und vorzubereiten. Die getarnte oder offene allgemeine Mobilmachung wird erst am Angriffsvortag zu dem spätest möglichen Termin befohlen werden.

Über die für die Grenzsicherung West vorgesehenen Kräfte ist zunächst nicht anderweitig zu verfügen.

Die übrigen Grenzen sind nur zu beobachten, gegen Litauen ist zu sichern.

4.) Aufträge für die Wehrmachtteile.

a) Heer.

Operationsziel im Osten ist die Vernichtung des polnischen Heeres. Hierfür kann auf dem Südflügel slowakisches Gebiet betreten werden. Auf dem Nordflügel ist schnell die Verbindung zwischen Pommern und Ostpreußen herzustellen.

Die Vorbereitungen für den Beginn der Operationen sind so zu treffen, daß auch — ohne den planmäßigen Aufmarsch mobilgemachter Verbände abzuwarten — mit zunächst verfügbaren Teilen angetreten werden kann. Eine getarnte Bereitstellung dieser Teile unmittelbar vor dem Angriffstag kann vorgesehen werden. Die Entscheidung hierzu behalte ich mir vor.

Ob die für die „Grenzsicherung West" vorgesehenen Kräfte in vollem Umfang dorthin aufmarschieren oder zum Teil für andere Verwendung frei werden, wird von der politischen Lage abhängen.

b) Kriegsmarine.

In der Ostsee fallen der Kriegsmarine folgende Aufgaben zu:

1.) Vernichtung bzw. Ausschaltung der polnischen Seestreitkräfte.
2.) Abriegelung der nach den polnischen Seestützpunkten, insbesondere Gdingen, führenden Seewege. Der neutralen Schiffahrt in polnischen Häfen und in Danzig ist eine mit Beginn des Einbruches in Polen bekanntzugebende Auslauffrist zu setzen. Nach ihrem Ablauf werden der Kriegsmarine die Sperrmaßnahmen freigegeben.

Die durch die Auslauffrist entstehenden Nachteile für die Seekriegführung müssen in Kauf genommen werden.

3.) Unterbindung des polnischen Seehandels.
4.) Sicherung des Seeweges Reich-Ostpreußen.
5.) Schutz der deutschen Seeverbindungen nach Schweden und den baltischen Staaten.
6.) Aufklärung und Sicherung, soweit möglich, in unauffälliger Form, gegen ein Eingreifen sowjetrussischer Seestreitkräfte aus dem Finnischen Meerbusen heraus. Zur Verteidigung der Küsten und des Küstenvorfeldes der Nordsee sind entsprechende Kräfte der Kriegsmarine vorzusehen.

In der südlichen Nordsee und im Skagerrak sind die Maßnahmen zu treffen, die zur vorsorglichen Sicherung gegen ein überraschendes Eingreifen der Westmächte in den Konflikt geboten erscheinen. Sie haben sich auf das unbedingt notwendige Maß zu beschränken. Ihre Unauffälligkeit muß gewährleistet sein. Es kommt hierbei entscheidend darauf an, jegliche Handlungen zu vermeiden, die die politische Haltung der Westmächte verschärfen könnten.

c) Luftwaffe.

Die Luftwaffe ist, unter Belassung der notwendigen Kräfte im Westen, überfallartig gegen Polen einzusetzen.

Für die Luftwaffe stehen, neben der Vernichtung der polnischen Luftwaffe in kürzester Frist, folgende Aufgaben im Vordergrund:

1) Störung der polnischen Mobilmachung und Verhinderung eines planmäßigen polnischen Heeresaufmarsches.
2) Unmittelbare Unterstützung des Heeres, vor allem der zuerst vorgehenden Teile, schon vom Überschreiten der Grenze an.

31. 8. 1939

Eine etwaige Überführung von fliegenden Verbänden nach Ostpreußen vor Beginn der Operation darf die Überraschung nicht gefährden.

Das erste Überfliegen der Grenze ist zeitlich mit den Operationen des Heeres abzustimmen.

Angriffe auf den Hafen Gdingen sind erst nach Ablauf der der neutralen Schiffahrt gestellten Auslauffrist (s. Ziffer 4 b) freigegeben.

Schwerpunkte der Luftverteidigung sind über Stettin, Berlin und dem oberschlesischen Industriegebiet zuzüglich von Mähr. Ostrau und Brünn zu bilden.

Druck: IMT XXXIV S. 388—391. Das folgende ebd. S. 429 ff.

Der Wortlaut der (nicht vollzogenen) Führerweisung (Bezugsdatum 3. 4. 1939, hs.) ist inseriert in den Operationsbefehl Fall „Weiß" des Oberbefehlshabers der Kriegsmarine B. Nr. 1. SKL. Ia Op 48/39 gKdos Chefsache Berlin, den 16. 5. 1939. Von Ziffer IV an folgen die Weisungen des Oberbefehlshabers der Kriegsmarine. Ziffer V auf Seite 24 des Originals lautet:

Termin für die Vorarbeiten:

Nach der Weisung des Führers hat die Bearbeitung des Falles „Weiß" so zu erfolgen, daß die Durchführung ab 1. 9. 1939 jederzeit möglich ist.

Da auf Grund der jüngsten politischen Entwicklung jedoch nicht mit Sicherheit zu übersehen ist, ob die politische Führung nicht gezwungen sein wird, die Durchführung bereits zu einem früheren Zeitpunkt zu fordern, ist größte Beschleunigung der Vorarbeiten notwendig. Die Weisungen und Befehle des Befehlshabers der Gruppe O s t sind mir daher bis zum 15. 6. vorzulegen.

Der Oberbefehlshaber der Kriegsmarine
gez. Raeder

1 b.

Der Oberste Befehlshaber der Wehrmacht Berlin, den 31. 8. 39.
OKW/WFA Nr. 170/39 g. K. Chefs. L I

Geheime Kommandosache
Chefsache   8 Ausfertigungen
Nur durch Offizier   2. Ausfertigung.

Weisung Nr. 1
für die Kriegführung.

1.) Nachdem alle **politischen Möglichkeiten erschöpft sind**, um auf friedlichem Wege eine für Deutschland unerträgliche Lage an seiner Ostgrenze zu beseitigen, habe ich mich zur **gewaltsamen Lösung** entschlossen.

2.) Der **Angriff gegen Polen** ist nach den für Fall Weiß getroffenen Vorbereitungen zu führen mit den Abänderungen, die sich beim Heer durch den inzwischen fast vollendeten Aufmarsch ergeben.
Aufgabenverteilung und Operationsziel bleiben unverändert.
Angriffstag 1. 9. 39.
Angriffszeit 4.45
Diese Zeit gilt auch für die Unternehmungen Gdingen — Danziger Bucht und Brücke Dirschau.

3.) Im **Westen** kommt es darauf an, die Verantwortung für die Eröffnung von Feindseligkeiten eindeutig England und Frankreich zu überlassen. Geringfügigen Grenzverletzungen ist zunächst rein örtlich entgegen zu treten.
Die von uns Holland, Belgien, Luxemburg und der Schweiz zugesicherte Neutralität ist peinlich zu achten.
Die deutsche Westgrenze ist **zu Lande** an keiner Stelle ohne meine ausdrückliche Genehmigung zu überschreiten.
Zur See gilt das gleiche für alle kriegerischen oder als solche zu deutenden Handlungen.
Die defensiven Maßnahmen der **Luftwaffe** sind **zunächst** auf die unbedingte Abwehr feindl. Luftangriffe an der Reichsgrenze zu beschränken, wobei so lange als möglich die Grenze der neutralen Staaten bei der Abwehr einzelner Flugzeuge und kleinerer Einheiten zu achten ist. Erst wenn beim Einsatz stärkerer franz. und engl. Angriffsverbände über die neutralen Staaten gegen deutsches Gebiet die Luftverteidigung im Westen nicht mehr gesichert ist, ist die Abwehr auch über diesem neutralen Gebiet freizugeben.
Schnellste Orientierung des OKW über jede Verletzung der Neutralität dritter Staaten durch die Westgegner ist besonders wichtig.

4.) **Eröffnen England und Frankreich die Feindseligkeiten** gegen Deutschland, so ist es Aufgabe der im Westen operierenden Teile der Wehrmacht, unter möglichster Schonung der Kräfte die Voraussetzungen für den siegreichen Abschluß der Operationen gegen Polen zu erhalten. Im Rahmen dieser Aufgabe sind die feindl. Streitkräfte und deren wehrwirtschaftl. Kraftquellen nach Kräften zu schädigen. Den Befehl zum Beginn von **Angriffs**handlungen behalte ich mir in jedem Fall vor.
Das **Heer** hält den Westwall und trifft Vorbereitungen, dessen Umfassung im Norden — unter Verletzung belg. oder holländ. Gebietes durch die Westmächte — zu verhindern. Rücken franz. Kräfte in Luxemburg ein, so bleibt die Sprengung der Grenzbrücken freigegeben.

31. 8. 1939

Die Kriegsmarine führt Handelskrieg mit dem Schwerpunkt gegen England. Zur Verstärkung der Wirkung kann mit der Erklärung von Gefahrenzonen gerechnet werden. OKM meldet, in welchen Seegebieten und in welchem Umfang Gefahrenzonen für zweckmäßig gehalten werden. Der Wortlaut für eine öffentl. Erklärung ist im Benehmen mit dem Ausw. Amte vorzubereiten und mir über OKW zur Genehmigung vorzulegen.

Die Ostsee ist gegen feindl. Einbruch zu sichern. Die Entscheidung, ob zu diesem Zwecke die Ostsee-Eingänge mit Minen gesperrt werden dürfen, trifft Ob. d. M.**

Die Luftwaffe hat in erster Linie den Einsatz der franz. und engl. Luftwaffe gegen das deutsche Heer und den deutschen Lebensraum zu verhindern.

Bei der Kampfführung gegen England ist der Einsatz der Luftwaffe zur Störung der engl. Seezufuhr, der Rüstungsindustrie, der Truppentransporte nach Frankreich vorzubereiten. Günstige Gelegenheit zu einem wirkungsvollen Angriff gegen massierte engl. Flotteneinheiten, insbes. gegen Schlachtschiffe und Flugzeugträger ist auszunutzen. Angriffe gegen London bleiben meiner Entscheidung vorbehalten.

Die Angriffe gegen das engl. Mutterland sind unter dem Gesichtspunkt vorzubereiten, daß unzureichender Erfolg mit Teilkräften unter allen Umständen zu vermeiden ist.

(gez.) Adolf Hitler

Verteiler:

OKH   1. Ausf.
OKM   2. „
R. d. L. u. Ob. d. L. 3. „

OKW:
Chef WFA   4. „
L   5.—8. „

---

* 1. 9. 39 späterer masch. schriftl. Zusatz Angriffszeit handschriftl. nachgetragen, dsgl. Datum und Briefbuch-Nr. im Briefkopf.
** statt „trifft Ob. d. M." lautete der urspr. Text: „bleibt vorbehalten", masch. schriftl. geändert.
Ob. d. M.: Groß-Adm. Raeder. — Vgl. hierzu u. künftig: F. Frhr. v. Siegler: Die höheren Dienststellen der deutschen Wehrmacht 1933—1945, München 1953.

Or. m. eigh. Unterschrift in OKM Weisungen OKW IV, 1 Bd. 1, 4 Seiten Masch. Schr. Am 31. 8. 1939 bei Ob.d.M. eingegangen.
Druck: Jacobsen 1939—1945, Nr. 9. — Ders.: Dok. Vorgesch. West Nr. 1. — Vormann, Polen S. 196. — Mendelssohn S. 144 f. — Loßberg S. 156 f. — IMT XXXIV S. 456. (sämtlich mit geringen Abweichungen!).

2.

Der Oberste Befehlshaber der Wehrmacht Berlin, den 3. 9. 1939
OKW/WFA Nr. 175/39 g. K. Chefs. L I

Geheime Kommandosache
Chefsache   8 Ausfertigungen
Nur durch Offizier   2. Ausfertigung

Weisung Nr. 2
für die Kriegführung.

1.) Nach Erklärung des Kriegszustandes durch die englische Regierung hat die englische Admiralität am 3. 9. 1939, 11,17 Uhr die Anweisung zur Eröffnung der Feindseligkeiten gegeben.
 Frankreich hat die Erklärung abgegeben, dass es sich ab 3. 9. 1939, 17.00 Uhr im Kriegszustand mit Deutschland befinden wird.

2.) Das Ziel der deutschen Kriegführung bleibt zunächst die schnelle siegreiche Beendigung der Operationen gegen Polen.
 Eine Überführung nennenswerter Kräfte vom Osten nach dem Westen bleibt meiner Entscheidung vorbehalten.

3.) Die Grundsätze für die Kriegführung im Westen gemäß Weisung Nr. 1 bleiben aufrecht erhalten.
 Nach der nunmehr angekündigten Eröffnung der Feindseligkeiten durch England und der Erklärung des Kriegszustandes durch Frankreich ergeben sich nachstehende Folgerungen:

a) Gegenüber England:

Kriegsmarine

 Angriffshandlungen sind freigegeben. Der Handelskrieg ist vorläufig auch von den U-Booten nach Prisenordnung zu führen. Die Verschärfung bis zur Erklärung von Gefahrenzonen ist vorzubereiten. Das Inkrafttreten von Verschärfungen behalte ich mir vor.
 Die Ostsee-Eingänge sind ohne Verletzung der neutralen Hoheitsgewässer mit Minen zu sperren.
 Die in der Nordsee für die eigene Verteidigung und zum Angriff gegen England vorgesehenen Sperrmaßnahmen sind durchzuführen.

Luftwaffe

Angriffshandlungen gegen englische Seestreitkräfte in Kriegshäfen und auf freier See (einschl. Kanal) sowie gegen einwandfrei erkannte Truppentransporte sind erst dann freizugeben, wenn entsprechende englische Angriffsmaßnahmen zur Luft gegen gleiche Ziele erfolgt sind und besonders günstige Erfolgsaussichten vorliegen. Das gleiche gilt für den Einsatz der Marinefliegerverbände.

Angriffe gegen das englische Mutterland und Handelsschiffe behalte ich mir vor.

b) Gegenüber Frankreich:

Heer

Im Westen ist die Eröffnung der Feindseligkeiten dem Gegner zu überlassen. Über Verstärkung des Westheeres aus den noch verfügbaren Kräften entscheidet der Ob. d. H.

Kriegsmarine

Angriffshandlungen gegen Frankreich sind erst freizugeben, wenn dieses die Feindseligkeiten eröffnet. Ist dies der Fall, so gelten die gegen England gegebenen Anordnungen in gleicher Weise auch gegen Frankreich.

Luftwaffe

Gegen Frankreich sind Angriffshandlungen nur nach Eröffnung entsprechender französischer Angriffe gegen deutsches Gebiet freizugeben. Als Richtlinie gilt hierbei, die Eröffnung des Luftkrieges nicht durch die deutschen Maßnahmen hervorzurufen.

Allgemein ist bei dem Einsatz der Luftwaffe im Westen von dem Gesichtspunkt auszugehen, daß ihre Kampfkraft nach der Niederringung Polens für die Entscheidung gegen die Westmächte erhalten bleibt.

4.) Der mit OKW Nr. 2100/39 g. K. WFA/L II c am 25. 8. 39 gegebene X-Befehl wird mit Wirkung vom 3. 9. 39 auf die gesamte Wehrmacht ausgedehnt.

Die Umstellung der gesamten Wirtschaft auf die Kriegswirtschaft ist angeordnet.

Weitere Mobilmachungsmaßnahmen im zivilen Bereich werden auf Antrag der Obersten Reichsbehörden durch das Oberkommando der Wehrmacht ausgelöst werden.

(gez.) Adolf Hitler

Weisung Nr. 2 für die Kriegführung

Verteiler:
OKH   1. Ausf.
OKM   2. Ausf.
R. d. L. u. Ob. d. L.   3. Ausf.
OKW
  Chef WFA   4. Ausf.
  L   5.—8. Ausf.

* s. o. Nr. 1.
** Ob. d. H.: Gen. Ob. v. Brauchitsch. — Vgl. Siegler, a. a. O.
*** Teil-Mobilmachungsbefehl. Siehe nächstes Stück.

Or. m. eigh. Unterschrift in OKM Weisungen OKW IV, 1 Bd. 1, 4 Seiten Masch. Schr. Am 3. 9. 1939 bei Ob.d.M. eingegangen.
Druck: Jacobsen, Dok. Vorgesch. West Nr. 2 (nach 6. Ausf.).

Berlin, den 6. September 1939.

Geheime Kommandosache
    Zusatz zur Weisung Nr. 2 für die Kriegführung.
Betr.: Einsatz von Marinefliegerverbänden.
    Füge ein auf Seite 2 Abs. Luftwaffe hinter „Marinefliegerverbände":
    In der Deutschen Bucht und im Minenwarngebiet West sowie zur unmittelbaren Unterstützung von Seekampfhandlungen entfallen diese Einschränkungen.

OKW/L

Zu Weisung Nr. 2 Ziffer 4 (X-Befehl)

Auf Grund des vom OKW/WFA/L IIc Nr. 2100/39 g. K. am 25. 8. 1939 erlassenen X-Befehls, der die Teilmobilmachung anordnete, jedoch die Erklärung des Kriegszustandes zu vermeiden suchte, erließ der Wehrwirtschaftsstab des OKW am gleichen Tage ein Schreiben an die nachgeordneten Dienststellen (OKW/W Stb W Rü/Ia Nr. 2058 g. K., i. A. gez. Meendsen-Bohlken), in dem nachstehende, auszugsweise aus dem Befehl des OKW an die Obersten Reichsbehörden und Wehrmachtteile mitgeteilten Anordnungen von allgemeiner Bedeutung sind:

1.) Der Führer und Reichskanzler hat für die Masse der Wehrmacht die Mobilmachung ohne öffentliche Verkündung (X-Fall) befohlen. Von der SS-Verfügungstruppe werden die Teile mobil gemacht, die auf Befehl des Führers in das Heer eingegliedert werden.
    Erster X-Tag ist der 26. 8. 39.
    Mit dem gleichen Tage hat der Führer dem Oberbefehlshaber des Heeres die Befugnis zur Ausübung vollziehender Gewalt im Operationsgebiet des Heeres „Ost" und „West" übertragen (s. Anlage). Mit Überschreiten der Reichsgrenze Ost erweitert sich das Operationsgebiet dem Geländegewinn der Truppe entsprechend nach vorwärts.
    Für die Slowakei gelten Sonderbestimmungen (s. Anlage).

2.) Der X-Fall wird auf den zivilen Bereich in seiner Gesamtheit nicht ausgedehnt. Es wird gebeten, nur die zur Sicherstellung der Mobilmachung der Wehrmacht und zur Aufrechterhaltung der eigenen Arbeits-

9. 9. 1939

fähigkeit notwendigen Maßnahmen durchzuführen, soweit sie nicht bereits als Vorausmaßnahmen in Kraft gesetzt sind.
(Anordnungen sind im Klartext zu erlassen)

3.) Alle Handlungen und Forderungen sind auf die Friedensgesetzgebung zu gründen. Der Verteidigungszustand oder der Kriegszustand gem. Reichsverteidigungsgesetz vom 4. 9. 1938 werden n i c h t erklärt.

4.) E i n b e r u f u n g v o n E r s a t z - u n d E r g ä n z u n g s p e r s o n a l .
Alle Bedarfsstellen müssen versuchen, zunächst mit dem ihnen verbleibenden Personal auszukommen. — ...

14.) W i r t s c h a f t .
** Alle Maßnahmen sind darauf abzustellen, daß unter weitgehendster Schonung der Gesamtwirtschaft die tatsächliche Lieferleistung (Ausbringung) wichtiger W-Betriebe der zwischen GBW und OKW festgelegten Betriebsgruppen und die E r n ä h r u n g s w i r t s c h a f t auf dem Stand erhalten wird, den sie bei Eintritt des X-Falles erreicht hat. — ...

20.) Diese Verfügung darf nur im Auszug weitergegeben werden.

Bereits am 24. 7. 1939 hatte das OKH 6. Abt. (II) Gen St d H Nr. 183/39 g.Kdos. Ch. Sache im Entwurf „Sonderbestimmungen zu den Anordnungen für die Versorgung" im Fall „Weiß" festgestellt: „Der V e r t e i d i g u n g s z u s t a n d oder K r i e g s z u s t a n d wird voraussichtlich n i c h t erklärt werden ... Die Bestimmungen der H a a g e r L a n d k r i e g s o r d n u n g sind sinngemäß anzuwenden."

* *Hier nicht abgedruckt.*
** *Der Generalbevollmächtigte für die Wirtschaft und den Vierjahresplan (Göring).*

Photokopien im Staatl. Archivlager Göttingen aus dem Material NOKW-2585 (WB 1552/3).

3.

Der Oberste Befehlshaber der Wehrmacht   Berlin, den 9. 9. 1939
OKW/WFA Nr. 200/39 g. K. Chefs. L I

Geheime Kommadosache
Chef Sache   8 Ausfert.
Nur durch Offizier   2. Ausfert.

Weisung Nr. 3
für die Kriegführung.

1.) Die Operationen gegen das polnische Heer und die polnische Luftwaffe sind mit so starken Kräften und so lange fortzuführen, bis die Gewähr dafür gegeben ist, daß den Polen der Aufbau einer zusammenhängenden, deutsche Kräfte fesselnden Front nicht mehr gelingen kann.

25

Weisung Nr. 3 für die Kriegführung

2.) Läßt sich übersehen, daß Teile des Ostheeres und der Luftangriffskräfte für diese Aufgabe und für die Befriedigung der besetzten Gebiete nicht mehr benötigt sind, so ist ihre Verwendung im Westen einzuleiten. In demselben Maße, wie die poln. Luftwaffe ihre Wirksamkeit mehr und mehr einbüßt, können über das bisher Geschehene hinaus noch weitere Luftverteidigungskräfte für den Einsatz gegen unsere Westgegner freigemacht werden.

3.) Auch nach der zaghaften Eröffnung der Feindseligkeiten durch England zur See und in der Luft, durch Frankreich zu Lande und in der Luft behalte ich mir die Genehmigung vor:

a) für jede Überschreitung der deutschen Westgrenze zu Lande,

b) für jedes Überfliegen der deutschen Westgrenze, sofern es nicht zur Abwehr stärkerer feindl. Luftangriffe notwendig ist.

c) Für Luftangriffe gegen England in der Deutschen Bucht und im Minenwarngebiet West sowie zur unmittelbaren Unterstützung von Seekampfhandlungen ist der Einsatz der Luftwaffe freigegeben.

d) Für die Kriegsmarine behalten die in der Weisung Nr. 2 Ziff. 3 a) und b) gegebenen Anordnungen ihre Gültigkeit. Angriffshandlungen zur See gegen Frankreich haben zu unterbleiben.

(gez.) Adolf Hitler.

(LS) Für die Richtigkeit:
(gez.) Loßberg
Obstlt. d. G.

Verteiler:
OKH   1. Ausf.
OKM   2. Ausf.
R. d. L. u. Ob. d. L.   3. Ausf.
OKW
 Chef WFA   4. Ausf.
 L   5.–8. Ausf.

Or. m. eigh. Unterschrift v. Loßberg in OKM Weisungen OKW IV, 1 Bd. 1, 2 Seiten Masch. Schr. Dienstsiegel.

25. 9. 1939

Berlin, den 9. 9. 1939.

Fernschreiben

HBZG GKdos 72 9. 9. 39 2040
Geheime Kommandosache
An
   1.) OKH (1. Abt.)
   2.) OKM (1. „)
   3.) Ob. d. L. (1. Abt.)

      In der Weisung Nr. 3 vom 9. 9. 1939 ist in Ziffer 3.) c) hinter „Für Luftangriffe gegen England" ein Punkt zu setzen und mit neuem Absatz fortzufahren:
          „In der Deutschen Bucht pp."
Bestätigung der Berichtigung an OKW (L) erbeten.

                   OKW (L).
                   (hs.) I. A.
                   Loßberg
                Obstltn. d. G.

4.

Der Oberste Befehlshaber   Führerhauptquartier, den 25. 9. 1939
der Wehrmacht
OKW Nr. 205/39 g. Kdos WFA/L I

Geheime Kommandosache
Chef Sache   7 Ausfertigungen.
Nur durch Offizier   2. Ausfertigung.

            Weisung Nr. 4
        für die Kriegführung.

1.) **Die endgültige politische Gestaltung des ehemaligen polnischen Gebietes zwischen der Demarkationslinie und der Reichsgrenze liegt noch nicht fest.**
Nach Abschluß der Kämpfe um Warschau und Modlin ist die Demarkationslinie durch Verbände geringerer Kampfkraft weitläufig zu sichern.
Die **zur baldigen Brechung des zur Zeit noch andauernden polnischen Widerstandes** hinter der Demarkationslinie (San — Weichsel — Narew — Pisia) benötigten Kräfte des Heeres und der Luftwaffe sind im Osten zu belassen. Den beabsichtigten Kräfteeinsatz für beide Aufgaben bitte ich mir zu melden.

Weisung Nr. 4 für die Kriegführung

2.) Die Entscheidung, ob **Modlin und Warschau** westlich der Weichsel vor dem 3. 10. durch einen allgemeinen Angriff zu nehmen sind, behalte ich mir je nach dem Ergebnis der Teilangriffe und Zermürbungsaktionen noch vor. Die Vorbereitungen für einen solchen Angriff sind aber zu treffen.

3.) Jeder **Flüchtlingsstrom** von Ost nach West über die Demarkationslinie ist mit Ausnahme volksdeutscher Elemente und ukrainischer Aktivisten schon jetzt zu unterbinden.

4.) Die Entscheidung über die **strategische Weiterführung des Krieges** wird in kürzester Zeit fallen.
Bis dahin dürfen die Maßnahmen der Wehrmachtteile, sowohl auf dem Gebiete der Organisation, wie auf dem der Rüstung, keinem der möglichen Entschlüsse zuwiderlaufen. Die Möglichkeit einer jederzeitigen offensiven Führung des Krieges im Westen muß gewahrt sein. In Ostpreußen müssen genügend Kräfte bereitgehalten werden um Litauen auch im Falle eines bewaffneten Widerstandes rasch in Besitz nehmen zu können.

5.) a) **Zu Lande** bleiben die bisher für die Kampfführung im Westen gegebenen Weisungen vorläufig in Kraft.

b) **Zur See** ist unter Wegfall der bisherigen Einschränkungen der Handelskrieg nach Prisenordnung gegen Frankreich ebenso wie gegen England zu führen.
Ferner sind freigegeben:
Der Angriff gegen französische Kriegsschiffe und Kriegsflugzeuge, gegen französische Handelsschiffe im Geleit, gegen alle Truppentransporte; Minenverwendung an der nordafrikanischen Küste (Einschiffungshäfen).
Der Handelskrieg durch Seefliegerverbände nach Prisenordnung.
Der Angriff auf „Passagierdampfer" oder solche größere Dampfer, die offensichtlich neben Handelsware Passagiere im größeren Umfange befördern, hat nach wie vor zu unterbleiben.

c) Für die **Luftkriegführung im Westen** bleiben die bisherigen Einschränkungen bestehen. Überfliegen der Reichsgrenze ist nur zur Nah- und Gefechtsaufklärung sowie zum Angriff gegen feuerleitende Flugzeuge, Fesselballone freigegeben. Ebenso kann die Luftwaffe in der Deutschen Bucht und im Minenwarngebiet West sowie zur unmittelbaren Unterstützung von Seekampfhandlungen mit englischen oder französischen Schiffen eingreifen.
Über Freigabe der Fernaufklärung folgt Befehl.

6.) Für den U-Bootskrieg dürfen von nun an nur mehr folgende Bezeichnungen gewählt werden:
für den U-Bootskrieg nach Prisenordnung — Handelskrieg
für den uneingeschränkten U-Bootskrieg — Belagerung Englands zur See.

** 7.) Gegen einwandfrei als **bewaffnet erkannte englische Handelsschiffe** ist der U-Boot-Angriff ohne vorherige Warnung freigegeben.

(gez.) Adolf Hitler

Verteiler:
Ob. d. H.   = 1. Ausf.
Ob. d. M.   = 2.   „
Ob. d. L.   = 3.   „
OKW/WFA   = 4.   „
L   = 5.–7. Ausf.

Or. m. eigh. Unterschrift in OKM Weisungen OKW IV, 1 Bd. 1. 3 Seiten Masch. Schr.

* *Bleistiftnotiz: Soll heißen Nordfranz. Küste.*
** *Randbemerkung: überholt durch Weisung No. 5.*

5.

Der Oberste Befehlshaber der Wehrmacht   Berlin, den 30. Sept. 1939
OKW. Nr. 171/39 g. K. Chefs. WFA/L I

Geheime Kommadosache
Chef Sache   8 Ausfertigungen
Nur durch Offizier   2. Ausfertigung

Weisung Nr. 5

1.) Nach Abschluß des Grenz- und Freundschaftsvertrages mit Rußland vom 28. 9. 39 ist es beabsichtigt, die politische Gestaltung des ehemaligen polnischen Gebietes innerhalb des deutschen Interessenbereiches nach folgenden Richtlinien zu regeln:
  a) Die neue **politische Begrenzung** des Reiches im Osten wird im allgemeinen den früheren deutschen Siedlungsraum und darüber hinaus diejenigen Gebiete umschließen, die militärisch, wehrwirtschaftlich oder verkehrstechnisch besonders wertvoll sind.

Die Linienführung liegt im einzelnen noch nicht fest. Vorschläge hierzu bitte ich, mir über OKW. vorzulegen.

b) Die bisherige Demarkationslinie (Pisia — Narew — Weichsel — San) wird als **militärische Sicherungslinie** gegenüber dem Osten durch ständigen Ausbau verstärkt werden. Die dazu erforderlichen Standorte werden auch auf die Dauer über die politische Reichsgrenze hinaus vorzuschieben sein.
Für die Führung der Sicherungslinie im einzelnen bitte ich, mir ebenfalls Vorschläge über OKW. vorzulegen.

c) Die nach dem Grenz- und Freundschaftsvertrag mit Rußland festgelegte Linie, die im einzelnen noch durch ein Zusatzprotokoll bestimmt werden soll, ist als **Abgrenzung des deutschen Interessenbereiches** gegenüber Rußland vorgesehen.

d) Die **staatspolitische Gestaltung** des zwischen dieser und der neuen politischen Grenze des Deutschen Reiches liegenden Raumes behalte ich mir vor.

2.) Das gesamte Gebiet des ehemaligen polnischen Staates bis zu der laut Grenz- und Freundschaftsvertrag mit Rußland bestimmten Linie einschließlich des Suwalki-Zipfels wird zunächst als **Militärverwaltungsgebiet** unter dem Ob. d. H. eingerichtet.

Ich bitte den Ob. d. H., mir baldigst diejenigen Maßnahmen vorzuschlagen, die vorgesehen sind:

a) für die Befriedung der neu zu besetzenden Gebiete. Zeitliche Regelung im Anschluß an die in Moskau getroffenen Vereinbarungen;

b) für die Besetzung der Sicherungslinie im Zuge der bisherigen Demarkationslinie;

c) für die Besetzung des Gesamtgebietes durch die Besatzungstruppe. Hierbei ist ostwärts der militärischen Sicherungslinie nach Durchführung der Befriedung mit einem Mindestmaß von Kräften auszukommen.
Ob. d. L. beläßt die zur Durchführung dieser Aufgaben des Ob. d. H. benötigten Kräfte im Osten;

d) für die Unterteilung des Militärverwaltungsgebietes in Bezirke, bezw. die Ausdehnung der bisherigen militärischen Verwaltungsbezirke auf die neu hinzugekommenen Gebiete.

3.) Auf Grund der letzten politischen Entwicklung erübrigt es sich, die gemäß Weisung Nr. 4, Ziffer 4.), letzter Satz, in Ostpreußen vorgesehenen Kräfte bereitzustellen.

30. 9. 1939

4.) Die bisherigen Einschränkungen des Seekrieges gegen Frankreich kommen in Fortfall. Der Seekrieg gegen Frankreich ist ebenso wie gegen England zu führen.
Der Handelskrieg ist im allgemeinen nach Prisenordnung zu führen mit folgenden Ausnahmen:
Einwandfrei als feindlich erkannte Handelsschiffe und Truppentransporter dürfen warnungslos angegriffen werden.
Dasselbe gilt für abgeblendet fahrende Schiffe in den Gewässern um England.
Gegen Handelsschiffe, die nach dem Anhalten von ihrer Sendeeinrichtung Gebrauch machen, ist mit Waffengewalt vorzugehen.
Der Angriff auf „Passagierdampfer" oder solche größeren Dampfer, die offensichtlich neben Handelswaren Passagiere in größerem Umfange befördern, hat nach wie vor zu unterbleiben.

5.) Für die Luftkriegführung im Westen bleiben die bisherigen Einschränkungen bestehen. Das Überfliegen der Reichsgrenze ist zur Nah- und Gefechtsaufklärung, zum Angriff gegen feuerleitende Flugzeuge, Fesselballone sowie für die Fernaufklärung des Ob. d. L. in beschränkter Form freigegeben. Wünschen für die Fernaufklärung des Heeres ist hierbei durch unmittelbare Zusammenarbeit zwischen Heer und Luftwaffe (Luftwaffenkommandos) Rechnung zu tragen. Weiterhin sind der Luftwaffe Angriffshandlungen in der Nordsee gegen in See befindliche englische und französische Seestreitkräfte sowie der Handelskrieg nach Prisenordnung freigegeben.

6.) Die Anordnungen der Ziffern 4.) und 5.) treten anstelle der Ziffern 5 b, c und 7 der Weisung Nr. 4 für die Kriegführung.

gez. Adolf Hitler.
Für die Richtigkeit:
Der Chef des Oberkommandos der Wehrmacht
(gez.) Keitel

* Verteiler:
OKH   1. Ausf.
OKM   2. Ausf.
R. d. L. u. Ob. d. L. 3. Ausf.
OKW
 Chef WFA 4. Ausf.
 L   5.–8. Ausf.

* *Der in der Ausgabe der US-Navy gebrauchte Begriff „countersigned: Keitel" ist falsch. Es liegt keine Kontrasignatur im verfassungsrechtlichen Sinne vor, sondern lediglich eine büromäßige Bestätigung der im Entwurf vollzogenen Unterschrift Hitlers und der ordnungsmäßigen Ausfertigung des Aktenstücks.*

Or. m. eigh. Unterschrift Keitels in OKM Weisungen OKW IV, 1 Bd. 1. 4 Seiten Masch. Schr.

6.

Der Oberste Befehlshaber der Wehrmacht Berlin, den 9. 10. 1939
OKW Nr. 172/39 g. K. Chefs. WFA/L

Geheime Kommandosache
Chef Sache 8 Ausfertigungen
Nur durch Offizier 2. Ausfertigung.

Weisung Nr. 6
für die Kriegführung.

1.) Sollte in der nächsten Zeit zu erkennen sein, daß England und unter dessen Führung auch Frankreich nicht gewillt sind, den Krieg zu beenden, so bin ich entschlossen, ohne lange Zeit verstreichen zu lassen, aktiv und offensiv zu handeln.

2.) Ein längeres Abwarten führt nicht nur zu einer Beseitigung der belgischen, vielleicht auch der holländischen Neutralität zugunsten der Westmächte, sondern stärkt auch die militärische Kraft unserer Feinde in zunehmendem Maße, läßt das Vertrauen der Neutralen auf einen Endsieg Deutschlands schwinden, und trägt nicht dazu bei, Italien als militärischen Bundesgenossen an unsere Seite zu bringen.

3.) Für die Weiterführung der militärischen Operationen befehle ich daher folgendes:

a) Am Nordflügel der Westfront ist durch den luxemburgisch-belgischen und holländischen Raum eine Angriffsoperation vorzubereiten. Dieser Angriff muß so stark und so frühzeitig als möglich geführt werden.

b) Zweck dieser Angriffsoperation ist es, möglichst starke Teile des französischen Operationsheeres und die an seiner Seite fechtenden Verbündeten zu schlagen, und gleichzeitig möglichst viel holländischen, belgischen und nordfranzösischen Raum als Basis für eine aussichtsreiche Luft- und Seekriegführung gegen England und als weites Vorfeld des lebenswichtigen Ruhrgebietes zu gewinnen.

c) Der Zeitpunkt des Angriffes ist abhängig von der Verwendungsbereitschaft der Panzer und Mot.-Verbände, die unter Anspannung aller Kräfte zu beschleunigen ist und von der dann gegebenen und in Aussicht stehenden Wetterlage.

4.) Die Luftwaffe verhindert das Eingreifen der französisch-englischen Luftwaffe gegen das eigene Heer und unterstützt, soweit erforderlich, dessen Vorgehen unmittelbar. Hierbei wird es auch darauf ankommen, das Festsetzen der englisch-französischen Luftwaffe sowie englische Truppenlandungen in Belgien und Holland zu verhindern.

5.) Die Seekriegführung hat alles daran zu setzen, um für die Dauer dieses Angriffs die Operationen des Heeres und der Luftwaffe mittelbar oder unmittelbar unterstützen zu können.

6.) Neben diesen Vorbereitungen für den planmäßigen Beginn des Angriffs im Westen müssen Heer und Luftwaffe jederzeit und in zunehmender Stärke bereit sein, um sofort einem französisch-englischen Einmarsch nach Belgien möglichst weit vorwärts auf belgischem Gebiet entgegentreten und Holland in einem möglichst weiten Umfang in Richtung auf die Westküste besetzen zu können.

7.) Die Tarnung der Vorbereitungen muß darauf abgestimmt sein, daß es sich nur um Vorsichtsmaßnahmen gegenüber der drohenden Versammlung französischer und englischer Kräfte an der französisch-luxemburgischen und belgischen Grenze handelt.

* 8.) Die Herren Oberbefehlshaber bitte ich, mir auf Grund dieser Weisung ihre Absichten im einzelnen möglichst bald vorzutragen und mich über das OKW fortlaufend über den Stand der Vorbereitungen unterrichtet zu halten.

(gez.) Adolf Hitler

Verteiler:
OKH	1. Ausf.
OKM	2. „
R. d. L. u. Ob. d. L.	3. „
OKW:	
Chef WFA	4. „
Chef L	5. „
I a	6. „
I b	7. „
I c	8. „

* *Gemeint sind nur die Oberbefehlshaber der Wehrmachtteile: v. Brauchitsch (Heer), Dr. h. c. Raeder (Marine), Göring (Luftwaffe). Diesen wurde eine vom gleichen Tage datierte ausführliche „Denkschrift und Richtlinien über die Führung des Krieges im Westen" zugeleitet.*

Or. m. eigh. Unterschrift in OKM Weisungen OKW IV, 1 Bd. 1. 3 Seiten Masch. Schr.
Druck: Loßberg, Im Wehrmachtführungsstab. — Jacobsen 1939—1945 Nr. 15. — Ders.: Vorgesch. West Nr. 3a. — Ebd. Nr. 3 „Denkschrift und Richtlinien über die Führung des Krieges im Westen" vom 9. 10. 1939 (Verteiler: Brauchitsch, Raeder, Göring, Keitel).

7.

Der Oberste Befehlshaber der Wehrmacht   Berlin, den 18. 10. 1939
OKW/WFA Nr. 181/39 g. K. Chefs. LI

Geheime Kommandosache
Chef Sache   8 Ausfertigungen.
Nur durch Offizier   2. Ausfertigung.

Weisung Nr. 7
für die Kriegführung.

Für die **Kampfführung gegen die Westgegner** bis zum Beginn des planmäßigen Angriffs werden die bisherigen Richtlinien wie folgt ergänzt:

1.) Mit **sofortiger Wirkung** werden freigegeben:

dem **Heer**: Überschreiten der französischen Grenze durch Spähtrupps, aber nur insoweit, als es zur Aufklärung und zur Aufrechterhaltung der Fühlung mit ausweichendem Gegner erforderlich ist;

der **Luftwaffe**: Jagdschutz in französisches Gebiet hinein, soweit er zur Sicherung der Aufklärung notwendig ist,
Angriffshandlungen gegen englische Seestreitkräfte in **Kriegshäfen** (mündlich voraus);

der **Kriegsmarine**: Angriffe auf feindliche Passagierdampfer, die sich im Geleit befinden oder abgeblendet fahren.
Über alle übrigen zur Verschärfung des Handelskrieges gegen England vorgeschlagenen Maßnahmen wird der Führer entscheiden, sobald sie durch das OKW in ihrer politischen und wirtschaftlichen Auswirkung geprüft sind.

Die Angriffe gegen englische Seestreitkräfte auf See und in den Kriegshäfen sind in enger Zusammenarbeit von Kriegsmarine und Luftwaffe bei jeder sich bietenden günstigen Gelegenheit fortzusetzen.

2.) Für den Fall, daß einem **französisch-englischen Einmarsch nach Belgien** entgegen getreten werden muß (Weisung Nr. 6, Ziffer 6), wird dem **Heer** das Betreten auch **luxemburgischen** Gebietes freigegeben.

Die **Luftwaffe** unterstützt in diesem Fall das Heer unmittelbar und verhindert das Eingreifen der französisch-englischen Luftwaffe gegen das Heer sowie den Anmarsch und Antransport feindlicher

Kräfte. Es kommt ferner darauf an, das Festsetzen der englisch-französischen Luftwaffe und englische Truppenlandungen in Belgien und Holland zu verhindern. Hierbei ist das Überfliegen der gesamten deutschen Westgrenze frei. Angriffe gegen Industrieziele und Angriffe, die in hohem Maße die Zivilbevölkerung gefährden können, sind im belgisch-holländisch-luxemburgischen Raum verboten.

Für die Kriegsmarine gelten auch in diesem Falle die Grundsätze gemäß Weisung Nr. 6, Ziffer 5.

3.) Zur Tarnung der eigenen Angriffsvorbereitungen sind neben den Führungsmaßnahmen im Bereich der einzelnen Wehrmachtteile auch die dem OKW unmittelbar unterstehenden Dienststellen einheitlich zum Einsatz zu bringen, insbesondere der Inspekteur der Wehrmachtnachrichtenverbindungen, die Abwehr- und die Propaganda-Abteilung.

Vorschläge und Forderungen sind hierzu baldigst dem OKW (WFA/L) zuzuleiten.

Im Auftrage
gez.: Keitel
Für die Richtigkeit:
(gez.) Warlimont
Oberst d. G.

Verteiler:
OKH	1. Ausf.
OKM	2. „
R. d. L. u. Ob. d. L.	3. „
OKW:	
Chef WFA	4. „
Chef L	5. „
I a	6. „
I b	7. „
I c	8. „

Or. m. eigh. Unterschrift Warlimonts in OKM Weisungen OKW IV, 1 Bd. 1. 3 Seiten Masch. Schr. Ungedruckt.

Weisung Nr. 7 für die Kriegführung

Der Chef des Wehrmachtführungsamtes
im O.K.W.
OKW/WFA Nr. 181/39 g. K. Chefs. L I
II. Ang.

Berlin, den 18. 10. 1939.

Geheime Kommandosache
Chef Sache
Nur durch Offizier

2 Ausfertigungen
1. Ausfertigung.

An
    den Chef des Stabes der Seekriegsleitung

O. K. M.

Zu Ziffer 1, Abschnitt Kriegsmarine 1. Satz beiliegender Weisung hat der Führer eine nochmalige ausdrückliche Unterrichtung der neutralen Staaten durch das Auswärtige Amt befohlen, obwohl das freigegebene Verfahren gegen derart sich verhaltende Passagierdampfer nach dem internationalen Seerecht ohnehin zulässig ist.

(gez.) Jodl

Hierzu wurden ergänzend folgende Befehle gegeben:

OKW/WFA/L I b Nr. 189/39 gK Chefs. vom 9. 11. 1939, 4 Ausf., gez. Jodl betr. Seekriegführung zu Weisung Nr. 6.
OKW/WFA/L Nr. 213/39 gK Ch. vom 14. 11. 1939, 8 Ausf., gez. Keitel Ziff. 1) betr. Holland, Ziff. 2) betr. Angriffe auf Tanker.

OKW/WFA 20/39 GKdos

Berlin, den 15. 11. 1939

Betr.: Operation „Gelb"

    Es ist neuerdings damit zu rechnen, daß unsere Gegner bei einem deutschen Durchbruch durch den Südzipfel Hollands und bei einem Überfliegen Hollands mit starken Fliegerverbänden auch ihrerseits die Neutralität Hollands nicht mehr achten und den holländischen Raum mit Angriffsverbänden überfliegen, vielleicht sogar mit Teilkräften in der Festung Holland Fuß fassen werden. Für die Luftverteidigung Westdeutschlands, insbesondere des Ruhrgebietes und der Nordseehäfen, wird es dann erforderlich, durch Besetzung möglichst viel holländischen Raumes ein weiteres Vorfeld für unsere Luftverteidigung zu gewinnen.

    Das H e e r muß daher vom Beginn des Angriffs im Westen an bereit sein, auf Befehl des Führers und Obersten Befehlshabers der Wehrmacht den holländischen Raum zunächst vorwärts der Festung Holland in Besitz zu nehmen. Für diese Aufgabe ist ein Mindestmaß an Kräften einzusetzen.

    Die K r i e g s m a r i n e wird in diesem Falle neben den ihr weisungsmäßig zufallenden Aufgaben das Heer bei der Besetzung der holländischen Inseln zu unterstützen haben.

. . . .

(gez.) Keitel

Inseriert in Befehl des ObdH/GenStdH/Op.Abt. (II) Nr. 44493/39 gKdos. v. 15. 11. 1939 an HGr. B. Gedr. Jacobsen, Vorgeschichte West Nr. 13.

20. 11. 1939

8.

Der Oberste Befehlshaber der Wehrmacht Berlin, den 20. 11. 1939.
OKW/WFA Nr. 213/39 g. K. Chefs. Abt. L (I)

Geheime Kommandosache
Chef Sache 8 Ausfertigungen.
Nur durch Offizier 2. Ausfertigung.

Weisung Nr. 8
für die Kriegführung.

1.) Die Bereitschaft, um den eingeleiteten Aufmarsch jederzeit fortsetzen zu können, muß vorläufig aufrecht erhalten bleiben. Nur so ist es möglich, eine günstige Wetterlage sofort auszunutzen.

Die Wehrmachtteile treffen Vorbereitungen, daß der Angriff auch dann noch angehalten werden kann, wenn der Befehl hierzu erst am A — 1. Tag 23.00 Uhr bei den Oberkommandos eingeht. An die Oberkommandos wird bis spätestens zu diesem Zeitpunkt Stichwort

„Danzig" [urspr.: „Rhein"] (= Angriff durchführen)
oder
„Augsburg" [urspr.: „Elbe"] (= Angriff anhalten)

durchgegeben werden.

Ob. d. H. und Ob. d. L. werden gebeten, nach Bestimmung des Angriffstages umgehend an OKW/Abt. L die für den Angriffsbeginn im gegenseitigen Benehmen vorgesehene Uhrzeit zu melden.

2.) Entgegen der früher erteilten Weisung sind alle gegen Holland beabsichtigten Maßnahmen ohne besonderen Befehl mit dem allgemeinen Angriffsbeginn freigegeben.

Die Haltung der holländischen Wehrmacht ist im Voraus nicht zu übersehen. Wo kein Widerstand auftritt, ist dem Einmarsch der Charakter einer friedlichen Besetzung zu geben.

3.) Die Operationen zu Lande sind auf der Grundlage der Aufmarschanweisung vom 29. 10. zu führen.
In Ergänzung hierzu gilt:
a) Es sind alle Vorkehrungen zu treffen, um den Schwerpunkt der Operationen rasch von der H. Gr. B zur H. Gr. A zu verlegen, falls dort, wie es die augenblickliche Kräfteverteilung des Gegners vermuten lassen könnte, raschere und größere Erfolge eintreten sollten als bei der H. Gr. B.

b) Der holländische Raum, einschließlich der vorgelagerten westfriesischen Inseln, vorerst ohne Texel, ist zunächst bis zur Grebbe-Maas-Linie in Besitz zu nehmen.

4.) Der **Kriegsmarine** sind Sperrmaßnahmen gegen die belgischen und entgegen früheren Anordnungen auch gegen die holländischen Häfen und Fahrwasser für U-Boote in der Nacht vor dem Angriff, für Überwasserstreitkräfte und Flugzeuge von der Angriffszeit des Heeres an freigegeben. Die Zeitspanne zwischen dem Beginn der Sperrtätigkeit und der Angriffszeit zu Lande muß aber auch beim Einsatz der U-Boote so gering als möglich gehalten werden.

Kampfmaßnahmen gegen holländische Seestreitkräfte sind erst dann freigegeben, wenn diese eine feindliche Haltung einnehmen.

An den zu besetzenden Küstengebieten übernimmt die Kriegsmarine den artilleristischen Küstenschutz gegen Angriffe von See her. Die Vorbereitungen dafür sind zu treffen.

5.) Die Aufgaben der **Luftwaffe** bleiben unverändert. Sie sind durch die vom Führer mündlich erteilten Sonderaufträge für Luftlandung und Unterstützung des Heeres bei der Besitznahme der Brücken westl. Maastricht ergänzt.

** Die 7. Fl. Div. wird erst dann für das Luftlandeunternehmen eingesetzt werden, wenn der Besitz von Brücken über den Albert-Kanal gesichert ist. Schnellste Übermittlung dieser Meldung ist zwischen Ob. d. H. und Ob. d. L. sicherzustellen.

Ortschaften, insbesondere große offene Städte, und die Industrien sind ohne zwingende militärische Gründe weder im holländischen noch im belgisch-luxemburgischen Raum anzugreifen.

6.) Grenzsperre:

a) Bis zum Beginn des Angriffs ist der Grenz- und Nachrichtenverkehr über die holländische, belgische und luxemburgische Grenze zur Wahrung der Überraschung im bisherigen Umfang aufrecht zu erhalten. Zivilbehörden sind bis zum Angriffsbeginn an den Vorbereitungen für eine Grenzschließung nicht zu beteiligen.

b) Mit Beginn des Angriffs ist die Reichsgrenze gegen Holland, Belgien und Luxemburg für jeden nichtmilitärischen Grenz- und Nachrichtenverkehr zu sperren. Die Anordnungen hierfür an die beteiligten militärischen und zivilen Dienststellen gibt der Oberbefehlshaber des Heeres. Die beteiligten Obersten Reichsbehörden werden durch OKW mit Angriffsbeginn davon in Kenntnis gesetzt, daß die Maßnahmen für die Grenzsperre vom Oberbefehlshaber des Heeres — auch an der holländischen Grenze außerhalb des Operationsgebietes — unmittelbar angeordnet werden.

c) An den übrigen Reichsgrenzen gegenüber neutralen Staaten treten Einschränkungen im Grenz- und Nachrichtenverkehr nach Angriffsbeginn zunächst nicht ein. Weitere vorbereitete Maßnahmen zur Überwachung des Personen- und Nachrichtenverkehrs werden bei Bedarf in Kraft gesetzt.

I. A.
Der Chef des Oberkommandos der Wehrmacht
(gez.) Keitel

Verteiler:
OKH	1. Ausf.
OKM	2. „
R. d. L. u. Ob. d. L.	3. „
OKW:	
Chef WFA	4. „
L	5.—8. „

* A-Tag = Angriffstag. Der A minus 1. Tag ist der dem Angriffsbeginn vorausgehende Tag.
** Ausschaltung des belgischen Sperrforts Eben Emael zwischen Maastricht und Lüttich.

Or. m. eigh. Unterschrift Keitels in OKM Weisungen OKM IV, 1 Bd. 1, 4 Seiten Masch. Schr.
Druck: IMT XXVI S. 37. — Jacobsen, Vorgesch. West Nr. 4 (nach anderer, nicht gekennzeichneter Ausf.).

8 a.

Der Chef des Oberkommandos der Wehrmacht   Berlin, den 11. 12. 1939
Nr. 22231/39 g. Kdos. Chefs. Abt. L (Ib)

Geheime Kommandosache
Chef Sache   8 Ausfertigungen
Nur durch Offizier   2. Ausfertigung.

Betr.: Ergänzung der Weisung Nr. 8 für die Kriegführung.

Zu Ziff. 4, 1. Absatz, der Weisung Nr. 8 für die Kriegführung hat der Führer folgende Änderung befohlen:
Außer für die U-Boote wird auch für Überwasserstreitkräfte der Einsatz zu den Sperrmaßnahmen gegen die belgischen und holländischen Häfen in der Nacht vor dem Angriff freigegeben. Dabei ist jedoch der Grundsatz zu beachten, daß eine Vorwarnung dieser Länder und damit eine Gefährdung der Überraschung bei den Landoperationen vermieden werden muß. Aus diesem Grunde soll ebenso wie bei den U-Booten die Zeitspanne zwischen dem Beginn der Sperrtätigkeit und dem Angriffsbeginn zu Lande so gering wie möglich gehalten werden.
Falls jedoch vorher zu übersehen ist, daß infolge ungünstiger Verhältnisse, wie z. B. helle Mondnacht, der Sperrangriff nicht unbemerkt durchzuführen ist, so hat in diesem Falle der Einsatz der Überwasserstreitkräfte zu unterbleiben.
Die Bindung, daß die Sperrangriffe bis 23.00 Uhr der Angriffs-Vornacht angehalten werden können, bleibt bestehen.

Weisung Nr. 9 · Kriegführung gegen fdl. Wirtschaft

Ebenfalls ändert sich nichts an der Bestimmung, daß der Einsatz von Flugzeugen nicht vor der Angriffszeit zu Lande erfolgen darf.

(gez.) Keitel

Verteiler:
OKH	1. Ausf.
OKM	2. „
R. d. L. u. Ob. d. L.	3. „
OKW:	
Chef WFA	4. „
L	5.—8. „

Ergänzend zu Weisung Nr. 8 erließ der Befehl des OKW/WFA Nr. 23/39 gK Chefs. v. 13. 12. 1939 Richtlinien betr. Verhalten gegenüber den in der Maginot-Linie festgestellten britischen Truppen. Ein weiterer Befehl des OKW/WFA Nr. 22245/39 gK Chefs. v. 28. 12. 1939 gab Einzelanweisungen betr. Spicherer Höhen, Wetterlage, Schwerpunktbildung, (gez.) Keitel. Druck: Jacobsen, Vorgeschichte West Nr. 5.
Ein weiterer Befehl des OKW zu Fall „Gelb" vom 30. 12. 1939 (gez. Keitel) bezog sich auf Einzelheiten des Luftwaffen- und Marine-Einsatzes.

OKM Weisungen OKW IV. 1. Bd. 1.

9.

Der Oberste Befehlshaber der Wehrmacht   Berlin, den 29. 11. 1939.
OKW/WFA Nr. 215/39 g. Kdos. Chefs. Abt. L I

Geheime Kommandosache
Chef Sache   11 Ausfertigungen.
Nur durch Offizier   2. Ausfertigung.

Weisung Nr. 9

Richtlinien für die Kriegführung gegen die feindliche Wirtschaft.

1.) Im Krieg gegen die Westmächte ist England der Träger des Kampfwillens und die führende Macht der Feinde. England niederzuringen ist die Voraussetzung für den Endsieg.

Das wirksamste Mittel hierzu ist, die englische Wirtschaft durch Störung an entscheidenden Punkten lahmzulegen.

2.) Die Entwicklung der Lage und unserer Rüstung kann in absehbarer Zeit günstige Voraussetzungen für eine umfassende Kriegführung gegen die wirtschaftlichen Grundlagen Englands schaffen. Es muß daher rechtzeitig Vorsorge getroffen werden, um durch die Zusammenfassung der geeigneten Kampfmittel der Wehrmacht auf die wichtigsten Ziele, England in seiner Wirtschaftskraft vernichtend zu treffen.

29. 11. 1939

Die nichtmilitärischen Kampfmittel werden im Einklang mit den Maßnahmen der Wehrmacht nach besonderer Anweisung eingesetzt werden.

3.) Ist es dem Heere gelungen, das engl.-franz. Operationsheer zu schlagen und einen Teil der England gegenüberliegenden Festlandküste in Besitz zu nehmen und zu behaupten, so tritt die **Aufgabe der Kriegsmarine und Luftwaffe**, den Kampf gegen die englische Wirtschaftskraft zu führen, in den Vordergrund. Mitwirkung der S- und K-Organisation ist anzustreben.

4.) Der Kriegsmarine und der Luftwaffe erwachsen dann in gemeinsamer Kampfführung folgende, in der Reihenfolge ihrer Bedeutung angeführten Aufgaben:

a) Kampf gegen die englischen Hauptumschlaghäfen durch Verminen und Blockieren der Zufahrtwege und durch Zerstören der lebenswichtigen Hafenanlagen und der Seeschleusen.

   Hierbei kommt dem Flugzeug als Minenträger besonders für die Häfen an der englischen Westküste, in engen Wasserstraßen und Flußmündungen große Bedeutung zu.

b) Kampf gegen den englischen Tonnageraum und die ihn schützende feindliche Flotte.

c) Vernichtung der englischen Vorräte, Ölvorräte, Lebensmittel in Kühlhäusern und Getreidesilos.

d) Störung der englischen Truppen- und Versorgungstransporte nach dem französischen Festland.

e) Zerstörung von Industrieanlagen, deren Ausfall für die militärische Kriegführung von entscheidender Bedeutung ist, vor allem die Schlüsselpunkte der Flugzeugindustrie und die Werke zur Herstellung von schwerer Artillerie, Flak, Munition und Sprengstoff.

5.) Die wichtigsten Umschlaghäfen Englands, die 95 % des Außenhandels aufnehmen und nur unzulänglich durch andere ersetzt werden können, sind:

| London Liverpool Manchester | für die Lebensmittel-, Holz- und Öl**einfuhr** und Verarbeitung. |

Diese 3 Häfen nehmen bei einer Friedenseinfuhr von 58 % der Gesamteinfuhr eine entscheidende Stellung ein.

| Newcastle Blyth Sunderland Hull | Swansea Cardiff Barry | für die Kohlen**ausfuhr**. |

Als Ausweichhäfen kommen in begrenztem Umfang und nur für bestimmte Güter in Betracht:

Grangemouth	Holyhead
Leith	Bristol
Middlesbrough	Belfast
Grimsby	Newport
Southampton	Goole
Glasgow	Dundee

Eine dauernde Überwachung der etwaigen Verlagerungen ist erforderlich. Außerdem wird es darauf ankommen, den englischen Außenhandel durch fortschreitende Einengung und Verlagerung in Räume zu zwingen, die dem wirksamen Zugriff der eigenen See- und Luftstreitkräfte unterliegen.

Angriffe gegen **französische Häfen** kommen nur insoweit in Betracht, als sie mit der Belagerung Englands in örtlichem oder sachlichem Zusammenhang stehen oder als Ausschiffungshäfen für Truppentransporte von Bedeutung sind.

6.) Bei denjenigen Häfen, gegen welche ein wirksamer Mineneinsatz nicht durchgeführt werden kann, ist der Handelsverkehr durch **Blockierung der Hafenanlagen** mit versenkten Schiffen und **Zerstörung der lebenswichtigen Anlagen** lahmzulegen. Von besonderer Bedeutung ist hierbei in den Häfen

Leith, Sunderland, Hull, Grimsby, London, Manchester (Shipchannel), Liverpool, Cardiff, Swansea, Bristol-Avonmouth

die Zerstörung der großen Seeschleusen, von denen insbesondere an der Westküste die Wasserregulierung und damit der Umschlag in den Häfen entscheidend abhängig sind.

7.) Bei der Vorbereitung dieser Operationen kommt es darauf an:

a) daß die bisher bekannten Grundlagen über die englischen Seehäfen, ihre Anlagen und ihre Leistungsfähigkeit, sowie über die englische Rüstungsindustrie und die großen Vorratslager dauernd überprüft und vervollständigt werden.

b) die Entwicklung einer wirksamen Methode, das Flugzeug als Minenleger auch für Ankerminen zu verwenden mit größter Beschleunigung vorwärts getrieben wird.

c) ein Vorrat an Minen geschaffen wird, der den sehr hohen Anforderungen genügt und zahlenmäßig den Einsatzmöglichkeiten von Kriegsmarine und Luftwaffe Rechnung trägt und

d) die Kampfführung selbst durch Kriegsmarine und Luftwaffe aufeinander abgestimmt und zeitlich und örtlich in Übereinstimmung gebracht wird.

29. 11. 1939

Die Vorbereitungen sind hiernach baldigst zu treffen. Die Herren Oberbefehlshaber der Kriegsmarine und der Luftwaffe bitte ich, mich über ihre Absichten laufend weiter zu unterrichten.

Den Zeitpunkt für die Aufhebung der nach meinen bisherigen Weisungen zunächst auch weiterhin gültigen Einschränkungen für den See- und Luftkrieg behalte ich mir vor. Er wird voraussichtlich mit dem Beginn der großen Offensive zusammen fallen.

(gez.) Adolf Hitler
Für die Richtigkeit:
*** Sorge
Hauptmann d. G.

Verteiler:
OKH	1. Ausf.
OKM	2. „
R. d. L. u. Ob. d. L.	3. „
OKW	
Chef WFA	4. „
Chef Wi Rü Amt	5. „
Chef Ausl/Abw.	6. „
Chef Sonderstab HWK	7. „
Chef L	8. „
L Ia	9. „
L Ib	10. „
L Ic	11. „
K	Abschrift
(IV	2. „)

* Sabotage- und Kommando-Organisation.
** gemeint sind Ankertauminen, die eine Gefährdung der Seewege auch außerhalb der 40 m-Tiefe herbeiführen.
*** In der 9. Ausf. zeichnete Hauptmann v. Trotha f. d. R.

Or. m. eigh. Unterschrift von Sorge in OKM Weisungen OKW IV, 1 Bd. 1, 5 Seiten Masch. Schr. Druck: Jacobsen 1939–1945 Nr. 17 (nach 9. Ausf.).

Vgl. ergänzend betr. Handelskriegführung gegen England: OKW/WFA Nr. 22249/39 gK Chefs. vom 30. 12. 1939 (gez. Jodl). Vgl. auch oben, Zusatz zu Nr. 8.

9a.

Oberkommando der Wehrmacht F. H. Qu., den 26. 5. 1940.
WFA/Abt. L Nr. 33038/40 g. K. Chefs.

Bezug: OKW/WFA Abt. L Nr. 215/39 g. K. Chefs.
 vom 29. 11. 39.
Betr.: Richtlinien für die Kriegführung
 gegen die feindliche Wirtschaft.
Chef Sache 12 Ausfertigungen
Nur durch Offizier 2. Ausfertigung.

Ergänzung zur Weisung Nr. 9.

Durch die Besetzung Norwegens und Hollands und den bevorstehenden Abschluß der Operationen in Belgien und Nordfrankreich sind die Grundlagen für den **Kampf gegen die feindliche Wirtschaft** entscheidend verbessert. Stärkere Kräfte, insbesondere der Luftwaffe, werden aber für diese Aufgabe erst in einem späteren Zeitpunkt zur Verfügung stehen.

Die nachstehende Ergänzung der geltenden Richtlinien soll daher in erster Linie der weiteren Vorbereitung dienen.

1) **Bisheriges Ergebnis der Kampfführung** gegen die feindliche Wirtschaft:
   a) Durch den Ausfall Skandinaviens, Belgiens und Hollands als Versorgungsbasis erhöht sich der feindliche Bedarf an Hochseetonnage. Demgegenüber hat England jedoch aus den Handelsflotten der besetzten Länder einen wertvollen Zuwachs an Schiffsraum erhalten.
   b) Sowohl England wie Frankreich wurden zu fortschreitenden Rationierungsmaßnahmen ihrer Verbrauchswirtschaft gezwungen.

2) Aus der bisherigen Kampfführung ergeben sich nachstehende **Folgerungen**:
   a) Bei der Brechung des Kampfwillens des Gegners kommt der **Vernichtung seiner Lebensmittelversorgung** eine hervorragende Bedeutung zu. Diese ist daher bei dem Kampf gegen die **Hauptumschlaghäfen** und gegen die **Bevorratung** besonders zu berücksichtigen. Hierbei ist auch der Transit durch Frankreich zu verhindern.
   b) Mit einer entscheidenden Wirkung gegen die Feindwirtschaft ist allein durch **Kampf gegen die Tonnage** nicht zu rechnen. Trotzdem muß der Kampf gegen die Tonnage aufrecht erhalten werden, um — außer dem unmittelbaren Erfolg — den Gegner ins Geleit und damit zu einer hohen Tonnagebeanspruchung zu zwingen. Hierbei kommt es auch darauf an, den Zwang zum Konvoy-System auf möglichst weit entfernte Seeräume auszudehnen.
   c) Der **Luftmineneinsatz** ist im Einvernehmen zwischen Ob d M und Ob d L — soweit erforderlich — auch auf die **französischen Atlantikhäfen** auszudehnen.
   d) Im Höhepunkt des Kampfes gegen die englische Wirtschaft kann die **Störung der Versorgungswirtschaft** (Gas, Wasser, Elektrizität) eine entscheidende Bedeutung gewinnen. Maßnahmen hierfür sind ebenso wie die Schutzmaßnahmen für die eigene Versorgungswirtschaft vorzubereiten.

26. 5. 1940

    e) Im Einklang mit der Kampfführung gegen die feindliche Wirtschaft müssen **Sabotage- und wirtschaftliche Kampfmaßnahmen** in verstärktem Umfang durchgeführt werden. Gegenseitige Ergänzung mit den Kampfmaßnahmen von Kriegsmarine und Luftwaffe ist sicherzustellen.

* 4) Unabhängig von den in der Weisung Nr. 9, Ziff. 4) ihrer Dringlichkeit nach genannten Aufgaben wird es im Zuge der Westoperationen vordringliche Aufgabe der Luftwaffe sein, die **englische Luftrüstungsindustrie** zu zerschlagen, um damit der englischen Luftwaffe als letzte unmittelbar gegen uns wirksame Waffe ihre Lebensgrundlage zu nehmen.

5) Der **Zeitpunkt** für den Beginn einheitlicher Kampfmaßnahmen gegen die feindliche Wirtschaft wird gesondert befohlen.

                                            (gez.) Keitel

Verteiler:

OKH	1. Ausf.
OKM	2. „
RdL u. ObdL	3. „
OKW Chef WFA	4. „
Chef Wi Rü	5. „
Chef Ausl/Abw	6. „
Chef Sonderst. HWK	7. „
Chef L	8. „
L IH	9. „
L IL	10. „
L IK	11. „
Ktb	12. „

* *Soll heißen 3) und entspr. unten 4).*
Irrtümlich falsche Zählung in Anklang an die Bezugsziffer.

Or. Akte Marine-Archiv m. eigh. Unterschrift Keitels, 3 Seiten Masch. Schr.

Am 11. Januar 1940 wurde der grundlegende Führerbefehl erlassen, wonach keine Dienststelle und kein Offizier aus Gründen des Geheimschutzes mehr erfahren dürfe, als zur unmittelbaren Durchführung der ihnen gestellten Aufgabe erforderlich sei. Dasselbe ist mit Befehl des OKW/Abw. III (W) Nr. 574/40 g. vom 19. 1. 1940 (gez. Keitel) nochmals ausführlicher an 337 nachgeordnete Dienststellen zur Kenntnis gebracht worden (Druck: Jacobsen, Vorgeschichte West Nr. 6).
Weitere Anordnungen des OKW zum Fall „Gelb" wurden am 17. Januar, am 2. und 5. Februar 1940 erlassen. Die Verfügung vom 26. Februar 1940 betraf die Vermeidung eigener Verluste durch Beachtung der Erkennungs-Signale (Anlaß war der Verlust der deutschen Zerstörer „Leberecht Maaß" und „Max Schultz", von denen der erstere am 22. 2. 1940 durch Bombenabwürfe eines deutschen Flugzeugs versenkt wurde und der andere bei Ausweichmanövern auf eine britische Minensperre geriet).

10.

Weisung Nr. 10

[19. Januar — 24. Februar 1940]

Wortlaut nicht erhalten. Es ist fraglich, ob sie je an andere Stellen als an das OKH gelangt ist. Der erste Hinweis auf die Weisung findet sich im Tagebuch von Jodl vom 19. Januar 1940: „Vorschlag für Weisung No. 10 dem Führer vorgetragen" und ebenda am 23. Januar: „Unterlagen nach Weisung 10 ab 27. oder 29. 1." Daraus entstand die Neufassung der Aufmarschanweisung für den Fall „Gelb" vom 30. Januar 1940, die nur in Form eines OKH-Befehls vorliegt (gedruckt bei H. A. Jacobsen: „Dokumente zur Vorgeschichte des Westfeldzuges", Göttingen 1956, S. 59—62). Deren Ziffer 1 (Allgemeine Absicht) ist sicher aus der Führerweisung übernommen und hat folgenden Wortlaut:

„Die Haltung der Westmächte kann es erforderlich machen, daß das deutsche Heer im Westen zur Offensive übergeht. Für den Angriff werden dann alle zu Gebote stehenden Kräfte eingesetzt mit dem Zweck, Holland und Belgien zu besetzen, möglichst starke Teile des französischen Heeres und seiner Verbündeten auf nordfranzösischem und belgischem Boden zur Schlacht zu stellen und zu schlagen und dadurch die Voraussetzung für einen raschen und entscheidenden Sieg über das franz.-engl. Heer zu schaffen."

Vgl. hierzu Tagebuch Halder (hrsg. Jacobsen) 18., 20., 21. I. 1940.

Auf drängende Vorstellung des ObdH und der Heeresgruppen ist die Weisung, die eine Festlegung des Schwerpunktes der Offensive bisher vermieden hatte, abgeändert worden. Nach der Umstellung der operativen Grundlagen am 18. Februar 1940 (vgl. hierzu H. A. Jacobsen: Fall Gelb. Der Kampf um den deutschen Operationsplan zur Westoffensive 1940. Wiesbaden 1957, S. 112 ff.) entstand die Neufassung der Aufmarschanweisung „Gelb" vom 24. Februar 1940, die ebenfalls nur als OKW-Befehl vorliegt (Gedruckt bei H. A. Jacobsen: Dokumente zur Vorgeschichte des Westfeldzuges 1939—1940, Göttingen 1956, S. 64 ff.). Ziffer 1, die auch hier auf die Neufassung der Führerweisung Nr. 10 zurückgehen dürfte, lautet:

„Der Angriff „Gelb" bezweckt, durch rasche Besetzung Hollands das niederländische Hoheitsgebiet dem Zugriff Englands zu entziehen, durch Angriff über belgisches und luxemburgisches Gebiet möglichst starke Teile des franz.-engl. Heeres zu schlagen und damit die Vernichtung der militärischen Machtmittel des Feindes anzubahnen.

Der Schwerpunkt des über belg.-luxemb. Gebiet zu führenden Angriffs liegt südl. der Linie Lüttich-Charleroi.

Die nördl. dieser Linie angesetzten Kräfte durchbrechen die belgische Grenzverteidigung. Durch weiteren Angriff in westl. Richtung schalten sie eine unmittelbare Bedrohung des Ruhrgebiets aus dem nordostbelgischen Raume aus und ziehen möglichst starke Teile des engl.-franz. Heeres auf sich.

Die südlich der Linie Lüttich-Charleroi angesetzten Kräfte erzwingen den Übergang über die Maas zwischen Dinant und Sedan (beide einschl.) und öffnen sich den Weg durch die nordfranzösische Grenzverteidigung in Richtung auf den Unterlauf der Somme."

Auf diese grundsätzlichen Richtlinien bezieht sich die Ziffer 2 der unten abgedruckten Weisung Nr. 11 vom 14. Mai 1940. Inzwischen war jedoch die Weisung „Weserübung" ergangen. Da sie den Hauptkriegsschauplatz West nicht betraf und der Zeitpunkt ihrer Durchführung unsicher blieb, ist sie vom OKW in die fortlaufende Zählung der Weisungen nicht eingeschaltet worden.

1. 3. 1940

10a.

Der Führer und Oberste Befehlshaber
der Wehrmacht
WFA/Abt. L Nr. 22 070/40 g. Kdos. Chefs.

Berlin, den 1. 3. 1940

Geheime Kommandosache
Chef Sache
Nur durch Offizier

9 Ausfertigungen
1. Ausfertigung

Weisung für „Fall Weserübung".

1.) Die Entwicklung der Lage in Skandinavien erfordert es, alle Vorbereitungen dafür zu treffen, um mit Teilkräften der Wehrmacht Dänemark und Norwegen zu besetzen („Fall Weserübung"). Hierdurch soll englischen Übergriffen nach Skandinavien und der Ostsee vorgebeugt, unsere Erzbasis in Schweden gesichert und für Kriegsmarine und Luftwaffe die Ausgangsstellung gegen England erweitert werden.

Kriegsmarine und Luftwaffe fällt im Rahmen der gegebenen Möglichkeit die Sicherung des Unternehmens gegen das Eingreifen englischer See- und Luftstreitkräfte zu.

Die für „Fall Weserübung" einzusetzenden Kräfte werden im Hinblick auf unsere militärpolitische Stärke gegenüber den nordischen Staaten so schwach als möglich gehalten. Ihre zahlenmäßige Schwäche muß durch kühnes Handeln und überraschende Durchführung ausgeglichen werden.

Grundsätzlich ist anzustreben, der Unternehmung den Charakter einer friedlichen Besetzung zu geben, die den bewaffneten Schutz der Neutralität der nordischen Staaten zum Ziel hat. Entsprechende Forderungen werden mit Beginn der Besetzung den Regierungen übermittelt werden. Flotten- und Luftdemonstrationen werden erforderlichenfalls den nötigen Nachdruck geben.

Trotzdem auftretender Widerstand ist unter Einsatz aller militärischen Mittel zu brechen.

2.) Mit der Vorbereitung und Führung des Unternehmens gegen Dänemark und Norwegen beauftrage ich den Kommandierenden General des XXI. A. K., General d. I. v. Falkenhorst (Befehlshaber der „Gruppe XXI").

Dieser untersteht mir in Führungsfragen unmittelbar. Der Stab ist aus den drei Wehrmachtteilen zu ergänzen.

Die für Fall „Weserübung" zur Verfügung zu stellenden Kräfte werden gesondert befohlen.

Die Seestreitkräfte der Kriegsmarine und die von der Luftwaffe eingesetzten Kräfte bleiben dem Ob. d. M. bezw. Ob. d. L. unterstellt. Sie sind im engen Einvernehmen mit dem Befehlshaber der Gruppe XXI einzusetzen. Von dieser Regelung sind bei der Luftwaffe 1 Aufkl. Staffel (F) und 2 mot. gl. Flak-Abteilungen ausgenommen, die bis zur erfolgten Besetzung Dänemarks der Gruppe XXI unmittelbar unterstehen.

Die Versorgung der zur Gruppe XXI abgestellten Kräfte ist durch die Wehrmachtteile nach den Anforderungen des Befehlshabers sicherzustellen.

3.) Grenzübertritt gegen Dänemark und Landung in Norwegen haben gleichzeitig zu erfolgen. Die Unternehmungen sind mit größtem Nachdruck so schnell als möglich vorzubereiten. Falls der Feind die Initiative gegen Norwegen ergreift, müssen eigene Gegenmaßnahmen sofort ausgelöst werden können.

Von größter Bedeutung ist, daß unsere Maßnahmen die nordischen Staaten, wie die Westgegner überraschend treffen. Dem haben alle Vorbereitungen, insbesondere die Art der Bereitstellung des Laderaums und der Truppen, ihre Einweisung und ihre Verladung Rechnung zu tragen. Können Vorbereitungen für die Verschiffung nicht mehr geheimgehalten werden, sind Führern und Truppen andere Ziele vorzutäuschen. Der Truppe dürfen die wahren Ziele erst nach dem Auslaufen bekannt werden.

4.) Besetzung Dänemarks („Weserübung Süd").
Aufgabe der Gruppe XXI: Überraschende Besetzung von Jütland und Fünen, anschließend Besetzung von Seeland.

Hierzu ist unter Sicherung der wichtigsten Punkte möglichst schnell bis Skagen und bis zur Ostküste von Fünen durchzustoßen. In Seeland sind als Ausgangsstellungen für die spätere Besetzung frühzeitig Stützpunkte in Besitz zu nehmen.

Die Kriegsmarine stellt Kräfte zur Sicherung der Verbindung Nyborg — Korsör und zur raschen Besitznahme der Kleinen Belt-Brücke, nötigenfalls auch zu Truppenlandungen, zur Verfügung. Sie bereitet ferner die Küstenverteidigung vor.

Von der Luftwaffe sind Fliegerverbände in erster Linie zu Demonstrationszwecken und für Flugblattabwurf vorzusehen. Die Ausnutzung der dänischen Bodenorganisation sowie die Luftverteidigung sind sicherzustellen.

5.) Besetzung Norwegens („Weserübung Nord").
Aufgabe der Gruppe XXI: Überraschende Besetzung der wichtigsten Küstenplätze von See her und durch Luftlandeunternehmen.

1. 3. 1940

Die **Kriegsmarine** übernimmt Vorbereitung und Durchführung des Seetransportes der Landungstruppen und der im weiteren Verlauf nach Oslo nachzuführenden Kräfte. Sie sichert den Nachschub auf dem Seewege dorthin. Der beschleunigte Ausbau des Küstenschutzes in Norwegen ist vorzubereiten.

Die **Luftwaffe** hat nach erfolgter Besetzung die Luftverteidigung sowie die Ausnutzung der norwegischen Basis für die Luftkriegsführung gegen England sicherzustellen.

6.) Gruppe XXI meldet OKW laufend Stand der Vorbereitungen und legt eine zeitlich geordnete Übersicht über den Ablauf der Vorbereitungen vor. Dabei ist die Mindestzeitspanne, die zwischen Befehlsausgabe zum „Fall Weserübung" und der Durchführung liegen muß, anzugeben.

Beabsichtigter Gefechtsstand ist zu melden.

Decknamen: Wesertag = Tag des Unternehmens
               Weserzeit = Uhrzeit des Unternehmens.

                      (gez.) Adolf Hitler

Verteiler:

Befehlshaber Gruppe XXI	1. Ausf.
Ob. d. H.	2. „
Ob. d. M.	3. „
Ob. d. L.	4. „

OKW:

Chef WFA	5. „
Abt. L	6.–9. „

Or. m. eigh. Unterschrift in OKM Weisungen OKW IV, 1 Bd. 1, 5 Seiten Masch. Schr. Druck: Hubatsch, Weserübung H 2 (dort noch mehrere andere OKW-Befehle in dieser Sache. Vgl. auch unten Nr. 13a). — Loßberg. — Jacobsen 1939–1945 Nr. 18 (nach 3. Ausf.).

Ziffer 2 der Weisung wurde durch Deckblatt geändert (OKW/WFA/Abt. L Nr. 2207/40 g. K. Chefs. v. 4. März 1940, gez. Keitel). Sie hatte in der ursprünglichen, am 1. März 1940 herausgegebenen Fassung folgenden Wortlaut:

Mit der Vorbereitung und Führung des Unternehmens gegen Dänemark und Norwegen beauftrage ich den Kommandierenden General des XXI.A.K., General d. I. v. Falkenhorst (Befehlshaber der „Gruppe XXI").

Dieser untersteht mir in Führungsfragen unmittelbar. Der Stab ist aus den drei Wehrmachtteilen zu ergänzen.

Die für „Fall Weserübung" zur Verfügung zu stellenden Kräfte werden gesondert befohlen. Über sie darf für andere Kriegsschauplätze nicht verfügt werden.

Die Kräfte der Luftwaffe werden zur Durchführung der „Weserübung" der Gruppe XXI taktisch unterstellt. Sie treten nach Beendigung ihrer Aufgabe unter den Befehl des Ob.d.L. zurück.

Weisung Nr. 11

Der Einsatz der von Kriegsmarine und Luftwaffe unmittelbar geführten Kräfte hat in engem Einvernehmen mit dem Befehlshaber der Gruppe XXI zu erfolgen.

Die Versorgung der zur Gruppe XXI abgestellten Kräfte ist durch die Wehrmachtteile nach den Anforderungen des Befehlshabers sicherzustellen.

Der Führer und Oberste Befehlshaber der Wehrmacht Berlin, den 2. 4. 40
OKW/WFA Abt. L Nr. 22128/40 g. K. Chefs.

Geheime Kommandosache
Chef Sache   10 Ausfertigungen
Nur durch Offizier   1. Ausfertigung

Der Führer und Oberste Befehlshaber der Wehrmacht hat die Durchführung der Weserübung befohlen und auf die besondere Bedeutung der Geheimhaltung der kommenden Maßnahmen hingewiesen.

Wesertag ist der 9. 4. 1940
Weserzeit 5.15 Uhr.

I. A.
(gez.) Keitel

Verteiler:
Gruppe XXI   1. Ausf.
Ob. d. H.   2. „
Ob. d. M.   3. „
Ob. d. L.   4. „
OKW:
Chef WFA   5. „
Abt. L   6.—8. „
Chef Ausl./Abw.   9. „
Chef WNV   10. „

11.

Der Führer und Oberste Befehlshaber   Hauptquartier, den 14. 5. 40
der Wehrmacht
WFA/Abt. L Nr. 33 002/40 g. K. Chefs.

Geheime Kommandosache
Chef Sache   5 Ausfertigungen
Nur durch Offizier   2. Ausfertigung

Weisung Nr. 11

* 1.) Der bisherige Verlauf der Offensive ergibt, daß der Feind den Grundgedanken unserer Operation nicht rechtzeitig erkannt hat. Er führt noch immer starke Kräfte gegen die Linie Namur — Antwerpen vor und scheint den Abschnitt vor der H. Gr. A zu vernachlässigen.

2.) Diese Lage und die rasche Erzwingung der Maasübergänge bei der H. Gr. A haben die erste Voraussetzung geschaffen, um im Sinne der Weisung Nr. 10 durch einen unter Zusammenfassung stärkster Kräfte nördl. der Aisne in nordwestlicher Richtung geführten Stoß zu einem großen Erfolg zu kommen. Den nördlich der Linie Lüttich — Namur fechtenden Teilen fällt dabei die Aufgabe zu, aus eigener Kraft möglichst starken Feind durch Angriff zu binden und zu täuschen.

3.) Auf dem Nordflügel hat sich die Widerstandskraft des holländischen Heeres als stärker erwiesen, als angenommen wurde. Politische wie militärische Gründe erfordern, diesen Widerstand in Kürze zu brechen. Aufgabe des Heeres ist es, die Festung Holland mit ausreichenden Kräften von Süden her in Verbindung mit dem Angriff gegen die Ostfront schnell zum Einsturz zu bringen.

4.) Alle verfügbaren motorisierten Divisionen sind so rasch als möglich in den Operationraum der H. Gr. A heranzuführen.

Auch die Panzer- und motorisierten Divisionen der H. Gr. B müssen, sobald operative Wirkungsmöglichkeiten dort nicht mehr gegeben sind und es die Lage erlaubt, freigemacht und dem linken Angriffsflügel zugeführt werden.

5.) Aufgabe der Luftwaffe ist die Zusammenfassung starker Angriffs- und Abwehrkräfte zum Einsatz mit Schwerpunkt bei H. Gr. A, um das Heranführen weiterer Feindkräfte gegen die Angriffsfront zu verhindern und diese unmittelbar zu unterstützen.

Daneben ist unter bewußter Schwächung der bisher vor 6. Armee wirkenden Kräfte die rasche Bezwingung der Festung Holland zu erleichtern.

6.) Die Kriegsmarine wirkt im Rahmen der ihr gegebenen Möglichkeiten gegen die Seeverbindungen in den Hoofden und im Kanal ein.

(gez.) Adolf Hitler

Verteiler:
Ob. d. H.   1. Ausf.
Ob. d. M.   2.   „
Ob. d. L.   3.   „
OKW:
 Chef WFA   4.   „
 Abt. L   5.   „

* *Die Offensive hatte nach mehreren, z. T. durch den Ablauf der Besetzung von Norwegen und durch Wetter-Rücksichten bedingten Verschiebungen am 10. Mai 1940 begonnen (ein Vorbefehl „Gelb" war am 1. 5. 1940 mit dem Datum zum Angriff am 4. Mai 1940 erlassen, jedoch wieder rückgängig gemacht worden). Über den Aufmarsch und Ablauf vgl. Jacobsen, Dokumente zum Westfeldzug.*

Or. m. eigh. Unterschrift in OKM Weisungen OKW IV, 1 Bd. 1, 2 Seiten Masch. Schr.
Druck: Jacobsen, Dok. Westfeldzug Nr. 4 [1].

12.

[18. Mai 1940]

Weisung Nr. 12

Wortlaut nicht erhalten, da wahrscheinlich nur an OKH ergangen. Inhalt zu erschließen aus Tagebuch Jodl vom 18. 5. 1940: „OKH hat der Absicht, mit größter Beschleunigung eine Südflanke aufzubauen, nicht entsprochen. Inf. Divisionen sind im Marsch nach Westen geblieben, anstatt nach Südwesten einzudrehen. Dadurch liegen noch 10. Pz. D[iv.] und 2. u[nd] 29. mot. [Div.] im Flankenschutz fest. Ob. d. H. und Gen. Halder werden sofort bestellt und ihnen in schärfster Weise befohlen, sofort die nötigen Maßnahmen zu ergreifen. ... Ich gebe noch einen Nachtragsbefehl zur Weisung, der auch die 1. Geb. [Div.] und die rückw. Staffeln der 4. Armee nach Süden und Südwesten zum Angriff abdreht."

Das wird ergänzt durch die Tagebuch-Eintragung des Chefs des Generalstabes des Heeres, General Halder, vom 18. Mai 1940: „Der Führer hat eine unverständliche Angst um die Südflanke. ... Er will eine Weiterführung der Operation nach W[esten] überhaupt nicht, geschweige denn nach SW und hängt immer noch an dem NW-Gedanken. Das ist der Gegenstand einer höchst unerfreulichen Auseinandersetzung zwischen dem Führer einerseits, dem OB und mir andererseits im Führerhauptquartier (10.00). Dabei wird eine „Weisung" übergeben, der bald darauf die schriftliche Festlegung des Gespräches von 10.00 folgt. Gespräch ObdH mit Generaloberst v. Rundstedt / mein Gespräch mit Salmuth bringen die vom Führer gewünschten Gedankengänge (scharfes Heranführen der Vorausdivisionen nach SW zur Deckung der Südflanke, Bereithalten der Masse der mot. Kräfte zum Vorgehen nach Westen) zum Ausdruck."

(Halder-Tagebuch, hrsg. v. H.-A. Jacobsen, I).

Dem wurde entsprochen durch folgendes Fernschreiben von OKH:

Fernschreiben von OKH: Weisung vom 18. 5. 40, 20.48 Uhr

„ . . .

1.) Absicht des OKH ist, am 19. 5. zum frühest möglichen Zeitpunkt den Angriff fortzusetzen mit dem Ziele, die Feindkräfte nördl. der Somme und im belgischen Raum zu vernichten.

2.) H Gr. A gewinnt mit den schnellen Verbänden zunächst den Raum um Arras derart, daß Weiterführung des Angriffs in allg. nördl. oder westl. Richtung möglich ist. Die linke Flanke des Angriffs ist an der Somme zu decken.
Brückenköpfe sind zu gewinnen in Ham, Peronne. Hinter den schnellen Verbänden sind die nicht im Bereich der 12. Armee benötigten Inf. Div. nachzuführen. Die aus dem Bereich der HGr. B herangeführten Verbände (I. A. K. und XVI. A. K.) Gen. Kdo. XXXIX., 9. Pz. Div., SS V. Div. Leibstandarte) werden mit Überschreiten der Maas-Sambre Linie der HGr. A unterstellt. Zeitpunkt zum Antreten des Angriffs ist zu melden. Auf die Wichtigkeit der Deckungsaufgabe der 12. Armee wird besonders hingewiesen.

3.) H Gr. B greift weiter mit Schwerpunkt auf linkem Flügel an.

4.) Trennungslinie zwischen HGr. wird verlängert von St. Amand bis Seclin (Orte zu A).

5.) Luftwaffe hat Auftrag, im Raum zwischen franz. Landesgrenze und Somme den Angriff der schnellen Kräfte zu unterstützen und die linke Flanke an Aisne und Somme zu schützen.

>OKH, Genst. d. H. Op. Abt. (Ia)
>Nr. 20112/40 g.Kdos.
>..."

(Anlage zum Kriegstagebuch d. HGr. B vom 18. 5. 1940, Abschrift: Dok. Sammlung Jacobsen, Bonn).

Die Weisung wurde am 22. Mai 1940 ergänzt durch einen von Keitel handgeschriebenen Befehl an die Heeresgruppe A mit der Überschrift „Wünsche des Führers" (gedr. bei H. A. Jacobsen: Dokumente zum Westfeldzug 1940, Göttingen 1960, S. 115 f.), der folgenden Wortlaut hat:

„1) M o t. D i v. schnellstens durch I n f. D i v., u[nd] zwar durch die n ä c h s t e n schnell greifbaren, freimachen.
2) P z.-Divisionen nach v o r n aus den Flankenschutz- und Abwehrkämpfen h e r a u s nehmen.
3) Nur m o t. Verbände kommen noch rechtzeitig in den Keil nach vorn. Sie sind daher im rückwärtigen Flankenschutz freizumachen. Sie sollen die v o r d e r s t e n Pz.-Verbände stützen u[nd] freimachen.
4) Der Flankenschutz Nord hat an Bedeutung gewonnen.
5) Inf. Div. in G e w a l t - Märschen nach Westen vorziehen, wenigstens V o r a u s a b t e i l u n g e n (mot.) schleunigst vorwerfen!
6) Jetzt keine Korrektur-Angriffe, die Div. weiter rückwärts festhalten und Artillerie bes. m o t. Artillerie binden u[nd] deren Vorwärtsstreben verzögern.

(gez.) Keitel."

Gedr. bei H.-A. Jacobsen: Dokumente zum Westfeldzug 1940. Göttingen 1960, S. 115 f.

13.

Der Führer und Oberste Befehlshaber der Wehrmacht OKW/Abt. L Nr. 33 028/40 g. K. Chefs.	Hauptquartier, d. 24. 5. 40
Geheime Kommandosache Chef Sache Nur durch Offizier	7 Ausfertigungen 3. Ausfertigung

Weisung Nr. 13

1.) Nächstes Ziel der Operationen ist die Vernichtung der im Artois und in Flandern eingeschlossenen franz.-engl.-belg. Kräfte durch konzentrischen Angriff unseres Nordflügels sowie die rasche Besitznahme und Sicherung der dortigen Kanalküste.

Aufgabe der Luftwaffe ist es hierbei, jeden Feindwiderstand der eingeschlossenen Teile zu brechen, das Entkommen englischer Kräfte über den Kanal zu verhindern und die Südflanke der Heeresgruppe A zu sichern.

Der Kampf gegen die feindliche Luftwaffe ist bei jeder günstigen Gelegenheit fortzusetzen.

2.) Die dann zur Vernichtung der in Frankreich stehenden Feindkräfte möglichst schnell anschließende Operation des Heeres ist in 3 Abschnitten vorzubereiten:

1. Abschnitt: Vorstoß zwischen dem Meer und der Oise bis zur unteren Seine abwärts Paris mit dem Zweck, die spätere Hauptoperation mit schwachen Kräften in der rechten Flanke zu begleiten und zu sichern.

Falls es die Lage und die verfügbaren Reserven zulassen, ist anzustreben, schon vor dem Abschluß der Kämpfe im Artois und in Flandern das Gelände zwischen Somme und Oise durch konzentrischen Angriff in Richtung Montdidier in Besitz zu nehmen und dadurch den späteren Vorstoß an die untere Seine vorzubereiten und zu erleichtern.

2. Abschnitt: Angriff mit der Masse des Heeres, dabei starke Panzerkräfte, in südostwärtiger Richtung beiderseits Reims vorbei mit dem Ziel, die Masse des französischen Heeres in dem Dreieck Paris — Metz — Belfort zu schlagen und die Maginotlinie zum Einsturz zu bringen.

3. Abschnitt:
Zeitgerechte Ergänzung dieser Hauptoperation durch eine Nebenoperation, die die Maginotlinie an ihrer schwächsten Stelle zwischen St. Avold und Saargemünd mit schwächeren Kräften in Richtung auf Nancy — Luneville durchstößt.

Daneben kann der Entwicklung der Lage entsprechend ein Angriff über den Oberrhein vorgesehen werden mit der Maßgabe, daß hierfür nicht mehr als 8—10 Divisionen einzusetzen sind.

3.) Aufgabe der Luftwaffe.

a) Unabhängig von den Operationen in Frankreich wird der Luftwaffe — sobald ausreichende Kräfte zur Verfügung stehen — die Kampfführung gegen das englische Mutterland in vollem Umfang freigegeben. Sie ist mit einem vernichtenden Vergeltungsangriff für die englischen Angriffe gegen das Ruhrgebiet einzuleiten.

Angriffsziele bestimmt der Ob. d. L. nach den in der Weisung Nr. 9 gegebenen Richtlinien und den hierzu von OKW noch zu erlassenden Ergänzungen. Zeitpunkt und beabsichtigte Kampfführung sind mir zu melden.

Der Kampf gegen das englische Mutterland ist auch nach Beginn der Heeresoperationen weiterzuführen.

b) Mit Beginn der Hauptoperationen des Heeres in Richtung Reims ist es Aufgabe der Luftwaffe, neben der Erhaltung der Luftüberlegenheit den Angriff unmittelbar zu unterstützen, neu auftretende Feindgruppen zu zerschlagen, Kräfteverschiebungen zu verhindern und insbesondere die Westflanke der Angriffsfront zu sichern.

Soweit erforderlich, ist auch beim Durchbruch durch die Maginotlinie mitzuwirken.

c) Ferner ist durch den Ob. d. L. zu prüfen, durch welche Maßnahmen die Luftverteidigung der zur Zeit vom Gegner mit Schwerpunkt angegriffenen Räume durch Einsatz weiterer Kräfte aus bisher weniger bedrohten Gebieten verstärkt werden kann.

Soweit hierdurch Belange der Kriegsmarine berührt werden, ist der Ob. d. M. zu beteiligen.

4.) Aufgaben der Kriegsmarine.

Der Kriegsmarine wird unter Aufhebung der bisher einschränkenden Bestimmungen in den Gewässern um England und vor der französischen Küste der volle Waffeneinsatz freigegeben.

Der Ob. d. M. legt einen Vorschlag für die Begrenzung der Seegebiete, in denen die für die Belagerung freigegebenen Kampfmaßnahmen Anwendung finden, vor.

Ich behalte mir die Entscheidung vor, ob und in welcher Form eine Veröffentlichung der Belagerung erfolgen soll.

5.) Die Herren Oberbefehlshaber bitte ich, mir ihre Absichten auf Grund dieser Weisung vorzutragen oder vorzulegen.

(gez.) Adolf Hitler

Verteiler:
Ob. d. H.   1. Ausfertigung
Ob. d. L.   2.   „
Ob. d. M.   3.   „
OKW
  Chef WFA   4.   „
  Abt. L   5.—7. „

* hs. Zusatz: u. mot.

Or. m. eigh. Unterschrift in OKM Weisungen OKW IV, 1 Bd. 1, 3 Seiten Masch. Schr.
Druck: Jacobsen, Dokumente Westfeldzug Nr. 4 [8].

Weisung Nr. 13a

13 a.

Der Führer und Oberste Befehlshaber   Führerhauptquartier, 5. 6. 40
der Wehrmacht
Nr. 33069/40 g. Kdos. Chefs.

Geheime Kommandosache
Chef Sache   7 Ausfertigungen
Nur durch Offizier   5. Ausfertigung

(Gruppe XXI durch Fernschreiben voraus)

*   1. Zur endgültigen Bereinigung der Lage bei Narvik sind neben den schon eingeleiteten Maßnahmen alle Vorbereitungen zu treffen, um die Gruppe Dietl auch von Norden her zu entsetzen.
Hierzu ist vorzusehen, daß **starke Kräfte des Heeres** in dem z. Zt. feindfreien Lyngenfjord ostwärts Tromsö landen und, im Zuge der von dort nach Südwesten führenden Kunststraße in den Rücken des Feindes vor Gruppe Windisch vorstoßend, den Raum um Narvik gewinnen und besetzen.
Gleichzeitig wird die **Luftwaffe** einen Flugstützpunkt in Gegend Bardufoss in Besitz nehmen, um von dort aus das Vorgehen des Heeres zu unterstützen.
Aufgabe der Kriegsmarine ist es, neben dem Antransport der Kräfte ihre Versorgung laufend zu sichern.

2. Die erforderlichen Erkundungen und Vorbereitungen sind sofort in Angriff zu nehmen und mit größter Beschleunigung durchzuführen.

3. Für Erkundung und Vorbereitung gelten folgende Richtlinien:
a) Ansatz und Leitung der Erkundung für die Landung im Lyngenfjord werden einheitlich der Gruppe XXI übertragen. Die Oberkommandos der Wehrmachtteile erteilen der Gruppe XXI hierzu unmittelbar die erforderlichen näheren Anweisungen. Die Erkundungen haben sich in erster Linie zu erstrecken auf
    Lande- und Auslademöglichkeit im Lyngenfjord
    Schutz der Landung
    Eignung und Zustand der Straße
    Lyngenfjord—Bardufoss—Narvik.
R.d.L. und Ob.d.L. führt die Erkundung zur Inbesitznahme und Benutzung des Flugplatzes Bardufoss durch und teilt das Ergebnis der Gruppe XXI mit.

5. 6. 1940

b) OKH stellt 2 für Gebirgsverwendung geeignete gemischte Verbände in Stärke von etwa je 3000 Mann — einschließlich Versorgung für 4 Wochen — bereit. Jedem Verband sind 4—6 Panzer IV, tschechische Panzerkampfwagen 35/38 (t) oder Sturmgeschütze zuzuteilen (je nach Ladefähigkeit der Transportschiffe).

Die Unterlagen über Gliederung, Ausrüstung und Raumbedarf für diese Verbände sind von OKH dem OKM beschleunigt zur Verfügung zu stellen.

Von der Kriegsmarine sind die Dampfer „Bremen" und „Europa" für den Transport klarzumachen. Auf schnelle Entlademöglichkeit ist besonders zu achten.

Die erforderlichen Vorbereitungen der Luftwaffe regelt Ob.d.L.

4. Die voraussichtlich erforderliche Zeitdauer der Vorbereitungen und die Absichten für die Durchführung der Operation sind mir von den Oberkommandos der Wehrmachtteile über OKW zu melden. Gruppe XXI meldet Ergebnis der Erkundungen und Absichten für den Einsatz der Kräfte nach beendeter Landung.

Alle Maßnahmen sind derart zu treffen, daß die Durchführung nach meiner Entscheidung kurzfristig erfolgen kann. Auf sorgfältigste Tarnung der Vorbereitungen weise ich besonders hin.

** 5. Die Regelung der Befehlsverhältnisse bei der Durchführung der Operation ist in derselben Form wie bei der Besetzung Norwegens beabsichtigt.

6. Grundlage der gesamten Operation ist es, daß sich die Gruppe Dietl bis zu ihrer Auswirkung behaupten kann. Sie wird bis dahin auf sich allein gestellt sein, da auch die von Süden über Land vordringende Verstärkung kaum vorher eintreffen kann.

Es bleibt daher eine wichtige Aufgabe der Luftwaffe, bei jeder erträglichen Wetterlage der Gruppe Dietl Verstärkung an Personal und Material auf dem Luftwege zuzuführen.

(gez.) Adolf Hitler

* Siehe oben Nr. 10a Weisung für „Fall Weserübung".
** Ergänzende Befehle vom 6. 6. 1940 siehe W. Hubatsch, Weserübung (1960), Anhang H 19 u. 20. — Die Unternehmung erhielt am 6. 6. 1940 den Decknamen „Naumburg", wurde aber wegen der am 10. 6. 1940 erfolgten norwegischen Kapitulation nicht mehr durchgeführt.

Or. Marine-Archiv, Anlage zum KTB/Skl. eigh. Unterschrift.
Druck: Hubatsch, Weserübung H 18.

14.

Der Führer und Oberste Befehlshaber 　　　Führerhauptquartier, den 8. 6. 40.
der Wehrmacht
WFA/Abt. L Nr. 33071/40 g. K. Chefs.

Geheime Kommandosache.
Chefsache 　　　　　　　　　　　　　5 Ausfertigungen
Nur durch Offizier 　　　　　　　　　　2. Ausfertigung.

Weisung Nr. 14

1.) Der Feind leistet vor dem rechten Flügel und der Mitte der 6. Armee zähen Widerstand.

2.) Ich bin daher nach Vortrag des Oberbefehlshabers des Heeres mit dem heute Vormittag von der Heeresgruppe B getroffenen Anordnungen einverstanden:

   a) den Feind vor der Front der 6. Armee lediglich zu fesseln,

   b) das XIV. A. K. dem linken Flügel der 4. Armee zuzuführen und

   c) unter Verstärken des Druckes mit der Masse der 4. Armee in südostwärtiger und dem linken Flügel der 6. Armee in südwestlicher Richtung die starke feindliche Kräftegruppe vor der Front der 6. Armee vernichtend zu schlagen.

3.) Darüber hinaus befehle ich:

   a) Der Grundgedanke der Gesamtoperation nach Weisung Nr. 13, die im Dreieck Château-Thierry — Metz — Belfort stehenden feindlichen Kräfte vernichtend zu schlagen und die Maginotlinie zum Einsturz zu bringen, bleibt bestehen.
   Da aber der 1. Abschnitt der Operation noch nicht abgeschlossen ist und sehr starker Widerstand nördlich Paris geleistet wird, müssen gegen die untere Seine und gegenüber Paris vorerst stärkere Kräfte, als ursprünglich vorgesehen, verbleiben.

   b) Die Heeresgruppe A tritt am 9. 6. in süd-südostwärtiger Richtung, wie in der Weisung Nr. 13 befohlen, zum Angriff an.

   c) Die 9. Armee stößt in südlicher Richtung gegen die Marne vor. Ihr ist so rasch als möglich das XVI. A. K. (einschl. der dort eingesetzten SS-Verbände und der SS-T-Div.) zuzuführen. Starke Reserven müssen an der Naht beider Heeresgruppen folgen.

   d) Die Entscheidung über die spätere Stoßrichtung der 9. Armee und über ihre Belassung bei der Heeresgruppe B oder ihre Unterstellung unter die Heeresgruppe A behalte ich mir vor.

14. 6. 1940

4.) **Aufgabe der Luftwaffe** ist es, in Ergänzung der Weisung Nr. 13,

    a) den konzentrischen Angriff gegen die Flanken der feindlichen Hauptkräfte vor der Heeresgruppe B zu unterstützen,

    b) den Küstenstreifen in der rechten Flanke der Heeresgruppe B und den Raum südwestlich des Bresle-Abschnittes zu überwachen und auch durch starken Jagdschutz zu schützen,

    c) dem Angriff der Heeresgruppe A am Schwerpunkt vorwärts zu helfen.

                                              (gez.) Adolf Hitler

Verteiler:
Ob. d. H.	1. Ausf.
Ob. d. M.	2. Ausf.
Ob. d. L.	3. Ausf.
OKW:	
Chef WFA	4. Ausf.
Chef L	5. Ausf.

Or. m. eigh. Unterschrift in OKM Weisungen OKW IV, 1 Bd. 1, 3 Seiten Masch. Schr.
Druck: Jacobsen, Dokumente Westfeldzug Nr. 6 c.

15.

Der Führer und Oberste Befehlshaber   F. H. Qu., den 14. 6. 40
der Wehrmacht
WFA/Abt. L Nr. 33083/40 g. K. Chefs.

Geheime Kommandosache
Chef Sache   6 Ausfertigungen
Nur durch Offizier   2. Ausfertigung.

Weisung Nr. 15

1.) Der **Feind** räumt unter dem Eindruck seiner zusammengebrochenen Fronten den Raum um Paris und hat hinter der Maginotlinie auch mit der Räumung des Festungsdreiecks Epinal — Metz — Verdun begonnen. Paris ist durch Maueranschläge zur offenen Stadt erklärt worden.

    Ein Rückzug der Hauptkräfte des franz. Heeres bis hinter die Loire ist nicht ausgeschlossen.

Weisung Nr. 15

2.) Kräfteverhältnis und der Zustand des franz. Heeres gestatten es, von jetzt an zwei Operationsziele gleichzeitig zu verfolgen:
   a) die aus dem Raum von Paris zurückgehenden bezw. an der unteren Seine befindlichen Feindkräfte am Aufbau einer neuen Front zu verhindern,
   b) den im Raum vor H. Gr. A und C befindlichen Gegner zu vernichten und die Maginotlinie zum Einsturz zu bringen.

3.) Für die Weiterführung der Operation des Heeres befehle ich daher folgendes:
   a) Die an der unteren Seine und im Raum von Paris befindlichen Feindkräfte sind durch Vortreiben des rechten Heeresflügels entlang der Küste in Richtung auf die Mündung der Loire und durch Einschwenken aus der Gegend von Château-Thierry gegen die Loire aufwärts Orleans scharf zu verfolgen. Paris ist baldmöglichst mit starken Kräften zu besetzen. Die Marinestützpunkte Cherbourg und Brest, ferner Lorient und St. Nazaire sind in Besitz zu nehmen.
   b) Die Kräfte der Heeresmitte bis etwa in Gegend Châlons sind zunächst in der allgemeinen Richtung Troyes zu belassen, ihre Panzer und mot. Divisionen in allgemeiner Richtung auf das Plateau von Langres vorzutreiben.
   Die Inf.-Div. erreichen zunächst den Raum nordostwärts Romilly — Troyes. Ihr späterer Ansatz gegen die mittlere Loire ist vorzubereiten.
   c) Für die übrigen Heeresteile bleibt der bisherige Auftrag bestehen, den Feind in dem befestigten Raum Nordost-Frankreichs zu vernichten, die Maginotlinie zum Einsturz zu bringen und den Abzug der dort eingesetzten Kräfte nach Südwesten zu verhindern.
   d) Die Stoßgruppe Saarbrücken tritt am 14. 6. zum Angriff durch die Maginotlinie in allgemeiner Richtung Lunéville an. Der Zeitpunkt für den Angriff Oberrhein ist so früh als möglich zu wählen.

4.) Die Luftwaffe hat folgende Aufgaben:
   a) Angriff aus der Luft, um das rasche Vorgehen gegen die Loire in Fluß zu halten. Gleichzeitig sind diese Heeresteile durch Flakkräfte zu begleiten und gegen Luftangriffe zu schützen.
   Durch Zerschlagen von Häfen und Schiffsmaterial an der franz. Nordküste ist ein Entkommen über See unmöglich zu machen.
   b) Das Zurückgehen des Gegners vor den Heeresgruppen A und C ist zu hemmen. Hierbei liegt der Schwerpunkt vor dem rechten Panzerflügel der Heeresgruppe A.

Eisenbahntransporte des Feindes gegen und über die Linie Neuchâteau — Belfort nach Südwesten sind zu verhindern.

Gleichzeitig ist der Durchbruch der Heeresgruppe C durch die Maginotlinie zu unterstützen.

Durch Flakunterstützung ist der Angriff des rechten Flügels der Heeresgruppe A und insbesondere das Eindringen in die franz. Festungen zu erleichtern.

(gez.) Adolf Hitler

Verteiler:
Ob. d. H.	1. Ausf.
Ob. d. M.	2. Ausf.
Ob. d. L.	3. Ausf.
OKW:	
Chef WFA	4. Ausf.
Chef L	5. u. 6. Ausf.

* *Ergänzend hierzu vgl. Befehl OKW/WFA/L Nr. 33099/40 gK Chefs. v. 19. 6. 1940 gez. Keitel betr. 1) Gruppe v. Kleist, 2) Italien, Alpen-Front.*

Or. m. eigh. Unterschrift in OKM Weisungen OKW IV, 1 Bd. 1, 3 Seiten Masch. Schr.
Druck: Jacobsen, Dokumente Westfeldzug Nr. 6 d.

16.

Der Führer und Oberste Befehlshaber F. H. Q., den 16. 7. 1940.
der Wehrmacht
OKW/WFA/L Nr. 33 160/40 g. Kdos. Chefsache

Geheime Kommandosache! 7 Ausfertigungen
Chefsache — Nur durch Offizier! 2. Ausfertigung.

Weisung Nr. 16
über die Vorbereitungen einer Landungsoperation gegen England.

Da England, trotz seiner militärisch aussichtslosen Lage, noch keine Anzeichen einer Verständigungsbereitschaft zu erkennen gibt, habe ich mich entschlossen, eine Landungsoperation gegen England vorzubereiten und wenn nötig, durchzuführen.

Zweck dieser Operation ist es, das englische Mutterland als Basis für die Fortführung des Krieges gegen Deutschland auszuschalten, und wenn es erforderlich werden sollte, in vollem Umfang zu besetzen.

Hierzu befehle ich folgendes:

1) Die **Landung** muß sich in Form eines überraschenden Überganges in breiter Front etwa von Ramsgate bis in die Gegend westlich der Insel Wight vollziehen, wobei Teilen der Luftwaffe die Rolle der Artillerie, Teilen der Kriegsmarine die Rolle der Pioniere zufallen wird. Ob es zweckmäßig ist, vor dem allgemeinen Übergang **Teilaktionen**, etwa zur Besetzung der Insel Wight oder der Grafschaft Cornwall zu unternehmen, ist vom Standpunkt jedes Wehrmachtteils aus zu prüfen, und das Ergebnis mir zu melden. Die Entscheidung behalte ich mir vor.

Die Vorbereitungen für die Gesamtoperation müssen bis Mitte **August** abgeschlossen sein.

2) Zu diesen Vorbereitungen gehört auch, daß diejenigen Voraussetzungen geschaffen werden, die eine Landung in England möglich machen:

   a) Die englische Luftwaffe muß moralisch und tatsächlich so weit niedergekämpft sein, daß sie keine nennenswerte Angriffskraft dem deutschen Übergang gegenüber mehr zeigt.

   b) Es müssen minenfreie Wege geschaffen sein.

   c) Durch eine dichte Minensperre muß die Straße von Dover in beiden **Flanken** sowie der Westeingang des Kanals etwa in der Linie Alderney — Portland abgesperrt sein.

   d) Durch starke Küstenartillerie muß das Küstenvorfeld beherrscht und artilleristisch abgeschirmt sein.

   e) Die Fesselung der englischen Seestreitkräfte kurz vor dem Übergang sowohl in der Nordsee als auch im Mittelmeer (durch die Italiener) ist erwünscht, wobei schon jetzt versucht werden muß, den englischen Seestreitkräften, die sich im Mutterland befinden, durch Luft- und Torpedoangriffe nach Kräften Abbruch zu tun.

3) **Organisation der Führung und der Vorbereitungen.**
Unter meinem Befehl und nach meinen allgemeinen Weisungen führen die Herren Oberbefehlshaber die von ihren Wehrmachtteilen anzusetzenden Kräfte.

Die Führungsstäbe des Ob. d. H., Ob. d. M. und Ob. d. L. müssen sich vom 1. 8. an in einem Umkreis von höchstens 50 km von meinem Hauptquartier (Ziegenberg) befinden.

Zweckmäßig erscheint mir die gemeinsame Unterbringung der engeren Führungsstäbe des Ob. d. H. und des Ob. d. M. in Gießen.

Der Ob. d. H. wird daher zur Führung der Landungsarmeen eine Heeresgruppe einschalten müssen.

Das Unternehmen führt den Decknamen „Seelöwe".
Bei der Vorbereitung und der Ausführung des Unternehmens fallen den Wehrmachtteilen folgende Aufgaben zu:
a) Heer:
stellt den Operationsplan und den Übersetzplan zunächst für alle zu verschiffenden Verbände 1. Welle auf. Die mit der 1. Welle überzusetzende Flak-Artillerie wird dabei solange dem Heer (den einzelnen Übersetzgruppen) unterstellt, bis sich eine Teilung der Aufgaben in Unterstützung und Schutz der Erdtruppe, Schutz der Ausschiffungshäfen und Schutz der zu besetzenden Luftstützpunkte durchführen läßt.
Das Heer verteilt ferner die Übersetzmittel auf die einzelnen Übersetzgruppen und legt die Einschiffungs- und Landungsstellen im Einvernehmen mit der Kriegsmarine fest.
b) Kriegsmarine:
stellt die Übersetzmittel sicher und führt sie entsprechend den Wünschen des Heeres nach den seemännischen Gesichtspunkten in die einzelnen Einschiffungsräume zu. Soweit als möglich ist auf Schiffe der niedergeworfenen feindlichen Staaten zurückzugreifen.
Sie stellt jeder Übersetzstelle den zur seemännischen Beratung nötigen Marinestab mit Begleitschiffen und Sicherungsstreitkräften. Sie schützt, neben den zur Überwachung eingesetzten Luftstreitkräften den gesamten Kanalübergang in den beiden Flanken. Über die Regelung der Befehlsverhältnisse während des Übersetzens folgt Befehl. Es ist ferner Aufgabe der Kriegsmarine, den Aufbau der Küstenartillerie, d. h. aller für die Bekämpfung von Seezielen in Betracht kommenden Batterien sowohl des Heeres wie der Kriegsmarine einheitlich anzuordnen und die Feuerleitung im Großen zu organisieren. Eine möglichst große Zahl schwerster Artillerie ist zur Sicherung des Überganges und der Abschirmung der Flanken gegen feindliche Einwirkung von See her so schnell als möglich einzusetzen. Hierzu ist auch die Eisenbahnartillerie (ergänzt durch alle verfügbaren Beutegeschütze) ohne die nur zur Bekämpfung von Zielen auf dem englischen Festland vorgesehenen Batterien (K 5 und K 12) heranzuziehen und unter Benutzung von Eisenbahndrehscheiben einzubauen. Unabhängig hiervon sind die verfügbaren schwersten Bettungsbatterien gegenüber der Straße von Dover so unter Beton einzubauen, daß sie auch schwersten Luftangriffen widerstehen können und damit die Straße von Dover unter allen Umständen auf die Dauer, innerhalb ihrer Wirkungsmöglichkeit, beherrschen. Die technischen Arbeiten obliegen der Organisation Todt.

c) Aufgabe der Luftwaffe ist es:
das Eingreifen der feindlichen Luftwaffe zu verhindern. Küstenbefestigungen, die gegen die Landungsstellen wirken können, niederzukämpfen, den ersten Widerstand feindlicher Erdtruppen zu brechen und im Anmarsch befindliche Reserven zu zerschlagen. Für diese Aufgabe ist engste Zusammenarbeit einzelner Verbände der Luftwaffe mit den Übersetzgruppen des Heeres nötig.

Ferner: wichtige Transportstraßen zum Heranführen feindlicher Reserven zu zerstören, und feindliche Seestreitkräfte, die sich im Anmarsch befinden, schon weit ab von den Übersetzstellen anzugreifen. Über die Verwendung von Fallschirm- und Luftlandetruppen ersuche ich, mir Vorschläge zu machen. Dabei ist in Verbindung mit dem Heer zu prüfen, ob es hier zweckmäßig ist, Fallschirm- und Luftlandetruppen als eine im Notfall rasch einzusetzende Reserve vorerst zur Verfügung zu halten.

4) Die notwendigen Vorbereitungen für die Nachrichtenverbindungen von Frankreich nach dem englischen Festland trifft der Wehrmacht-Nachrichtenchef.
Der Einbau der restlichen 80 km Ostpreußen-Kabel ist in Verbindung mit der Kriegsmarine vorzusehen.

5) Die Herren Oberbefehlshaber ersuche ich, mir sobald als möglich vorzulegen:
   a) die Absichten der Kriegsmarine und der Luftwaffe, um die Voraussetzungen für den Kanalübergang zu schaffen (siehe Ziffer 2),
   b) den Aufbau der Küstenbatterien im einzelnen (Kriegsmarine),
   c) einen Überblick über den einzusetzenden Schiffsraum und die Methode der Bereitstellung und Herrichtung. Beteiligung ziviler Stellen? (Kriegsmarine),
   d) die Organisation des Luftschutzes in den Bereitstellungsräumen der Übersetztruppen und der Übersetzmittel (Luftwaffe),
   e) den Übersetz- und Operationsplan des Heeres, Gliederung und Ausrüstung der 1. Übersetzwelle,
   f) Organisation und Maßnahmen der Kriegsmarine und der Luftwaffe für die Durchführung des Überganges selbst, seine Sicherung und die Unterstützung der Landung,
   g) Vorschläge für den Einsatz der Fallschirm- und Luftlandetruppen, sowie für die Unterstellung und Führung der Flak-Artillerie, nachdem ein ausreichender Raumgewinn auf englischem Boden erzielt ist (Luftwaffe),
   h) Vorschlag für die Plätze der Führungsstäbe des Ob. d. H. und Ob. d. M.,

1. 8. 1940

      i) eine Stellungnahme von Heer, Kriegsmarine und Luftwaffe, ob und welche Teilaktionen v o r der allgemeinen Landung für zweckmäßig gehalten werden,

      k) Vorschlag von Heer und Kriegsmarine über die Befehlsführung während des Übersetzens.

(gez.) Adolf Hitler.

Verteiler:
Ob. d. H.	1. Ausfertigung
Ob. d. M.	2. „
Ob. d. L.	3. „
O. K. W.	
WFA	4. „
L	5.—7. „

Abschrift im Marine-Archiv, 5 Seiten Masch. Schr. In 4. Ausf. Paraphen von K[eitel] und J[odl].
Druck: Klee, Dok. Seelöwe Nr. 12 (nach Photokopie der 4. Ausf.). — Jacobsen, 1939—1945, Nr. 23 (dsgl.).

17.

Der Führer und Oberste Befehlshaber   Führerhauptquartier, 1. 8. 1940
der Wehrmacht
OKW/WFA/L Nr. 33 210/40 g. Kdos. Chefs.

Geheime Kommandosache
Chefsache   10 Ausfertigungen
Nur durch Offizier   4. Ausfertigung

Weisung Nr. 17
für die Führung des Luft- und Seekrieges
gegen England.

    Um die Voraussetzungen für die endgültige Niederringung Englands zu schaffen, beabsichtige ich, den Luft- und Seekrieg gegen das englische Mutterland in schärferer Form als bisher weiterzuführen.
    Hierzu befehle ich folgendes:

1.) Die deutsche Fliegertruppe hat mit allen zur Verfügung stehenden Kräften die englische Luftwaffe möglichst bald niederzukämpfen. Die Angriffe haben sich in erster Linie gegen die fliegenden Einheiten, ihre Bodenorganisation und Nachschubeinrichtungen, ferner gegen die Luftrüstungsindustrie einschließlich der Industrie zur Herstellung von Flakgerät zu richten.

2.) Nach Erringung einer zeitlichen oder örtlichen Luftüberlegenheit ist der Luftkrieg gegen die Häfen, hierbei insbesondere gegen die Einrichtungen der Lebensmittelbevorratung, und ferner gegen die Einrichtungen der Lebensmittelbevorratung im Innern des Landes weiterzuführen.

Angriffe gegen die Häfen der Südküste sind mit Rücksicht auf eigene beabsichtigte Operationen in möglichst geringem Maße anzusetzen.

3.) Der Kampf gegen feindliche Kriegs- und Handelsschiffe aus der Luft kann demgegenüber zurücktreten, soweit es sich nicht um besonders günstige Augenblicksziele handelt oder soweit im Rahmen der Angriffe zu Ziff. 2.) zusätzliche Wirkung erzielt wird oder soweit er zur Ausbildung von Besatzungen für die weitere Kampfführung notwendig ist.

4.) Der verschärfte Luftkrieg ist so zu führen, daß die Luftwaffe zur Unterstützung von Seeoperationen auf günstige Augenblicksziele mit genügend starken Kräften jederzeit herangezogen werden kann. Außerdem muß sie für das Unternehmen „Seelöwe" kampfkräftig zur Verfügung stehen.

* 5.) Terrorangriffe als Vergeltung behalte ich mir vor.

6.) Die Verschärfung des Luftkrieges kann ab 5. 8. beginnen. Der genaue Zeitpunkt ist von der Luftwaffe je nach Beendigung der Vorbereitungen und je nach Wetterlage selbst zu wählen.

Der Kriegsmarine wird die vorgesehene Verschärfung der Seekriegsmaßnahmen gleichzeitig freigegeben.

(gez.) Adolf Hitler

[P] K[eitel]

Verteiler:

Ob. d. L.	1. Ausfertigung
Ob. d. M.	2. "
Ob. d. H.	3. "
OKW Chef WFA	4. "
Chef WiRüAmt	5. "
Chef L	6. "
IL	7. "
IK	8. "
IH	9. "
Ktb	10. "

[P] W[arlimont]

* Zeile handschriftlich unterstrichen.

Druck: Klee, Dok. Seelöwe Nr. 16, nach Photokopie der 4. Ausf. Danach hier. Vgl. ebenda Nr. 17 (nach 4. Ausf.): OKW/WFA/Abt. L I Nr. 33189/40 gK. Chefs. v. 1. 8. 1940.
(Führer hat entschieden, Vorbereitungen für „Seelöwe" sind auf 15. 9. abzustellen. Etwa am 19. 8. wird entschieden, ob „Seelöwe" noch 1940 stattfindet). — Jacobsen, 1939–1945. Nr. 28. — Am 2. 9. 1940 erließ das OKW einen Befehl betr. Transportbewegung und Nachschub für „Seelöwe". Wegen der „Seelöwe"-Termine vgl. Klee Nr. 27. — Am 10. 9. 1940 wurde die Befehlsausgabe zunächst um 3 Tage verschoben; am 17. 9. 1940 wurde „Seelöwe" bis auf weiteres verschoben. Am 22. 10. 1940 wurde die bereits am 7. 8. 1940 angeordnete Feindtäuschung durch weitere Anordnung ergänzt.

18.

Der Führer und Oberste Befehlshaber F. H. Qu., den 12. 11. 40
der Wehrmacht
WFSt./Abt. L (I) Nr. 33 356/40 g. K. Chefs.

Geheime Kommandosache
Chef Sache   10 Ausfertigungen
Nur durch Offizier   2. Ausfertigung.

Weisung Nr. 18

Die vorbereitenden Maßnahmen der Oberkommandos für die Kriegführung der nächsten Zeit sind nach folgenden Richtlinien zu treffen:

1.) **Verhältnis zu Frankreich**
Das Ziel meiner Politik gegenüber Frankreich ist, mit diesem Land in einer für die zukünftige Kriegführung gegen England möglichst wirkungsvollen Weise zusammenzuarbeiten. Frankreich wird dabei vorläufig die Rolle einer „nicht kriegführenden Macht" zufallen, die in ihrem Hoheitsgebiet, besonders in den afrikanischen Kolonien, Maßnahmen der deutschen Kriegführung zu dulden und, soweit erforderlich, auch durch Einsatz eigener Verteidigungsmittel zu unterstützen hat. Vordringliche Aufgabe der Franzosen ist die defensive und offensive Sicherung ihrer afrikanischen Besitzungen (West- und Äquatorial-Afrika) gegen England und die de-Gaulle-Bewegung. Aus dieser Aufgabe kann sich die Teilnahme Frankreichs am Krieg gegen England in vollem Maße entwickeln.

Die an meine Zusammenkunft mit Marschall Pétain anknüpfenden Besprechungen mit Frankreich werden — abgesehen von der laufenden Arbeit der Waffenstillstandskommission — vorerst ausschließlich durch das Auswärtige Amt in Verbindung mit dem Oberkommando der Wehrmacht geführt.

Nähere Weisungen folgen nach Abschluß dieser Besprechungen.

2.) **Spanien und Portugal**
Politische Maßnahmen, um den baldigen Kriegseintritt Spaniens herbeizuführen, sind eingeleitet. Das Ziel des **deutschen Eingreifens** auf der Iberischen Halbinsel (Deckname Felix) wird sein, die Engländer aus dem westlichen Mittelmeer zu vertreiben.

Hierzu soll

a) Gibraltar genommen und die Meerenge abgeschlossen

b) verhindert werden, daß sich die Engländer an einer anderen Stelle der Iberischen Halbinsel oder der Atlantischen Inseln festzetzen.

Die Vorbereitung und Durchführung des Unternehmens ist wie folgt beabsichtigt:

I. Abschnitt:

a) Erkundungstrupps (Offiziere in Zivil) schließen die für den Einsatz gegen Gibraltar und für die Übernahme von Flugplätzen erforderlichen Vorbereitungen ab. Sie sind bezüglich Tarnung und Zusammenarbeit mit den Spaniern an die Sicherungsmaßnahmen des Chefs Ausl./Abw. gebunden.

b) Sonderverbände des Amts Ausl./Abw. übernehmen in getarnter Zusammenarbeit mit den Spaniern die Sicherung des Gibraltar-Geländes gegen englische Versuche, das Vorfeld zu erweitern bzw. die Vorbereitungen vorzeitig zu entdecken und zu stören.

c) Die für den Einsatz bestimmten Verbände stellen sich, weit abgesetzt von der französisch-spanischen Grenze und ohne frühzeitige Einweisung der Truppe, bereit. Für den Anlauf des Unternehmens ergeht 3 Wochen vor Übertritt der Truppen über die spanisch-französische Grenze (jedoch erst nach Abschluß der Vorbereitungen bezügl. Atlantische Inseln) eine Vorwarnung.

Im Hinblick auf die geringe Leistungsfähigkeit der spanischen Bahnen sind für das Unternehmen vom Heer hauptsächlich motorisierte Verbände zu bestimmen, sodaß die Bahnen für den Nachschub zur Verfügung stehen.

II. Abschnitt:

a) Verbände der Luftwaffe führen, abgerufen durch Beobachtung bei Algeciras, von französischem Boden aus zu einem günstigen Zeitpunkt einen Luftüberfall auf die im Hafen von Gibraltar liegenden englischen Flottenteile durch und fallen nach dem Angriff in spanische Flughäfen ein.

b) Kurz danach überschreiten bezw. überfliegen die für den Einsatz in Spanien vorgesehenen Verbände die französisch-spanische Grenze.

III. Abschnitt:

a) Angriff zur Wegnahme von Gibraltar mit deutschen Truppen.

b) Bereitstellen von Truppen, um in Portugal einzumarschieren, falls die Engländer dort Fuß fassen sollten. Die hierfür vorgesehenen Verbände marschieren unmittelbar hinter den für Gibraltar bestimmten Kräften in Spanien ein.

IV. Abschnitt:

Unterstützung der Spanier beim Abschließen der Meerenge nach Wegnahme des Felsens, wenn erforderlich, auch von Spanisch-Marokko aus.

Für die Stärke der für das Unternehmen „Felix" einzusetzenden Verbände gilt:

Heer:

Die für Gibraltar bestimmten Verbände müssen stark genug sein, um den Felsen auch ohne spanische Hilfe zu nehmen.

Daneben muß eine kleinere Gruppe zur Verfügung stehen, um die Spanier bei einem an sich unwahrscheinlichen englischen Landungsversuch an einer anderen Stelle der Küste zu unterstützen.

Für den möglichen Einmarsch in Portugal sind in der Hauptsache schnelle Verbände vorzusehen.

Luftwaffe:

Für den Luftüberfall auf den Hafen von Gibraltar sind Kräfte zu bestimmen, die einen ergiebigen Erfolg gewährleisten.

Für die anschließende Bekämpfung von Flottenzielen und zur Unterstützung beim Angriff auf den Felsen sind vor allem Sturzkampfverbände nach Spanien zu überführen.

Den Heeresverbänden ist ausreichende Flakartillerie, auch zur Bekämpfung von Erdzielen, zuzuteilen.

Kriegsmarine:

Zur Bekämpfung des englischen Gibraltar-Geschwaders, vor allem bei dem voraussichtlichen Auslaufen nach dem Luftüberfall, sind U-Boote vorzusehen.

Zur Unterstützung der Spanier bei der Sperrung der Meerenge ist die Überführung einzelner Küstenbatterien in Verbindung mit dem Heer vorzubereiten.

Eine italienische Beteiligung ist nicht vorgesehen.

Die Atlantischen Inseln (vor allem Kanaren und Kap Verden) gewinnen durch das Unternehmen Gibraltar erhöhte Bedeutung für die englische und die eigene Seekriegführung. Die Herren Oberbefehlshaber der Kriegsmarine und Luftwaffe prüfen, wie die spanische Verteidigung der Kanaren zu unterstützen ist bezw. die Kap Verden in Besitz genommen werden können.

Die Frage einer Besetzung von Madeira und der Azoren bitte ich ebenfalls zu prüfen, ebenso die sich daraus für die See- und Luftkriegführung ergebenden Vor- und Nachteile. Die Ergebnisse dieser Prüfung sind mir baldigst vorzulegen.

3.) **Italienische Offensive gegen Ägypten**

Der Einsatz deutscher Kräfte kommt, wenn überhaupt, erst dann in Frage, wenn die Italiener Marsa Matruh erreicht haben. Aber auch dann wird in erster Linie der Einsatz deutscher Fliegerkräfte vorzusehen sein, wenn die Italiener die dafür benötigte Flugbasis zur Verfügung stellen.

Die Vorbereitungen der Wehrmachtteile für Einsatz auf diesem oder einem anderen nordafrikanischen Kriegsschauplatz sind in folgendem Rahmen weiterzutreiben:

Heer:

Bereithalten einer Panzer-Division (Zusammensetzung wie bisher vorgesehen) für Einsatz in Nordafrika.

Kriegsmarine:

Herrichtung der in italienischen Häfen liegenden deutschen Schiffe, die als Transportdampfer geeignet sind, für die Überführung möglichst starker Truppen entweder nach Libyen oder nach Nordwest-Afrika.

Luftwaffe:

Vorbereitungen für Angriffsunternehmungen gegen Alexandria und den Suez-Kanal, um letzteren für die englische Kriegführung zu sperren.

4.) **Balkan**

Ob. d. H. trifft Vorbereitungen, um im Bedarfsfall aus Bulgarien heraus das **griechische Festland** nördlich des Ägäischen Meeres in Besitz zu nehmen und damit die Voraussetzung für den Einsatz deutscher Fliegerverbände gegen Ziele im ostwärtigen Mittelmeer zu schaffen, insbesondere gegen diejenigen englischen Luftstützpunkte, die das rumänische Ölgebiet bedrohen.

Um allen möglichen Aufgaben gewachsen zu sein und die Türkei in Schach zu halten, ist den Überlegungen und Aufmarschberechnungen der Einsatz einer Armeegruppe in der Stärke von etwa 10 Divisionen zu Grunde zu legen. Auf eine Benutzung der durch Jugoslawien führenden Eisenbahn wird für den Aufmarsch dieser Kräfte nicht zu rechnen sein. Um den Zeitbedarf für den Aufmarsch abzukürzen, ist eine baldige Verstärkung der deutschen Heeresmission in Rumänien in einem mir vorzuschlagenden Ausmaß vorzubereiten.

Ob. d. L. bereitet im Einklang mit den beabsichtigten Heeresoperationen Einsatz deutscher Luftwaffenverbände auf dem südostwärtigen Balkan und den Einsatz eines Flugmeldedienstes an der Südgrenze Bulgariens vor.

Die deutsche Luftwaffenmission in Rumänien wird in dem mir vorgeschlagenen Umfang verstärkt.

Wünsche der Bulgaren für Aufrüstung des Heeres (Waffen- und Munitionslieferungen) sind entgegenkommend zu behandeln.

5.) Rußland
Politische Besprechungen mit dem Ziel, die Haltung Rußlands für die nächste Zeit zu klären, sind eingeleitet. Gleichgültig, welches Ergebnis diese Besprechungen haben werden, sind alle schon mündlich befohlenen Vorbereitungen für den Osten fortzuführen.

Weisungen darüber werden folgen, sobald die Grundzüge des Operationsplanes des Heeres mir vorgetragen und von mir gebilligt sind.

6.) Landung in England
Da bei Veränderungen in der Gesamtlage die Möglichkeit oder Notwendigkeit gegeben sein kann, im Frühjahr 1941 doch noch auf das Unternehmen „Seelöwe" zurückzukommen, müssen die drei Wehrmachtteile ernstlich bestrebt sein, die Grundlagen für ein solches Unternehmen in jeder Hinsicht zu verbessern.

7.) Berichten der Herren Oberbefehlshaber
zu den in dieser Weisung vorgesehenen Maßnahmen sehe ich entgegen. Die Art der Durchführung sowie die zeitliche Übereinstimmung der einzelnen Aktionen werde ich sodann befehlen.

Zum Schutz der Geheimhaltung sind durch Beschränkung des Bearbeiterkreises besondere Maßnahmen zu treffen. Dies gilt besonders für das Unternehmen in Spanien und für die Pläne bezüglich der Atlantischen Inseln.

(gez.) Adolf Hitler

Verteiler:
Ob. d. H. (Op. Abt.)	1. Ausf.
Ob. d. M. (1. Skl.)	2. Ausf.
Ob. d. L. (LwFüSt. Ia)	3. Ausf.

O. K. W.:
WFSt.	4. Ausf.
Abt. L	5.–10. Ausf.

Or. m. eigh. Unterschrift in OKM Weisungen OKW IV, 1 Bd. 1, 9 Seiten Masch. Schr.
Druck: IMT XXVI S. 41. – Jacobsen, 1939–1945, Nr. 36 (nach 4. Ausf.). – Vgl. folgende Ergänzung.

18 a.

Oberkommando der Wehrmacht [handschr.:] F 3)
WFSt/Abt. L (IH) Nr. 33 373/40 gK.Chefs. F. H. Qu., den 27. 11. 40

Geheime Kommandosache
Chefsache! 13 Ausfertigungen
Nur durch Offizier! 12. Ausfertigung

Betr.: Weisung Nr. 18, Ziffer 2

I. Der Grundgedanke des Unternehmens Felix ist, daß die Operationen mit einem **Luftüberfall** auf das englische Gibraltar-Geschwader eröffnet werden. Der hierzu erforderlichen Überraschung müssen alle Vorbereitungen Rechnung tragen. Wie schwierig jede Geheimhaltung in Spanien ist, ergibt der Bericht des Chefs Ausl./Abw. über seine in der Zeit vom 12.—21. 11. durchgeführten Besprechungen und Erkundungen (den Oberkommandos unter OKW/Ausl./Abw.Chef Nr. 3570/40 g.K. vom 20. 11. zugegangen).

Es ist weder möglich, große Vorbereitungen für die Bodenorganisation der einfallenden Fliegerverbände zu treffen, noch in dem an sich erwünschten Umfange Versorgungsbasen einzurichten. Ebenso verbietet es sich, daß starke Heeresverbände vor dem Luftüberfall in der Nähe der spanischen Grenze aufmarschieren.

Für die Versorgung **nach** Operationsbeginn bleibt zu berücksichtigen, daß die Bahn über Irun nur 12 spanische Züge (= 6 deutsche Züge) nach Umschlag in Irun leistet.

Aus dieser Lage ergibt sich, daß auf allen Gebieten mit **Aushilfen** gearbeitet werden muß, auf die Gefahr hin, daß in der ersten Zeit nach Anlauf des Unternehmens Reibungen entstehen (zum Beispiel das Kampfgeschwader nach seinem Einfall in Spanien **vorübergehend** nur bedingt einsatzfähig sein wird).

II. Für die **weiteren Vorbereitungen** gilt:

1.) Die Stärke der **Erkundungstrupps** sowohl für den Raum von Gibraltar wie für die Flugplätze, die Versorgungseinrichtungen und Verkehrswege, ist erheblich zu vermindern. Nur das unbedingt — Erforderliche kann vorher erkundet, alles andere muß unter feldmäßigen Verhältnissen durch bei Operationsbeginn vorausgesandte Kommandos unternommen werden.

2.) In der kommenden Zeit müssen diejenigen Transporte, die für die **Anfangs-Versorgung** unumgänglich sind, tropfenweise in Spanien „einsickern". In erster Linie gilt dies für die Versorgung des aus Südwest-Frankreich startenden und nach dem Überfall in Spanien einfallenden Kampfgeschwaders, das solange, wenigstens mit Teilen, zur Fortsetzung des Angriffs befähigt sein muß, bis die offene Versorgung aus der Heimat wirksam wird.

Diese „Wirtschaftstransporte" werden durch den Chef des Wehrmachts-Transportwesens in Zusammenarbeit mit den Wehrmachtteilen zusammenzustellen sein und im Einzelnen unter Verzicht auf stärkeres Bewachungspersonal durch Chef Ausl./Abw. getarnt werden. Angestrebt wird, auch auf dem Seewege in ähnlicher Form Vorräte nach Spanien zu schaffen.

3.) Zur Aufstellung eines Planes, wie — gegebenenfalls unter Einschaltung auch des Seeweges — die in ihrem Umfange bescheidene Bevorratung und die spätere Versorgung durchzuführen sind, **melden die Oberkommandos baldmöglichst an OKW/WFSt/Abt. L, (Nebenabdruck an Chef Wehrmacht-Transportwesen und Ausl./Abw.)** ihre Forderungen an. Dabei sind neben den Mengen auch erwünschte Zeiten und Zielorte anzugeben.

Ob und welche Mengen auf Grund dieser Anforderungen auf den Seeweg verwiesen werden können, wird OKW. mit Ob. d. M. (Schifffahrtsabteilung) regeln.

Nicht anzumelden sind Versorgungsgüter, die nach Operationsbeginn vom Heer bzw. der Luftwaffe mit eigenen Mitteln (Kraftwagenkolonnen, Lufttransport) befördert werden können.

4.) Da die Masse der Heeresverbände im Interesse der Geheimhaltung nicht in der Nähe der Grenze versammelt werden kann, wird in Kauf genommen, daß stärkere Kräfte erst einige Zeit nach dem Luftüberfall in Spanien einmarschieren. In die vordersten, schnell verfügbaren Teile sind vor allem diejenigen Versorgungsdienste einzugliedern, die für den Nachschub der Fliegerverbände (eingefallenes Kampfgeschwader, einfliegende Sturzkampfverbände) erforderlich sind.

Der einheitliche Marschplan ist durch Ob. d. H. festzulegen. Zu berücksichtigen ist dabei, daß der Operationsbeginn (= Luftüberfall) von der Feindlage (Gibraltar-Geschwader) und vom Wetter abhängig und daher genau erst ganz kurzfristig zu bestimmen ist.

5.) Besondere Maßnahmen sind erforderlich, um die über Irun führende Strecke, vor allem den Engpaß bei Irun, gegen See- und Luftangriffe zu schützen. Auch hier kann jedoch vor Operationsbeginn nur das nötigste und dies nur von französischem Boden aus geschehen.

Die Sicherung gegen See ist Aufgabe des Ob. d. M., der neben sonstigen Mitteln des Küstenvorfeldes Einsatz von Batterien (erforderlichenfalls auch solcher, die vom Heer zur Verfügung zu stellen sind) vorzubereiten hat.

Die Abwehr von **Luftangriffen** ist durch Ob. d. L. sicherzustellen, ebenso die Sicherung des im Vergleich zu Irun weniger gefährdeten sonstigen Vormarschweges.

6.) Voraussichtlich wird es erforderlich sein, nach der Wegnahme des Felsens zur Sperrung der Enge auch der afrikanischen Seite Batterien in Stellung zu bringen und deutsche Truppen für Sicherungs- und sonstige Aufgaben zu überführen (u. a. 3. Pz.Div.).

Für die Sperrung der Enge wird nach außenhin die spanische Wehrmacht (Küstenbatterien, Seestreitkräfte), tatsächlich Ob. d. M. verantwortlich sein, dem hierfür auch Heeresbatterien zur Verfügung zu stellen sind.

Zur Überführung der Batterien und sonstigen Verbände hat die Kriegsmarine den erforderlichen Schiffsraum in italienischen Häfen bereit zu halten und je nach Lage in französische bzw. spanische Häfen nachzuziehen.

III. Die Besonderheiten des bevorstehenden Einsatzes in Spanien erfordern, alle Maßnahmen, vor allem die vorbereitenden und solche, die die Versorgung betreffen, einheitlich auszurichten. Hierzu ist die als Muster anliegende **Zeittafel** bestimmt.

Die Oberkommandos werden gebeten, als nächsten Schritt der Vorbereitung zum 5. 12. durch die Zeittafel alle Maßnahmen anzugeben, die für das Unternehmen Felix beabsichtigt sind.

Die im Gange befindliche Erkundung der in ihrer Bedeutung mit der Wegnahme von Gibraltar zusammenhängenden atlantischen Inseln (Kanaren, Azoren) ist unter Leitung des Chefs Ausl./Abw. nachdrücklich weiterzutreiben mit dem Ziel, die Flugplatzverhältnisse und Landemöglichkeiten sowie die vorhandenen Verteidigungsmöglichkeiten und Versorgungsgrundlagen festzulegen.

Der Chef des Oberkommandos der Wehrmacht
I. A. gez. Warlimont

F. d. R.

[handschr.:] v. Loßberg
Obstlt. d. G.

Verteiler:
Ob. d. H.	1. Ausf.
Ob. d. L.	2. Ausf.
Ob. d. M.	3. Ausf.
OKW:	
WFSt.	4. Ausf.
Abt. L	5.—8. Ausf. und 11.—13. Ausf. (5. an ObdH./GenQu abgegeben)
Ausl./Abw.	9. Ausf.
Wehrmachttransportchef	10. Ausf.

* hier nicht beigefügt.

F 3 aus Sammelmappe „Felix" (Handakte WFSt), Nürnberger OKW-Prozeßmaterial, jetzt Bundesarchiv.
Druck: H. G. Seraphim in „Die Welt als Geschichte" XV, 1955, danach hier und im folgenden.

19.

Entwurf

[handschr.:] F 9

Der Oberste Befehlshaber der Wehrmacht
OKW/WFSt/Abt. L Nr. 33 395/40 g.K.Chefs.

F. H. Qu., den

handschr.: z.b.V.
5 Ausfertigungen
6. Ausfertigung

Weisung Nr. 19:
Unternehmen „Felix".

1.) **Zweck des Unternehmens** ist es, die Iberische Halbinsel in den Großkampfraum der Achsenmächte einzubeziehen und die englische Flotte aus dem westlichen Mittelmeer zu vertreiben.
Dazu muß

  a.) Gibraltar genommen und die Meerenge für die Durchfahrt englischer Schiffe möglichst wirksam abgesperrt werden,

  b.) eine Kräftegruppe bereit gehalten werden, um Portugal sofort zu besetzen für den Fall, daß die Engländer die Neutralität Portugals verletzen oder Portugal selbst eine nicht streng neutrale Haltung einnehmen sollte.

  c.) vorbereitet sein, 1—2 Divisionen (darunter die 3. Pz.Div.) nach der Wegnahme von Gibraltar nach Spanisch-Marokko zur Sicherung der Meerenge und des Nordwest-Afrikanischen Raumes zu überführen.

27. 11. 1940

— 2 —

2.) **Befehlsregelung.**
Die Führung der Operationen in Spanien obliegt nach meinen allgemeinen Weisungen den Oberbefehlshabern der Wehrmachtteile.
Die wichtigsten Aufgaben sind:
a.) Für den **Oberbefehlshaber des Heeres** (Führer in Spanien Generalfeldmarschall v. Reichenau)
der Angriff auf Gibraltar und die anschließenden Maßnahmen in Nordwestafrika,
der evtl. Einmarsch in Portugal,
die Regelung der Eisenbahn- und Marschbewegungen sowie von Unterkunftsfragen usw. (wie im Operationsgebiet des Heeres, für die Versorgung ergehen Besondere Anordnungen des Oberkommandos der Wehrmacht)
b.) Für den **Oberbefehlshaber der Kriegsmarine**
der Einsatz deutscher U-Boote,
die zusätzliche Sicherung spanischer Häfen,
die Sicherung der Meerenge nach der Wegnahme des Felsens,
der Transport deutscher Verbände nach Spanisch-Marokko,
die Ausnutzung des Seeweges für die Versorgung der in Spanien eingesetzten Verbände.

— 3 —

c.) Für den **Oberbefehlshaber der Luftwaffe** (Führer in Spanien: General der Flieger Frhr. v. Richthofen)
der selbständige Angriff auf das englische Gibraltar-Geschwader und den Hafen,
die Vorbereitung und Unterstützung des Angriffs auf den Felsen in Zusammenarbeit mit dem Heer,
weiträumige Aufklärung,
Schutz der in Spanien eingesetzten Verbände gegen feindliche Luftangriffe.
Der Stab des VIII. Fl.Korps übernimmt es neben seiner sonstigen Aufgabe, die Verbindung zur obersten spanischen Führung zu halten. Er ist zu diesem Zweck nach Bedarf durch Offiziere der anderen Wehrmachtteile zu verstärken.

3.) **Verhalten gegenüber den Spaniern**
Während des ganzen Unternehmens ist von Führern und Truppe darauf Bedacht zu nehmen, daß wir in einem **verbündeten Lande** operieren, das einen blutigen Bürgerkrieg überstanden und noch immer mit inneren und wirtschaftlichen Schwierigkeiten aller Art zu kämpfen hat.
Spanische Vorräte sind nur im Ausnahmefall in Anspruch zu nehmen. Militärische Aufgabe der Spanier wird es in erster Linie sein, vor dem Eintreffen deutscher Truppen das Vorfeld von Gibraltar zu sichern, im übrigen den Inselbesitz gegen englischen Zugriff zu verteidigen und evtl. Landungsversuche auf dem Festland abzuwehren. Wird Hilfe bei der Wegnahme von Gibraltar angeboten, so ist sie anzunehmen.
Die oberste militärische Führung in Spanien hat nominell der Staatschef Franco. Verdienste der spanischen Führung und spanische Verbände sind in geeigneter Form herauszustellen.

4.) **Der zeitliche Ablauf** aller militärischen Maßnahmen wird durch eine vom Oberkommando der Wehrmacht aufzustellende Zeittafel geregelt werden. Die Vorbereitungen sind darauf abzustellen, daß ich den Einmarsch (= F-Tag) und Einflug nach Spanien für den 10. 1. 41 befehlen kann.

Im Großen sind folgende Abschnitte zu unterscheiden:

I. **Abschnitt**: Maßnahmen, die voll getarnt werden können.

a.) Vorbereitung des Einsatzes in Spanien durch kleine Erkundungstäbe (Inmarschsetzung durch den Chef Ausl./Abw.).

b.) Verstärkung der spanischen Abwehr vor Gibraltar durch hierfür geeignete Sonderverbände (Chef Ausl./Abw.).

c.) Anlegen einer ersten Versorgungsbasis in Spanien, soweit unbedingt erforderlich, durch Wirtschaftstransporte.

— 5 —

d.) Abgabe deutscher Batterien in der Form eines Verkaufs an die Spanier zur Verstärkung der Abwehrkraft insbesondere der Kanaren.

In Grenznähe dürfen Truppenbewegungen und sonstige Maßnahmen (z. B. Schutz der auf Irun führenden Verkehrswege, Lagern von Vorräten) in diesem ersten Abschnitt nur unauffällig erfolgen.

II. **Abschnitt**: Maßnahmen, die diesseits der Pyrenäen zwar z. B. gewisse militärische Vorbereitungen erkennen lassen, Spanien aber noch nicht unmittelbar belasten.

a.) Aufmarschbewegungen zur Grenze,

b.) Verlegen der erforderlichen Fliegerverbände in die Absprunghäfen,

c.) zeitgerechtes Entsenden von U-Booten in das westliche Mittelmeer.

Die Zeiten, zu denen diese Maßnahmen erforderlich werden, sind in die Zeittafel aufzunehmen. Tarnung ist auch in diesem Abschnitt durch den Anschein anzustreben, daß der Aufmarsch die Besetzung der bisher unbesetzten Teile Frankreichs vorbereitet.

— 6 —

III. **Abschnitt**: Einmarsch nach Spanien, Einflug der Flieger-Verbände. Der Einmarsch ist vom Oberbefehlshaber des Heeres für alle beteiligten Verbände der Wehrmacht so zu regeln, daß

a.) schnell die ersten Teile vor Gibraltar eintreffen und dort der erforderliche Luftschutz sichergestellt wird.

b.) hinter dieser Sicherung frühzeitig der Artillerieaufmarsch und Artillerie-Kampf (besonders gegen die feindliche Artillerie und das verminte Gelände nördlich des Felsens) beginnen kann.

c.) die Versorgung der in spanischen Flughäfen eingeflogenen Fliegerverbände gesichert ist.

d.) dann die zur Verstärkung des spanischen Küstenschutzes und für Einmarsch nach Portugal bestimmten Verbände folgen.

Die **Fliegerverbände** sind vom Oberbefehlshaber der Luftwaffe so einzusetzen, daß

a.) möglichst frühzeitig (jedoch nicht vor dem F-Tag) ein kräftiger Schlag gegen englische Flottenteile und — sollte das Gibraltar-Geschwader nicht erreichbar sein — gegen die Hafenanlagen geführt wird.

b.) die Bekämpfung in Reichweite befindlicher englischer Flottenteile von Spanien aus fortgesetzt werden kann.

— 7 —

c.) der Erdangriff auf den Felsen nach den Anforderungen des Heeres zeitgerecht vorbereitet und unterstützt wird.

Voraussichtlich wird vom F-Tag an auch das unbesetzte Frankreich für Transporte zur Verfügung stehen.

27. 11. 1940

IV. Abschnitt: Angriff auf Gibraltar.
Dieser Angriff muß etwa 25 Tage nach dem Grenzübertritt beginnen können. Er soll durch erdrückenden materiellen Einsatz (überreich munitionierte Artillerie und Sturzkampfverbände, Sprengungen, Feuerwirkung aus schweren Panzern) so vorbereitet sein, daß der Sturm selbst möglichst geringe blutige Verluste erfordert.

V. Abschnitt: Sperrung der Meerenge und Übersetzen deutscher Truppen nach Spanisch-Marokko.
Verantwortlich für diese Aufgabe ist der Oberbefehlshaber der Kriegsmarine, dem das Heer erforderlichenfalls Batterien zur Verfügung stellt. Nach außenhin fällt die Bewachung der Enge den Spaniern zu, die im Rahmen ihrer Mittel zu beteiligen sind.
Die für Transporte nach Spanisch-Marokko bestimmten Schiffe sind zeitgerecht in geeignete Häfen nachzuziehen.

— 8 —

VI. Abschnitt: Herausziehen der auf der Iberischen Halbinsel eingesetzten Verbände zu neuer Verwendung (ebenso wie der evtl. Einmarsch in Portugal) von der Lage abhängig.

5.) Meldungen der Herren Oberbefehlshaber, aus denen der in den einzelnen Abschnitten beabsichtigte Ablauf hervorgeht (Zeittafel nach bisherigem Muster) sehe ich zum 16. 12. entgegen.

Verteiler:
der Entwurfsausfertigung
WFSt   1. u. 2. Ausf.
Abt. L   3.—5.   „

Verteiler:
der Weisung Nr. 19
Ob.d.H. (Op.Abt.)   1. Ausf.
Ob.d.M. (Skl.)   2.   „
Ob.d.L. (Lw.Führ.Stb.)   3.   „
OKW:
   WFSt   4.   „
   Abt. L   5.—8.   „
   WNV   9.   „
   Ausl./Abw.   10. u. 11.   „
   Chef Wehrm.Transp.
   Wesen   12.   „

Druck: H. G. Seraphim in „Die Welt als Geschichte" XV, 1955, danach hier. — Jacobsen, 1939–1945 Nr. 41.

19 a.

Oberkommando der Wehrmacht F. H. Qu., den 11. 12. 40
WFSt/Abt. L Nr. 33 395/40 g.K.Chefs.

Geheime Kommandosache [handschr.:] F 11
Chefsache! 12 Ausfertigungen
Nur durch Offizier! 8. Ausfertigung

Bezug: Weisung Nr. 18, Ziff. 2,
(WFSt/L Nr. 33 356/40 g.K.Ch.)
Betr.: Unternehmen „Felix".

  Das Unternehmen „Felix" wird nicht durchgeführt, da die politischen Voraussetzungen nicht mehr gegeben sind.
  Die zur Zeit laufenden Erkundungen sind vollends zu Ende zu führen. Alle weiteren beabsichtigten Maßnahmen unterbleiben; **die begonnenen Vorbereitungen sind einzustellen.**
  Die zur Verstärkung der spanischen Inseln und Küsten vorgesehenen deutschen Batterien sind nicht abzugeben.

    Der Chef des Oberkommandos der Wehrmacht
      gez. Keitel
      F. d. R.
      Unterschrift
     [Name unleserlich]
      Hauptmann

Verteiler:
Ob.d.H. (Op.Abt.)   1. Ausf.
Ob.d.M. (Skl.)   2. „
Ob.d.L. (Lw.Führ.St.) 3. „
OKW:
 WFSt
  Abt. L   5.—8. „
  WNV   9. „
 Ausl./Abw.   10.—11. „
 Chef Wehrm.
 Transp.Wesen   12. „

Druck: H. G. Seraphim in „Die Welt als Geschichte" XV, 1955, danach hier

19 b.

Der Oberste Befehlshaber der Wehrmacht   F. H. Qu., den 10. 12. 40
OKW/WFSt/Abt. L Nr. 33 400/40 g. K. Chefs.

Geheime Kommandosache
Chef Sache   12 Ausfertigungen
Nur durch Offizier   2. Ausfertigung

Weisung Nr. 19:

Unternehmen Attila.

1.) Für den Fall, daß sich in den jetzt von General Weygand beherrschten Teilen des französischen Kolonialreiches eine Abfallbewegung abzeichnen sollte, ist die schnelle **Besetzung des heute noch unbesetzten Gebiets** des französischen Mutterlandes vorzubereiten (Unternehmen Attila). Gleichzeitig kommt es dann darauf an, die französische **Heimatflotte** und die auf heimischen Flugplätzen befindlichen Teile der französischen Luftwaffe sicherzustellen, zum mindesten aber ihr Übergehen zur Feindseite zu verhindern.

    Die Vorbereitungen sind zu tarnen, um Alarmierung der Franzosen im militärischen wie politischen Interesse zu vermeiden.

2.) Der **Einmarsch** hat gegebenenfalls so zu erfolgen, daß
    a.) starke motorisierte Gruppen, deren ausreichender Luftschutz sicherzustellen ist, im Zuge der Garonne bezw. der Rhone schnell bis zum Mittelmeer durchstoßen, möglichst frühzeitig die Hafenplätze (vor allem den wichtigen Kriegshafen Toulon) in Besitz nehmen und Frankreich vom Meer abriegeln
    b.) die an der Demarkationslinie stehenden Verbände auf der ganzen Front einrücken.
Die Zeit zwischen Befehl zur Durchführung des Unternehmens und Einmarsch der Truppen muß möglichst kurz sein. Hierzu dürfen schon jetzt einzelne Verbände näher herangezogen werden, ohne daß der Zweck ihrer Verwendung offensichtlich wird.

    Ein **geschlossener Widerstand** der französischen Wehrmacht gegen den Einmarsch ist unwahrscheinlich. Sollte örtlich Widerstand auftreten, ist er rücksichtslos zu brechen. Hierzu sowie zum Einsatz gegen evtl. Unruheherde sind auch Kampf- (vor allem Sturzkampf-) Verbände der Luftwaffe vorzusehen.

3.) Um Maßnahmen gegen das **Auslaufen der französischen Flotte** und ihr Übergehen zum Feind vorzubereiten, muß künftig

Liegeplatz, Zustand, Möglichkeit des Zugriffs usw. bei jeder Flotteneinheit laufend verfolgt werden. Der Oberbefehlshaber der Kriegsmarine trifft in Zusammenarbeit mit Ausl./Abw. und unter Ausnutzen der über die Waffenstillstandskommission gegebenen Möglichkeiten entsprechende Anordnungen.

Von den Oberbefehlshabern der Kriegsmarine und der Luftwaffe ist zu prüfen, wie in Zusammenarbeit mit den einmarschierenden Heeresteilen am besten Hand auf die französische Flotte gelegt werden kann. Insbesondere kommen in Frage

Sperren der Hafenausgänge (vor allem Toulon)
Luftlandeunternehmen
Sabotageakte
U-Boot- und Luftangriffe auf auslaufende Schiffe.

Vom Oberbefehlshaber der Kriegsmarine ist Stellung dazu zu nehmen, ob und in welchem Umfang die Teilen der französischen Flotte gegenüber dem Waffenstillstandsvertrag eingeräumten Erleichterungen zurückzuziehen sind.

Entscheidung über Art der Durchführung behalte ich mir vor. **Angriffshandlungen** werden erst dann freigegeben sein, wenn die französische Wehrmacht Widerstand leistet oder Flottenteile trotz deutschen Gegenbefehls auslaufen.

** 4.) Zugriff auf die französischen **Flugplätze** und die dort befindlichen Teile der Luftwaffe ist zwischen Luftwaffe und Heer unmittelbar zu regeln. Sonstige Möglichkeiten (z. B. Luftlandung) sind auszunutzen.

5.) Die Herren Oberbefehlshaber berichten mir — beim Heer bereits geschehen — über ihre Absichten für das Unternehmen Attila (schriftlich über das Oberkommando der Wehrmacht). Dabei ist auch die zwischen dem Befehl zur Durchführung und den Maßnahmen selbst erforderliche Zeitspanne anzugeben.

*** 6.) Die Vorbereitungen für das Unternehmen „Attila" bedürfen größter Geheimhaltung.

Die Italiener dürfen von den Vorbereitungen und Absichten keinerlei Kenntnis erhalten.

(gez.) Adolf Hitler

Verteiler:
Ob. d. H. (Op. Abt.)	1. Ausf.
Ob. d. M. (Skl.)	2. „
Ob. d. L. (Lw. Führ. Stab)	3. „
Waffenstillstandskommission	4. „

13. 12. 1940

OKW:
  WFSt   5. Ausf.
    Abt. L   6.—10. „
    WNV   11.   „
    Ausl./Abw.   12.   „

*   Die Ziffer 19 ist nachträglich handschriftlich eingefügt.
** Am gleichen Tage wurde vom OKW befohlen, die Überführung deutscher Fliegerverbände nach Süditalien vorzubereiten.
*** Absatz 6 ist späterer Zusatz nach Vorlage, vor Ausfertigung.

Or. m. eigh. Unterschrift in OKM Weisungen OKW IV, 1 Bd. 1, 4 Seiten Masch. Schr.
Druck: Jacobsen, 1939—1945 nach 5. Ausf.

20.

Der Oberste Befehlshaber der Wehrmacht   F. H. Qu., den 13. 12. 1940.
OKW/WFSt/Abt. L Nr. 33 406/40 g. K. Chefs.

Geheime Kommandosache
Chef Sache   12 Ausfertigungen
Nur durch Offizier   2. Ausfertigung.

Weisung Nr. 20:
Unternehmen Marita.

1.) Der Ausgang der Kämpfe in Albanien läßt sich noch nicht übersehen. Angesichts der bedrohlichen Lage in Albanien ist es doppelt wichtig, daß englische Bestrebungen unter dem Schutze einer Balkanfront eine vor allem für Italien, daneben für das rumänische Ölgebiet, gefährliche Luftbasis zu schaffen, vereitelt werden.

2.) Meine **Absicht** ist daher:
    a) in den nächsten Monaten in Südrumänien eine sich allmählich verstärkende Kräftegruppe zu bilden
    b) nach Eintreten günstiger Witterung — voraussichtlich im März — diese Kräftegruppe über Bulgarien hinweg zur Besitznahme der Ägäischen Nordküste und — sollte dies erforderlich sein — des ganzen griechischen Festlandes anzusetzen (Unternehmen Marita). Mit der Unterstützung durch Bulgarien ist zu rechnen.

3.) Für die **Versammlung der Kräftegruppe** in Rumänien gilt:
    a) Die im Dezember eintreffende 16. Pz.-Div. tritt zur Heeresmission, an deren Aufgaben sich nichts ändert.

b) Anschließend ist eine Kräftegruppe von etwa 7 Div. (= I. Aufmarschstaffel) nach Südrumänien zu überführen. Pionierkräfte zur Vorbereitung des Donauüberganges können in dem **erforderlichen Umfang** bereits in die Transporte der 16. Pz.-Div. eingegliedert werden (als „Lehrtruppe"). Über ihren Einsatz an der Donau holt der Oberbefehlshaber des Heeres zeitgerecht meine Entscheidung ein.

c) Nachführen weiterer Transporte bis zu der für das Unternehmen Marita vorgesehenen Höchstgrenze (insgesamt 24 Div.) ist vorzubereiten.

d) Für die Luftwaffe kommt es darauf an, den Luftschutz für die Versammlung sicherzustellen sowie auf rumänischem Boden erforderliche Führungs- und Nachschubeinrichtungen vorzubereiten.

4.) Das **Unternehmen Marita** selbst ist auf folgender Grundlage vorzubereiten:

a) Erstes Ziel der Operation ist die Besitznahme der Ägäischen Küste und des Beckens von Saloniki. Fortsetzung des Angriffs über Larissa und die Enge von Korinth kann notwendig werden.

b) Der Flankenschutz gegen die Türkei wird der bulgarischen Armee zufallen, ist jedoch darüber hinaus durch die Bereitstellung deutscher Verbände zu stärken und zu sichern.

c) Ob sich bulgarische Verbände außerdem am Angriff beteiligen, ist ungewiß.

Ebenso ist die jugoslawische Haltung jetzt noch nicht klar zu übersehen.

d) Aufgabe der **Luftwaffe** wird es sein, das Vorgehen des Heeres in allen Abschnitten wirksam zu unterstützen, die gegnerische Luftwaffe auszuschalten und — soweit möglich — englische Stützpunkte auf griechischen Inseln durch Luftlandung in Besitz zu nehmen.

e) Die Frage, in welcher Weise das Unternehmen Marita durch die italienische Wehrmacht zu unterstützen und die Übereinstimmung der Operationen herbeizuführen ist, bleibt späterer Entscheidung vorbehalten.

5.) Die auf dem Balkan besonders große politische Auswirkung militärischer Vorbereitungen erfordert die genaue Steuerung aller diesbezüglichen Maßnahmen der Oberkommandos.

Die Antransporte durch Ungarn und ihr Eintreffen in Rumänien werden vom Oberkommando der Wehrmacht **schrittweise** angemeldet und sind zunächst mit einer Verstärkung der Wehrmachtmission in Rumänien zu begründen.

13. 12. 1940

Besprechungen mit den Rumänen oder Bulgaren, die auf unsere Absichten schließen lassen, sowie Unterrichtung der Italiener, unterliegen im Einzelfall meiner Genehmigung; ebenso Entsendung von Erkundungsorganen und Vorkommandos.

6.) Nach Durchführung des Unternehmens Marita ist beabsichtigt, die Masse der hierfür eingesetzten Verbände zu **neuer Verwendung** herauszuziehen.

7.) Meldungen der Herren Oberbefehlshaber über ihre Absichten — beim Heer bereits geschehen — sehe ich entgegen. Für die geplanten Vorbereitungen sind mir genaue Zeitpläne vorzulegen; auch über die notwendigen Rückberufungen aus der Rüstungsindustrie (Wiederaufstellung von Urlaubsdivisionen).

(gez.) Adolf Hitler.

Verteiler:
Ob. d. H. (Op. Abtlg.)	1. Ausfertigung
Ob. d. M. (Skl.)	2. "
Ob. d. L. (Lw. Führ. Stab)	3. "
Chef der deutschen Wehrmachtmission in Rumänien	4. "

O. K. W.:
WFSt.	5. "
Abt. L	6.—9. "
WNV	10. "
Chef des Wehrm. Transp. Wesens	11. "
Ausl./Abw.	12. "

Abschrift im Marine-Archiv, 3 Seiten Masch. Schr.
Druck: Jacobsen, 1939—1945 nach 9. Ausfertigung. — Loßberg S. 162 f.

21.

Der Führer und Oberste Befehlshaber F. H. Qu., den 18. 12. 40
der Wehrmacht
OKW/WFSt/Abt. L (I) Nr.. 33 408/40 gK Chefs.

Geheime Kommandosache
Chef Sache 9 Ausfertigungen
Nur durch Offizier 2. Ausfertigung.

Weisung Nr. 21
Fall Barbarossa.

Die deutsche Wehrmacht muß darauf vorbereitet sein, auch vor Beendigung des Krieges gegen England Sowjetrußland in einem schnellen Feldzug niederzuwerfen (Fall Barbarossa).

Das Heer wird hierzu alle verfügbaren Verbände einzusetzen haben mit der Einschränkung, daß die besetzten Gebiete gegen Überraschungen gesichert sein müssen.

Für die Luftwaffe wird es darauf ankommen, für den Ostfeldzug so starke Kräfte zur Unterstützung des Heeres freizumachen, daß mit einem raschen Ablauf der Erdoperationen gerechnet werden kann und die Schädigung des ostdeutschen Raumes durch feindliche Luftangriffe so gering wie möglich bleibt. Diese Schwerpunktbildung im Osten findet ihre Grenze in der Forderung, daß der gesamte von uns beherrschte Kampf- und Rüstungsraum gegen feindliche Luftangriffe hinreichend geschützt bleiben muß und die Angriffshandlungen gegen England, insbesondere seine Zufuhr, nicht zum Erliegen kommen dürfen.

Der Schwerpunkt des Einsatzes der Kriegsmarine bleibt auch während eines Ostfeldzuges eindeutig gegen England gerichtet.

Den Aufmarsch gegen Sowjetrußland werde ich gegebenenfalls acht Wochen vor dem beabsichtigten Operationsbeginn befehlen.

Vorbereitungen, die eine längere Anlaufzeit benötigen, sind — soweit noch nicht geschehen — schon jetzt in Angriff zu nehmen und bis zum 15. 5. 41 abzuschließen.

Entscheidender Wert ist jedoch darauf zu legen, daß die Absicht eines Angriffes nicht erkennbar wird.

Die Vorbereitungen der Oberkommandos sind auf folgender Grundlage zu treffen:

18. 12. 1940

I. Allgemeine Absicht:

Die im westlichen Rußland stehende Masse des russischen Heeres soll in kühnen Operationen unter weitem Vortreiben von Panzerkeilen vernichtet, der Abzug kampfkräftiger Teile in die Weite des russischen Raumes verhindert werden.

In rascher Verfolgung ist dann eine Linie zu erreichen, aus der die russische Luftwaffe reichsdeutsches Gebiet nicht mehr angreifen kann. Das Endziel der Operation ist die Abschirmung gegen das asiatische Rußland aus der allgemeinen Linie Wolga — Archangelsk. So kann erforderlichenfalls das letzte Rußland verbleibende Industriegebiet am Ural durch die Luftwaffe ausgeschaltet werden.

Im Zuge dieser Operationen wird die russische Ostseeflotte schnell ihre Stützpunkte verlieren und damit nicht mehr kampffähig sein.

Wirksames Eingreifen der russischen Luftwaffe ist schon bei Beginn der Operation durch kraftvolle Schläge zu verhindern.

II. Voraussichtliche Verbündete und deren Aufgaben:

1.) Auf den Flügeln unserer Operation ist mit der aktiven Teilnahme Rumäniens und Finnlands am Kriege gegen Sowjetrußland zu rechnen.

In welcher Form die Streitkräfte beider Länder bei ihrem Eingreifen deutschem Befehl unterstellt werden, wird das Oberkommando der Wehrmacht zeitgerecht vereinbaren und festlegen.

2.) Rumäniens Aufgabe wird es sein, den Angriff des deutschen Südflügels, wenigstens in seinen Anfängen, mit ausgesuchten Kräften zu unterstützen, den Gegner dort, wo deutsche Kräfte nicht angesetzt sind, zu fesseln und im übrigen Hilfsdienste im rückwärtigen Gebiet zu leisten.

3.) Finnland wird den Aufmarsch der aus Norwegen kommenden abgesetzten deutschen Nordgruppe (Teile der Gruppe XXI) zu decken und mit ihr gemeinsam zu operieren haben. Daneben wird Finnland die Ausschaltung von Hangö zufallen.

4.) Mit der Möglichkeit, daß schwedische Bahnen und Straßen für den Aufmarsch der deutschen Nordgruppe spätestens von Operationsbeginn an zur Verfügung stehen, kann gerechnet werden.

III. Die Führung der Operationen:

A.) Heer (in Genehmigung der mir vorgetragenen Absichten):

In dem durch die Pripetsümpfe in eine südliche und eine nördliche Hälfte getrennten Operationsraum ist der Schwerpunkt nördlich dieses Gebietes zu bilden. Hier sind 2 Heeresgruppen vorzusehen.

Der südlichen dieser beiden Heeresgruppen — Mitte der Gesamtfront — fällt die Aufgabe zu, mit besonders starken Panzer- und mot. Verbänden aus dem Raum um und nördlich Warschau vorbrechend die feindlichen Kräfte in Weißrußland zu zersprengen. Dadurch muß die Voraussetzung geschaffen werden für das Eindrehen von starken Teilen der schnellen Truppen nach Norden, um im Zusammenwirken mit der aus Ostpreußen in allgemeiner Richtung Leningrad operierenden nördlichen Heeresgruppe die im Baltikum kämpfenden feindlichen Kräfte zu vernichten. Erst nach Sicherstellung dieser vordringlichsten Aufgabe, welcher die Besetzung von Leningrad und Kronstadt folgen muß, sind die Angriffsoperationen zur Besitznahme des wichtigen Verkehrs- und Rüstungszentrums Moskau fortzuführen.

Nur ein überraschend schnell eintretender Zusammenbruch der russischen Widerstandskraft könnte es rechtfertigen, beide Ziele gleichzeitig anzustreben.

Die wichtigste Aufgabe der Gruppe XXI bleibt auch während der Ostoperationen der Schutz Norwegens. Die darüber hinaus verfügbaren Kräfte sind im Norden (Geb.-Korps) zunächst zur Sicherung des Petsamo-Gebietes und seiner Erzgruben sowie der Eismeerstraße einzusetzen, um dann gemeinsam mit finnischen Kräften gegen die Murmansk-Bahn vorzustoßen und die Versorgung des Murmansk-Gebietes auf dem Landwege zu unterbinden.

Ob eine derartige Operation mit stärkeren deutschen Kräften (2—3 Div.) aus dem Raum von Rovaniemi und südlich geführt werden kann, hängt von der Bereitwilligkeit Schwedens ab, seine Eisenbahnen für einen solchen Aufmarsch zur Verfügung zu stellen.

Der Masse des finnischen Heeres wird die Aufgabe zufallen, in Übereinstimmung mit den Fortschritten des deutschen Nordflügels möglichst starke russische Kräfte durch Angriff westlich oder beiderseits des Ladoga-Sees zu fesseln und sich in den Besitz von Hangö zu setzen.

Auch bei der südlich der Pripetsümpfe angesetzten Heeresgruppe ist in konzentrischer Operation und mit starken Flügeln die vollständige Vernichtung der in der Ukraine stehenden russischen Kräfte noch westlich des Dnjepr anzustreben. Hierzu ist der Schwerpunkt aus dem Raum von Lublin in allgemeiner Richtung Kiew zu bilden, während die in Rumänien

18. 12. 1940

befindlichen Kräfte über den unteren Pruth hinweg einen weit abgesetzten Umfassungsarm bilden. Der rumänischen Armee wird die Fesselung der dazwischen befindlichen russischen Kräfte zufallen.

Sind die Schlachten südlich bezw. nördlich der Pripetsümpfe geschlagen, ist im Rahmen der Verfolgung anzustreben:

im Süden die frühzeitige Besitznahme des wehrwirtschaftlich wichtigen Donez-Beckens,

im Norden das schnelle Erreichen von Moskau. Die Einnahme dieser Stadt bedeutet politisch und wirtschaftlich einen entscheidenden Erfolg, darüber hinaus den Ausfall des wichtigsten Eisenbahnknotenpunktes.

B.) Luftwaffe:

Ihre Aufgabe wird es sein, die Einwirkung der russischen Luftwaffe soweit wie möglich zu lähmen und auszuschalten sowie die Operationen des Heeres in ihren Schwerpunkten, **namentlich bei der mittleren Heeresgruppe und auf dem Schwerpunktflügel der südlichen Heeresgruppe, zu unterstützen**. Die russischen Bahnen werden je nach ihrer Bedeutung für die **Operationen zu unterbrechen bezw. in ihren wichtigsten nahegelegenen Objekten (Flußübergänge!) durch kühnen Einsatz von Fallschirm- und Luftlandetruppen in Besitz zu nehmen sein**.

Um alle Kräfte gegen die feindliche Luftwaffe und zur unmittelbaren Unterstützung des Heeres zusammenfassen zu können, ist die Rüstungsindustrie während der Hauptoperationen nicht anzugreifen. Erst nach dem Abschluß der Bewegungsoperationen kommen derartige Angriffe, in erster Linie gegen das Uralgebiet, in Frage.

C.) Kriegsmarine:

Der Kriegsmarine fällt gegen Sowjetrußland die Aufgabe zu, unter Sicherung der eigenen Küste ein Ausbrechen feindlicher Seestreitkräfte aus der Ostsee zu verhindern. Da nach dem Erreichen von Leningrad der russischen Ostseeflotte der letzte Stützpunkt genommen und diese dann in hoffnungsloser Lage sein wird, sind vorher größere Seeoperationen zu vermeiden.

Nach dem Ausschalten der russischen Flotte wird es darauf ankommen, den vollen Seeverkehr in der Ostsee, dabei auch den Nachschub für den nördlichen Heeresflügel über See, sicherzustellen (Minenräumung!).

IV. Alle von den Herren Oberbefehlshabern auf Grund dieser Weisung zu treffenden Anordnungen müssen eindeutig dahin abgestimmt sein, daß es sich um Vorsichtsmaßnahmen handelt für den Fall, daß

Rußland seine bisherige Haltung gegen uns ändern sollte. Die Zahl der frühzeitig zu den Vorarbeiten heranzuziehenden Offiziere ist so klein wie möglich zu halten, weitere Mitarbeiter sind so spät wie möglich und nur in dem für die Tätigkeit jedes Einzelnen erforderlichen Umfang einzuweisen. Sonst besteht die Gefahr, daß durch ein Bekanntwerden unserer Vorbereitungen, deren Durchführung zeitlich noch gar nicht festliegt, schwerste politische und militärische Nachteile entstehen.

V. Vorträgen der Herren Oberbefehlshaber über ihre weiteren Absichten auf Grund dieser Weisung sehe ich entgegen.

Die beabsichtigten Vorbereitungen aller Wehrmachtteile sind mir, auch in ihrem zeitlichen Ablauf, über das Oberkommando der Wehrmacht zu melden.

(gez.) Adolf Hitler

Verteiler:

Ob. d. H. (Op. Abt.)	1. Ausf.
Ob. d. M. (Skl.)	2. Ausf.
Ob. d. L. (Lw. Fü. St.)	3. Ausf.

OKW:

WFSt.	4. Ausf.
Abt. L	5.—9. Ausf.

Or. m. eigh. Unterschrift in OKM Weisungen OKW IV, 1 Bd. 1, 11 Seiten Masch. Schr. In 4. Ausf. Paraphen von J[odl], W[arlimont], K[eitel] 19/12.
Druck: IMT XXV, S. 47. — Loßberg. — Jacobsen, 1939—1945 Nr. 44 (nach 4. Ausf.) und passim.

* *Sicherstellung handschriftlich verbessert aus Erledigung.*

21 a.

Oberkommando der Wehrmacht
WFSt/Abt. L (IV/Qu)
44125/41 g.K.Chefs.

F. H. Qu., den 13. März 1941

Geheime Kommandosache
Chefsache
Nur durch Offizier

5 Ausfertigungen
4. Ausfertigung

Bezug: WFSt/Abt. L (I) Nr. 33408/40
       g.K. Chefs. v. 18. 12. 40

Richtlinien auf Sondergebieten zur Weisung Nr. 21
(Fall Barbarossa)

I. **Operationsgebiet und vollziehende Gewalt.**

1.) In **Ostpreußen** und im **Generalgouvernement** werden spätestens 4 Wochen vor Operationsbeginn durch OKW die **innerhalb der Wehrmacht** für ein Operationsgebiet gültigen Befehlsbefugnisse und Bestimmungen für die Versorgung in Kraft gesetzt werden. Vorschlag legt OKH zeitgerecht nach Einvernehmen mit Ob. d. L. vor.

13. 3. 1941

Eine Erklärung Ostpreußens und des Generalgouvernements zum Operationsgebiet des Heeres ist nicht beabsichtigt. Dagegen ist der Ob. d. H. auf Grund der nichtveröffentlichten Führererlasse vom 19. und 21. 10. 1939 berechtigt, diejenigen Maßnahmen anzuordnen, die zur Durchführung seines militärischen Auftrages und zur Sicherung der Truppe notwendig sind. Diese Ermächtigung kann er auf die Oberbefehlshaber der Heeresgruppen und Armeen weiter übertragen. Derartige Anordnungen gehen allen anderen Obliegenheiten und den Weisungen ziviler Stellen vor.

2.) Das im Zuge der Operationen zu besetzende russische Gebiet soll, sobald der Ablauf der Kampfhandlungen es erlaubt, nach besonderen Richtlinien in Staaten mit eigenen Regierungen aufgelöst werden.

Hieraus folgt:

a) Das mit dem Vorgehen des Heeres über die Grenzen des Reiches und der Nachbarstaaten gebildete Operationsgebiet des Heeres ist der Tiefe nach soweit als möglich zu beschränken. Der Ob. d. H. hat die Befugnis, in diesem Gebiet die vollziehende Gewalt auszuüben mit der Ermächtigung, sie auf die Oberbefehlshaber der Heeresgruppen und Armeen zu übertragen.

b) Im Operationsgebiet des Heeres erhält der Reichsführer SS zur Vorbereitung der politischen Verwaltung Sonderaufgaben im Auftrage des Führers, die sich aus dem endgültig auszutragenden Kampf zweier entgegengesetzter politischer Systeme ergeben. Im Rahmen dieser Aufgaben handelt der Reichsführer SS selbständig und in eigener Verantwortung. Im übrigen wird die dem Ob. d. H. und den von ihm beauftragten Dienststellen übertragene vollziehende Gewalt hierdurch nicht berührt. Der Reichsführer SS sorgt dafür, daß bei Durchführung seiner Aufgaben die Operationen nicht gestört werden. Näheres regelt das OKH mit dem Reichsführer SS unmittelbar.

c) Sobald das Operationsgebiet eine ausreichende Tiefe erreicht hat, wird es rückwärts begrenzt. Das neubesetzte Gebiet rückwärts des Operationsgebietes erhält eine eigene politische Verwaltung. Es wird entsprechend den volkstumsmäßigen Grundlagen und in Anlehnung an die Grenzen der Heeresgruppen zunächst in Nord (Baltikum), Mitte (Weißrußland), und Süd (Ukraine) unterteilt. In diesen Gebieten geht die politische Verwaltung auf Reichskommissare über, die ihre Richtlinien vom Führer empfangen.

3.) Zur Durchführung aller militärischen Aufgaben in den politischen Verwaltungsgebieten rückwärts des Operationsgebietes werden Wehrmachtbefehlshaber eingesetzt, die dem Chef des Oberkommandos der Wehrmacht unterstehen.

Der Wehrmachtbefehlshaber ist der oberste Vertreter der Wehrmacht in dem betreffenden Gebiet und übt die militärischen Hoheitsrechte aus. Er hat die Aufgaben eines Territorialbefehlshabers und die Befugnisse eines Armee-Oberbefehlshabers bzw. Kommandierenden Generals.

In dieser Eigenschaft obliegen ihm vor allem folgende Aufgaben:

a) Enge Zusammenarbeit mit dem Reichskommissar, um ihn in seiner politischen Aufgabe zu unterstützen.

b) Ausnutzung des Landes und Sicherung seiner wirtschaftlichen Werte für die Zwecke der deutschen Wirtschaft (s. Ziff. 4).

c) Ausnutzung des Landes für die Versorgung der Truppe nach den Anforderungen des O.K.H.

d) Militärische Sicherung des gesamten Gebietes, vor allem der Flughäfen, Nachschubstraßen und Nachschubeinrichtungen gegen Aufruhr, Sabotage und feindliche Fallschirmtruppen.
e) Straßenverkehrsregelung.
f) Regelung der Unterkunft für Wehrmacht, Polizei und Organisationen, für Kriegsgefangene, sofern sie in den Verwaltungsgebieten bleiben.

Gegenüber den zivilen Dienststellen hat der Wehrmachtbefehlshaber das Recht, die Maßnahmen anzuordnen, die zur Durchführung der militärischen Aufgaben erforderlich sind. Seine Anordnungen auf diesem Gebiet gehen allen anderen, auch denen der Reichskommissare vor.

Dienstanweisung, Aufstellungsbefehl und Anweisungen über die Zuteilung der erforderlichen Kräfte folgen gesondert.

Der Zeitpunkt der Befehlsübernahme durch die Wehrmachtbefehlshaber wird befohlen werden, sobald die militärische Lage einen Wechsel in den Befehlsverhältnissen ohne Störung der Operationen zuläßt. Bis dahin bleiben die vom O.K.H. eingesetzten Dienststellen nach denselben Grundsätzen, wie sie für die Wehrmachtbefehlshaber festgelegt sind, in Tätigkeit.

4.) Mit der einheitlichen Leitung der Wirtschaftsverwaltung im Operationsgebiet und in den politischen Verwaltungsgebieten hat der Führer den Reichsmarschall beauftragt, der diese Aufgabe dem Chef des Wi Rü Amtes übertragen hat. Besondere Richtlinien hierzu ergehen vom OKW/Wi Rü Amt.

5.) Die Masse der Polizeikräfte wird den Reichskommissaren unterstellt. Forderungen auf Unterstellung von Polizeikräften im Operationsgebiet werden vom O.K.H. frühzeitig an OKW/WFSt/Abt. Landesverteidigung erbeten.

6.) Das Verhalten der Truppe gegenüber der Bevölkerung und die Aufgaben der Wehrmachtgerichte werden gesondert geregelt und befohlen werden.

II. Personen-, Waren- und Nachrichtenverkehr.

7.) Für die vor Beginn der Operationen erforderlichen Maßnahmen zur Beschränkung des Personen-, Waren- und Nachrichtenverkehrs nach Rußland ergehen durch OKW/WFSt besondere Richtlinien.

8.) Mit Beginn der Operationen ist die deutsch-sowjetrussische Grenze, später die rückwärtige Grenze des Operationsgebietes durch den Ob. d. H. für jeden nichtmilitärischen Personen-, Waren- und Nachrichtenverkehr, mit Ausnahme der vom Reichsführer SS nach Weisung des Führers einzusetzenden Polizeiorgane, zu sperren. Unterkunft und Versorgung dieser Organe regelt OKH-Gen.Qu., der hierzu beim Reichsführer SS die Abstellung von Verbindungsoffizieren anfordern kann.

Die Grenzsperre erstreckt sich auch auf leitende Persönlichkeiten und Beauftragte der Obersten Reichsbehörden und Dienststellen der Partei. OKW/WFSt wird die Obersten Reichsbehörden und Parteidienststellen dementsprechend benachrichtigen. Über Ausnahmen von dieser Grenzsperre entscheiden der Ob. d. H. und die von ihm beauftragten Dienststellen.

Von den für die Polizeiorgane des Reichsführers SS nötigen Sonderregelungen abgesehen, sind Anträge auf Einreisegenehmigungen ausschließlich an den Ob. d. H. zu leiten.

1. 5. 1941

III. Richtlinien für Rumänien, Slowakei, Ungarn und Finnland.

9.) Die erforderlichen Vereinbarungen mit diesen Staaten werden entsprechend den Anträgen der Oberkommandos vom OKW in Verbindung mit dem Auswärtigen Amt getroffen. Soweit darüber hinaus im weiteren Verlauf der Operationen besondere Rechte sich als notwendig erweisen sollten, sind sie beim OKW zu beantragen.

10.) Polizeiliche Maßnahmen zum unmittelbaren Schutz der Truppe sind, unabhängig von der Übertragung besonderer Rechte, zulässig. Weitere Anordnungen hierüber ergehen später.

11.) Besondere Anordnungen für den Bereich dieser Staaten über:
Beschaffung von Verpflegung und Futtermitteln,
Unterkunft und Gerät,
Ankauf und Warenversand,
Geldversorgung und Zahlungsregelung,
Besoldung,
Schadenersatzansprüche,
Post- und Telegrafenwesen,
Verkehrswesen,
Gerichtsbarkeit,
folgen später.

Wünsche der Wehrmachtteile und Dienststellen des OKW auf diesen Gebieten an die Regierungen dieser Länder sind dem OKW/WFSt/Abt. Landesverteidigung bis zum 27. März 1941 anzumelden.

IV. Richtlinien für Schweden.

12.) Da Schweden lediglich Durchmarschgebiet werden kann, sind für den Befehlshaber der deutschen Truppen keine besonderen Befugnisse vorgesehen. Er ist jedoch berechtigt und verpflichtet, den unmittelbaren Schutz der Eisenbahntransporte gegen Sabotageakte und Angriffe sicher zu stellen.

Der Chef des Oberkommandos der Wehrmacht
gez. Keitel

Verteiler:
Ob.d.H.   1. Ausfertigung
Ob.d.M.   2. Ausfertigung
R.d.L. u. Ob.d.L. 3. Ausfertigung
W.F.St.   4. Ausfertigung
Abt. L   5. Ausfertigung

Druck: IMT XXVI S. 47—52.

21 b.

Oberkommando der Wehrmacht   F. H. Qu., den 1. 5. 41
Nr. 44638/41 gK. Chefs. WFSt/Abt. L (I Op.)

Geheime Kommandosache
Chef Sache   14 Ausfertigungen
Nur durch Offizier   10. Ausfertigung

Der Führer hat für die Beteiligung fremder Staaten an den Vorbereitungen für „Barbarossa" Besprechungen in nachstehendem Umfang vorgesehen:

1.) **Finnland**

Bereits in den nächsten Tagen werden die Finnen durch einen entsprechenden politischen Schritt veranlaßt werden, bevollmächtigte Offiziere nach Berlin zu entsenden.
Beabsichtigter Verlauf dieser Besprechungen siehe Anlage.

2.) **Ungarn**

Die erforderlichen Besprechungen mit den Ungarn sind für das letzte Drittel des Mai vorgesehen. Weitere Anordnungen über ihre Durchführung ergehen zeitgerecht durch OKW. Ziel dieser Besprechungen wird es sein, eine erhöhte Abwehrbereitschaft und zu gegebener Zeit einen entsprechenden Einsatz der ungarischen Wehrmacht herbeizuführen.

3.) **Rumänien**

Die Besprechungen mit den Rumänen sollen so spät wie möglich aufgenommen werden.
Ob.d.H. und Ob.d.L. werden gebeten, den letztmöglichen Zeitpunkt zu melden.

4.) Als Tarnung für sämtliche Besprechungen gelten nachstehende Richtlinien:

Die von uns beabsichtigten größeren Angriffshandlungen im Westen schließen, auch im Hinblick auf frühere Erfahrungen, die Notwendigkeit in sich, im Osten eine erhöhte Abwehrbereitschaft herzustellen und zu halten.
Zweck der Besprechungen ist es daher, die genannten Staaten zu veranlassen, entsprechende Verteidigungsmaßnahmen ebenfalls zu treffen und hierfür bereits jetzt die Vorbereitungen einzuleiten.

Der Chef des Oberkommandos der Wehrmacht
gez. Keitel
F. d. R.
Danckworth
Hauptmann

Anlage: Beabsichtigter Ablauf der Besprechungen mit den Finnen.
(hier nicht abgedruckt)

2 Beilagen *(hier nicht abgedruckt)*

Verteiler:

OKH (Op.Abt.)	1. Ausf.
Ob.d.L. (Lw.Fü.St. Ia)	2. Ausf.
Ob.d.M. (1. Skl.)	3. Ausf.
W.B. Norwegen	4. Ausf.
OKW	
WFSt	5. Ausf.
Abt. L	6.—11. Ausf.
Heimatstb Nord	12. Ausf.
A. Ausl./Abw.	13. Ausf.
Abt. Ausland	14. Ausf.

Photokopie im Staatl. Archivlager Göttingen, Abt. Zeitgeschichte, danach hier.

22.

Der Führer und Oberste Befehlshaber F. H. Qu., den 11. 1. 41.
der Wehrmacht
OKW/WFST/Abt. L Nr. 44018/41 g. K. Chefs.

Geheime Kommandosache!
Chefsache 13 Ausfert.
Nur durch Offizier! 2. Ausfert.

Weisung Nr. 22
Mithilfe deutscher Kräfte bei den Kämpfen im
Mittelmeerraum.

Die Lage im Mittelmeerraum, in dem England überlegene Kräfte gegen unsere Verbündeten einsetzt, erfordert aus strategischen, politischen und psychologischen Gründen deutsche Hilfeleistung.

Tripolitanien muß behauptet, die Gefahr eines Zusammenbruchs der Albanischen Front beseitigt werden. Darüber hinaus soll die Heeresgruppe Cavallero befähigt werden, im Zusammenhang mit den späteren Operationen der 12. Armee auch von Albanien aus zum Angriff überzugehen.

Ich befehle daher folgendes:

1.) Durch den Ob. d. H. ist ein Sperrverband aufzustellen, der geeignet ist, unseren Verbündeten bei der Verteidigung von Tripolitanien insbesondere gegen die englischen Pz. Divisionen wertvolle Dienste zu leisten. Die Grundsätze für seine Zusammensetzung werden gesondert befohlen.

Die Vorbereitungen sind zeitlich derart zu treffen, daß dieser Verband im Anschluß an die zur Zeit laufenden Transporte einer italienischen Pz.- und einer mot. Division nach Tripolis überführt werden kann (etwa ab 20. 2.).

2.) Das X. Fl. Korps behält Sizilien als Operationsbasis bei. Seine wichtigste Aufgabe liegt in der Bekämpfung der englischen Seestreitkräfte und der englischen Seeverbindungen zwischen westlichem und östlichem Mittelmeer.

Daneben sind mit Hilfe von Zwischenlandeplätzen in Tripolitanien auch die Voraussetzungen zu schaffen, um durch Bekämpfung der englischen Ausladehäfen und Nachschubbasen an der Küste von West-Ägypten und der Cyrenaica die Heeresgruppe Graziani unmittelbar zu unterstützen.

Die italienische Regierung wurde gebeten, ein Sperrgebiet zwischen Sizilien und der nordafrikanischen Küste zu erklären, um die Aufgabe des X. Fl. Korps zu erleichtern und Zwischenfälle gegenüber neutralen Schiffen zu vermeiden.

3.) Zur Überführung nach Albanien sind deutsche Verbände etwa in der Stärke eines Korps, darunter die 1. Geb. Div. und Pz. Kräfte vorzusehen und bereitzustellen. Mit dem Transport der 1. Geb. Div. ist zu beginnen, sobald das Einverständnis Italiens hierzu beim OKW vorliegt. Inzwischen ist zu erkunden und mit dem ital. Oberkommando in Albanien zu klären, ob und welche weiteren Kräfte in Albanien für einen Angriff mit operativem Ziel mit Vorteil eingesetzt und neben den ital. Divisionen auch laufend versorgt werden können.

Aufgabe der deutschen Kräfte wird sein:

a) Zunächst als Rückhalt in Albanien zu dienen für den Notfall, daß dort noch erneute Krisen eintreten sollten,

b) der ital. Heeresgruppe den späteren Übergang zum Angriff zu erleichtern mit dem Ziel:

die griechische Abwehrfront an entscheidender Stelle für eine weit reichende Operation aufzureißen,

die Enge westlich von Saloniki von rückwärts zu öffnen und dadurch den Frontalangriff der Armee List zu unterstützen.

4.) Die Richtlinien für die Unterstellungsverhältnisse der in Nordafrika und Albanien einzusetzenden deutschen Truppen und über die Einschränkungen, die bezüglich des Einsatzes dieser Truppen zu machen sind, wird das OKW mit dem ital. Wehrmachtstab festlegen.

5.) Die im Mittelmeer verfügbaren und geeigneten Deutschen Transportdampfer sind, soweit sie nicht schon im Geleitverkehr nach Tripolis laufen, zur Überführung der Albanien-Kräfte vorzusehen. Für die Mannschaftstransporte ist die in Foggia befindliche Transportgruppe Ju 52 auszunutzen.

Es ist anzustreben, die Überführung der Masse der deutschen Kräfte nach Albanien abzuschließen, bevor der Transport des Sperrverbandes nach Libyen beginnt (s. Ziffer 1) und der Einsatz der Masse der deutschen Schiffe hierfür nötig wird.

(gez.) Adolf Hitler

Verteiler:		
OKH/Genst. d. H., Op. Abt.	1. Ausf.	*bei 4. Ausf.:* J[odl]
OKM/Skl.	2. „	K[eitel] 14/I
Ob. d. L/Lw. F. St. Ia	3. „	
OKW WFSt	4. „	
L	5.—9. „	

14. 1. 1941

    bei 4. Ausf. handschr.:
WNV	10. Ausf.
Ausl./Abw.	11. „
Wehrm.Transp.Ch.	12. „
Deutscher General b. Ital. Ob.Kdo.	13. „

* Ziffer der Weisung handschriftlich eingesetzt.
** Graf Cavallero, Befehlshaber der ital. Truppen in Albanien (21 Div.), seit Dez. 1940 Chef des Comando Supremo.
*** Marschall Graziani, Gouverneur von Libyen und Oberbefehlshaber der italienischen Streitkräfte in Nordafrika.

Or., eigh. Unterschrift herausgeschnitten, in OKM Weisungen OKW IV, 1 Bd. 1, 4 Seiten Masch. Schr. Druck: IMT XXVI, S. 59. — Jacobsen, 1939—1945 Nr. 47.

22 a.

Oberkommando der Wehrmacht   F. H. Qu., 14. 1. 41
WFSt/Abt. L (I) Nr. 44018/41 gK. Chefs. II. Ang.

Chefsache   11 Ausfertigungen
Nur durch Offizier   3. Ausfertigung

Bezug: Der Führer und Oberste Befehlshaber der Wehrmacht
OKW/WFSt/Abt. L (I) Nr. 44018/41 gK Chefsache vom 11. 1. 41
Betrifft: Weisung 22

    Die von Generalmajor von Rintelen in Albanien durchgeführte Frontreise hat ergeben, daß ein Antransport deutscher Truppen auf diesen Kriegsschauplatz erst möglich sein wird, wenn die Lage örtlich wiederhergestellt ist. Es ist deshalb damit zu rechnen, daß die Transportbewegungen nach Durazzo und Tripolis zeitlich zusammenfallen.
    Ob. d. M. wird daher gebeten, die **gleichzeitige** Überführung der deutschen Kräfte nach Tripolis und Albanien vorzubereiten, die Möglichkeit der Bereitstellung weiterer Dampfer zu überprüfen und im Einvernehmen mit Ob.d.H. einen entsprechenden Verteilungsplan aufzustellen.

                        Der Chef des Oberkommandos der Wehrmacht
                                 i. A. gez. Warlimont

Verteiler:
Ob.d.H. (Op.-Abteilung)	1. Ausf.
Ob.d.L. (LwFüst.)	2. Ausf.
Ob.d.M. (Skl.)	3. Ausf.
OKW:	
WFSt	4. Ausf.
Abt. L	5.—9. Ausf.
Wehrmachttransportchef	10. Ausf.
Deutscher General beim Hauptquartier der italienischen Wehrmacht	11. Ausf.

Notiz: Verteiler der Weisung 22 wie oben, dazu WNV und Ausland/Abwehr

Quelle: Fotokopie im Staatlichen Archivlager Göttingen nach Ausf. Ob.d.M. Original im Marinearchiv.

22 b.

Oberkommando der Wehrmacht F. H. Qu., den 20. 1. 41
WFSt/Abt. L (I) Nr. 44018/41 g.K. Chefs. II. Ang.

Geheime Kommandosache
Chefsache 13 Ausfertigungen
Nur durch Offizier 9. Ausfertigung

Bezug: Der Führer und Oberste Befehlshaber der Wehrmacht
OKW/WFSt/Abt. L (I) Nr. 44018/41 g.K. Chefs. v. 11. 1. 41

Die mit Weisung 22 angeordneten Maßnahmen sind mit nachstehenden Decknamen zu bezeichnen:
Unternehmen Tripolis „Sonnenblume"
Unternehmen Albanien „Alpenveilchen"

Der Chef des Oberkommandos der Wehrmacht
I. A.
gez. Warlimont

Verteiler:
OKH/Gen.St.d.H. Op.Abt. 1. Ausf.
OKM/Skl. 2. Ausf.
Ob.d.L./Lw.Fü.St. 3. Ausf.

OKW:
  WFSt. 4. Ausf.
  Abt. L 5.—9. Ausf.
  WNV 10. Ausf.
  Ausl./Abw. 11. Ausf.
  Wehrm.Transp.Chef 12. Ausf.
Deutscher General beim
Hauptquartier der italienischen
Wehrmacht 13. Ausf.

22 c.

Oberkommando der Wehrmacht F. H. Qu., den 21. 1. 41
WFSt/Abt. L (I) Nr. 44046/41 g.K. Chefs.

Geheime Kommandosache
Chefsache 13 Ausfertigungen
Nur durch Offizier 4. Ausfertigung

Bezug: Weisung 22 vom 11. 1. 41 und
OKW/WFSt/Abt. L (I) Nr. 44011/41 g.K. Chefs. vom 10. 1. 41 Ziff. 2

Die am 19. und 20. 1. durchgeführten Besprechungen des Führers mit dem Duce haben ergeben, daß die möglichst baldige Entsendung des vorgesehenen Verbandes nach Tripolis (Unternehmen „Sonnenblume") durchaus erwünscht, dagegen die Überführung deutscher Kräfte nach Albanien (Unternehmen „Alpenveilchen") in der bisher vorgesehenen Art nicht möglich ist, da hierdurch die Verstärkung und Versorgung der italienischen Divisionen unmöglich und damit auch die italienischen Angriffsvorbereitungen zunichte gemacht würden.

In Ergänzung und Berichtigung der bisher gegebenen Befehle hat der Führer entschieden:

21. 1. 1941

1.) Unternehmen Sonnenblume:

Der vorgesehene Verband ist sobald wie möglich (etwa ab 15. 2.) nach Tripolis zu überführen. Als Richtlinie für seine Verwendung wurde festgelegt, daß er nicht zur Verfügung zurückgehalten, sondern dort zum Kampf eingesetzt werden soll, wo mit dem Auftreten der englischen Panzerdivision gerechnet beziehungsweise der endgültige Widerstand aufgebaut wird.

Ob.d.M. wird gebeten, unter Zurückstellung der Transporte nach Albanien die Überführung des Verbandes im Einvernehmen mit Ob.d.H. so vorzubereiten, daß die erforderlichen Transporte etwa ab 15. 2. in möglichst kurzer Zeit durchgeführt werden können. Wenn die Seetransportlage es erlaubt, sind zur weiteren Beschleunigung vorausgesandte Versorgungstransporte bereits in den Geleitverkehr der italienischen Truppen einzuschieben.

2.) Unternehmen Alpenveilchen

In Abänderung der gegebenen Weisungen ist zunächst nur e i n e Geb. Div. ohne schwere Fahrzeuge für einen Einsatz in Albanien vorzusehen und bereitzustellen. Ihre Ausstattung ist nach den z. Zt. stattfindenden Erkundungen festzulegen.

Das italienische Oberkommando beabsichtigt, innerhalb von 8—10 Wochen 10 Divisionen in Albanien angriffsfähig zu machen. Ob dann noch e i n e deutsche Gebirgsdivision nach Albanien zu überführen ist, wird Anfang März entschieden.

3.) Unternehmen Felix

Vielleicht eintretende Änderungen der politischen Voraussetzungen machen es in der Abänderung der bisher gegebenen Anordnungen erforderlich, die Bereitschaft für Felix — soweit noch möglich — aufrechtzuerhalten.

Die 1. Geb. Div. ist daher für Alpenveilchen nicht vorzusehen.

Der Chef des Oberkommandos der Wehrmacht
I. A.
gez. Warlimont

Verteiler:
OKH/Gen.St.d.H. Op.Abt.	1. Ausf.
OKM/Skl.	2. Ausf.
Ob.d.L./Lw.Fü.St.	3. Ausf.

OKW:
WFSt.	4. Ausf.
Abt. L	5.—9. Ausf.
WNV	10. Ausf.
Ausl./Abw.	11. Ausf.
Wehrm.Transp.Chef	12. Ausf.

Deutscher General beim Hauptquartier der italienischen Wehrmacht	13. Ausf.

Nr. 22 b bis 22 e: Nach Photokopie im Staatl. Archivlager Göttingen nach Ausfertigung ObdM. — Original im Marinearchiv, jetzt Bundesarchiv/Militärarchiv Freiburg (Brsg.). — Bei Nr. 22 d und 22 e fehlen die Tagesdaten.

22 d.

Oberkommando der Wehrmacht F. H. Qu., . 2. 41
Nr. 44087/41 g.K. Chefs. WFSt/Abt. L (I Op.)
Chefsache! 13 Ausfertigungen
Nur durch Offizier! 5. Ausfertigung

Betr.: Unternehmen „Sonnenblume"

Der Führer hat entschieden:

1.) Um den Abwehrkampf der Italiener in Libyen schon vor dem Eintreffen deutscher Heerestruppen zu unterstützen, hat die Luftwaffe nach näherer Anweisung des Ob.d.L., neben der **Ausschaltung der englischen Fliegerkräfte auf Malta**, mit den in Süditalien verfügbaren Kräften
   a.) die englischen Versorgungstransporte entlang der nordafrikanischen Küste anzugreifen,
   b.) die in der Cyrenaika nach Westen vorgehenden Feindkräfte zu bekämpfen,
   c.) Ansammlungen der in und über die westliche Cyrenaika vorgehenden feindlichen Panzer- und mot. Verbände unter Zusammenfassung aller Kräfte und Einsatz schwerster Bomben zu zerschlagen.

   Hierzu können Teile der Luftwaffe mit eigenem Jagd- und Flakschutz — gegebenenfalls auch unter Abziehen von Verbänden aus der Kriegführung gegen England — nach Nordafrika verlegt werden. Die notwendigen Transporte sind entsprechend der Entwicklung der Lage in die laufenden Transporte zur Überführung des Sperrverbandes einzugliedern.

2.) Weitere Aufgabe der Luftwaffe ist es, in Verbindung mit der italienischen Luftwaffe und dem italienischen Seebefehlshaber Catania die deutschen Seetransporte gegen Angriff feindlicher Luft- und Seestreitkräfte zu schützen (einschl. Ein- und Ausschiffung). Die Luftabwehreinheiten des deutschen Sperrverbandes können vorübergehend hierzu herangezogen werden.

   Für die Ausstattung der Transportschiffe mit Flakwaffen treffen Ob.d.M. und Ob.d.L. unmittelbare Vereinbarungen.

   Um Verwechslungen italienischer mit englischen U-Booten vorzubeugen, wird der Deutsche General beim italienischen Oberkommando bei den Italienern erwirken, daß für die Dauer der deutschen Seetransporte U-Boote diesem Seegebiet fernbleiben. Er wird ferner bei der italienischen Führung anregen, daß der Seebefehlshaber Catania größere Freiheit in dem Einsatz seiner Kräfte erhält (Antrag des X. Fl. Korps), um die Zusammenarbeit zwischen ital. Seestreitkräften und deutscher Luftwaffe zu erleichtern.

3.) Der Transport des für Libyen bestimmten Heeresverbandes ist unter möglichster Beschleunigung einzuleiten und durchzuführen. Der Verband ist zwecks späterer Zusammenfassung mit den ital. schnellen Kräften einem deutschen Kommandierenden General zu unterstellen und gegenüber der bisher vorgesehenen Zusammensetzung um Panzerkräfte (zunächst etwa 1 Regiment) zu verstärken. Späteres Auffüllen des Verbandes auf eine durch Sperrkräfte verstärkte Panzerdivision ist vorzusehen.

   Ob.d.L. bereitet die spätere unmittelbare Unterstützung der Operationen durch die Luftwaffe vor.

4.) Ob.d.L. wird gebeten, Vorbereitungen für eine etwa notwendige Ergänzung der Seetransporte nach Tripolis durch verfügbare Transporteinheiten der Luftwaffe zu treffen. Das Herausziehen der III./K.G. z. b. V. 1 aus dem albanischen Einsatz wird bei der ital. Wehrmachtführung geklärt.

5.) Der Deutsche General beim ital. Oberkommando wird ermächtigt, die notwendigen örtlichen Entscheidungen über Ablauf und Reihenfolge der Überführung deutscher Kräfte von Süditalien nach Nordafrika im Rahmen

... 2. 1941

der gestellten Aufgaben und auf Grund der Entwicklung der Lage zu treffen.
Die Oberkommandos der Wehrmachtteile stellen im Bedarfsfalle die hierzu erforderlichen Verbindungsoffiziere ab.
Die getroffenen Anordnungen sind laufend zu melden.

Der Chef des Oberkommandos der Wehrmacht
gez. Unterschrift

Verteiler:
Ob.d.H. (Op.Abt.)	1. Ausf.
Ob.d.M. (Skl.)	2. Ausf.
Ob.d.L. (LwFüSt.)	3. Ausf.
Deutscher General beim ital. Oberkommando	4. Ausf.
OKW:	
WFSt.	5. Ausf.
Abt. L	6.—10. Ausf.
WNV	11. Ausf.
Ausl./Abw.	12. Ausf.
Chef Wehrm. Trsp.W.	13. Ausf.

22 e.

Der Führer und Oberste Befehlshaber   F. H. Qu., . 2. 41
der Wehrmacht
OKW/WFSt/Abt. L (I Op.) Nr. 44075/41 gK. Chefs.

Geheime Kommandosache
Chef Sache   11 Ausfertigungen
Nur durch Offizier   4. Ausfertigung

Betr.: Verhalten deutscher Truppen auf italienischen Kriegsschauplätzen

Die im Mittelmeer Schulter an Schulter mit unseren Verbündeten kämpfenden deutschen Truppen müssen sich ihrer hohen militärischen und politischen Aufgabe bewußt sein.

Sie sind dazu ausersehen, unseren Verbündeten, die auf allen Kriegsschauplätzen gegen eine starke feindliche Überlegenheit kämpfen und die infolge der beschränkten kriegswirtschaftlichen Leistungsfähigkeit Italiens nur unzureichend mit neuzeitlichen Waffen ausgerüstet sind, eine psychologisch und militärisch wertvolle Hilfe zu leisten.

Sie müssen daher bei allem berechtigten und stolzen Gefühl ihres Wertes und ihrer vollbrachten Leistungen frei von jeder verletzenden Überheblichkeit sein. Sie sollen sich einzig und allein durch ihre Taten, durch ihre vorbildliche Disziplin und Tapferkeit und durch ihr militärisches Können die Achtung und die Anerkennung unserer Verbündeten erringen.

Für ihren Einsatz gelten im Einverständnis mit dem italienischen Wehrmachtgeneralstab folgende Richtlinien:

1.) Die deutschen Truppen in Libyen (und gegebenenfalls in Albanien) werden dem jeweiligen italienischen Oberbefehlshaber auf diesen Kriegsschauplätzen taktisch unmittelbar unterstellt. Im übrigen unterstehen sie dem Oberbefehlshaber des Heeres, der durch Verbindungsoffiziere mit den örtlichen italienischen Oberbefehlshabern Fühlung hält.

2.) Sie dürfen nur als geschlossener Verband* eingesetzt werden. Ausnahmen sind nur dann zulässig, wenn nach dem Urteil des deutschen Befehlshabers die deutsche Truppe schon vor ihrer völligen Versammlung unmittelbar bedroht wird oder eine derartige Krise eintreten sollte, die — wenn sie nicht beseitigt wird — den Verlust des ganzen Kriegsschauplatzes zur Folge haben könnte.

3.) Wird der deutsche Verband planmäßig eingesetzt, so muß er in der Hand des deutschen Befehlshabers vereinigt sein und darf nicht auf verschiedene Abschnitte der Kampffront verteilt werden.

4.) Sollte der deutschen Truppe ein Auftrag gegeben werden, dessen Ausführung nach Überzeugung ihres Befehlshabers nur zu einem schweren Mißerfolg und damit zu einer Schädigung des Ansehens der deutschen Truppe führen würde, so hat der deutsche Befehlshaber das Recht und die Pflicht, unter Benachrichtigung des deutschen Generals beim italienischen Oberkommando in Rom durch den Oberbefehlshaber des Heeres meine Entscheidung einzuholen.

5.) Das X. Flieger-Korps bleibt dem Oberbefehlshaber der Luftwaffe, Reichsmarschall Göring, unterstellt. Nach dessen Weisungen führt es seine Aufgabe in enger Zusammenarbeit mit allen italienischen Dienststellen, die dafür in Betracht kommen, durch.

gez. Adolf Hitler
Für die Richtigkeit:
gez.: Christian
Major d.G.

Verteiler:
OKH (Op.Abt.)   1. Ausf.
OKM (Skl.)   2. Ausf.
Ob.d.L. (Lw.Fü.St. Ia)   3. Ausf.
OKW:
  WFSt.   4. Ausf.
  Abt. L   5.—9. Ausf.
  Ausl./Abw.   10. Ausf.
Deutscher General beim
Hauptquartier der italienischen
Wehrmacht   11. Ausf.

* — mindestens im geschlossenen Div. Verband —
Vgl. hierzu OKW Nr. 44087/41 g.K. Chefs. WFSt/Abt. L (I Op) v. Febr. 41 (o. T.) betr. „Sonnenblume": Aufgaben der Luftwaffe, Luft- und Seetransporte.

23.

Der Oberste Befehlshaber der Wehrmacht   Berlin, den 6. 2. 41
OKW/WFSt/Abt. L (IL Op) Nr. 44 095/41 g. K. Chefs.

Geheime Kommandosache
Chefsache!   10 Ausfertigungen
Nur durch Offizier!   1. Ausfertigung.

Weisung Nr. 23
* Richtlinien für die Kriegführung gegen die englische Wehrwirtschaft.

1.) Die Wirkung unserer bisherigen Kriegführung gegen England:

a) Im Gegensatz zu unseren früheren Auffassungen ist die stärkste Wirkung im Kampf gegen die englische Wehrwirtschaft durch die hohen Verluste an Handelsschiffen durch See- und Luftkrieg eingetreten. Diese Wirkung wurde durch die Zerstörung von Hafenanlagen und die Vernichtung großer Vorräte, sowie durch die geringere Ausnutzung der Schiffe, wenn sie im Geleit fahren müssen, noch erhöht.

Eine weitere erhebliche Steigerung ist durch den vermehrten Einsatz von Unterseebooten im Laufe dieses Jahres zu erwarten und kann damit in absehbarer Zeit zum Zusammenbruch der englischen Widerstandskraft führen.

b) Die Auswirkung der Luftangriffe unmittelbar gegen die englische Rüstungsindustrie ist schwerer abzuschätzen. Infolge der Zerstörung zahlreicher Werke und der entstandenen Unordnung in der Organisation der Rüstungsindustrie ist aber sicher mit einem erheblichen Rückgang der Erzeugung zu rechnen.

c) Am wenigsten ist bisher die Wirkung gegen die Moral und die Widerstandskraft des englischen Volkes von Außen erkennbar.

2.) **Folgerungen für die eigene Kampfführung.**
Im Laufe der nächsten Monate wird sich die Wirkung der **Seekriegführung** gegen die feindlichen Handelsschiffe durch den vermehrten Einsatz von Unterseebooten und Überwasserstreitkräften voraussichtlich noch erhöhen. Dagegen läßt sich der **Umfang unserer Angriffe zur Luft nicht aufrechterhalten**, da die Aufgaben auf anderen Kriegsschauplätzen dazu zwingen, immer stärkere Teile der Luftwaffe aus dem Einsatz gegen die britischen Inseln herauszulösen.

Deshalb wird es erforderlich, die **Luftangriffe** in Zukunft noch schärfer zusammenzufassen und vorwiegend gegen solche **Ziele** zu richten, deren Zerstörung sich in derselben Richtung auswirkt, wie der **Seekrieg**. Nur dadurch ist in absehbarer Zeit ein kriegsentscheidendes Ergebnis zu erwarten.

3.) **Ziel der weiteren Kriegführung** gegen das englische Mutterland muß es daher sein, alle Mittel des See- und Luftkrieges in der Bekämpfung der feindlichen Zufuhr zusammenzufassen, sowie die englische Luftrüstungsindustrie niederzuhalten und ihr womöglich noch stärkeren Abbruch zu tun.

Dazu ist es nötig,

a) die wichtigsten englischen Einfuhrhäfen, insbesondere die Hafenanlagen und die dort liegenden oder im Bau befindlichen Schiffe zu zerstören;

b) den Schiffsverkehr, insbesondere den einlaufenden mit allen Mitteln zu bekämpfen;

c) die Schlüsselpunkte der Luftrüstung einschl. Flak-Industrie, sowie der Pulver- und Sprengstofferzeugung systematisch zu zerstören.

Diese Aufgaben müssen auch mit den im Kampf gegen England verbleibenden Kräften fortgeführt werden, wenn im Verlaufe des Jahres starke Teile der Luftwaffe und schwächere der Kriegsmarine auf anderen Kriegsschauplätzen eingesetzt werden.

4.) Für die Durchführung dieser Aufgaben gilt folgendes:

a) Die Versenkung von Handelsschiffen ist wichtiger als die Bekämpfung feindlicher Kriegsschiffe.
Dies gilt auch für den Einsatz von Lufttorpedos.
Denn durch die Verringerung des feindlichen Schiffsraumes wird nicht nur die kriegsentscheidende Blockade verschärft, sondern auch gleichzeitig jede Operation des Gegners in Europa oder in Afrika erschwert.

b) Auch bei offensichtlich guter Wirkung der Angriffe gegen Hafenstädte oder Werke der Luftrüstungsindustrie sind diese Angriffe immer wieder zu erneuern.

c) Durch ständig anhaltende Verminung sind Unsicherheit und Verluste des Feindes zu vermehren.

d) Die Kampfführung muß nach der Bekämpfung der großen Einfuhrhäfen auch der Verlagerung des englischen Umschlages in kleinere Häfen folgen, soweit es die Reichweite der Flugzeuge zuläßt.

e) Nur wenn auf Grund der Wetterlage und der sonstigen Einsatzbedingungen die in Ziffer 3) genannten Ziele nicht bekämpft werden können, sind Angriffe auch auf sonstige Werke der Rüstungsindustrie und Städte von besonderer wehrwirtschaftlicher Bedeutung sowie Vorratslager im Inneren des Landes und gegen Verkehrsanlagen gerechtfertigt.
Von planmäßigen Terrorangriffen auf Wohnviertel und von Angriffen gegen Befestigungsanlagen an den Küsten ist dagegen kein kriegsentscheidender Erfolg zu erwarten.

5.) Bis zum Beginn der Umgruppierung für Barbarossa ist anzustreben, die Wirkung der Luft- und Seekriegführung im zunehmenden Maße zu steigern, nicht nur, um England möglichst großen Schaden zuzufügen, sondern auch, um den Anschein eines in diesem Jahr bevorstehenden Angriffs gegen die britischen Inseln vorzutäuschen.

6.) Die für das Zusammenwirken zwischen See- und Luftkrieg erforderliche Regelung der Aufklärung über See wird gesondert befohlen.

7.) Die Weisung Nr. 9 vom 29. 11. 39, die Ergänzung zur Weisung Nr. 9 vom 26. 5. 40 und die Weisung Nr. 17 vom 1. 8. 40 werden außer Kraft gesetzt.

(gez.) Adolf Hitler.

Verteiler:
Ob. d. M.	1. Ausf.
Ob. d. L.	2. „
Ob. d. H.	3. „
OKW/Chef WFSt	4. „
Chef Wi Rü A	5. „
Chef L	6. „
I H	7. „
I K	8. „
I L	9. „
Ktb.	10. „

* *Entwurf dazu Chef WFSt zu Nr. 44024/41 gKChefs., F. H. Qu., den 13. 1. 1941: Anhaltspunkte für eine neue Weisung über die Kriegführung gegen die englische Wirtschaft (5 Seiten).*

Or. m. eigh. Unterschrift in OKM Weisungen OKW IV, 1 Bd. 1, 5 Seiten Masch. Schr.
Druck: Jacobsen 1939—1945 nach dieser Vorlage Nr. 50.

24.

Oberkommando der Wehrmacht   F. H. Qu., den 5. III. 41
WFSt/Abt. L (I Op.)
Nr.: 44 282/41 g. K. Chefs.

Geheime Kommandosache
Chefsache   14 Ausfertigungen
Nur durch Offizier   2. Ausfertigung

Weisung Nr. 24
über Zusammenarbeit mit Japan.

Der Führer hat für die Zusammenarbeit mit Japan folgendes befohlen:

1.) Das **Ziel** der durch den Drei-Mächte-Pakt begründeten Zusammenarbeit muß es sein, **Japan so bald wie möglich zum aktiven Handeln im Fernen Osten zu bringen.** Starke englische Kräfte werden dadurch gebunden, das Schwergewicht der Interessen der Vereinigten Staaten von Amerika wird nach dem Pazifik abgelenkt.

Die Erfolgsaussichten für Japan werden angesichts der noch unentwickelten Kriegsbereitschaft seiner Gegner um so größer sein, je früher es zum Eingreifen kommt. Das Unternehmen „Barbarossa" schafft hierfür besonders günstige politische und militärische Voraussetzungen.

2.) Zur **Vorbereitung** der Zusammenarbeit ist es erforderlich, die **japanische Wehrkraft** mit allen Mitteln zu stärken.

Hierzu ist von den Oberkommandos der Wehrmachtteile den japanischen Wünschen auf Mitteilung deutscher Kriegs- und Kampferfahrungen und Unterstützung wehrwirtschaftlicher und technischer Art in umfassender und großzügiger Weise zu entsprechen. Gegenseitigkeit ist erwünscht, darf aber nicht die Verhandlungen erschweren. Im Vordergrund stehen hierbei naturgemäß diejenigen japanischen Anträge, die sich in kurzer Zeit für die Kriegführung auswirken können.

In besonderen Fällen behält sich der Führer die Entscheidung vor.

3.) Die **Abstimmung der beiderseitigen Operationspläne** fällt dem Oberkommando der Kriegsmarine zu.

Hierfür gelten folgende Richtlinien:

a) Als **gemeinsames Ziel** der Kriegführung ist herauszustellen, England rasch niederzuzwingen und USA dadurch aus dem Kriege herauszuhalten. Im übrigen hat Deutschland im Fernen Osten weder politische noch militärische oder wirtschaftliche Interessen, die zu einem Vorbehalt gegen japanische Absichten Anlaß geben.

b) Die von Deutschland im **Handelskrieg** erzielten großen Erfolge lassen es besonders angezeigt erscheinen, starke japanische Kräfte zu gleichem Zweck anzusetzen. Daneben ist jede Unterstützungsmöglichkeit für den deutschen Handelskrieg auszunutzen.

c) Die **Rohstofflage der Mächte des Pakts** verlangt, daß Japan diejenigen Gebiete an sich bringt, die es für die Fortsetzung des Krieges, besonders, wenn die Vereinigten Staaten eingreifen, braucht. Kautschuklieferungen müssen auch nach Kriegseintritt Japans durchgeführt werden, da für Deutschland lebenswichtig.

d) Die **Wegnahme von Singapore** als Schlüsselstellung Englands im Fernen Osten würde einen entscheidenden Erfolg für die Gesamtkriegführung der Drei-Mächte bedeuten.

Außerdem sind Angriffe auf andere Stützpunkt-Systeme der englischen — der amerikanischen Seemacht nur, wenn Kriegseintritt USA nicht verhindert werden kann — geeignet, das dortige

Macht-System des Feindes zu erschüttern und, ebenso wie beim Angriff auf die Seeverbindungen, wesentliche Kräfte jeder Art zu binden (Australien).

Ein Zeitpunkt für den Beginn operativer Besprechungen läßt sich noch nicht bestimmen.

4.) In den nach dem Drei-Mächte-Pakt zu bildenden Militär-Kommissionen sind lediglich solche Fragen zu behandeln, die gleicher Weise die drei beteiligten Mächte angehen. In erster Linie werden die Aufgaben des Wirtschaftskrieges hierunter fallen.

Festlegung im einzelnen ist Sache der „Hauptkommission" unter Mitwirkung des Oberkommandos der Wehrmacht.

* 5.) Über das Barbarossa-Unternehmen darf den Japanern gegenüber keinerlei Andeutung gemacht werden.

Der Chef des Oberkommandos der Wehrmacht.
(Im Entwurf gez.) Keitel.
Für die Richtigkeit
Junge
Korvettenkapitän.

Verteiler:
Ob. d. H. (Genst. d. H.)	1. Ausf.
Ob. d. M. (1. Skl.)	2. Ausf.
Ob. d. L. (Lw. Fü. St.)	3. Ausf.

OKW:
WFSt	4. Ausf.
Amt Ausl. Abw.	5. Ausf.
Chef Ausl. (zzgl. f. A. A.)	6.–7. Ausf.
Wi. Rü. Amt	8. Ausf.
HWK	9. Ausf.
Abt. L	10.–14. Ausf.

* siehe Weisung Nr. 21.

Or. m. eigh. Unterschrift Junges in OKM Weisungen OKW IV, 1 Bd. 1, 4 Seiten Masch. Schr.
Druck: Jacobsen, 1939–1945 (nach 4. Ausf.).

25.

Der Führer und Oberste Befehlshaber F. H. Qu., den 27. 3. 41.
der Wehrmacht
OKW/WFSt/Abt. L (I Op) Nr. 44 379/41 g. K. Chefs.

Geheime Kommandosache
Chefsache   13 Ausfertigungen
Nur durch Offizier   2. Ausfertigung

Weisung Nr. 25

1.) Der Militärputsch in Jugoslawien hat die politische Lage auf dem Balkan geändert. Jugoslawien muß auch dann, wenn es zunächst Loyalitätserklärungen abgibt, als Feind betrachtet und daher so rasch als möglich zerschlagen werden.

2.) Meine Absicht ist, durch eine konzentrische Operation aus dem Raum Fiume—Graz einerseits und dem Raum um Sofia andererseits in allgemeiner Richtung Belgrad und südlich in Jugoslawien einzubrechen und die jugoslawische Wehrmacht vernichtend zu schlagen, außerdem den äußersten Südteil Jugoslawiens vom übrigen Land abzutrennen und als Basis für die Fortführung der deutsch-italienischen Offensive gegen Griechenland in die Hand zu nehmen.

Die baldige Öffnung des Donau-Verkehrs und die Besitznahme der Kupfergruben von Bor sind aus wehrwirtschaftlichen Gründen wichtig.

Durch die Aussicht auf Zurückgewinnung des Banats und von Mazedonien wird versucht, Ungarn und Bulgarien für die Teilnahme an den Operationen zu gewinnen.

Die innerpolitische Spannung in Jugoslawien wird durch politische Zusicherungen an die Kroaten verschärft werden.

3.) Im einzelnen befehle ich Folgendes:

    a) Sobald ausreichende Kräfte bereitstehen und die Wetterlage es zuläßt, ist die jug. Fliegerbodenorganisation und Belgrad durch fortgesetzte Tag- und Nachtangriffe durch die Luftwaffe zu zerstören.

    b) Möglichst gleichzeitig — keinesfalls früher — ist die Operation Marita zu beginnen, vorläufig mit dem beschränkten Ziel, das Becken von Saloniki in Besitz zu nehmen, und auf dem Höhengelände von Edessa Fuß zu fassen. Das XVIII. A. K. kann hierzu über jugoslawisches Gebiet ausholen.

27. 3. 1941

Günstige Gelegenheiten, um den planmäßigen Aufbau einer Front zwischen Olymp und dem Höhengelände von Edessa zu verhindern, sind auszunutzen.

c) Zu den aus dem Raum um Sofia in nordwestlicher und aus dem Raum um Kynstendil — Gorna Djumaya in westlicher Richtung zu führenden Angriffen können alle in Bulgarien und Rumänien noch verfügbaren Kräfte herangezogen werden, mit der Maßgabe, daß Kräfte in Stärke von etwa 1 Division neben Luftverteidigungskräften als Sicherung im rumänischen Ölgebiet verbleiben müssen.

Die Sicherung an der türkischen Grenze ist vorläufig den Bulgaren zu überlassen. Dahinter ist ein deutscher Verband, möglichst eine Panzer-Division, als Rückhalt neu bereitzustellen.

d) Der aus allgemeiner Richtung Graz nach Südosten zielende Stoß ist zu führen, sobald die hierfür erforderlichen Kräfte versammelt sind. Ob zur Öffnung der Grenze über ungarisches Gebiet ausgeholt werden soll, bleibt dem Heer überlassen.

Die Grenzsicherung an der jugoslawischen Grenze ist sofort zu verstärken.

Ebenso wie an der bulgarischen Grenze können wichtige Objekte schon vor dem allgemeinen Angriff gleichzeitig mit dem Luftangriff auf Belgrad in Besitz genommen werden.

e) Die Luftwaffe hat mit 2 Angriffsgruppen die Operationen der 12. Armee und die der neu zu bildenden Stoßgruppe im Raum um Graz zu unterstützen und bildet hierzu Schwerpunkt entsprechend dem zeitlichen Ablauf der Operationen des Heeres. Die ungarische Bodenorganisation kann zum Aufmarsch und zum Einsatz ausgenutzt werden.

Es ist zu prüfen, ob das X. Fl. Korps von italienischem Boden aus zum Einsatz herangezogen werden soll. Jedoch muß der Geleitschutz der Transporte nach Afrika gesichert bleiben.

Die Vorbereitungen für die Wegnahme der Insel Lemnos sind weiter zu führen, jedoch behalte ich mir Befehl für die Durchführung vor.

Für ausreichenden Flakschutz von Graz, Klagenfurt, Villach und Leoben, daneben von Wien, ist Sorge zu tragen.

4.) Die grundsätzlichen Vereinbarungen mit Italien werden zunächst vom O. K. W. getroffen werden.

Vom Heer sind Verbindungsstäbe zur ital. 2. Armee und zu den Ungarn vorzusehen.

Die Luftwaffe wird ermächtigt, schon jetzt über die Abgrenzung der Operationsräume zur Luft gegenüber der italienischen und ungarischen Fliegertruppe mit den Oberkommandos der betreffenden

Weisung Nr. 26 · Verbündete auf dem Balkan

Staaten Vereinbarungen zu treffen. Die Bevorratung der ungarischen Bodenorganisation kann sofort beginnen.

5.) Über die beabsichtigte Führung der Operationen und die damit zusammenhängenden Fragen ist mir von den Herrn Oberbefehlshabern über das O. K. W. zu berichten.

(gez.) Adolf Hitler

Verteiler:

Ob. d. H. (Op. Abt.)	1. Ausf.
Ob. d. M. (Skl – nachrichtl.)	2. Ausf.
Ob. d. L. (Lw. Führ. Stab)	3. Ausf.
Dtsch. General b. H. Qu. d. ital. Wehrmacht	4. Ausf.
Chef d. dt. Wehrm. Miss. Rumänien	5. Ausf.

OKW:

WFSt	6. Ausf.
L	7.–11. Ausf.
Ausl/Abw.	12. Ausf.
WNV	13. „

* Vgl. Weisung Nr. 20.
Or. m. eigh. Unterschrift in OKM Weisungen OKW IV, 1 Bd. 1, 4 Seiten Masch. Schr.
Druck: IMT XXXIV S. 459–462. – Jacobsen, 1939–1945 Nr. 55 (nach 11. Ausf.).

26.

Der Führer und Oberste Befehlshaber F. H. Qu., den 3. 4. 41
der Wehrmacht
OKW/WFSt/Abt. L Nr. 44395/41 g. K. Ch.

Geheime Kommandosache
Chefsache! 15 Ausfertigungen
Nur durch Offizier! 3. Ausfertigung

Weisung Nr. 26
Zusammenarbeit mit den Verbündeten auf dem Balkan.

1.) Die den südosteuropäischen Staaten bei dem Feldzug gegen Jugoslawien zugedachten militärischen Aufgaben ergeben sich aus der politischen Zielsetzung:

Ungarn, dem das Banat zufallen soll, wird vorzugsweise dieses Gebiet zu besetzen haben, hat sich aber bereiterklärt, darüber hinaus an der Vernichtung des Feindes mitzuwirken.

Bulgarien, soll Mazedonien zurückerhalten und wird daher hauptsächlich an dem Angriff in dieser Richtung zu interessieren sein, aber ohne von deutscher Seite einen besonderen Druck auszuüben. Außerdem fällt den Bulgaren, gestützt auf einen deutschen Panzerverband, die Rückendeckung gegen die Türkei zu. Hierzu wird Bulgarien auch die an der griechischen Grenze stehenden 3 Divisionen mit heranziehen.

Rumänien, wird seine Aufgabe im eigenen wie im deutschen Interesse auf die Sicherung der Grenze gegen Jugoslawien und gegen Rußland zu beschränken haben. Durch den Chef der deutschen Wehrmachtmission ist darauf hinzuwirken, daß die Abwehrbereitschaft Rumäniens gegen Rußland erhöht wird und daß nach Möglichkeit die rumänischen Kräfte um Temesvar (1 I. D. u. K. Br.) weiter nach Osten verlegt werden, um die Verbindung zwischen der ungarischen 2. Armee und dem deutschen XXXXI. A. K. nicht zu stören. Zum Mindesten muß der gegenseitige Verkehr ungar. u. deutscher Verb. Kdos. über die rumän.-ungar. Grenze unbehindert vonstatten gehen können.

2.) Für die militärische Zusammenarbeit und die Organisation der Befehlsführung bei den kommenden Operationen gelten folgende Richtlinien:

Die einheitliche Führung dieses Feldzuges, soweit es sich um die operative Zielsetzung für die italienischen und ungarischen Streitkräfte im Rahmen der Gesamtoperation handelt, behalte ich mir selbst vor. Sie muß sich in einer Form abspielen, die den Empfindlichkeiten der Verbündeten Rechnung trägt und den Staatsoberhäuptern Italiens und Ungarns die Möglichkeit offen läßt, ihrem Volk und ihrer Wehrmacht gegenüber als souveräne militärische Führer zu erscheinen.

Ich werde daher die militärischen Forderungen für die Einheitlichkeit der Operationen, die mir durch den Ob. d. H. und den Ob. d. L. zu übermitteln sind, in Form von persönlichen Schreiben an den Duce und den Reichsverweser Horthy als Vorschläge und Wünsche übermitteln.

Durch den Oberbefehlshaber der 12. Armee ist der bulgarischen Staats- und Wehrmachtführung gegenüber dasselbe Verfahren zu wählen.

Sollten einzelne bulgarische Divisionen an den Operationen gegen Jugoslawien teilnehmen, so müssen sie den örtlichen deutschen Kommandobehörden unterstellt werden.

3.) In Ungarn ist eine Dienststelle „Der deutsche General beim Oberkommando der ungarischen Wehrmacht" zu bilden, dessen Stabe auch ein Verbindungsstab der Luftwaffe anzugliedern ist.

Diese Dienststelle dient sowohl meiner Verbindung mit dem Reichsverweser, wie der Verbindung der Wehrmachtteile mit dem ungarischen Oberkommando.

Alle Einzelheiten der Zusammenarbeit mit den ital. und ungar. Kräften sind durch die Wehrmachtteile und durch die zwischen den benachbarten Armeen bezw. Luftflotten auszutauschenden Verbindungsorgane zu regeln.

4.) Die **Luftverteidigungskräfte** Rumäniens und Bulgariens bleiben in die deutsche Luftverteidigung dieser Länder eingegliedert, soweit sie nicht im Bereich ihrer eigenen Heereskräfte eingesetzt werden. Ungarn schützt sein Gebiet selbständig mit der Maßgabe, daß die hier operierenden deutschen Verbände und die für sie wichtigen Objekte durch die deutsche Wehrmacht gesichert werden.

5.) Von der neuen Regelung über die einheitliche Führung abgesehen, bleiben die Vereinbarungen mit Ungarn bestehen. Die ital. 2. Armee wird erst dann Bewegungsfreiheit bekommen, wenn der Angriff der deutschen 2. Armee und der schnellen Gruppe des XXXXVI. A. K. sich auszuwirken beginnt. Es kann notwendig werden, daß er zu diesem Zweck vorerst in einer mehr südlichen als südostwärtigen Richtung geführt werden muß. Die Beschränkung der ital. Luftwaffe auf den Schutz von Flanke und Rücken der Front in Albanien, den Angriff gegen den Flugplatz von Mostar und die Küstenflughäfen und auf die Mitwirkung vor der Front der ital. 2. Armee, sobald diese zum Angriff antritt, wird durch das O. K. W. veranlaßt.

6.) Die nach dem Feldzug den verschiedenen Staaten zufallenden **Besatzungsaufgaben** werde ich später regeln. Schon während der Operationen ist in der Art der Zusammenarbeit mit den Verbündeten die Waffenbrüderschaft zum Erreichen eines gemeinsamen politischen Zieles in jeder Weise zu betonen.

(gez.) Adolf Hitler
F. d. R.
Fett
Hauptmann d. G.

Verteiler:
Ob d H (Op. Abt.)	1. Ausf.
Ob d L (Lw. Fü. St. I a)	2. Ausf.
Ob d M (1. Skl.)	3. Ausf.
Chef d. deutschen Wehrm.-Miss. in Rumänien	4. Ausf.

5. 4. 1941

Deutscher General b. Hauptquartier d. ital. Wehrmacht	5. Ausf.
Deutscher General beim Oberkommando d. ungarischen Wehrmacht	6. Ausf.
OKW	
W F St	7. Ausf.
Abt. L	8.—12. Ausf.
WNV	13. Ausf.
W Pr	14. Ausf.
Ausl./Abw.	15. Ausf.
Ausl.	16. Ausf.

Or. m. eigh. Unterschrift von Fett in OKM Weisungen OKW IV, 1 Bd. 1, 5 Seiten Masch. Schr.

26 a.

Oberkommando der Wehrmacht   F. H. Qu., den 5. 4. 41
Nr. 44467/41 g. K. Chefs. WFSt/Abt. L (I Op.)

Geheime Kommandosache
Chef Sache   16 Ausfertigungen
Nur durch Offizier   3. Ausfertigung

*   Betr.: „Unternehmen Fünfundzwanzig"

    1.) Gemäß Weisung 26 war der Chef der deutschen Wehrmachtmission in Rumänien beauftragt, darauf hinzuwirken, daß nach Möglichkeit die rumänischen Kräfte um Temesvar (1 Inf. Div. und 1 Kav. Brig.) weiter nach Osten verlegt werden. Dieser Auftrag entfällt. Dagegen bleibt es dabei, daß der gegenseitige Verkehr ungarischer und deutscher Verbindungskommandos über die ungarisch-rumänische Grenze unbehindert vonstatten gehen muß.

        In der Weisung 26 ist entsprechend auf Seite 2 (Zeile 5 bis 9) der Absatz „und daß ... bis ... stören" zu streichen.

    2.) Es ist unerwünscht, daß ungarische Kräfte ostwärts der Theiß angesetzt werden (bisher hier 1 Brigade vorgesehen).

        Den Ungarn gegenüber ist dies mit dem neuerdings schwächeren ungarischen Kräfteeinsatz gegen Jugoslawien zu begründen.

                                    Der Chef des Oberkommandos der Wehrmacht
                                                                      I. A.
                                                                        Warlimont

Verteiler:
Wie Weisung 26.

* *Soll sich auf die gem. Weisung 25 befohlenen Operationen beziehen.*

OKM Weisungen OKW IV. 1. Bd. 1.

27.

Der Führer und Oberste Befehlshaber F. H. Qu., den 13. 4. 1941.
der Wehrmacht.
OKW/WFSt/Abt. L (I Op.) Nr. 44 530/41 g. K. Chefs.

Geheime Kommandosache
Chef Sache 17 Ausfertigungen
Nur durch Offizier 2. Ausfertigung.

Weisung Nr. 27

1.) Die jugoslawische Wehrmacht befindet sich in der Auflösung. Damit sind im Verein mit der Ausschaltung der griechischen Thrazien-Armee und der Inbesitznahme des Beckens von Saloniki sowie des Raumes um Florina die Voraussetzungen geschaffen, um nach Heranführen ausreichender Kräfte zum Angriff gegen Griechenland anzutreten mit dem Ziel, die dort stehende griechisch-englische Kräftegruppe zu vernichten, Griechenland zu besetzen und damit den Engländer endgültig vom Balkan zu vertreiben.

2.) Ich befehle daher für die Fortsetzung der Operationen auf dem Balkan:

a) Jugoslawien:
Ziel der Operationen bleibt die Vernichtung der restlichen jugoslawischen Kräfte sowie Säuberung und Besetzung des Landes.

Hierbei sind die Verbände des deutschen Heeres zur Besetzung Altserbiens und des Banats anzusetzen; das Schutzgebiet zwischen Morava und Donau mit den wertvollen Kupfergruben ist schnellstens zu sichern. Die Nachführung weiterer, bisher noch nicht in Jugoslawien eingesetzter Verbände ist dabei auf das mögliche Mindestmaß zu beschränken.

Die Luftwaffe hat den Rest der jugoslawischen Fliegertruppe zu vernichten und die Operationen des Heeres derart zu unterstützen, daß etwa noch auftretender ernsterer Widerstand rasch gebrochen werden kann. Gegebenenfalls können Fliegerkampfkräfte und Flakeinheiten, soweit sie auch zum Einsatz gegen Griechenland nicht benötigt werden, im Einvernehmen mit dem Oberkommando der Wehrmacht schon jetzt zum Einsatz an anderer Stelle herausgezogen werden.

Etwa notwendige Vereinbarungen mit der ital. Luftwaffe auf Grund der Festlegung der Trennungslinie zwischen 2. deutscher und 2. italienischer Armee sind Sache des Ob. d. L.

13. 4. 1941

Der italienischen 2. Armee fällt die Aufgabe zu, südwestlich der Straße Karlovac — Bos Novi — Banya Luka — Serajevo die Säuberung und Besetzung des Landes vorzunehmen. Gelegentliche Vorstöße deutscher schneller Kräfte über die genannte Linie zur Unterstützung des italienischen Vorgehens können dabei notwendig werden.

Die ungarische 3. Armee wird das jugoslawische Gebiet westlich der Theiß bis zur Donau und Drau säubern und besetzen. Teilnahme der beiden ungarischen mot. Brigaden an den weiteren Operationen der deutschen 2. Armee ist erbeten und zugesagt worden.

b) Griechenland:
Sobald ausreichende Kräfte im Raum Florina-Becken von Saloniki versammelt sind, ist zum entscheidungsuchenden Angriff gegen die englisch-griechische Kräftegruppe in Nordgriechenland anzutreten. Ziel dieser Operation ist es, durch frühzeitigen Durchbruch in Richtung Larissa die Vernichtung der dort stehenden feindlichen Kräfte durch Umfassung herbeizuführen und den Aufbau einer neuen Abwehrfront zu verhindern.

Gleichzeitig ist der den Italienern zufallende Durchbruch durch die griechische Front in Albanien durch Vorstoß von Teilkräften in südwestlicher Richtung zu unterstützen.

Im weiteren Verlauf ist durch baldiges Vortreiben schneller Truppen mit der Hauptstoßrichtung Athen die Besetzung des restlichen griechischen Festlandes einschl. des Peleponnes einzuleiten, während gleichzeitig die italienische Heeresgruppe Albanien westlich der Linie Prespansko-See — Kamm des Pindus Gebirges in Richtung Golf von Patras vorgeht. Wenn Zeit und Wegeverhältnisse es zulassen, muß jede Möglichkeit, sich einem Rückzug der griechischen Hauptkräfte westlich des Pindus vorzulegen, ausgenützt werden.

Für die Luftwaffe kommt es darauf an, neben weiterer Bekämpfung der griechischen und englischen Fliegertruppe die Einleitung der neuen Operationen des Heeres mit starken Kräften zu unterstützen und das Vorgehen der deutschen Truppen in Fluß zu halten. Die spätere Unternehmung zur Besetzung der Cykladen ist zu unterstützen.

Die Abgrenzung im Einsatz mit der italienischen Luftwaffe ist durch Ob. d. L. zu regeln.

Gegen einen etwaigen Abzug englischer Truppen sind alle geeigneten Mittel des Heeres und der Luftwaffe zusammenzufassen. Insbesondere ist das Entweichen der Engländer über das Mittelländische Meer durch laufende Luftangriffe auf die griechischen Häfen und insbesondere die Schiffsansammlungen sowie durch Verminen der Zufahrtswege möglichst zu verhindern.

3.) Den Befehl zur Durchführung des beabsichtigten **Fallschirmunternehmens gegen Lemnos und zur Besetzung von Thasos und Samotraki** behalte ich mir vor. Er wird spätestens 48 Stunden vor Anlauf des Unternehmens ergehen.

Hierzu ist vom **Heer** eine Division in Thrazien zu belassen, während die Besetzung des restlichen Thraziens zu einem von mir noch zu bestimmenden Zeitpunkt durch die **Bulgaren** übernommen wird.

4.) **Nach Durchführung der Operationen** wird die Masse der eingesetzten **Verbände des Heeres zu neuer Verwendung** herausgezogen werden. Vorzusehen bleibt die Belassung von etwa

1—2 Divisionen in Griechenland,

1 weiteren Division in Saloniki und

2—3 Divisionen in Serbien.

Für die **Luftwaffe** (X. Flieger-Korps) steht nach der Beendigung der Operationen gegen Griechenland die Unterstützung des Afrika-Korps im Vordergrund. Die erneute Verminung des Suez-Kanals ist schon in der nächsten Zeit von großer Bedeutung, um das Heranführen feindl. Verstärkungen aus Ostafrika zu verhindern oder wenigstens zu erschweren.

Die **Luftverteidigung** der eroberten Gebiete ist vorzubereiten.

Die **Küstenverteidigung** ist vorläufig auf der Grundlage vorzusehen, daß die nordägäische Küste einschl. Saloniki von den Bulgaren, anschließend die ostägäische Küste bis einschl. des Golfs von Saros von uns übernommen wird und die restlichen griechischen Küstenstriche in italienische Hand kommen.

Eine endgültige Abgrenzung kann erst nach Abschluß der Operationen im Balkan vorgenommen werden.

5.) Meldungen der Herren Oberbefehlshaber über ihre **Absichten** im einzelnen sehe ich entgegen.

Für etwaige **Wünsche der Wehrmachtteile** gegenüber unseren **Verbündeten** gelten die in Weisung Nr. 26 vom 3. 4. 41 gegebenen Richtlinien.

(gez.) Adolf Hitler.

Verteiler:

Ob. d. H. (Op. Abt.)	1. Ausfertigung
Ob. d. M. (Skl.)	2. "
Ob. d. L. (LwFüSt.)	3. "
Deutscher General beim Oberkommando der ital. Wehrmacht	4. "

25. 4. 1941

Deutscher General beim Oberkommando der ung. Wehrmacht 5. Ausfertigung
Chef der deutschen Wehrmachtmission in Rumänien   6.   "

O. K. W. :
   W. F. St.   7.   "
   Abt. L   8.—12.   "
   W N V   13.   "
   W Pr.   14.   "
Chef Wehrm. Trsp. Wes.   15.   "
Ausl./Abw.   16.   "
Abw.   17.   "

Abschrift im Marine-Archiv, 4 Seiten Masch. Schr.

28.

Der Führer und Oberste Befehlshaber   F. H. Qu., den 25. 4. 1941.
der Wehrmacht
Nr. 44 581/41 g. Kdos. Chefs. WFSt/Abt. L (I Op)

Geheime Kommandosache.
Chefsache!   10 Ausfertigungen
Nur durch Offizier!   3. Ausfertigung.

Weisung Nr. 28
(Unternehmen Merkur)

1.) Als Stützpunkt für die Luftkriegführung gegen England im Ost-Mittelmeer ist die **Besetzung der Insel Kreta** vorzubereiten (Unternehmen Merkur).
    Hierbei ist davon auszugehen, daß das gesamte griechische Festland einschließlich des Peloponnes in der Hand der Achsenmächte ist.

2.) **Die Befehlsführung** des Unternehmens übertrage ich dem Ob. d. L., der hierzu in erster Linie das Luftlandekorps und die im Mittelmeerraum eingesetzten Verbände der Luftwaffe heranzieht.
    Dem Heere fällt die Aufgabe zu, im Einvernehmen mit dem Ob. d. L., geeignete Verstärkungen für das Luftlandekorps einschließlich einer gemischten Panzerkampfwagen-Abteilung in Griechenland bereitzustellen, die auf dem Seewege nach Kreta überführt werden können.
    Die Kriegsmarine trifft Vorbereitungen für die Verbindungen über See, die mit Beginn der Besetzung der Insel sichergestellt sein

müssen. Für den Schutz der Verbindungen und soweit nötig für die Abstellung des Transportraumes trifft Ob. d. M. die erforderlichen Vereinbarungen mit der italienischen Kriegsmarine.

3.) Für die Heranführung des Luftlandekorps, mit der dem Ob. d. L. wieder unterstellten 22. Division, in den von diesem zu bestimmenden Versammlungsraum, sind alle Mittel auszunutzen. Der benötigte Lkw.-Raum ist von den Oberkommandos Heer und Luftwaffe dem Wehrmacht-Transport-Chef zur Verfügung zu stellen. Die **Transportbewegungen** dürfen keine Verzögerung des Aufmarsches „Barbarossa" herbeiführen.

4.) Für den **Flakschutz** in Griechenland und auf Kreta können von Ob. d. L. Flakeinheiten der 12. Armee herangezogen werden. Für ihre Ablösung oder ihren Ersatz treffen Ob. d. L. und Ob. d. H. die nötigen Vereinbarungen.

5.) Nach **Besetzung der Insel** wird das Luftlandekorps ganz oder teilweise zu neuer Verwendung bereitgestellt werden müssen. Sein baldiger Ersatz durch Kräfte des Heeres ist daher vorzusehen.

Für den Aufbau der Küstenverteidigung durch den Ob. d. M. können nötigenfalls Beutegeschütze des Heeres herangezogen werden.

6.) Die Herren Oberbefehlshaber bitte ich, mir über die geplanten Maßnahmen, den Ob. d. L. auch über den voraussichtlichen Abschlußtermin der Vorbereitungen, zu berichten. Den Befehl zur Durchführung behalte ich mir vor.

(gez.) Adolf Hitler
F. d. R.
gez. Exler
Hauptmann.

Verteiler:
Ob. d. L. — Fü. St. Ia —
Ob. d. H. — Op. Abt. —
Ob. d. M. — Skl. —
O. K. W. / WFSt.
    W. Tr. Chef
    W. N. V.
    WFSt./Abt. L
        Chef L / Ktb.
        I H
        I K
        I L

1. Ausfertigung
2. „
3. „
4. „
5. „
6. „
7. „
8. „
9. „
10. „

Vgl. hierzu die Vortragsnotiz des WFSt vom 28. 4. 1941 betr. Bereitstellung der Kräfte für „Merkur": Besprechung der Vertreter der 3 Wehrmachtteile bei Chef L

17. 5. 1941

ergab, daß der Lufttransport der 22. Div. nach Meldung der Luftwaffe ausschied. (gez.) Warlimont. Handschriftl. Vermerk von Jodl: „Führer hat 29. 4. zugestimmt." — Daraufhin erging ein Fernschreiben von OKW/WFSt/Abt. L (I Op.) Nr. 00785/41 g.Kdos. vom 29. 4. 1941 (gez. Warlimont) in 5 Ausf. an: OKH/Op.Abt., Ob.d.L./ Lw.Fü.Stab Ia, Wehrm.Trsp.Chef, nachr. Ob.d.M. 1. Skl., Entwurf WFSt. Inhalt: Betr. Weisung 28. Die 22. Division bleibt vorerst zur Verfügung des OKW. Die Absicht ist aus Jodls Marginal ersichtlich: „22. soll wohl als Erdtruppe bei Barbarossa Verwendung finden". („Fall Barbarossa" = Angriff gegen Rußland, vgl. oben Weisung Nr. 21).

Abschrift im Marine-Archiv, 2 Seiten Masch. Schr.
Druck: Jacobsen, 1939—1945 Nr. 58 (nach 4. Ausf.).

29.

Der Führer und Oberste Befehlshaber F. H. Qu., den 17. 5. 41
der Wehrmacht
OKW/WFSt/Abt. L (I Op) Nr. 44 717/41 g. K. Chefs.

Geheime Kommandosache
Chef Sache 25 Ausfertigungen
Nur durch Offizier 5. Ausfertigung.

Weisung Nr. 29

1.) Das Ziel des deutschen Einsatzes im Südosten, die Engländer vom Balkan zu vertreiben und die Grundlagen für den Einsatz deutscher Fliegerkräfte im ostwärtigen Mittelmeer zu erweitern, ist erreicht und wird mit Durchführung des Unternehmens „Merkur" weiter verbessert.

Die Sicherung des griechischen Raumes fällt künftig, von nachstehend aufgeführten Ausnahmen abgesehen, den Italienern zu. Deutsche Dienststellen haben sich daher in allgemeine Fragen der Sicherung und Verwaltung des Landes nicht einzuschalten. Insbesondere ist jede etwa von den Griechen gewünschte Vermittlungstätigkeit abzulehnen.

Für die Zuführung des Nachschubs sind Transportwege und ihre Belegung mit der italienischen Wehrmacht zu vereinbaren.

2.) Für die deutsche Wehrmacht gilt:

Heer:

In Griechenland verbleiben lediglich die zur Sicherung der Nachschubbasis für das Unternehmen „Merkur" unentbehrlichen, örtlich eng zusammenzuschließenden Kräfte und eine Division bei

Saloniki (siehe Ziffer 3), der auch die Sicherung von Lemnos und etwa weiter besetzt zu haltender Inseln zufällt.

Bis zum Abschluß des Unternehmens „Merkur" müssen jedoch die dem Absprung dienenden Gebiete einschl. hierfür vorgesehener Inseln in deutscher Hand bleiben. Alle nach dieser Regelung entbehrlichen Kräfte sind so rasch wie möglich herauszuziehen.

Das italienische Oberkommando wird dahin unterrichtet werden, daß die zur schnellen Übernahme Griechenlands erforderlichen Abmachungen mit dem Oberbefehlshaber der 12. Armee zu treffen sind. Dieser verlegt als „Oberbefehlshaber der deutschen Truppen auf dem Balkan" seinen Sitz nach Saloniki, sobald es die Lage (Unternehmen „Merkur") gestattet.

Luftwaffe:

Das X. Flieger-Korps führt auch nach seiner Verlegung nach Griechenland den Luftkrieg selbständig nach Weisungen des Ob. d. L., dem es unmittelbar unterstellt bleibt. Für die Verteidigung des Balkanraumes ist es auf Zusammenarbeit mit dem A.O.K. 12 (Befehlshaber der deutschen Truppen auf dem Balkan), für den Kampf in Nordafrika auf Zusammenwirken mit dem Afrika-Korps angewiesen. Anordnungen territorialer Art, die einer einheitlichen Regelung auf dem Balkan bedürfen, gibt das A.O.K. 12 auch für das X. Fliegerkorps.

Die Fliegerbodenorganisation in Griechenland und auf den Inseln steht dem Ob. d. L. für die Luftkriegführung im ostwärtigen Mittelmeerraum zur Verfügung. Nicht benötigte Flugplätze und Anlagen sind an die italienische Wehrmacht abzugeben.

Nach der Inbesitznahme Kretas obliegt dessen Sicherung zunächst dem Ob. d. L. (Luftlande-Korps), der den Zeitpunkt für die Ablösung des Korps vorschlägt. Anordnungen hierzu und für die künftige Besetzung behalte ich mir vor.

Kriegsmarine:

Außer Saloniki bleibt der Hafen von Athen und, soweit für die Abwicklung des Küstenverkehrs erforderlich, der Küstenstrich zwischen beiden Häfen in der Hand der deutschen Kriegsmarine. Ob. d. M. trifft hierüber entsprechende Vereinbarungen mit den Italienern. Auch die Küstenverteidigung Kretas wird später der deutschen Kriegsmarine zufallen, wenn Kreta von deutschen Truppen besetzt bleibt.

In territorialen Fragen gilt die gleiche Regelung wie beim X. Flieger-Korps.

An der nordägäischen Küste ist der deutsche Einfluß auf die bulgarische Küstenverteidigung wie bisher sicherzustellen.

Operationen und Seetransporte in die Agäis führt der Admiral Südost mit den ihm hierfür zugeteilten italienischen Seestreitkräften nach den Weisungen des Ob. d. M. durch.

Im übrigen ist Admiral Südost auf Zusammenarbeit mit den zuständigen italienischen Dienststellen angewiesen.

3.) Für alle militärischen Maßnahmen im **Gebiet um Saloniki** ist allein die deutsche Wehrmacht zuständig. Die genaue Abgrenzung dieses Gebietes ist durch O. K. H. (Oberbefehlshaber der deutschen Truppen auf dem Balkan) vorzuschlagen.

4.) Die **Verwaltung** der von deutschen Truppen besetzt zu haltenden griechischen Gebiete regelt O. K. H. im Einvernehmen mit dem Bevollmächtigten des Deutschen Reiches in Griechenland. Dabei ist, soweit möglich, die griechische Verwaltung auszunutzen und vom Einsatz deutscher Dienststellen abzusehen.

5.) Der **„Militärbefehlshaber Serbien"** ist von O. K. H. zur Erfüllung seiner vordringlichen wirtschaftlichen Aufgaben mit allen Befugnissen und mit den erforderlichen Sicherungstruppen auszustatten, um seinen Auftrag selbständig erfüllen zu können.

6.) Meldungen der Herren Oberbefehlshaber über die auf Grund dieser Weisung eingeleiteten Maßnahmen und die mit den Italienern getroffenen Abmachungen sehe ich entgegen.

Verteiler: (gez.) Adolf Hitler

Ob. d. H. (Op. Abt.)	1. Ausf.
(Gen. Qu.)	2. „
Ob. d. L. (LwFüSt.)	3. „
(Gen. Qu.)	4. „
Ob. d. M. (Skl.)	5. „
(A II)	6. „
Deutscher General beim Hauptquartier der ital. Wehrmacht	7. „

OKW:

WFSt	8. „
Abt. L	9.—19. „
WNV	20. „
W Pr	21. „
Ausl/Abw	22. „
Ausl	23. „
Wehrm. Trsp. Chef	24. „
Wi Rü Amt	25. „

* siehe oben Weisung Nr. 28.

Or. m. eigh. Unterschrift in OKM Weisungen OKW IV, 1 Bd. 1, 5 Seiten Masch. Schr., in der 8. Ausf. Paraphen von J[odl] und K[eitel].
Druck: Jacobsen, 1939—1945 Nr. 64 (nach 8. Ausf.).

30.

Der Führer und Oberste Befehlshaber F. H. Qu., den 23. 5. 41
der Wehrmacht
OKW/WFSt/Abt. L (I Op.) Nr. 44 772/41 g. K. Chefs.

Geheime Kommandosache
Chefsache   22 Ausfertigungen
Nur durch Offizier   5. Ausfertigung

Weisung Nr. 30
Mittlerer Orient

1.) Die arabische Freiheitsbewegung ist im Mittleren Orient unser natürlicher Bundesgenosse gegen England. In diesem Zusammenhang kommt der Erhebung des Irak besondere Bedeutung zu. Sie stärkt über die irakischen Grenzen hinaus die England feindlichen Kräfte im Mittleren Orient, stört die englischen Verbindungen und bindet englische Truppen sowie englischen Schiffsraum auf Kosten anderer Kriegsschauplätze.

Ich habe mich daher entschlossen, die Entwicklung im Mittleren Orient durch Unterstützung des Irak vorwärts zu treiben.

Ob und wie die englische Stellung zwischen Mittelmeer und Persischem Golf — in Zusammenhang mit einer Offensive gegen den Suez-Kanal — später endgültig zu Fall zu bringen ist, steht erst nach Barbarossa zur Entscheidung.

2.) In Zusammenfassung meiner Einzelentscheidungen befehle ich für die
   Unterstützung des Irak
   die Entsendung einer Militärmission,
   Hilfeleistung durch die Luftwaffe,
   Waffenlieferungen.

3.) Die Militärmission (Deckname: Sonderstab F) untersteht dem General der Flieger Felmy.
   Ihre Aufgaben sind
   a) die irakische Wehrmacht zu beraten und zu unterstützen,
   b) nach Möglichkeit militärische Verbindungen mit England feindlichen Kräften auch außerhalb des Irak herzustellen,
   c) für die deutsche Wehrmacht Erfahrungen und Unterlagen in diesem Raum zu gewinnen.

Die Zusammensetzung entsprechend diesen Aufgaben regelt der Chef des Oberkommandos der Wehrmacht.

23. 5. 1941

Für die Unterstellungsverhältnisse gilt:

a) Dem Chef der Militärmission unterstehen alle nach dem Irak zu entsendenden Angehörigen der Wehrmacht, außerdem das Verbindungskommando Syrien.

b) Der Chef der Militärmission untersteht dem Chef des Oberkommandos der Wehrmacht mit der Maßgabe, daß Befehle und Richtlinien für die fliegenden Verbände ausschließlich vom Oberbefehlshaber der Luftwaffe ergehen.

c) Der Chef der Militärmission verkehrt nur mit den militärischen Dienststellen des Irak. Verhandlungen mit der irakischen Regierung in Angelegenheiten der Mission führt der Vertreter des Auswärtigen Amtes im Irak.

Bei militärischen Anordnungen, die außenpolitische Rückwirkungen haben können, hat der Chef der Militärmission vorher das Einvernehmen mit dem Vertreter des Auswärtigen Amtes im Irak herzustellen.

d) Die Angehörigen der Militärmission gelten vorerst als Freiwillige (nach Art der Legion Condor). Sie tragen Tropenuniform mit irakischen Abzeichen. Letztere sind auch von deutschen Flugzeugen zu führen.

4.) Luftwaffe.

Ihr zahlenmäßig zu begrenzender Einsatz dient über die reine Waffenwirkung hinaus dem Zweck, Selbstvertrauen und Widerstandswillen der irakischen Wehrmacht und des Volkes zu stärken.

Art und Umfang des deutschen Eingreifens bestimmt der Oberbefehlshaber der Luftwaffe.

5.) Waffenlieferungen.

Die erforderlichen Anordnungen (Lieferungen aus Syrien auf Grund des hierfür mit den Franzosen getroffenen Abkommens und aus Deutschland) trifft der Chef des Oberkommandos der Wehrmacht.

6.) Steuerung der Propaganda im Mittleren Orient ist Aufgabe des Auswärtigen Amtes, das hierzu mit dem Oberkommando der Wehrmacht (WFSt/WPr) zusammenarbeitet.

Grundgedanke der Propaganda ist:

„Der Sieg der Achse bringt den Ländern des Mittleren Orients Befreiung vom englischen Joch und damit Selbstbestimmungsrecht. Wer die Freiheit liebt, tritt daher in die Front gegen England ein."

Propaganda gegen die französische Stellung in Syrien hat dabei zu unterbleiben.

7.) Sofern italienische Wehrmachtangehörige im Irak eingesetzt werden, ist mit ihnen auf Grund vorstehender Weisung zusammenzuarbeiten. Ihre Unterstellung unter den Chef der Deutschen Militärmission wird angestrebt werden.

gez. Adolf Hitler
F. d. R.
Hornig
Hauptmann

Verteiler:
Ob. d. H. (Op. Abt.)   1. Ausf.
        (O. Qu.IV)   2. Ausf.
Ob. d. L. (LwFüSt.)   3.—4. Ausf.
Ob. d. M. (Skl.)   5. Ausf. (nachrichtl.)
Gen. d. Fl. Felmy   6. Ausf.
OKW:
WFSt   7. Ausf.
  Abt. L   8.—14. Ausf.
  W Pr   15. Ausf.
  W N V   16. Ausf.
Ausl/Abw   17. Ausf.
  Abt. Ausl   18.—19. Ausf. (zugl. für Ausw. Amt)
Wi Rü Amt   20. Ausf.
W Z   21. Ausf.
Wehrm. Trsp. Chef   22. Ausf.

Or. m. eigh. Unterschrift von Hornig in OKM Weisungen OKW IV, 1 Bd. 1, 4 Seiten **Masch. Schr.** In der 7. Ausf. Unterschrift von Adolf Hitler und Paraphe von K[eitel]. Eintragung der **Ausfertigungs-Ziffern** handschriftlich.
Druck: Jacobsen, 1939—1945 Nr. 65 nach obiger Vorlage.

31.

Der Führer und Oberste Befehlshaber   F. H. Qu., den 9. 6. 41.
der Wehrmacht
OKW/WFSt/Abt. L (I Op — IV/Qu)
* Nr. 44 900/41 g. K. Chefs.

Geheime Kommandosache
Chefsache!   20 Ausfertigungen
Nur durch Offizier!   2. Ausfertigung.

Weisung Nr. 31

Um im besetzten Balkanraum klare und einheitliche Befehlsverhältnisse zu schaffen, befehle ich:

1.) Zum „Wehrmachtbefehlshaber im Südosten"
(W. B. Südost) mit Sitz in Saloniki ernenne ich den **Generalfeldmarschall** List.

9. 6. 1941

Der W. B. Südost ist der oberste Vertreter der Wehrmacht auf dem Balkan und übt in den von deutschen Truppen besetzten Gebieten vollziehende Gewalt aus.

Der W. B. Südost ist als solcher mir unmittelbar unterstellt.

2.) Dem W. B. Südost **unterstehen**:

a) für den Bereich Alt-Serbien:
der „**Befehlshaber Serbien**"
(General der Flakartillerie von Schröder)

b) für den Bereich Saloniki und die Inseln Lemnos, Mytilene, Chios und Skyros:
der „**Befehlshaber Saloniki-Ägäis**"
(zu besetzen durch OKH)

c) für den Bereich Athen, Kreta, Kythera, Antikythera und Melos:
der „**Befehlshaber Süd-Griechenland**"
(zu besetzen durch Ob. d. L.).

3.) Der Wehrmachtbefehlshaber Südost soll, mit Ausnahme der offensiven Luftkriegführung, sämtliche militärischen Fragen der Wehrmacht, die sich aus der Besetzung, der Sicherung, der Versorgung, dem Transport- und dem Nachrichtenwesen des besetzten Südostraumes für alle 3 Wehrmachtteile ergeben, in einer Hand zusammenfassen und im Sinne der Gesamtaufgabe, die der Wehrmacht im Südostraum zufällt, entscheiden. Dadurch soll die Führung vereinfacht, die Wehrmachtteile und das Oberkommando der Wehrmacht von den vielen Einzelfragen und Meinungsverschiedenheiten, die sich aus dem Nebeneinanderarbeiten von Dienststellen aller Wehrmachtteile in demselben Raum ergeben, entlastet werden.

Im Einzelnen obliegt dem W. B. Südost:

a) die Sicherstellung der **einheitlichen Verteidigung** der von deutschen Truppen besetzten Teile Serbiens und Griechenlands einschl. der griechischen Inseln gegen Angriffe und Unruhen.

Neben den genannten Befehlshabern, die in ihren Bereichen nach seinen Richtlinien für die Verteidigung verantwortlich sind, unterstehen ihm in diesen Fragen der **Admiral Südost** und der **Befehlshaber im Luftgau Balkan**. Beide Stäbe sind in den Stab des W. B. einzugliedern. Inwieweit auch die Stäbe der unterstellten Befehlshaber Saloniki-Ägäis und Süd-Griechenland mit Dienststellen der übrigen Wehrmachtteile zu vereinigen sind, bestimmt der W. B. Südost;

b) die einheitliche Leitung der in der nächsten Zeit notwendigen umfangreichen Seetransportbewegungen von und nach Kreta und deren Sicherung;

Weisung Nr. 31

    c) die Regelung der Zusammenarbeit mit der italienischen und — soweit erforderlich — mit der bulgarischen Wehrmacht auf dem Balkan;

    d) die Steuerung der Versorgung auf dem Land- und auf dem Seewege für alle auf dem Balkan eingesetzten Wehrmachtteile nach deren Forderungen und nach Maßgabe des jeweils hierfür verfügbaren Transportraumes;

    e) die Aufsicht über die von den Befehlshabern auszuübende militärische Verwaltung in den von deutschen Truppen besetzten Gebieten.

4.) Der Wehrmachtbefehlshaber Südost hat alle **Befugnisse eines Territorial-Befehlshabers** in den von deutschen Truppen besetzten Teilen Serbiens und Griechenlands einschl. der griechischen Inseln.

Die ausschließlich von deutschen Truppen besetzten Gebiete sind **Operationsgebiet**. Hier übt der W. B. Südost vollziehende Gewalt durch die ihm unterstellten Befehlshaber aus.

In den zum italienischen Besetzungsraum gehörenden Gebieten, in denen deutsche Truppen untergebracht sind, übt er die militärischen Hoheitsrechte für alle Wehrmachtteile insoweit aus, als es der militärische Auftrag der Deutschen Wehrmacht erfordert.

5.) Die Abgrenzung der Befugnisse des W. B. Südost gegenüber dem „**Bevollmächtigten des Reichs für Griechenland**" siehe Anlage.

6.) Die **Insel Kreta** nimmt im Südostraum eine Sonderstellung ein.

Sie ist das Operationsgebiet, von dem aus der Luftkrieg im östlichen Mittelmeer in Übereinstimmung mit der Lage in Nordafrika fortgeführt wird (siehe Ziffer 7).

Organisation und Aufbau dieser Basis, ihrer Sicherung und ihrer Versorgung ist im Südostraum die zur Zeit vordringlichste Aufgabe.

Als Operationsbasis der Luftwaffe ist die Insel Kreta als Festung einem besonderen Befehlshaber (Kommandanten) der Luftwaffe zu unterstellen. Dieser übt die vollziehende Gewalt nach den allgemeinen Richtlinien des W. B. Südost als Bevollmächtigter (oder im Auftrage) des Befehlshabers Süd-Griechenland aus. Er ist für die einheitliche Verteidigung der Insel mit allen dort befindlichen und ihm hierfür zu unterstellenden Truppen verantwortlich. Auch die für die Kriegsverwaltung notwendigen Einrichtungen des Heeres werden ihm unterstellt.

Der italienischen Besatzung ist der Ostteil der Insel bis zur allgemeinen Linie Westrand der Bucht von Merambelo bis zum Ort Jerapetra einschl. zugewiesen. Sie ist in allen taktischen Fragen, die sich auf die einheitliche Verteidigung der Insel beziehen, dem Inselkommandanten unterstellt.

7.) Der Luftkrieg im ostwärtigen Mittelmeer ist nach den Anordnungen des Ob. d. L. zu führen.

Die erforderlichen Vereinbarungen sind von diesem mit der italienischen Luftwaffe unmittelbar zu treffen.

8.) Die Truppentransporte und den Nachschub über See und deren Sicherungen auf dem Wasser oder aus der Luft regelt der Wehrmachtbefehlshaber Südost durch den Admiral Südost in Zusammenarbeit mit der italienischen Kriegsmarine und dem X. Flieger-Korps.

Die Zusammenarbeit des Admirals Südost mit der rumänischen und bulgarischen Kriegsmarine und Fragen der operativen Seekriegführung, falls sie im östlichen Mittelmeer auftreten sollten, regelt der Ob. d. M. mit dem Admiral Südost unmittelbar.

9.) Die Weisung 29 vom 17. 5. 41 tritt außer Kraft, soweit sie durch vorstehende Anordnungen überholt ist.

(gez.) Adolf Hitler.

Verteiler:

Ob. d. H. (Op. Abt.)	1. Ausf.
Ob. d. M. (Skl)	2. „
Ob. d. L. (Lw. Fü. St.)	3. „
W. B. Südost	4. „
OKW — Wehrmachttransportchef	5. „
Deutscher General b. Hauptquartier der Ital. Wehrmacht	6. „
OKW:	
W F St	7. „
Abt. L	8.—13. „
W N V	14. „
W Pr	15. „
Ausl/Abw	16. „
Ausl	17. „
A W A	18. „
W Rü A	19. „
Reserve	20. „

* In der 7. Ausf. „Chefs." gestrichen, handschr. Zusatz: „gem. OKW/WFSt 553/42 v. 18. 4. 42 als gKds-Sache zu behandeln". Unter der Briefbuch-Nr. handschr. zugefügt: „— 1 Anlage —". Stempel „Chefsache! Nur durch Offizier!" durchstrichen.

Or. m. eigh. Unterschrift in OKM Weisungen OKW IV, 1 Bd. 1, 6 Seiten Masch. Schr. In der 7. Ausf. die Signum-Zeile masch. schriftl., darunter F. d. R.: (gez.) Wien, Major d. G.

Weisung Nr. 31

Anlage zu OKW/WFSt/L Nr. 44900
g. K. Chefs. (I Op — IV/Qu)

Abgrenzung der Befugnisse des „Bevollmächtigten des Reichs für Griechenland" und des „Wehrmachtbefehlshabers im Südosten".

I. Die Beziehungen des „Bevollmächtigten des Reichs für Griechenland" und des Wehrmachtbefehlshabers im Südosten" untereinander und gegenüber der Griechischen Regierung ergeben sich aus folgendem:
   a) Führererlaß vom 28. 4. 1941 für den „Bevollmächtigten des Reichs für Griechenland":
   „1. Ich bestelle einen „Bevollmächtigten des Reichs für Griechenland". Seine Dienststelle ist Athen.
   2. Der Bevollmächtigte des Reichs hat bis zur Aufnahme formeller diplomatischer Beziehungen mit Griechenland die politischen, wirtschaftlichen und kulturellen Interessen des Reiches in Griechenland bei der neuen Griechischen Regierung zu vertreten.
   3. Der Bevollmächtigte des Reichs hat ferner den zur Durchführung seiner Aufgaben notwendigen Kontakt mit den italienischen Besatzungsstellen zu halten".
   b) Das Recht des „Wehrmachtbefehlshabers im Südosten" zur Ausübung vollziehender Gewalt in dem von deutschen Truppen besetzten Gebiet.

II. Der W. B. Südost hat den Bevollmächtigten des Reichs weitgehend zu unterstützen und seine eigenen Maßnahmen in Griechenland mit diesem abzustimmen.

III. Die Aufgaben auf politischem, wirtschaftlichem und kulturellem Gebiet werden im allgemeinen dem Bevollmächtigten des Reichs für Griechenland zufallen. Ihm obliegen die Verhandlungen mit der Griechischen Regierung zur Vertretung der Interessen des Reichs auf diesen Gebieten.
Inwieweit davon auch der laufende Geschäftsverkehr bezüglich des von deutschen Truppen besetzt zu haltenden Gebietes betroffen wird, ergeben die an Ort und Stelle zwischen dem Bevollmächtigten des Reichs und dem W. B. Südost zu treffenden Abmachungen.
Der Bevollmächtigte des Reichs für Griechenland unterrichtet den W. B. Südost über die außenpolitischen Fragen, deren Kenntnis für die Durchführung seiner militärischen Aufgaben notwendig ist.

IV. Bei militärischen Anordnungen, die außenpolitische Rückwirkungen haben können, hat der W. B. Südost vorher das Einvernehmen mit dem Bevollmächtigten des Reichs für Griechenland herzustellen, soweit es die militärische Lage gestattet.

V. Steuerung der Propaganda in Griechenland ist Aufgabe des Auswärtigen Amts, das hierzu mit dem Oberkommando der Wehrmacht (WFSt/W Pr) zusammenarbeitet.

15. 6. 1941

Der Chef des Oberkommandos F. H. Qu., den 15. Juni 1941
der Wehrmacht

WFSt/Abt. L (IV/Qu) Nr. 001135/41 g.K. 20 Ausfertigungen
Geheime Kommandosache 7. Ausfertigung

Durchführungsbestimmungen
zur Weisung Nr. 31.

1.) Durch die Ernennung des Generalfeldmarschalls List zum W. B. Südost bleiben seine Stellung und Aufgaben als Oberbefehlshaber der 12. Armee unberührt.
2.) Der W. B. Südost ist auf allen denjenigen Aufgabengebieten, die ihm nach der Weisung 31 verantwortlich zufallen, die einheitliche Befehlsstelle der Wehrmacht auf dem Balkan.
   Die Oberkommandos der Wehrmachtteile und die Ämter des Oberkommandos der Wehrmacht sind gehalten, den Verkehr mit ihren Dienststellen in diesem Bereich dementsprechend einzurichten.
   Die Eingliederung der Stäbe Admiral Südost und Befehlshaber im Luftgau Balkan kann durch Verbindungskommandos dieser Dienststellen im Stabe des W.B. Südost ersetzt werden, soweit die Lage eine anderweitige Unterbringung der Dienststellen der Kriegsmarine und Luftwaffe erfordert.
3.) Die für die Durchführung der Verwaltung erforderlichen Dienststellen stellt O.K.H. dem W.B. Südost zur Verfügung.
   Die Durchführung der Verwaltung regelt sich nach den vom O.K.H. hierfür erlassenen allgemeinen Vorschriften und Weisungen, in grundsätzlichen Fragen nach den vom OKW/WFSt/L ergehenden Richtlinien.
4.) Für die territorialen Aufgaben gelten sinngemäß die Bestimmungen der Dienstanweisung für W.B. (OKW/WFSt/Abt. L (II Org) 2 f/n 10 Nr. 1457/41 geh./, 15. 4. Abschnitt II).
5.) Die Verbindung mit der Italienischen Wehrmacht ist für das griechische Festland mit dem Oberbefehlshaber der 11. ital. Armee, für die Ägäis mit dem Gouverneur von Rhodos zu unterhalten. In grundsätzlichen Fragen ist unmittelbar Verbindung mit dem Oberkommando der Italienischen Wehrmacht aufzunehmen (über OKW oder Deutschen General beim Oberkommando der Italienischen Wehrmacht).
6.) Über die laufenden militärischen, politischen und wirtschaftlichen Anordnungen und Ereignisse wird der W. B. durch die einschlägigen Dienststellen des Oberkommandos der Wehrmacht unterrichtet.
   Die Zustellung von Verordnungsblättern regeln die Wehrmachtteile.
7.) Die Berichterstattung regelt sich wie folgt:
   a) täglich Lagebericht bis 2.00 Uhr an OKW/WFSt/L und O.K.H. über Ablauf des vorangegangenen Tages,
   b) monatlich Bericht an OKH mit einem Nebenabdruck für OKW/WFSt/L über Fragen der Militärverwaltung.
8.) Anforderungen für die Stellenbesetzung — Offiziere, Beamte und Unterpersonal — zur Durchführung der Wehrmachtaufgaben sind, soweit solche erforderlich sind, für alle 3 Wehrmachtteile an OKW — WZ — zu richten.

Der Chef des Oberkommandos der Wehrmacht
gez. Keitel
Für die Richtigkeit:
v. Kirchbach
Hauptmann

Verteiler:
wie Weisung Nr. 31.

Photokopie des Or. (3 S. Schreibmasch.) im Staatl. Archivlager Göttingen NOKW-1493.
Jetzt im Bundesarchiv.

Weisung Nr. 31

31 a.

Der Führer F. H. Qu., den 16. 9. 41
und Oberste Befehlshaber der Wehrmacht
OKW/WFSt/Abt. L (I Op.) Nr. 44 1538/41 g.K. Chefs.

Chef Sache 22 Ausfertigungen
Nur durch Offizier 11. Ausfertigung

1.) Ich beauftrage den **Wehrmachtbefehlshaber im Südosten**, Generalfeldmarschall List, mit der Niederschlagung der Aufstandsbewegung im Südostraum.

Es kommt zunächst darauf an, im serbischen Gebiet die Verkehrswege und die für die deutsche Kriegswirtschaft wichtigen Objekte zu sichern und dann auf weite Sicht im Gesamtraum mit den schärfsten Mitteln die Ordnung wiederherzustellen.

In Kroatien (bis zur Demarkationslinie) sind die gegen Banden gebotenen Maßnahmen im Benehmen mit der kroatischen Regierung durch Vermittlung des Deutschen Generals in Agram zu treffen.

2.) **Für die Dauer der Durchführung** dieser Aufgaben sind alle im Aufstandsgebiet befindlichen, beziehungsweise dorthin zuzuführenden Kräfte des Heeres unter dem Befehl des Kommandierenden Generals des XVIII. A.K., General der Infanterie Böhme, zusammenzufassen. Dieser übt im Aufstandsgebiet selbst nach Anweisung des W.Bfh. Südost die vollziehende Gewalt aus. Alle militärischen und zivilen Dienststellen sind insoweit an seine Anweisungen gebunden.

Die nähere Abgrenzung seiner Befugnisse regelt der W.Bfh. Südost. Die Belange des Vierjahresplanes sind grundsätzlich zu berücksichtigen.

3.) Ob. d. H. führt in das serbische Gebiet außer weiteren Sicherungskräften (diese auch für Kroatien) zunächst eine Infanterie-Division, Panzerzüge und Beutepanzer zu und bereitet für den Bedarfsfall die Zuführung einer weiteren Division vor, sobald eine solche im Osten frei wird.

Die Maßnahmen bitte ich im einzelnen dem Oberkommando der Wehrmacht zu melden.

4.) Ob. d. L. unterstützt wie bisher die Unternehmungen im Aufstandsgebiet mit den hierfür verfügbaren Kräften und benennt dem W.Bfh. Südost einen Führer für die taktische Zusammenarbeit mit dem Gen. d. Inf. Böhme.

5.) **Ungarische, rumänische und bulgarische Heeres-** und Fliegerkräfte können ohne Genehmigung des Oberkommandos der Wehrmacht zu den Operationen nicht herangezogen, dagegen zum Schutz des **Donauverkehrs** angebotene ungarische und rumänische Boote neben der Donau-Flottille eingesetzt werden. Ihre Aufgaben sind unter entsprechendem Einsatz der deutschen Flottille so zu regeln, daß gegenseitige Berührung vermieden wird.

Die Verwendung **kroatischer Truppen** in den Kroatien benachbarten serbischen Grenzräumen ist von der kroatischen Regierung zugestanden und kann daher stattfinden.

Das **italienische Oberkommando** wird von den beabsichtigten Maßnahmen verständigt und gebeten werden, in Verbindung mit dem Wehrmachtbefehlshaber Südost entsprechend in dem von den Italienern besetzten Raum durchzugreifen.

6.) Das **Auswärtige Amt** wird eine gemeinsame **politische Aktion** der Balkanstaaten gegen die kommunistischen Leitstellen in diesen Ländern durchführen.

W.Bfh. Südost wird durch den Vertreter des Reiches hierüber näher unterrichtet.

11. 6. 1941

Verteiler:	
W. Bfh. Südost	1. Ausf.
Mil. Bfh. Serbien	2. Ausf.
Dt. Gen. in Agram	3. Ausf.
Dt. Wehrm. Miss. in Rumänien	4. Ausf.
Dt. Gen. b. H. Qu. d. ital. Wehrm.	5. Ausf.
Ob.d.H. (O. Qu. 1)	6. Ausf.
(Op.Abt.)	7. Ausf.
Ob.d.M. (Skl.)	8. Ausf.
Ob.d.L. (LwFüSt.)	9. Ausf.
Wehrm.Trsp.Chef	10. Ausf.
OKW:	
WFSt.	11. Ausf.
Abt. L	12.—17. Ausf.
WNV	18. Ausf.
WPr	19. Ausf.
Ausl./Abw.	20. Ausf.
Abt. Ausl.	21. Ausf.
Wi Rü Amt	22. Ausf.

Nach einer Photokopie des Entwurfs-Exemplars im Staatl. Archivlager Göttingen, Abt. Zeitgeschichte.

32.

Der Führer   F. H. Qu., 11. 6. 41
und Oberste Befehlshaber der Wehrmacht
OKW/WFSt/Abt. L (I Op.) Nr. 44886/41 gK Chefsache II. Ang.

Chef Sache   9 Entw.-Ausfert.
Nur durch Offizier   2. Ausfertigung.

Weisung Nr. 32
Vorbereitungen für die Zeit nach Barbarossa

A.) Nach der Zerschlagung der sowjetrussischen Wehrmacht werden Deutschland und Italien das europäische Festland — vorläufig ohne die iberische Halbinsel — militärisch beherrschen. Irgendeine ernsthafte Gefährdung des europäischen Raumes zu Lande besteht dann nicht mehr. Zu seiner Sicherung und für die noch in Betracht kommenden Angriffsoperationen genügen wesentlich geringere Kräfte des Heeres, als sie bisher aufrechterhalten werden mußten.

Der Schwerpunkt der Rüstung kann auf die Kriegsmarine und auf die Luftwaffe gelegt werden.

Die Vertiefung der deutsch-französischen Zusammenarbeit soll und wird weitere englische Kräfte fesseln, die Rückenbedrohung des nordafrikanischen Kriegsschauplatzes beseitigen, die Bewegungsmöglichkeit der britischen Flotte im westlichen Mittelmeer weiter einschränken und die tiefe Südwestflanke des europäischen Kampfraumes, einschl. der atlantischen Küste Nord- und Westafrikas, gegen angelsächsischen Zugriff schützen.

Spanien wird in absehbarer Zeit vor die Frage gestellt werden, ob es bereit ist, an der Vertreibung der Engländer aus Gibraltar mitzuwirken oder nicht.

Die Möglichkeit, auf die Türkei und den Iran einen starken Druck auszuüben, verbessert die Aussichten, auch diese Länder mittelbar oder unmittelbar für den Kampf gegen England nutzbar zu machen.

B.) Aus dieser Lage heraus, wie sie sich nach der siegreichen Beendigung des Ostfeldzuges ergeben wird, können der Wehrmacht für den Spätherbst 1941 und den Winter 1941/42 folgende strategische Aufgaben erwachsen:

1.) Der **neu gewonnene Ostraum** muß organisiert, gesichert und unter voller Mitwirkung der Wehrmacht wirtschaftlich ausgenutzt werden.

Wie stark diese Sicherungskräfte im russischen Raum zu bemessen sind, läßt sich mit Sicherheit erst später übersehen. Aller Voraussicht nach werden aber etwa 60 Divisionen und **eine** Luftflotte, neben den verbündeten und befreundeten Kräften, für die weiteren Aufgaben im Osten genügen.

2.) Fortsetzung des **Kampfes gegen die britische Position im Mittelmeer und in Vorderasien** durch konzentrischen Angriff, der aus Libyen durch Ägypten, aus Bulgarien durch die Türkei und unter Umständen auch aus Transkaukasien heraus durch den Iran vorgesehen ist.

a) In **Nordafrika** kommt es darauf an, daß Tobruk erledigt und hierdurch die Grundlage zur Fortführung des deutsch-italienischen Angriffes gegen den Suez-Kanal geschaffen wird. Er ist etwa für November vorzubereiten mit der Maßgabe, daß das Deutsche Afrika-Korps personell und materiell bis dahin auf den höchstmöglichen Stand gebracht und mit ausreichenden Reserven aller Art zu eigener Verfügung ausgestattet wird (bei Umbildung der 5. le. Div. in eine volle Panzer-Division), daß weitere große deutsche Verbände nicht nach Nordafrika überführt werden.

Die Vorbereitungen für den Angriff erfordern, daß das Transporttempo unter Zuhilfenahme französisch-nordafrikanischer Häfen und womöglich des neuen Seeweges aus dem südgriechischen Raum mit allen Mitteln gesteigert wird.

Aufgabe der Kriegsmarine ist es, in Zusammenarbeit mit der italienischen Kriegsmarine für die Bereitstellung des nötigen Schiffsraumes unter Charterung französischer und neutraler Schiffe zu sorgen.

Die spätere Überführung deutscher Schnellboote in das Mittelmeer ist zu prüfen.

Zur Verbesserung der Ausladeleistung in den nordafrikanischen Häfen ist der italienischen Kriegsmarine jede Unterstützung zu gewähren.

Ob. d. L. führt dem Afrika-Korps entsprechend dem Freiwerden im Osten ausreichende Fliegerverbände und Flak-Artillerie für die Weiterführung der Operation zu und verstärkt den italienischen Geleitzugschutz der Seetransporte in der Luft durch Einsatz deutscher Fliegerverbände.

Zur einheitlichen Leitung der Transportvorbereitungen ist der „Heimatstab Übersee" gebildet worden, der nach den Richtlinien des Oberkommandos der Wehrmacht in Verbindung mit dem Deutschen General beim Hauptquartier der italienischen Wehrmacht und mit dem Wehrmachtbefehlshaber Südost arbeitet.

b) Angesichts der zu erwartenden englischen Verstärkungen im Vorderen und Mittleren Orient und namentlich zum Schutz des Suez-Kanals wird eine deutsche Operation aus B u l g a r i e n d u r c h d i e T ü r k e i ins Auge zu fassen sein mit dem Ziel, die englische Stellung am Suez-Kanal auch von Osten her anzugreifen.

Zu diesem Zweck ist vorzusehen, so frühzeitig als möglich so starke Kräfte in Bulgarien zu versammeln, wie nötig sind, die Türkei politisch gefügig zu machen oder ihren Widerstand mit Waffengewalt zu brechen.

c) Wenn der Zusammenbruch der Sowjetunion die Voraussetzung dafür geschaffen hat, ist ferner der Ansatz eines motorisierten Expeditionskorps a u s T r a n s k a u k a s i e n h e r a u s g e g e n d e n I r a k in Verbindung mit den Operationen zu b) vorzubereiten.

d) Ausnutzung der arabischen Freiheitsbewegung. Die Lage der Engländer im Mittleren Orient wird bei größeren deutschen Operationen um so schwieriger sein, je mehr Kräfte durch Unruheherde oder Aufstandsbewegungen z e i t g e r e c h t gebunden werden. Alle diesem Zweck dienenden militärischen, politischen und propagandistischen Maßnahmen müssen in der Vorbereitungszeit engstens aufeinander abgestimmt sein. Als zentrale Außenstelle, die in allen Planungen und Maßnahmen im arabischen Raum einzuschalten ist, bestimme ich den Sonderstab F, der seinen Sitz im Bereich des Wehrmachtbefehlshabers Südost zu nehmen hat. Ihm sind die besten Sachkenner und Agenten beizugeben.

Die Aufgaben des Sonderstabes F regelt der Chef OKW, — soweit politische Fragen berührt werden, im Benehmen mit dem Reichsaußenminister.

3.) **Schließung des Westeinganges in das Mittelmeer durch Ausschaltung von Gibraltar.**
Die Vorbereitungen für das schon einmal geplante Unternehmen „Felix" müssen schon während des Auslaufens der Operationen im Osten in vollem Umfange wieder aufgenommen werden. Dabei kann damit gerechnet werden, daß auch das unbesetzte französische Gebiet, wenn nicht für den Durchtransport deutscher Truppen, so doch sicherlich für Versorgungstransporte zur Verfügung steht. Auch die Mitwirkung französischer See- und Luftstreitkräfte liegt im Bereich der Möglichkeit.

Zum Übersetzen nach Spanisch-Marokko, nach der Wegnahme von Gibraltar, sind Heeresverbände nur insoweit vorzusehen, als es die Sicherung der Meerenge erfordert.

Die Verteidigung der atlantischen Küste von Nord- und Westafrika, die Ausschaltung der englischen Besitzungen in Westafrika und die Rückgewinnung des von de Gaulle beherrschten Gebietes fällt den Franzosen zu, denen im Zuge der angebahnten Entwicklung die erforderlichen Verstärkungen bewilligt werden. Die Ausnutzung westafrikanischer Stützpunkte durch Kriegsmarine und Luftwaffe, u. U. auch die Besitznahme atlantischer Inseln, wird nach Beherrschung der Meerenge erleichtert sein.

4.) Neben diesen möglichen Operationen gegen die britische Machtstellung im Mittelmeer muß die „Belagerung Englands" nach Abschluß des Ostfeldzuges durch Kriegsmarine und Luftwaffe wieder in vollem Maße aufgenommen werden.

Alle diesem Zweck dienenden Rüstungsvorhaben haben damit innerhalb der Gesamtrüstung den Vorrang. Gleichzeitig gilt es, die deutsche Luftverteidigung auf höchste zu steigern. Vorbereitungen für eine Landung in England werden dem doppelten Ziel zu dienen haben, englische Kräfte im Mutterland zu binden und einen sich abzeichnenden Zusammenbruch Englands durch eine Landung auszulösen und zu vollenden.

C.) Zu welchem Zeitpunkt die geplanten Operationen im Mittelmeerraum und im Vorderen Orient begonnen werden können, läßt sich noch nicht übersehen. Die stärkste operative Wirkung würde ein möglichst gleichzeitiger Beginn der Angriffe gegen Gibraltar, Ägypten und Palästina ergeben.

Ob das möglich sein wird, hängt, neben einer Reihe von Faktoren, die heute noch nicht abzusehen sind, in erster Linie davon ab, ob die Luftwaffe in der Lage sein wird, die erforderlichen Kräfte zur Unterstützung dieser drei Operationen gleichzeitig einzusetzen.

D.) Die Herren Oberbefehlshaber ersuche ich, nach diesen vorläufigen Absichten ihre gedanklichen und organisatorischen Vorbereitungen zu treffen und mich von deren Ergebnissen so rechtzeitig zu unterrichten, daß meine endgültigen Weisungen noch während des Ostfeldzuges erlassen werden können. gez. Warlimont
(Im Entwurf nicht unterzeichnet)

Der Entwurf zur Weisung 32 wurde als vorläufige Arbeitsgrundlage den Oberkommandos am 19.6.1941 zugeleitet (OKW WFSt./Abt. L (I Op.) Nr. 44886/41 gKChefs., gez. Jodl).

Verteiler:
OKH (Op. Abt.)   1. Ausf.
OKM (Skl.)   2. Ausf.
Ob. d. L. (LwFüSt) 3. Ausf.
Abt. L   4.—9. Ausf.

Die neue Fassung, wodurch die Seiten 2 und 3 des Entwurfes (Ziffer B 2 a und b) ersetzt wurden, ging den Oberkommandos am 30. 6. 41 zu (Brieftagebuch-Nr. wie oben, II. Ang., gez. Warlimont). Diese gültige Fassung ist vorstehend gedruckt. Verteiler wie Entwurf, jedoch Wehrm. Trsp. Chef 4. Ausf., Abt. L 5.—10.Ausf.

Der Entwurf hatte im letzten Satz von Ziffer B 1 statt „verbündeten und befreundeten Kräften" die begrenzte Angabe „finnischen und rumänischen Kräften".

Ziffer B 2 a) und b) hatten im Entwurf folgenden Wortlaut:

2.) Die Fortsetzung des Kampfes gegen die britische Position im Mittelmeer und in Vorderasien.

    a) Es bleibt anzustreben, etwa im November beginnend, den H a u p t a n g r i f f gegen den Suez-Kanal mit deutschen und italienischen Verbänden von der Cyrenaika aus zu führen.

    Da bis dahin mit einer erheblichen Verstärkung der britischen Kräfte in Ägypten gerechnet werden muß, ist zu versuchen, über die italienischen Verstärkungen hinaus auch dem Deutschen Afrika-Korps noch weitere Kräfte — etwa 1 Pz. und 1 mot. Div. — zuzuführen.

    Diese Kräfte sind, sobald es die Ostlage erlaubt, für den afrikanischen Kriegsschauplatz auszurüsten und bereitzustellen.

    Diese Absicht läßt sich nur bei befriedigender Lösung des Transportproblems verwirklichen.

    Die Steigerung des Transporttempos muß daher unter Zuhilfenahme des französischen Angebotes und womöglich des neuen Seeweges aus dem südgriechischen Raum mit allen Mitteln erreicht werden.

    Aufgabe der Kriegsmarine ist es, in Zusammenarbeit mit der italienischen Kriegsmarine für die Bereitstellung des nötigen Schiffsraumes unter Charterung französischer und neutraler Schiffe zu sorgen.

Zur Verbesserung der Ausladeleistung in den nordafrikanischen Häfen ist der italienischen Kriegsmarine jede Unterstützung zu gewähren.

Die spätere Überführung deutscher Schnellboote in das Mittelmeer ist zu prüfen.

Zur einheitlichen Leitung der Transportvorbereitungen wird ein „Heimatstab Übersee" gebildet werden, der nach den Richtlinien des Oberkommandos der Wehrmacht in Verbindung mit dem Deutschen General beim italienischen Oberkommando und mit dem Wehrmachtbefehlshaber Südost arbeitet.

b) Um den schwierigen Angriff vom Westen her auf Ägypten zu erleichtern, wird ein deutscher Druck in Richtung des Suez-Kanals auch vom Osten her ins Auge zu fassen sein.

Zum mindesten werden dadurch die englischen Abwehrkräfte zersplittert.

Zu diesem Zweck ist vorzusehen, so frühzeitig als möglich so starke Kräfte in Bulgarien zu versammeln, als nötig sind, die Türkei politisch gefügig zu machen oder ihren Widerstand mit Waffengewalt zu brechen.

* Im Rahmen dieser Armee und, wenn der Zusammenbruch der SU die Voraussetzung dafür geschaffen hat, auch in Kaukasien, sind motorisierte Expeditionskorps aufzustellen, um sich später den Weg durch die Türkei und Syrien nach Palästina und durch den Iran nach Basra zu bahnen.

---

* hs. Marginal in 2. Ausf.: „Da wird für „Abrüstung des Heeres" nicht viel übrig bleiben!" (Ia)

Entwurf nebst Änderungen in OKM Weisungen OKW IV, 1 Bd. 1, 7 Seiten Masch. Schr.
Druck: Jacobsen, 1939–1945 Nr. 68 nach obiger Vorlage. — Ausführliche Untersuchung unter Heranziehung der erreichbaren Quellen: Karl Klee, Der Entwurf zur Führerweisung Nr. 32 vom 11. Juni 1941. Eine quellenkritische Untersuchung (Wehrwissenschaftl. Rundschau 6, 1956, S. 127–141).

OKW/WFSt/Abt. L (I Op.)　　　　　　　　　　　　　F. H. Qu., den 21. 6. 41

Weisung 32 ist bisher nur den Oberkommandos im Entwurf zugegangen.

32 a.

Oberkommando der Wehrmacht　　　　　　　　　F. H. Qu., den 21. 6. 41
Nr. 44909/41 g.K. Chefs. WFSt/Abt. L (I Op.)

Geheime Kommandosache
Chef Sache　　　　　　　　　　　　　　　　　　25 Ausfertigungen
Nur durch Offizier　　　　　　　　　　　　　　　10. Ausfertigung

Bezug: Weisung 32

Dienstanweisung für Sonderstab F
(Gen. d. Fl. Felmy)

1.) Sonderstab F ist die zentrale Außenstelle für alle Fragen der arabischen Welt, die die Wehrmacht betreffen. Er ist in alle Planungen und Maßnahmen im arabischen Raum einzuschalten.

2.) Sonderstab F untersteht dem Chef OKW unmittelbar.
Für die Durchführung seiner Aufgaben erhält er allgemeine Richtlinien vom Oberkommando der Wehrmacht (Ausl./Abw. bzw. WFSt/Abt. L).

3.) Der Sonderstab F nimmt seinen Sitz im Bereich des Wehrmachtbefehlshabers Südost.

4.) **Aufgaben:**
   a) Sonderstab F hält und sucht im Rahmen des Möglichen Verbindung mit englandfeindlichen Kräften im Mittleren Orient und unterstützt sie mit dem Ziel, spätere deutsche Operationen durch zeitgerechtes Losschlagen zu unterstützen.
   b) er liefert dem OKW und auf Anforderung der Oberkommandos auch diesen Unterlagen zur Beurteilung der Operationsmöglichkeiten in den verschiedenen Ländern des Orients entsprechend den Jahreszeiten und den sonstigen klimatischen Verhältnissen.
   c) er setzt die für den Mittleren Orient bestimmten Waffenlieferungen ein.
   d) er bildet Führer und Saboteure (letztere in Zusammenarbeit mit Abw. II) für englandfeindliche Bewegungen aus.

5.) Dem General der Flieger Felmy **unterstehen** außer seinem persönlichen Stab:
   a) militärische Sachkenner und Agenten, dabei die Organe der Abwehr für Fragen des Mittleren Orients
   b) ein Stab von Instrukteuren, der nach freiem Ermessen zu verwenden ist
   c) der durch OKH in Verbindung mit Ob.d.L. in Stärke eines mit Hilfswaffen reichlich ausgestatteten und motorisierten Bataillons aufzustellende Sonderverband F.
   d) ein nach Syrien zu entsendender kleiner Verbindungsstab mit der Maßgabe, daß dieser gewisse — seine eigentlichen Aufgaben tarnende — Aufträge auch von der Deutschen Waffenstillstandskommission erhält. Der Stab soll nach außen hin möglichst wenig in Erscheinung treten. Sein Verhältnis zum Vertreter des Deutschen Reiches in Beirut regelt sich (in getarnter Form) entsprechend dem Verhältnis zwischen einem Militärattaché und einem Gesandten.
   e) künftig im Rahmen des Möglichen einzurichtende Außenstellen. Mit den Militärattachés in Ankara und Teheran hält Sonderstab F unmittelbare Verbindung. Insbesondere bedient er sich dabei der dem Militärattaché Ankara angegliederten Organisation, der er über Militärattaché Ankara entsprechende Aufträge erteilen kann, für Zwecke der Nachrichtenbeschaffung und zur Herstellung neuer Verbindungen.

* 6.) Dem Sonderstab F wird als Vertreter des Auswärtigen Amtes der Gesandte Grobba angegliedert mit der Maßgabe, daß dieser auf Grund der Vereinbarungen zwischen Chef OKW und Reichsaußenminister Richtlinien von letzterem erhält, daß jedoch die Fragen der praktischen Ausführung der Sonderstab F für die sachdienliche Gleichschaltung aller Maßnahmen verantwortlich ist.

7.) Über seine Tätigkeit berichtet der Sonderstab F dem OKW (Ausl./Abw. und WFSt/Abt. L) zum 1. und 15. jeden Monats.

Der Chef des Oberkommandos der Wehrmacht

Verteiler:

Sonderstab F	1. Ausf.
Ob.d.H. (Op.Abt. u. O. Qu. IV)	2. u. 3. Ausf.
Ob.d.M. (1. und 3. Skl.)	4. u. 5. Ausf.
Ob.d.L. (Lw.Fü.St. Ia, Ic)	6. u. 7. Ausf.
W. B. Südost	8. Ausf.
Der Deutsche General beim Hauptquartier der italienischen Wehrmacht	9. Ausf.

OKW:
WFSt.	10. Ausf.
Abt. L	11.—15. Ausf.
WNV	16. Ausf.
W Pr	17. Ausf.
Amt Ausland/Abwehr	18. Ausf.
Abt. Ausland (zgl. f. Aus. Amt)	19. u. 20. Ausf.
Wehrmacht-Transportchef	21. Ausf.
Wi Rü Amt	22. Ausf.
AWA	23. Ausf.
WZ	24. Ausf.
Deutsche Waffenstillstandskomm.	25. Ausf.

* *Ziff. 6 auf Wunsch des Reichsaußenministers gestrichen.*

Mikrofilm im Staatl. Archivlager Göttingen, Abt. Zeitgeschichte. In 10. Ausf. Paraphe K[eitel] 20/6, W[arlimont] J[odl].

32 b.

Der Führer und Oberste Befehlshaber F. H., den 14. 7. 1941
der Wehrmacht
OKW/WFSt/Abt. L (II) Org.
Nr. 441219/41 g. Kdos. Chefs.

Geheime Kommandosache
Chefsache!   13 Ausfertigungen
Nur durch Offizier!   5. Ausfertigung

Verteiler der Abschriften
Prf. Nr. 1 — 1./Skl
    „   2 — Chef M Wa Wi
    „   3 — Chef K
    „   4 — Chef A Wa

        Auf Grund der in der Weisung 32 angekündigten Absichten für die künftige Kriegsführung gebe ich für die personelle und materielle Rüstung folgende Richtlinien:

1.) **Allgemein:**

        Die militärische Beherrschung des europäischen Raumes nach der Niederwerfung Rußlands erlaubt es, den Umfang des Heeres demnächst wesentlich zu verringern. Im Rahmen der herabgesetzten Heeresstärke wird die Panzerwaffe eine starke Vermehrung erfahren.

14. 7. 1941

Die Rüstung der **Kriegsmarine** ist auf diejenigen Maßnahmen zu begrenzen, die unmittelbar der Kriegsführung gegen England und eintretendenfalls gegen Amerika dienen.

Der **Schwerpunkt der Rüstung** geht auf die **Luftwaffe** über, die in großem Umfange zu verstärken ist.

2.) **Personelle Rüstung:**

Den künftigen Umfang des Heeres werde ich nach Anhören der Vorschläge des Oberbefehlshabers des Heeres bestimmen.

Das Ersatzheer ist der herabzusetzenden Heeresstärke anzupassen.

Über die zu Gunsten von Wehrmacht und Rüstung freiwerdenden Kräfte entscheidet der Chef des Oberkommandos der Wehrmacht nach meinen Weisungen.

Der Jahrgang 1922 ist erst zu einem möglichst späten Zeitpunkt einzuberufen und vom Oberkommando der Wehrmacht entsprechend den künftigen Aufgaben der Wehrmachtsteile zu verteilen.

3.) **Materielle Rüstung:**

a) **Gesamt-Wehrmacht:**

Die Bewaffnung und technische Ausstattung der Truppe ist, unabhängig von den z. Zt. gültigen Ausrüstungsnachweisungen, auf das durch die feldmäßige Beanspruchung erforderliche Maß zurückzuführen.

Alle nicht für den unmittelbaren Kampfeinsatz bestimmten Verbände (Sicherung-, Bewachungs-, Bau- u. ä. Einheiten) sind grundsätzlich auf Beutewaffen und Behelfsgeräte anzuweisen.

Alle Anträge auf „allgemeines Wehrmachtsgerät" sind nach Maßgabe der Bevorratung, des Verbrauchs und des Verschleißes sofort zu drosseln bzw. zu streichen. Die Fortführung nachweislich notwendiger Fertigung ist mit dem Reichsminister für Bewaffnung und Munition festzulegen.

Jede Ausweitung der Fertigungseinrichtungen (Bauten und Werkzeugmaschinen) hat zu unterbleiben, solange nicht die vorhandenen Kapazitäten durch Einführung mehrerer Schichten voll ausgenutzt sind.

Alle Dauerbauten für Industrie und Wehrmacht, die Friedenszwecken und nicht **unmittelbar** der Kriegsführung und der Rüstung dienen, sind einzustellen. Für Bauten, die unmittelbar für Zwecke der Kriegsführung und Rüstung bestimmt sind, bleibt es bei der bestehenden Regelung durch den Generalbevollmächtigten für das Bauwesen. Für Bauten ziviler Bauherren wird der G. B. Bau die Beschränkung auf das Kriegsnotwendigste durchführen.

Aufträge aller Art, die nicht diesem Gesichtspunkt Rechnung tragen, sind sofort zurückzuziehen.

Die freiwerdenden Arbeitskräfte, Rohstoffe und Fertigungsanlagen sind für die Schwerpunkt-Aufgaben der Rüstung freizumachen und dem Reichsminister für Bewaffnung und Munition baldigst zu anderweitiger Verwendung zur Verfügung zu stellen.

b) Heer:

Die Ergänzung der Rüstung und Ausstattung sowie die Neufertigung von Waffen, Munition und Gerät ist, sofort beginnend, den künftigen herabgesetzten Stärken anzupassen. Soweit eine Bevorratung von mehr als 6 Monaten besteht, sind die darüberhinausgehenden Aufträge zurückzuziehen. Laufende Fertigungen sind nur dann noch abzuschließen, wenn eine sofortige Umstellung unwirtschaftlich sein würde.

Ausnahmen von diesen Einschränkungen bilden:

Das Panzer-Programm für die erheblich zu verstärkenden schnellen Truppen einschließlich des zugehörenden Sondergeräts und der Fertigung schwerster Panzer,

das neue Programm der schweren Pak einschließlich der Zugmittel und ihrer Munition,

das Programm der zusätzlichen Ausstattung für Expeditionstruppen, unter denen 4 weitere Tropen-Panzer-Divisionen, unter Anrechnung auf den Gesamtumfang der Panzerwaffe, vorgesehen sind.

Fabrikatorische Vorbereitungen, die nicht zu der Erfüllung dieser Programme dienen, sind einzustellen.

Das Flak-Programm des Heeres ist dem der Luftwaffe gleichgeordnet und bildet mit diesem fabrikatorisch eine Einheit. Zur Erreichung der von mir festgesetzten monatlichen Auslieferungen sind die hierfür geeigneten Kapazitäten voll auszunutzen.

c) Kriegsmarine:

Die Kriegsmarine setzt das U-Boot-Programm fort. Es ist auf die damit in unmittelbarem Zusammenhang stehenden Fertigungen und Bauten zu begrenzen. Eine Ausweitung der Rüstungsplanung darüber hinaus ist zurückzustellen.

d) Luftwaffe:

Die Stärkung der Gesamtrüstung liegt in der Durchführung des von mir genehmigten erweiterten Luft-Rüstungs-Programm. Seine Verwirklichung bis zum Frühjahr 1942 ist von entscheidender Bedeutung für die Gesamt-Kriegsführung. Hierzu sind alle aus Wehrmacht und Wirtschaft verfügbaren Kräfte und

Mittel einzusetzen. Das der Luftwaffe zuzuweisende Kontingent an Aluminium ist, soweit irgend möglich, zu steigern.

Umfang und Tempo der Durchführung ist mit der Erweiterung der Leichtmetall- und Mineralöl-Erzeugung abzustimmen.

4.) Das Pulver- und Sprengstoffprogramm ist unter Zurückstellung der Forderungen des Heeres in erster Linie auf die Erfordernisse der Luftwaffe (Bomben, Flakmunition) abzustellen. Die Ausbauten sind auf das unbedingt notwendige Maß und die einfachste Bauart zu beschränken.

Die Vorbereitungen auf dem Kampfstoffgebiet sind nur in dem bisherigen Rahmen aufrechtzuerhalten.

5.) Von besonderer Bedeutung ist die Sicherung der Rohstoff- und Mineralölbasis. Die Verstärkung der Kohlenförderung und der Ausbau der Leichtmetall-, Buna-, Kunststoff- und Treibstoff-Erzeugung ist seitens der Wehrmacht mit allen Mitteln, insbesondere durch vorzugsweise Abgabe der Bergarbeiter und der Spezialkräfte, zu fördern. Der Bau der hierzu notwendigen Anlagen für das erweiterte Luft-Groß-Rüstungs-Programm ist gleichrangig mit diesem durchzuführen.

6.) Die Zuweisung von Arbeitskräften, Rohstoffen und Fertigungskapazitäten hat diesen Richtlinien Rechnung zu tragen.

7.) Die Durchführungsbestimmungen erläßt für die Wehrmacht der Chef OKW; der Reichsminister für Bewaffnung und Munition für seinen Bereich in gegenseitiger Abstimmung.

(gez.) Adolf Hitler

* *Vorlage hat fälschlich „Der".*

Gleichzeitige Abschrift im Marine-Archiv, 5 Seiten Masch. Schr.

33.

Der Führer und Oberste Befehlshaber F. H. Qu., den 19. 7. 41
der Wehrmacht
OKW/WFSt/Abt. L (I Op.) Nr. 441 230/41 gK. Chefs.

Geheime Kommandosache
Chef Sache   13 Ausfertigungen
Nur durch Offizier   2. Ausfertigung

Weisung Nr. 33
Fortführung des Krieges im Osten.

1.) Die zweite Schlachtenfolge im Osten hat auf der ganzen Front mit dem Durchbruch durch die Stalin-Linie und weitem Vortreiben der Panzergruppen geendet. Bei der Heeresgruppe Mitte wird die Beseitigung der zwischen den schnellen Verbänden verbliebenen starken feindlichen Kampfgruppen noch geraume Zeit in Anspruch nehmen.

Der Nordflügel der Heeresgruppe Süd ist durch die Festung Kijew und die sowjetische 5. Armee im Rücken in seiner Wirkung und Bewegungsfreiheit gehemmt.

2.) Ziel der nächsten Operationen muß es sein, weitere starke Teile des Feindes am Ausweichen in die Weite des russischen Raumes zu verhindern und sie zu vernichten.

Hierzu sind die Vorbereitungen in folgender Richtung einzuleiten:

a) Südostfront:

Das wichtigste Ziel ist, die feindliche 12. und 6. Armee durch konzentrischen Angriff noch westlich des Dnjepr zu vernichten. Den rumänischen Hauptkräften wird der Schutz dieser Operation im Süden zufallen.

Auch die feindliche 5. Armee wird am ehesten durch Zusammenwirken von Kräften des Südflügels der Heeresgruppe Mitte und des Nordflügels der Heeresgruppe Süd vernichtend geschlagen werden können.

Neben Eindrehen von Infanterie-Divisionen der Heeresgruppe Mitte nach Süden werden auch weitere, vor allem Schnelle Kräfte nach Erledigung ihrer jetzigen Aufgabe und Sicherung ihrer Versorgung sowie Abschirmung Richtung Moskau in südostwärtiger Richtung anzusetzen sein, um dem auf das jenseitige Dnjepr-Ufer übergetretenen Feind das Entkommen in die Weite des russischen Raumes abzuschneiden und ihn zu vernichten.

b) Mitte der Ostfront:

Nach der Beseitigung der zahlreichen umschlossenen feindlichen Kampfgruppen und Sicherung der Versorgung wird der Heeresgruppe Mitte die Aufgabe zufallen, unter Fortsetzung des Vormarsches auf Moskau mit Infanterie-Verbänden, mit den nicht nach Südosten in den Rücken der Dnjepr-Linie angesetzten Schnellen Verbänden die Verbindungslinie Moskau—Leningrad zu durchschneiden und damit den Vorstoß der Heeresgruppe Nord auf Leningrad in der rechten Flanke zu decken.

c) Nordostfront:

Das Vorgehen in Richtung Leningrad ist erst fortzusetzen, wenn die 18. Armee den Anschluß an die Panzergruppe 4 erreicht hat und die tiefe Flanke durch die 16. Armee nach Osten zuverlässig abgedeckt ist. Dabei muß es das Bestreben der Heeresgruppe Nord sein, den noch in Estland kämpfenden sowjetischen Kräften den Rückzug auf Leningrad zu verwehren.

Baldige Wegnahme der baltischen Inseln als mögliche Stützpunkte der sowjetischen Flotte ist erwünscht.

d) Finnische Front:

Aufgabe der finnischen, durch Masse der 163. Div. verstärkten Hauptkräfte bleibt es, den gegenüberstehenden Feind mit Schwerpunkt ostwärts des Ladoga-Sees anzugreifen und später im Zusammenwirken mit der Heeresgruppe Nord zu vernichten.

Die Zielsetzung der Angriffe unter Höh. Kdo. XXXVI und des Geb. Korps bleibt unverändert mit der Maßgabe, daß mit stärkerer Unterstützung durch Fliegerverbände vorerst nicht gerechnet werden kann und daher notfalls auch eine vorübergehende Verzögerung der Operationen in Kauf genommen werden muß.

3.) Für die Luftwaffe kommt es besonders darauf an, bei Freiwerden von Kräften in der Mitte der Front den Angriff der Südostfront durch Einsatz von Flieger- und Flakkräften, gegebenenfalls unter baldiger Heranführung von Verstärkungen oder entsprechender Umgruppierung, schwerpunktmäßig zu unterstützen.

Der Angriff auf Moskau mit Kampfkräften der Luftflotte 2, vorübergehend verstärkt durch Kampfkräfte aus dem Westen, ist als „Vergeltung für die sowjetrussischen Angriffe gegen Bukarest und Helsinki" so bald als möglich zu führen.

4.) Aufgabe der Kriegsmarine bleibt es, den Seeverkehr, insbesondere für Nachschubzwecke der Landoperationen, durchzuführen, soweit es die Feindlage zur See und in der Luft gestattet. Ferner sind die eigenen Maßnahmen darauf abzustellen, bei fortschreitender

Bedrohung der feindlichen Stützpunkte das Entkommen der Feindstreitkräfte in schwedische Internierungshäfen möglichst zu verhindern.

Nach Freiwerden der Streitkräfte in der Ostsee sind Schnell- und Minenräumboote — zunächst in Stärke von je einer Flottille — in das Mittelmeer zu überführen.

Zur Unterstützung der deutschen Operationen in Finnland, die durch Zuführung feindlicher Verstärkungen über See erschwert werden, sind einige Unterseeboote in das Nordmeer zu entsenden.

5.) Im Westen und im Norden müssen alle drei Wehrmachtteile auf die Abwehr möglicher englischer Angriffe gegen die Kanalinseln und die norwegische Küste bedacht sein. Die rasche Zuführung von Luftstreitkräften aus dem Westraum in alle Teile Norwegens muß vorbereitet sein.

(gez.) Adolf Hitler

Verteiler:
Ob. d. H. (Op. Abt.)	1. Ausf.
Ob. d. M. (Skl.)	2. Ausf.
Ob. d. L. (LwFüSt.)	3. Ausf.
AOK Norwegen	4. Ausf.

OKW:
WFSt.	5. Ausf.
Abt. L	6.–11. Ausf.
Ausl./Abw.	12. Ausf.
Abt. Ausl.	13. Ausf.

Or. m. eigh. Unterschrift in OKM Weisungen OKW IV, 1 Bd. 1, 5 Seiten Masch. Schr.
In der 5. Ausf. Paraphen von J[odl], W[arlimont], K[eitel].

33 a.

Der Chef des Oberkommandos der Wehrmacht   F. H. Qu., den 23. 7. 41
Nr. 441 254/41 gK. Chefs. WFSt/Abt. L (I Op.)

Chefsache   14 Ausfertigungen
Nur durch Offizier   2. Ausfertigung.

Ergänzung zur Weisung Nr. 33

Nach einem Vortrag des Ob. d. H. hat der Führer am 22. 7. als Ergänzung und Erweiterung der Weisung 33 befohlen:

19. 7. 1941

1.) Südostfront:

Der noch westlich des Dnjepr befindliche Feind muß vernichtend geschlagen und zur Auflösung gebracht werden. Sobald es die operative und Versorgungslage erlaubt, ist ostwärts des Dnjepr die Pz. Gr. 1 und 2 unter der 4. Pz. Armee zusammenzufassen, um, gefolgt von Inf. und Geb. Divisionen, nach Gewinnung des Industriegebietes von Charkow über den Don nach Kaukasien vorzustoßen.

Die Masse der Inf. Div. hat zunächst die Ukraine, Krim und das zentralrussische Gebiet bis zum Don zu besetzen, wobei die Sicherung des Gebietes zunächst südwestlich des Bug dem rumänischen Heer zu überlassen ist.

2.) Mittlere Ostfront:

Nach Bereinigung der Lage um Smolensk und in der Südflanke hat die Heeresgruppe mit den hierfür genügend starken infanteristischen Verbänden ihrer beiden Armeen den noch zwischen Smolensk und Moskau befindlichen Gegner, nach Möglichkeit unter Vortreiben des linken Flügels, zu schlagen und Moskau in Besitz zu nehmen.

Die Pz. Gr. 3 ist der H. Gr. Nord zur Sicherung ihrer rechten Flanke und zur Einkreisung des Feindes um Leningrad vorübergehend zu unterstellen.

Für die weitere Aufgabe — Vorstoß in das Gebiet bis zur Wolga — werden voraussichtlich die schnellen Verbände der Pz. Gr. 3 wieder zur Verfügung stehen.

3.) Nordostfront:

Durch die Unterstellung der Pz. Gr. 3 ist die H. Gr. in der Lage, starke infanteristische Kräfte zum Angriff in Richtung Leningrad anzusetzen und zu vermeiden, daß ihre schnellen Verbände im frontalen Abringen in schwierigem Gelände verbraucht werden.

Die noch in Estland kämpfenden feindlichen Kräfte sind zu vernichten. Dazu ist ihre Einschiffung und ihr Rückzug über die Narva in Richtung Leningrad zu verhindern.

Die Pz. Gr. 3 wird nach Erledigung ihrer Aufgabe wieder der H. Gr. Mitte zuzuführen sein.

4.) Das Oberkommando des Heeres hat sich im weiteren Verlauf darauf einzustellen, daß starke Teile der H.Gr. Nord einschl. der Pz.Gr. 4, sowie Teile der inf. Kräfte der H.Gr. Süd, sobald es die Lage erlaubt, in erster Linie in die Heimat zurückzuführen sind.

Dabei ist die Pz. Gr. 3 durch Material- und Personalabgaben der Pz.Gr. 4 wieder voll kampfkräftig zu machen, während sich Pz.Gr. 1 und 2, wenn notwendig, durch Zusammenlegung von Verbänden behelfen müssen.

5.) Für **Kriegsmarine** und **Luftwaffe** bleiben die Anordnungen nach der Weisung 33 aufrechterhalten.

Darüber hinaus hat die Kriegsmarine durch entschlossenen Einsatz der inzwischen verstärkten Streitkräfte im Nordmeer, die Luftwaffe durch die Verlegung einiger Sturzkampfgruppen in den finnischen Kampfraum nach Abschluß der Kämpfe um Smolensk, die Lage des Geb. Korps zu erleichtern. Dadurch soll auch der mögliche Anreiz für England, seinerseits in die Kämpfe an der Polarküste einzugreifen, beseitigt werden.

6.) Die zur **Sicherung der eroberten Ostgebiete** zur Verfügung stehenden Truppen reichen bei der Weite dieser Räume nur dann aus, wenn alle Widerstände nicht durch die juristische Bestrafung der Schuldigen geahndet werden, sondern wenn die Besatzungsmacht denjenigen Schrecken verbreitet, der allein geeignet ist, der Bevölkerung jede Lust zur Widersetzlichkeit zu nehmen.

Die entsprechenden Befehlshaber sind mit den ihnen zur Verfügung stehenden Truppen verantwortlich zu machen für die Ruhe in ihren Gebieten. Nicht in der Anforderung weiterer Sicherungskräfte, sondern in der Anwendung entsprechender drakonischer Maßnahmen müssen die Befehlshaber das Mittel finden, um ihre Sicherungsräume in Ordnung zu halten.

(gez.) Keitel

Verteiler:

Ob. d. H. (Op. Abt.)	1. Ausf.
Ob. d. M. (Skl.)	2. Ausf.
Ob. d. L. (LwFüSt.)	3. Ausf.
AOK Norwegen	4. Ausf.
OKW:	
WFSt.	5. Ausf.
Abt. L	6.—11. Ausf.
WNV	12. Ausf.
Ausl./Abw.	13. Ausf.
Abt. Ausl.	14. Ausf.

Or. m. eigh. Unterschrift Keitels in OKM Weisungen OKW IV, 1 Bd. 1, 3 Seiten Masch. Schr.

30. 7. 1941

34.

Der Führer F. H. Qu., 30. 7. 1941
und Oberste Befehlshaber der Wehrmacht
OKW/WFSt/Abt. L (I Op.) 44 1298/41 g. K. Chefs.

Geheime Kommandosache
Chefsache! 14 Ausfertigungen
Nur durch Offizier! 2. Ausfertigung

Weisung Nr. 34

Die Entwicklung der Lage in den letzten Tagen, das Auftreten starker feindlicher Kräfte vor der Front und in den Flanken der Heeresgruppe Mitte, die Versorgungslage und die Notwendigkeit, den Panzergruppen 2 und 3 etwa 10 Tage Zeit zur Auffrischung ihrer Verbände zu geben, zwingen dazu, die in der Weisung 33 vom 19. 7. und der Ergänzung hierzu vom 23. 7. gestellten weitergehenden Aufträge und Ziele v o r e r s t zurückzustellen.
Ich befehle daher:

I.) 1.) Im N o r d t e i l der Ostfront ist der Angriff mit Schwerpunkt zwischen Ilmensee und Narva in Richtung Leningrad fortzusetzen mit dem Ziel, Leningrad einzuschließen und die Verbindung mit der finnischen Armee herzustellen.

Dieser Angriff ist nördlich des Ilmensees am Wolchow-Abschnitt abzuschirmen, südlich des Ilmensees nur soweit nach Nordosten weiterzuführen, als es die Sicherung der rechten Flanke des Angriffes nördlich des Ilmensees erfordert. Die Lage bei Welikije-Luki ist vorher zu bereinigen. Alle für diese Aufgabe nicht benötigten Kräfte sind dem Angriffsflügel nördlich des Ilmensees zuzuführen. Der beabsichtigte Vorstoß der Pz.Gr. 3 auf die Höhen von Waldaj unterbleibt, bis die volle Verwendungsbereitschaft der Panzerverbände wieder erreicht ist. An dessen Stelle muß aber der linke Flügel der Heeresgruppe Mitte soweit nach Nordosten vorgeschoben werden, als es die Flankensicherung für den rechten Flügel der Heeresgruppe Nord erfordert.

Estland ist mit allen Kräften der 18. Armee zunächst zu säubern, erst dann können Divisionen in Richtung auf Leningrad nachgeführt werden.

2.) Die Heeresgruppe M i t t e geht unter Ausnützung günstiger Geländeabschnitte zur Verteidigung über.

Soweit es für die spätere Angriffsoperation gegen die sowjetrussische 21. Armee erforderlich ist, günstige Ausgangsstellungen zu gewinnen, können Angriffe mit beschränktem Ziel noch geführt werden.

Im übrigen sind die Panzergruppen 2 und 3, sobald es die Lage erlaubt, aus der Front zu ziehen und beschleunigt aufzufrischen.

3.) An der Südostfront sind die Operationen zunächst mit den Kräften der Heeresgruppe Süd allein weiter zu führen.

Ihr Ziel muß sein, die starken feindl. Kräfte westl. des Dnjepr zu vernichten und im übrigen durch die Gewinnung von Brückenköpfen bei Kiew und südl. die Voraussetzungen für das spätere Nachziehen der Pz.Gr. 1 auf das östliche Dnjepr-Ufer zu schaffen.

Die im Sumpfgebiet nordwestlich Kiew kämpfende rote 5. Armee muß westlich des Dnjepr zum Kampf gestellt und vernichtet werden. Der Gefahr, daß sie über den Pripet nach Norden durchbricht, muß rechtzeitig vorgebeugt werden.

4.) Finnische Front:

Der Angriff in Richtung Kandalakscha ist einzustellen. Beim Gebirgs-Korps sind die Flankenbedrohungen aus der Motowski-Bucht zu beseitigen, beim H. Kdo. XXXVI. nur soviel Kräfte zu belassen, als zur Verteidigung und zum Vortäuschen weiterer Angriffsvorbereitungen nötig sind.

Die Durchtrennung der Murmanbahn ist nunmehr beim III. (finn.) A.K., vor allem in Richtung Louhi, anzustreben; alle für diesen Angriff geeigneten Kräfte sind dorthin zu überführen, darüber hinaus verfügbare Teile an die Karelische Armee abzugeben. Sollte sich der Angriff auch beim III. (finn.) A.K. angesichts der Geländeschwierigkeiten festlaufen, so sind die deutschen Kräfte herauszuziehen und der Karelischen Armee zuzuführen. Dies gilt vor allem für bewegliche Teile, Kampfwagen und schwere Artillerie.

Die 6. Geb. Div. ist unter Ausnutzung aller verfügbaren Transportwege dem Gebirgs-Korps zuzuführen. Ob auch der Eisenbahnweg über Schweden nach Narwik in Frage kommt, wird durch das Auswärtige Amt geklärt.

II.) Luftwaffe:

1.) Nordostfront:

Die Luftwaffe verlegt Schwerpunkt der Luftangriffsführung an die Nordostfront durch Zuführung der Masse des VIII. Flieger-Korps zur Luftflotte 1. Die Verstärkungen sind so rechtzeitig zuzuführen, daß sie für den Angriffsbeginn der Heeresgruppe Nord am Schwerpunkt (6. 8. früh) zum Ansatz gebracht werden können.

30. 7. 1941

2.) Mitte:
   Aufgabe der bei Heeresgruppe Mitte verbleibenden Luftwaffenteile ist es, den unbedingt notwendigen Jagdschutz vor der Front der 2. und 9. Armee sicherzustellen und evtl. Teilangriffe zu unterstützen. Die Angriffe gegen Moskau sind fortzusetzen.

3.) Südostfront:
   Aufgaben wie bisher. Eine Verminderung der bei Heeresgruppe Süd eingesetzten Luftwaffenkräfte ist nicht vorzusehen.

4.) Finnland:
   Hauptaufgabe der Luftflotte 5 ist die Unterstützung des Gebirgs-Korps. Daneben ist der Angriff des III. finn. A. K. an aussichtsreicher Stelle zu unterstützen.
   Für einen etwa notwendigen Einsatz von Kräften zur Unterstützung der Karelischen Armee sind die erforderlichen Vorbereitungen zu treffen.

                                        (gez.) Adolf Hitler

Verteiler:
Ob. d. H. (Op. Abt.)   1. Ausf.
Ob. d. M. (Skl.)   2. Ausf.
Ob. d. L. (LwFüSt.)   3. Ausf.
AOK Norwegen im Auszug als Fernschreiben

OKW:
   WFSt.   4. Ausf.
   Abt. L   5.—10. Ausf.
   WNV   11. Ausf.
   Ausl./Abw.   12. Ausf.
   Abt. Ausl.   13. Ausf.
   Wehrm. Trsp. Chef   14. Ausf.

Or. m. eigh. Unterschrift in OKM Weisungen OKW IV, 1 Bd. 1, 6 Seiten Masch. Schr. (sog. „Führer-Maschine", ohne S. 6).

Zur Lit. vgl. vor allem: Halder-Tgb. u. R. Hoffmann: Die Schlacht von Moskau 1941 (Entscheidungsschlachten des 2. Weltkrieges, hrsg. v. H. A. Jacobsen u. J. Rohwer, Frankfurt/M. 1960 u. dortige Lit.).

Weisung Nr. 34

34 a.

Oberkommando der Wehrmacht F. H. Qu., 12. 8. 41
Nr. 441 376/41 gK. Chefs. WFSt/Abt. L (I Op.)
Geheime Kommandosache
Chef Sache 14 Ausfertigungen
Nur durch Offizier 2. Ausfertigung

Ergänzung der Weisung 34

Der Führer hat für die Weiterführung der Operationen als Ergänzung der Weisung 34 folgendes befohlen:

1.) Südostfront:
Durch die Vernichtungsschlacht von Uman hat sich die Heeresgruppe Süd endgültig die Überlegenheit über den Feind und die Bewegungsfreiheit für weitreichende Operationen jenseits des Dnjepr erkämpft. Sobald sie ostwärts des Flusses festen Fuß gefaßt und ihre rückwärtigen Verbindungen gesichert hat, ist sie dann stark genug, um unter entsprechendem Einsatz der verbündeten Kräfte und Mitwirkung des rumänischen Heeres aus eigener Kraft die ihr zufallenden weitgesteckten Operationsziele zu erreichen.

Ihre nächste Aufgabe ist:

a) Den Aufbau einer planmäßigen feindlichen Verteidigungsfront hinter dem Dnjepr zu verhindern.

Dazu müssen möglichst starke Teile des Feindes, die sich noch westlich des Dnjepr befinden, vernichtet und so frühzeitig als möglich Brückenköpfe über den Dnjepr erkämpft werden.

b) Die Besitznahme der Halbinsel Krim, die als Luftbasis des Gegners für das rumänische Ölgebiet besonders gefährlich ist.

c) Besitznahme des Donezgebietes und des Industriegebietes von Charkow.

Für den Kampf um die Halbinsel Krim können Gebirgstruppen notwendig sein. Ihr späterer Ansatz über die Straße von Kertsch in Richtung auf Batum ist zu prüfen.

Der Angriff gegen die Stadt Kijew selbst ist einzustellen. Ihre Vernichtung durch Brandbomben und Artillerie-Feuer ist vorzusehen, sobald es die Nachschublage gestattet.

Für die Luftwaffe erwachsen daraus eine große Anzahl von Aufgaben, die nicht alle gleichzeitig, sondern jeweils, unter möglichst starker Zusammenfassung der Kräfte, nacheinander gelöst werden müssen. Solche Schwerpunkte müssen durch den zusätzlichen Einsatz der Sturzkampfgruppen in erster Linie bei den Kämpfen zwischen Kanew und Boguslaw und dann zur Gewinnung eines Brückenkopfes über den Dnjepr gebildet werden.

12. 8. 1941

2.) Mitte der Ostfront:
Ihre vordringlichste Aufgabe ist es, die weit nach Westen vorspringenden feindlichen Flankenstellungen, mit denen der Gegner starke infanteristische Kräfte auf beiden Flügeln der Heeresgruppe Mitte bindet, zu beseitigen. In der Südflanke kommt dabei dem Zusammenwirken zwischen den inneren Flügeln der Heeresgruppe Süd und Mitte nach Zeit und Richtung besondere Bedeutung zu. Durch Abschneiden der Zufuhrstraßen auf Owrutsch und Mosyr muß die russische 5. Armee nach Unterbindung jeder weiteren Operationsmöglichkeit endgültig ausgelöscht werden.

In der Nordflanke muß durch den Ansatz schneller Verbände der Feind westlich Toropez sobald als irgend möglich geschlagen werden. Der linke Flügel der Heeresgruppe Mitte ist dann soweit nach Norden zu führen, daß die Heeresgruppe Nord von der Sorge um ihre rechte Flanke befreit und in die Lage versetzt wird, weitere Infanterie-Divisionen ihrer Angriffsfront in Richtung Leningrad zuzuführen.

Unabhängig davon muß schon vorher versucht werden, der H.Gr. Nord die eine oder andere Division als Reserve zuzuführen (102. Div.).

Erst nach völligem Beseitigen dieser Flankenbedrohungen und nach Auffrischung der Panzergruppen wird die Voraussetzung geschaffen sein, in breiter Front und unter Staffelung in beiden Flanken den Angriff gegen die starken feindlichen Kräfte, die zum Schutze Moskaus versammelt sind, fortzuführen. Sein Ziel muß dann sein, das gesamte Staats-, Rüstungs- und Verkehrszentrum um Moskau dem Gegner noch vor Eintritt des Winters zu entziehen und ihn damit an der Erneuerung seiner geschlagenen Wehrmacht und der geordneten Führung des Staatsapparates zu verhindern.

Vor Beginn dieses Angriffs in Richtung Moskau müssen die Operationen gegen Leningrad abgeschlossen sein und die von der Luftflotte 2 zur Luftflotte 1 abgegebenen Fliegereinheiten wieder zur Verfügung der Luftflotte 2 stehen.

3.) Nordostfront:
Der in Gang befindliche Angriff soll zur Abschließung Leningrads und zur Vereinigung mit den finnischen Kräften führen.

Für die Mitwirkung der Luftwaffe gilt, daß sie — soweit es die Lage der eigenen Flugplätze zuläßt, möglichst immer an einer Stelle zur stärksten zusammengefaßten Wirkung gebracht wird.

Sobald es die Lage erlaubt, müssen die feindlichen Luft- und Flottenstützpunkte auf Dagö und Ösel durch ein gemeinsames Unternehmen von Teilen des Heeres, der Kriegsmarine und der Luftwaffe beseitigt werden.

Vordringlich ist dabei die Zerstörung der feindlichen Flugplätze, von denen offenbar die Angriffe gegen Berlin geflogen werden.

Mit der einheitlichen Vorbereitung des Unternehmens wird das Heer beauftragt.

Der Chef des Oberkommandos der Wehrmacht
(gez.) Keitel

Verteiler:

Ob. d. H. (Op. Abt.)	1. Ausf.
Ob. d. M. (Skl.)	2. Ausf.
Ob. d. L. (LwFüSt.)	3. Ausf.
OKW:	
WFSt.	4. Ausf.
Abt. L	5.—10. Ausf.
WNV	11. Ausf.
Ausl./Abw.	12. Ausf.
Abt. Ausl.	13. Ausf.
Wehrm. Trsp. Chef	14. Ausf.

Or. m. eigh. Unterschrift Keitels in OKM Weisungen OKW IV, 1 Bd. 1, 5 Seiten Masch. Schr. Ziffer d. Ausfert. handschr. eingesetzt.

35.

Der Führer und Oberste Befehlshaber   F. H. Qu., den 6. 9. 1941
der Wehrmacht
OKW/WFSt/Abt. L (I Op.) Nr. 441 492/41 g.Kdos. Chefs.

Geheime Kommandosache
Chefsache   10 Ausfertigungen
Nur durch Offizier   3. Ausfertigung

Weisung Nr. 35

Die Anfangserfolge gegen die zwischen den inneren Flügeln der Heeresgruppen Süd und Mitte befindlichen Feindkräfte haben, im Hinblick auf die fortschreitende Einschließung des Raumes von Leningrad, die Grundlage für eine entscheidungsuchende Operation gegen die vor der Heeresmitte in Angriffskämpfen festgelegte Heeresgruppe Timoschenko geschaffen. Sie muß in der bis zum Einbruch des Winterwetters verfügbaren befristeten Zeit vernichtend geschlagen werden. Es gilt hierzu, alle Kräfte des Heeres und der Luftwaffe

6. 9. 1941

zusammenzufassen, die auf den Flügeln entbehrlich werden und zeitgerecht herangeführt werden können.

Nach Vortrag des Oberbefehlshabers des Heeres befehle ich für die Vorbereitung und Durchführung dieser Operationen:

1.) Vor der **Südhälfte der Front** kommt es darauf an, mit den über den Dnjepr nach Norden vorgehenden Kräften der Heeresgruppe Süd, in Verbindung mit dem Angriff des Südflügels der Heeresgruppe Mitte, den im Dreieck Krementschug — Kijew — Konotop befindlichen Gegner zu vernichten. Sobald es die Durchführung dieser Aufgabe gestattet, sind freiwerdende Teile der 2. und 6. Armee sowie der Panzergruppe 2 für die neue Operation umzugruppieren.

Von der Heeresgruppe Süd sind die durch Infanterie-Divisionen verstärkten Schnellen Verbände, beginnend etwa ab 10. 9. spätestens und dann schwerpunktmäßig unterstützt durch Luftflotte 4, aus dem durch die 17. Armee gewonnenen Brückenkopf überraschend auf und über Lubny nach Nordwesten vorzuführen, während die 17. Armee in Richtung Poltawa, Charkow Raum gewinnt.

Vom unteren Dnjepr aus ist der Angriff gegen die Krim mit Unterstützung der Luftflotte 4 fortzusetzen, ebenso — sofern hierfür Kräfte zur Verfügung stehen sollten — der Angriff aus dem Brückenkopf Dnjepropetrowsk. Ein Vortreiben schneller Kräfte südlich des unteren Dnjepr auf Melitopol würde für die Aufgabe der 11. Armee wesentliche Vorteile bringen.

2.) In der **Heeresmitte** ist die Operation gegen die Heeresgruppe Timoschenko derart vorzubereiten, daß möglichst frühzeitig (Ende September) zum Angriff angetreten werden kann mit dem Ziel, den im Raum ostwärts Smolensk befindlichen Gegner in doppelter, in allgemeiner Richtung Wjasma angesetzter Umfassung — starke, **zusammengefaßte** Panzerkräfte auf den Flügeln — zu vernichten.

Hierzu sind mit **Schnellen Kräften** Schwerpunkte zu bilden: auf dem Südflügel — voraussichtlich im Raum südostwärts Roslawl, mit Stoßrichtung Nordost — aus den verfügbaren Kräften der Heeresgruppe Mitte und den hierfür frei gegebenen Panzerdivisionen 5 und 2;

aus dem Raum der 9. Armee — voraussichtlich Stoßrichtung über Bjeloj — unter Heranführung möglichst starker Teile aus dem Bereich der Heeresgruppe Nord.

Erst dann, wenn die Masse der Heeresgruppe Timoschenko in dieser scharf zusammengehaltenen eng umfassenden Vernichtungsoperation geschlagen ist, wird die Heeresmitte zur Verfolgung Richtung Moskau — rechts angelehnt an die Oka, links angelehnt an die obere Wolga — anzutreten haben.

Weisung Nr. 35

Die **Luftwaffe** unterstützt den Angriff mit der, insbesondere aus dem Nordostraum, zeitgerecht zu verstärkenden Luftflotte 2 mit Schwerpunkt auf den Flügeln und setzt dabei die Masse der Sturzkampfverbände (VIII. Flieger-Korps) bei den Schnellen Verbänden der beiden Angriffsflügel ein.

3.) An der **Nordostfront** müssen, in Verbindung mit den auf der Karelischen Landenge angreifenden finnischen Korps, die im Raum von Leningrad fechtenden Feindkräfte (nach Besitznahme auch von Schlüsselburg) derart eingeschlossen werden, daß spätestens am 15. 9. wesentliche Teile der Schnellen Truppen und der Luftflotte 1, insbesondere das VIII. Flieger-Korps, für die Heeresmitte freiwerden. Vorher ist jedoch die engere Abschließung von Leningrad wenigstens im Osten anzustreben und, falls es die Wetterlage erlaubt, ein Großangriff der Luftwaffe auf Leningrad durchzuführen. Besonders kommt es darauf an, die Wasserwerke zu zerstören.

Zur Erleichterung des finnischen Vorgehens über die im Zuge der alten russisch-finnischen Grenze liegenden Befestigungen und zur weitgehenden Verengung des Kampfraumes und zur Ausschaltung feindlicher Luftstützpunkte sind baldmöglichst Kräfte der Heeresgruppe Nord über den Newa-Abschnitt nach Norden anzusetzen.

Die Kronstadt-Bucht ist im Zusammenwirken mit den Finnen durch Minensperren und Artillerie-Einsatz so abzuschließen; daß ein Entkommen von Feindkräften in die Ostsee hinein (Hangö, Baltische Inseln) verhindert wird.

Das Schlachtfeld von Leningrad ist, sobald Kräfte hierfür freiwerden, nach Osten auch am unteren Wolchow abzuschirmen, die Vereinigung mit der Karelischen Armee zum Swir hin erst dann zu suchen, wenn die Vernichtung des Gegners um Leningrad sichergestellt ist.

4.) Für den **weiteren Verlauf der Operationen** ist vorzusehen, daß der Angriff der Heeresgruppe Mitte Richtung Moskau aus dem Raum der Heeresgruppe Süd durch eine in allgemein nordostwärtiger Richtung vorgehende Flankenstaffel (aus dort freiwerdenden Schnellen Verbänden) abgedeckt wird und daß Kräfte der Heeresgruppe Nord zur Deckung der Nordflanke sowie zur Verbindungsaufnahme mit der finnischen Karelischen Armee beiderseits des Ilmensees vorgetrieben werden.

5.) Jede Abkürzung und damit Vorverlegung der jeweiligen Termine kommt der Gesamtoperation und ihrer Vorbereitung zugute.

(gez.) Adolf Hitler

19. 9. 1941

Verteiler:
Ob. d. H. (Op. Abt.)   1. Ausf.
Ob. d. L. (LwFüSt.)   2.   "
Ob. d. M. (Skl.)   3.   "
Wehrm. Trsp. Chef   4.   "
W. F. St.   5.   "
Abt. L   6.—10. "

Or. m. eigh. Unterschrift in OKM Weisungen OKW IV, 1 Bd. 1, 6 Seiten Masch. Schr. (Führer-Masch.).
Ziffer d. Ausf. handschr. eingesetzt.

Oberkommando der Wehrmacht   F. H. Qu., den 19. 9. 41
WFSt/Abt. L (I Op.) Nr. 441545/41 gK. Chefs.
                                          10 Ausf.
                                          10. Ausf.
Bezug: Weisung Nr. 35   W[arlimont] 19/9

Der bevorstehende Angriff gegen die Heeresgruppe Timoschenko erhält den Decknamen „Taifun".

Der Chef des Oberkommandos der Wehrmacht
I. A.
(gez.) Warlimont

Fernschreiben von + + + KR GWNOL 05207 7. 9. 2100 =

Ob. d. H. (Op. Abt.), Ob. d. L. (Lw Fü St),
Ob. d. M. (Skl.), Wehrmacht-Transportchef. —

— g Kdos — Chefsache

Der Satz auf Seite 2 der Weisung Nr. 35:
„ ... ebenso — sofern hierfür Kräfte zur Verfügung stehen sollten — der Angriff aus dem Brückenkopf Dnjepropetrowsk" ist zu streichen. — Der Führer wünscht, daß sämtliche schnellen Divisionen mit der Panzergruppe 1 zum Angriff aus dem Brückenkopf von Krementschug vereinigt werden, da für die Unterstützung eines Angriffs aus dem Brückenkopf Dnjepropetrowsk Kräfte der Luftflotte 4 nicht zur Verfügung stehen. Dieser ist mit Hilfe der 198. Inf. Div. und ital. bzw. ungar. Kräfte zu halten.

Chef OKW Abt. L BR. 441501/41 g. Kdos. Chefs.

OKM Weisungen OKW IV. 1. Bd. 1.

36.

Der Führer und Oberste Befehlshaber F. H. Qu., den 22. 9. 1941
der Wehrmacht
Nr. 441 578/41 g.K. Chefs. WFSt/L (I Op.)

Geheime Kommandosache
Chefsache   12 Ausfertigungen
Nur durch Offizier   4. Ausfertigung

Weisung Nr. 36

I. Die ungewöhnlichen Geländeschwierigkeiten, die mangelhaften Verkehrslinien und die sowjetrussischen Verstärkungen, die nach Karelien und Lappland immer wieder zugeführt wurden, waren der Grund dafür, daß es den schwachen Kräften des A.O.K. Norwegen und der Luftflotte 5, trotz ungeheurer Leistungen und tapfersten Einsatzes, bisher nicht gelungen ist, die Murmanskbahn zu erreichen. Die Störung unserer Seeverbindungen an der Polarküste durch den Feind hat die Aussichten des Geb. Korps, Murmansk noch in diesem Jahr zu erreichen, noch weiter verringert.

Wohl aber ist es gelungen, starke feindliche Kräfte zu fesseln und von der russischen Hauptfront abzuziehen, den Feind überall über die früheren finnischen Grenzen zu werfen und jede Bedrohung Nordfinnlands und vor allem der Nickelgruben bisher auszuschalten.

II. An dem Endziel der Operationen in Nord- und Mittelfinnland, die um Murmansk und im Zuge der Murmanskbahn stehenden Feindkräfte zu vernichten, muß festgehalten werden.

Die Bedeutung dieses Raumes liegt in den für die deutsche Kriegführung lebenswichtigen Nickelgruben. Dieser Bedeutung ist sich auch der Feind bewußt. Es ist damit zu rechnen, daß sich der Engländer um Murmansk und Kandalakscha mit starken Luftstreitkräften festsetzt, vielleicht sogar mit kanadischen oder norwegischen Truppen auftritt, und nach Murmansk Kriegsmaterial in größtem Umfange zuführt. Mit Luftangriffen, auch während des Winters, gegen die Nickelbergwerke und die Wohnstätten der Bergarbeiter ist zu rechnen. Der Größe dieser Gefahr entsprechend müssen unsere eigenen Anstrengungen sein.

22. 9. 1941

III. Ich befehle daher:

1.) A.O.K. Norwegen:

    a) Die Angriffe im Abschnitt des III. (finn.) A.K. sind einzustellen, freizumachende Kräfte dem XXXVI. A.K. zuzuführen.

    b) Beim XXXVI. A.K. sind alle Vorbereitungen zu treffen, um in der ersten Oktoberhälfte den Angriff in Richtung Kandalakscha wieder aufzunehmen mit dem Ziel, Murmansk noch vor Eintritt des Winters wenigstens von seiner Bahnverbindung abzuschneiden. Ferner ist zu prüfen, ob eine Fortsetzung dieses Angriffes im Winter größere Erfolgsaussichten hat als im Herbst.
Das finnische Oberkommando wird gebeten werden, die 163. Division zeitgerecht dem A.O.K. Norwegen auf dem Bahnwege über Rovaniemi zuzuführen.

    c) Der Angriff des Gebirgs-Korps in Richtung Murmansk ist zunächst einzustellen, mit dem Nordflügel nur noch insoweit fortzuführen, als es zur Verbesserung der Stellung und zur Täuschung des Feindes erforderlich ist. Dagegen ist es notwendig, schon mit Rücksicht auf die Aufgaben der Kriegsmarine, noch vor Einbruch des Winters wenigstens den westlichen Teil der Fischerhalbinsel zu nehmen und damit die feindliche Einwirkung durch Artillerie und Schnellboote gegen die Einfahrt in den Hafen von Liinahamari zu beseitigen.

       Die Erkundungen und Überlegungen für einen solchen Angriff sind sofort einzuleiten, das Ergebnis sobald wie möglich zu melden. Besondere Kampfmittel gegen Erd- und Seeziele, die noch heranzuführen sind und sich zum Einsatz eignen, werden zugewiesen werden.

       Ob die Absicht des A.O.K. für den Winter sich verwirklichen läßt, 2 verstärkte Geb. Div. im Raum um Petsamo zu belassen und die 2. Geb. Div. in und um Rovaniemi in Ruhe zu legen, kann erst später entschieden werden, dies bleibt aber anzustreben. Die spätere Ablösung auch der 3. Geb. Div. durch die 5. Geb. Div. oder eine neu aufgestellte Geb. Div. ist beabsichtigt.

    d) Für die Verlagerung der Versorgung des Geb. Korps auf die Eismeerstraße werden Kraftwagenkolonnen in Schweden gekauft und gemietet werden. Wenn dieser Transportraum nicht ausreichen sollte, wird Zuführung aus der Heimat angeordnet werden.

    e) Reichsminister Dr. Todt habe ich beauftragt, unter rücksichtslosem Einsatz von russischen Kriegsgefangenen so rasch wie möglich eine Feldbahn von Rovaniemi längs der Eismeerstraße nach Petsamo zu bauen.

f) Für die Wiederaufnahme des Angriffs auf Murmansk wird die Zuführung aller modernen Angriffsmittel, die in der Tundra zum Einsatz gebracht werden können, vorgesehen.

2.) Kriegsmarine:

Ihre Aufgabe ist es, auch während des Winters die feindliche Zufuhr nach Murmansk besonders in der Zeit anzugreifen, in der die Luftwaffe mehr oder weniger lahmgelegt ist.

Zu diesem Zweck ist ein dafür geeigneter behelfsmäßiger Stützpunkt für leichte Seestreitkräfte einzurichten, — am besten in der Bucht von Petsamo —, falls es gelingt, den Westteil der Fischerhalbinsel zu nehmen. Die Zufuhr über See nach Kirkenes und Petsamo muß, auch wenn sie zeitweise unterbrochen wird, immer wieder versucht und neu aufgenommen werden.

Der Küstenschutz in der Bucht von Petsamo und von Kirkenes ist derart zu verstärken, daß er auch den Angriffen schwerer Seestreitkräfte gewachsen ist.

3.) Luftwaffe:

Das Verbleiben der Luftflotte 5 mit starken und für den Wintereinsatz geeigneten Kräften im nordnorwegischen Raum ist von entscheidender Bedeutung.

Diese Kräfte sind so zu bemessen, daß bis zum Beginn der Schlechtwetterperiode die beabsichtigte Weiterführung der Operation auf Kandalakscha und die Wegnahme des Westteils der Fischerhalbinsel mit starker Wirkung unterstützt werden können. In der Zwischenzeit ist es notwendig, die feindliche Seezufuhr und die rückwärtigen Verbindungen des Gegners sowie seine Versorgungs- und Vorratslager laufend zu bekämpfen.

Dieser Kampf ist während der schlechten Jahreszeit bei jeder sich irgend bietenden Gelegenheit fortzusetzen und vor allem auf die Bekämpfung der feindlichen Zufuhren und des Stützpunktausbaues auszudehnen.

Hierzu muß die eigene Fliegerbodenorganisation soweit wie möglich in der nordnorwegischen und finnischen Basis belassen und mit allen Mitteln winterfest gemacht werden.

Der Schutz der eigenen Truppenunterkünfte, des Nachschubes, vor allem aber der Nickelgruben und des einzurichtenden Seestützpunktes gegen feindliche Luftangriffe ist sicherzustellen.

Bodenorganisation und Bevorratung sind derart zu ergänzen, daß die Weiterführung des Angriffs auf Murmansk zu gegebenem Zeitpunkt mit wesentlich verstärkten Fliegerkräften unterstützt werden kann.

(gez.) Adolf Hitler

5. 10. 1941

Verteiler:
A.O.K. Norwegen   1. Ausf.
Verb. Stab Nord   2. „
Ob. d. H. (Op. Abt.)   3. „
Ob. d. M. (Skl.)   4. „
Ob. d. L. (LwFüSt.)   5. „
O. K. W.:
  W.F.St.   6. „
  Abt. L   7.—11. „
  Heimatst. Übersee   12. „

Or. m. eigh. Unterschrift in OKM Weisungen OKW IV, 1 Bd. 1, 9 Seiten Masch. Schr. (Führer-Masch.).
In 6. Ausf. Paraphe von K[eitel]. Ziff. d. Ausf. handschr. eingesetzt.

36 a.

Oberkommando der Wehrmacht   F. H. Qu., den 5. Okt. 1941
WFSt/Abt. L (IV/Qu)
Nr. 002255/41 g. Kdos.
                                    30 Ausfertigungen
Geheime Kommandosache   7. Ausfertigung.

Besondere Anordnungen zur Weisung Nr. 36
(Der Führer und Oberste Befehlshaber der Wehrmacht Nr. 441578/41 g. Kdos.
Chefs. WFSt/Abt. L (I Op) v. 22. 9. 1941.)

Die Verhältnisse im finnischen und nordnorwegischen Raum erfordern besondere Maßnahmen auf dem Versorgungsgebiet.
Entsprechend der Weisung Nr. 36 ist die Bevorratung der in Finnland und Nordnorwegen eingesetzten Truppenteile auf dem Versorgungsgebiet so voranzutreiben, daß die vorgesehenen Operationen zum gegebenen Zeitpunkt versorgungsmäßig gesichert sind.
OKM stellt den für die Zuführung der Versorgungsgüter insgesamt notwendigen Schiffsraum, gegebenenfalls im Einvernehmen mit dem Reichsverkehrsministerium, und die erforderlichen Sicherungskräfte sicher. Dabei ist der Einsatz von eisverstärkten Schiffen und Eisbrechern vorzusehen.
Bei den Seetransporten ist zu berücksichtigen, daß wertvolle Versorgungsgüter dem feindlichen Zugriff möglichst nicht ausgesetzt werden.
Im einzelnen sind folgende Maßnahmen zu treffen:

Weisung Nr. 36

I. Verwaltungswesen:

1) **Verpflegung** ist entsprechend den Anforderungen des AOK Norwegen sowohl hinsichtlich der Bevorratung als auch der laufenden Versorgung durch Heimatstab Übersee beim OKH/VA sicherzustellen. Heimatstab Übersee veranlaßt, daß die für die Bevorratung vorgesehenen Mengen so rechtzeitig zugeführt werden, daß bei eintretenden Eisschwierigkeiten und der damit zwangsläufigen Unterbindung der Zufuhr der laufende Bedarf aus den durch das AOK in Finnland und Schweden anzulegenden Verpflegungslagern gedeckt werden kann.

AOK Norwegen hält dazu die in Nordnorwegen angelegten Verpflegungslager so bevorratet, daß, auch bei auftretenden Zuführungsschwierigkeiten auf dem Seeweg, von Transporten auf der Eismeerstraße — in Anbetracht der angespannten Betriebsstofflage — möglichst wenig Gebrauch gemacht wird.

2) **Unterkunftsbedürfnisse.**

   a) **Baracken.**

Die durch AOK Norwegen in Schweden und Finnland beschafften Baracken sind zur Vermeidung eines Transportes auf der Eismeerstraße auf dem Seewege nach Nordfinnland zuzuführen. Sofern ein Transport durch Schweden nach Narvik zum anschließenden Seetransport irgend erreichbar ist, muß dieser Weg ausgenutzt werden.

OKM wird gebeten, im Einvernehmen mit dem Reichsverkehrsministerium sicherzustellen, daß anfallender **Leerschiffraum weitgehend für Eisen- und Nickelerztransporte** aus Lulea bzw. Narvik und Petsamo ausgenutzt wird.

   b) **Heizmaterial.**

Soweit Heizmaterial aus dem Lande (Holz und Torf) nicht gedeckt werden kann, sind durch Heimatstab Übersee die erforderlichen zusätzlichen Kohlemengen bei den zuständigen Dienststellen (Reichskohlenkommissar) bereitzustellen und im Einvernehmen mit dem Reichsverkehrsministerium zu befördern.

   c) **Unterkunftsgerät** ist in dem benötigten Umfange, sofern ein Ankauf in Schweden und Finnland nicht möglich ist, durch OKH/VA bereitzustellen. Heimatstab Übersee veranlaßt die Zuführung.

   d) **Bekleidung.**

Die bisher zugeführte Winterbekleidung und -Ausrüstung reicht im Falle von Operationen während des Winters nicht aus. Durch OKH (Heeres-Bekleidungsabteilung) sind die noch in Bearbeitung befindlichen Anforderungen des AOK Norwegen vordringlich zu erfüllen.

II. Kfz.-Kolonnenraum:

1) Für den notwendigsten Verkehr auf der Eismeerstraße werden zur Verfügung gestellt:
    a) 200—250 unbereifte Lkw. durch Ankauf in Schweden;
    b) Eine Kolonnenabteilung des Baustabes Speer zu 5 Kompanien = 225 Lkw.;
    c) 6 große Betriebsstoffkolonnen und 3 KW-Werkstattzüge durch OKH/Ag. K.

2) Die Abnahme und Zuführung der in Schweden angekauften Lkw. regelt AOK Norwegen im unmittelbaren Einvernehmen mit den zuständigen deutschen Dienststellen. OKW/Wi Rü-Amt stellt durch OKH/Ag. K. die erforderliche Bereifung für diese Kraftfahrzeuge sicher.

    OKH/AHA ermöglicht auf Anforderung des AOK Norwegen die Zusammenstellung zu Kolonnen durch Zuweisung von Personal, Waffen und Gerät.

    Sollte die Schwedische Regierung die Genehmigung zum Ankauf und zur Ausfuhr weiterer Lkw. geben, ist in erster Linie der Fehlbedarf der in Nordnorwegen und Finnland eingesetzten Teile der Luftwaffe zu befriedigen.

3) Der gemäß 1), b) und c) bereitgestellte Kolonnenraum und die KW-Werkstattzüge führt Heimatstab Übersee zum frühestmöglichen Termin im Einvernehmen mit OKH/AHA dem AOK Norwegen nach finnischen Häfen zu.

III. Betriebsstoff:

Der bisher dem AOK Norwegen (Befehlsstelle Finnland) zugewiesene Betriebsstoff reicht für die bevorstehenden Aufgaben nicht aus.

Außer dem für September und Oktober zugewiesenen Monatskontingent von je 5 000 cbm und den als Winterbevorratung zusätzlich zugewiesenen 10 000 cbm, deren Zuführung Heimatstab Übersee bis zum 31. 10. sicherstellt, sind daher durch OKW/Wi Rü-Amt für den weiteren laufenden Bedarf die erforderlichen Betriebsstoffmengen unter Berücksichtigung des zusätzlichen Verbrauchs für die Transporte auf der Eismeerstraße bereitzustellen. Entsprechend der Aufnahmefähigkeit des in Finnland für deutsche Zwecke gemieteten Tankraums ist die Zuführung ausreichender Betriebsstoffmengen bis zum Beginn der Vereisung der finnischen Häfen durchzuführen.

IV. Organisation Todt ist ersucht worden, den Bau der **Feldbahn Rovaniemi-Vuotsa** beschleunigt in Angriff zu nehmen. Heimatstab Übersee veranlaßt im Einvernehmen mit Organisation Todt Zuführung der nötigen Arbeitskräfte und des Baumaterials. Dabei sind für die bei dem Bahnbau einzusetzenden russischen Kriegsgefangenen nur Unterkünfte einfachster Art vorzubereiten.

Der Chef des Oberkommandos der Wehrmacht
gez. Keitel
F. d. R.
v. Tippelskirch
Oberstleutnant d. G.

Verteiler:

OKH — Op. Abt.	1. Ausf.
— Gen Qu	2. „
— Chef H Rüst u. B. d. E. / AHA	3. „
— /VA	4. „
Ob. d. L. — Luftwaffenführungsstab	5. „
Ob. d. L. — Gen Qu	6. „
OKM — Skl.	7. „
— Skl./Qu A II	8. „
— Skl./Qu A VI	9. „
A. O. K. Norwegen	10.—11. „
Verbindungsstab Nord	12. „
OKW — WFSt	13. „
Wi Rü Amt	14. „
AWA	15. „
Abt. Ausl.	16. „
Heimatstab Übersee	17. „
L I H	18. „
L I L	19. „
L I K	20. „
L II	21. „
L / Ktb.	22. „
L IV	23. „
Reserve	24.—30. „

Or. m. eigh. Unterschrift v. Tippelskirch in OKM Weisungen OKW IV, 1 Bd. 1, 5 Seiten Masch. Schr.

37.

Der Führer und Oberste Befehlshaber F. H. Qu., den 10. 10. 41
der Wehrmacht
OKW/WFSt/Abt. L (I Op.) Nr. 441696/41 g. K. Chefs.

Geheime Kommandosache
Chefsache! 13 Ausfertigungen
Nur durch Offizier! 4. Ausfertigung

Weisung Nr. 37

Die rasche günstige Entwicklung der Lage auf dem östlichen Kriegsschauplatz sowie die Meldungen des A. O. K. Norwegen über den Zustand der Truppen und über die weiteren Operationsmöglichkeiten in Finnland veranlassen mich, folgendes zu befehlen:

1.) Nachdem die Masse der sowjetrussischen Wehrmacht auf dem Hauptkriegsschauplatz zerschlagen oder vernichtet ist, liegt kein zwingender Grund mehr vor, russische Kräfte in Finnland durch Angriff zu fesseln. Um vor Eintritt des Winters Murmansk oder die Fischerhalbinsel zu nehmen oder in Mittelfinnland die Murmanbahn abzuschneiden, reichen die Stärke und die Angriffskraft der verfügbaren Verbände und die fortgeschrittene Jahreszeit nicht mehr aus.

Als vordringlichste Aufgabe bleibt daher, das Gewonnene zu behaupten, das Nickelgebiet von Petsamo gegen Angriffe zu Lande, aus der Luft und von der Küste her zu sichern und alle Vorbereitungen zu treffen, um — schon im Winter beginnend — im nächsten Jahre endgültig Murmansk, die Fischerhalbinsel und die Murmanbahn zu nehmen.

Als Zeitfolge gilt:
a) Übergang der Heeresverbände zur Abwehr in günstigen und kräfteschonenden Stellungen. Ausbau der Winterunterkünfte und Umstellung auf den Winterkrieg.
b) Ablösungsbewegungen und Zuführung neuer Kräfte.
c) Im Winter konzentrischer Angriff gegen die Murmanbahn, und zwar:
mit finnischen Kräften von Süden auf Bjelomorsk — Kem und womöglich auch auf Louhi,
mit deutschen Kräften vom Werman-Abschnitt gegen Kandalakscha.

d) Zu der dafür günstigsten Zeit Wegnahme der Fischerhalbinsel, möglichst im vollen Umfang, und Angriff auf Murmansk.

Diese Operationen müssen zeitlich so gelegt werden, daß eine schwerpunktmäßige Zusammenfassung der Masse aller Angriffskräfte jeweils an einer Stelle gewährleistet wird.

2.) Nächste Aufgabe des A. O. K. Norwegen ist es, unter Sicherstellung der Abwehr an kräftesparenden Abschnitten, die Verbände derart zu gliedern, daß die seit langem im schweren Kampf stehenden Kräfte aufgefrischt und für den Winterkrieg ausgerüstet bezw. durch eintreffende Verstärkungen abgelöst und abbefördert werden können. Hierfür gilt:

a) Beim Gebirgskorps sind 2. und 3. Geb. Div. durch die verstärkte 6. Geb. Div. abzulösen. Eine Geb. Div. ist in Nordfinnland zu belassen, die zweite in den Raum um Rovaniemi und südlich zu verlegen. Ihre Rückbeförderung in die Heimat ist gleichzeitig mit dem Eintreffen der 5. Geb. Div. (etwa Januar 1942) vorgesehen.

Eine weitere neugebildete oder umgewandelte Geb. Div. soll anschließend die in Nordfinnland verbliebene Geb. Div. ersetzen.

b) Dem XXXVI. A. K. wird die 163. I. D. zugeführt werden, sobald feststeht, daß ihr Einsatz für eine konzentrische Operation zwischen der Karelischen Armee und der H. Gr. Nord gegen das Südufer des Ladoga-Sees sich erübrigt.

Die personelle Ablösung der 169. und 163. I. D. im Laufe des Winters durch Divisionen aus Norwegen oder aus der Heimat wird angestrebt.

3.) Alle Ablösungen, auch die der Gebirgs-Divisionen, sind derart durchzuführen, daß die Masse der schweren Waffen, des Gerätes, der Pferde und Tragtiere an Ort und Stelle verbleiben, also nur die Personaleinheiten mit ihren leichten Waffen ausgetauscht werden. Damit wird Zeit und Transportraum gespart.

4.) Bezüglich der SS-Verbände ist beabsichtigt, das zur Zeit der 2. Gebirgs-Division unterstehende SS-Regiment 9 durch ein aus Norwegern und Finnen bestehendes SS-Rgt. abzulösen und aus der SS-Kampfgruppe Nord, unter Zuführung eines ostmärkischen SS-Rgt., eine Geb. Brigade zu bilden. Durchführung dieser Maßnahmen wird durch Oberkommando der Wehrmacht mit den sonstigen Absichten für Austausch von Stäben und Truppen in Einklang gebracht werden.

5.) Da das Finnische Oberkommando nach Abschluß der jetzigen Operationen eine völlige organisatorische Änderung der Armee vornimmt,

10. 10. 1941

sind beim III. finn. Korps die deutschen und finnischen Kräfte auszutauschen (6. finn. Div. gegen SS-Kampfgr. Nord). Es ist dann beabsichtigt, die Front der III. finn. A. K. dem Oberbefehl des Feldmarschalls Mannerheim zu unterstellen.

Für den Beginn der neuen Operationen wird Feldmarschall Mannerheim gebeten werden, wenigstens einige kleine finnische Verbände der deutschen Angriffsgruppe gegen Kandalaschka wieder zu unterstellen.

6.) Der Luftwaffe fallen, soweit es die Wetterlage gestattet, auf dem finnischen Kriegsschauplatz zunächst die Aufgaben zu:
 a) das nordnorwegische und finnische Küstenvorfeld zum Schutze des eigenen und zur Bekämpfung des feindlichen Seeverkehrs zu überwachen,
 b) die Luftverteidigung, besonders des Nickelreviers von Petsamo, der Ausladehäfen und Seestützpunkte, sicherzustellen,
 c) das künftige Operationsgebiet aufzuklären und die feindliche Versorgungsbasis in Murmansk sowie die Zufuhr dorthin auf dem See- und Eisenbahnwege nachhaltig zu bekämpfen,
 d) Vorbereitungen für den Einsatz stärkerer Kräfte zur Unterstützung der kommenden Operationen zu treffen.

7.) Die Aufgabe der Kriegsmarine ist es, die feindliche Zufuhr über See nach Murmansk anzugreifen und den eigenen Seeverkehr im Nordmeer nach Kräften aufrechtzuerhalten.

Zu diesem Zweck sind sobald als möglich die leichten Seestreitkräfte zu verstärken und auch S-Boote zuzuführen.

Kirkenes ist als behelfsmäßiger Stützpunkt auszubauen und einzurichten.

Zur Sicherung des eigenen küstennahen Verkehrs ist die Zuführung weiterer Küstenbatterien erforderlich. Die Befehle darüber werden vom Chef des Oberkommandos der Wehrmacht erlassen werden.

Kirkenes und Petsamo sind über die gemeldeten Absichten hinaus durch je eine 21 cm Kan. Battr. zu verstärken, eine 28 cm Batterie bei Vardö einzubauen. Nach Einnahme der Fischerhalbinsel ist dort ebenfalls der Einbau einer schwersten Batterie vorzusehen.

8.) Die Zusammenarbeit zwischen A. O. K. Norwegen, Kriegsmarine und Luftwaffe muß zur Abwehr möglicher Unternehmungen gegen Front und Seeflanke gerade in den kommenden Monaten besonders eng sein. Hierzu sind zur Vereinfachung des gegenseitigen Zusammenarbeitens von der Kriegsmarine ein Marineführer Nord, von der Luftwaffe — bei Zurücknahme des Luftflotten-Kommandos 5 nach Norwegen — ein Fliegerführer Nord zu bestimmen.

Weisung Nr. 37

9.) **Durchführungsbestimmungen** erläßt der Chef des Oberkommandos der Wehrmacht. Über ihn sind mir vorzulegen:

a) vom A. O. K. Norwegen:
Zeitplan für die Umgruppierung,
Vorschläge für die Umrüstung, um alle Truppen für den Kampf in der Tundra und den Urwäldern Ostkareliens zu befähigen.
Operationsvorschläge und Anforderungen für Verstärkung durch Armeetruppen.
Vorschläge für den Austausch von Stäben.

b) von Kriegsmarine und Luftwaffe ihre Absichten im Einzelnen.

10.) Soweit die Weisung 36 durch diesen Befehl überholt ist, wird sie aufgehoben.

(gez.) Adolf Hitler

Verteiler:

A. O. K. Norwegen	1. Ausf.
Verb. Stab Nord	2. Ausf.
Ob. d. H. (Op. Abt.)	3. Ausf.
Ob. d. M. (Skl.)	4. Ausf.
Ob. d. L. (Lw. Fü. St.)	5. Ausf.

OKW
W F St	6. Ausf.
Abt. L	7.—12. Ausf.
Heimatstab Übersee	13. Ausf.

Or. m. eigh. Unterschrift in OKM Weisungen OKW IV, 1 Bd. 1, 7 Seiten Masch. Schr.

Oberkommando der Wehrmacht F. H. Qu., 7. 11. 41
Nr. 441861/gK. Chefs. WFSt/Abt. L (I Op.)

Geheime Kommandosache
Chefsache! 15 Ausfertigungen
Nur durch Offizier! 7. Ausfertigung

Durchführungsbestimmungen Nr. 1 zur Weisung 37

I. **Teilung der Befehlsführung im Nordraum.**

Die künftigen Aufgaben der Kriegführung im Nordraum, die u. a. einen festungsartigen Ausbau der norwegischen Küsten und eine erhebliche Verstärkung der Kräfte im norwegischen Raum durch schnelle Truppen vorsehen, erfordern es, den Wehrmachtbefehlshaber (AOK) Norwegen im Laufe des Winters von dem Einsatz in Finnland freizumachen und seiner ursprünglichen Aufgabe wieder zuzuführen.

Die Befehlsführung auf dem finnischen Kriegsschauplatz ist zu einem noch zu bestimmenden Zeitpunkt — voraussichtlich Mitte Januar — von der durch OKH aufzustellenden und dem OKW unmittelbar unterstellten **Armee Nordland** zu übernehmen (weitgehende Übernahme der Einrichtungen der Befehlsstelle Finnland).

7. 11. 1941

Als Befehlshaber der Armee Nordland ist der General der Gebirgstr. Dietl vorgesehen.

II. Verstärkungen und Ablösungsbewegungen für Finnland.

Mit den zu Weisung 37 gemeldeten Operationsabsichten ist der Führer einverstanden.

Die seit langem unter schwierigsten Bedingungen im Nordraum eingesetzten Kommandobehörden und Truppen werden in den kommenden Monaten gegen weniger beanspruchte Teile der Wehrmacht abgelöst. Diese Bewegungen und die vorgesehenen Verstärkungen sind, soweit es die Bahnlage in Finnland und die Eisverhältnisse auf See zulassen, wie folgt durchzuführen:

1. Geb. Korps Norwegen:
   a. Das Generalkommando des Gebirgskorps ist durch das von OKH hierfür vorgeschlagene Gen. Kdo. XVIII abzulösen, das durch OKH baldmöglichst in Serbien freizumachen ist.
   b. Die 3. Geb. Div. ist in die Heimat zur Verfügung des OKH abzubefördern. Diese Bewegung kann alsbald eingeleitet werden mit der Maßgabe, daß bis zum Eintreffen der 7. Geb. Div. (siehe Ziff. 4a) ein Teil der 3. Geb. Div. als Armeereserve verfügbar bleiben muß. Bei ihrer Rückführung beläßt die Division die hierfür geeignete Ausstattung an Waffen und Gerät sowie die Tragtiere in Finnland zur späteren Übernahme durch die 5. Geb. Div. (siehe Ziff. 4b).
   c. Die 2. Geb. Div., der in den kommenden Monaten im Rahmen des Möglichen Urlaub zu gewähren ist, verbleibt den Winter über im Einsatzgebiet. Später ist Ablösung (unter weitgehendem Austausch der Ausstattung) durch eine von OKH neu aufzustellende leichte Division vorgesehen (siehe Ziff. 4d).

2. Höh. Kdo. XXXVI:
   a. Das Höh. Kdo. XXXVI ist durch OKH in ein für Gebirgskriegführung bestimmtes Generalkommando umzugliedern.
   b. Die 169. I. D. ist — unter Wechsel auch der Divisionsnummern — durch 69. I. D. und, soweit dies nicht ausreicht, aus anderen in Norwegen liegenden Verbänden abzulösen.
   c. Ob die 163. I. D. (ohne ⅓) nach ihrem Einsatz bei der Karelischen Armee der Armee Nordland zugeführt oder — im Falle der Vereinigung der Karelischen Armee mit der H.Gr. Nord — durch eine andere im Landmarsch durchzuziehende Division dieser Heeresgruppe (212.) ersetzt wird, läßt sich noch nicht übersehen.
   Das jetzt beim Höh. Kdo. XXXVI eingesetzte verstärkte Regiment der 163. I. D. ist personell, ebenso wie die 169. I. D., in dem gebotenen Umfange durch in Norwegen liegende Truppen abzulösen. Sollte die 163. I. D. zur H.Gr. Nord übertreten, wird über die spätere Eingliederung des zurückgebliebenen verstärkten Regiments zeitgerecht entschieden werden.

3. Armeetruppen und sonstige Einzelformationen:
   AOK Norwegen veranlaßt gegebenenfalls personellen Austausch nach den für die Divisionen gegebenen Grundsätzen.

4. Neu zugeführt werden
   a. 7. Geb. Div. (transportbereit ab Mitte Dezember), die von OKH aus 99. lei. Div. gebildet wird.
   b. 5. Geb. Div. (nach Rückführung aus Kreta und kurzer Ausbildung im Bereich des Wehrkreises XVIII), die im wesentlichen

als Personaleinheit zu überführen ist und in Finnland das Gerät der 3. Geb. Div. übernimmt.
  c. **Armeetruppen** (Angaben folgen).
  d. **1 leichte Division** (transportbereit Februar oder März) voraussichtlich zur Ablösung der 2. Geb. Div.
5. **SS-Verbände**

SS Kampfgruppe Nord (einschl. SS-Regt. 9) ist, sobald es die Lage im Einsatzgebiet und die Gesamttransportbewegung gestatten, nach Deutschland zurückzuführen. Dabei sind Großwaffen und Kraftfahrzeuge zur Entlastung des Transportweges weitmöglichst in Finnland zu belassen.

Reichsführer SS beabsichtigt, dafür einen für den Einsatz in Finnland geeigneten Verband (leichte Division zu 2—3 Regimentern) aufzustellen. Zeitpunkt der Transportbereitschaft ist noch nicht zu übersehen.

OKH veranlaßt im Benehmen mit AOK Norwegen, daß allen für Finnland bestimmten Truppenteilen die Erfahrungen und besonderen Verhältnisse dieses Kriegsschauplatzes so früh wie möglich zugänglich gemacht werden. Ob die Ausbildung der Verbände vorwiegend in Deutschland oder in Finnland stattfindet, ist von den bis ins letzte auszunutzenden Transportmöglichkeiten abhängig zu machen.

Die nach Finnland gehenden Truppen sind mit der erforderlichen Polar- und Winterbekleidung auszustatten. Außerdem ist vorzusehen, daß die nach Deutschland zurückkehrenden Einheiten ihre Sonderbekleidung weitgehend in Finnland belassen.

Kraftfahrzeuge deren Einsatz in bewaldeten Gegenden vorgesehen ist, sind vor Abtransport aus der Heimat auf Holzgasbetrieb umzustellen.

III. **Zusammenwirken mit den Finnen**

Feldmarschall Mannerheim ist gebeten, für den im März vorgesehenen Angriff auf Kandalakscha im jetzigen Einsatzraum des Höh. Kdo. XXXVI eine finnische Brigade zu belassen bzw. wieder einzusetzen.

Abgrenzung zwischen finnischer und deutscher Befehlsführung für diesen Angriff wird später geregelt werden.

IV. **Meldungen werden erbeten**

von OKH über Zeitpunkt der Bereitstellung der vorgesehenen Kommandobehörden, Verbände und Armeetruppen (siehe hierzu Anforderung AOK Norwegen),

von AOK Norwegen über beabsichtigte zeitliche Durchführung der Ablösungen und sonstigen Transportbewegungen unter Aufstellung einer Dringlichkeitsfolge, nach der die Transporte je nach Verkehrslage wendig gesteuert werden können (Heimatstab Übersee).

Ob. d. M. und Ob. d. L. geben Unterlagen für die erforderlichen Transporte der Kriegsmarine (Stützpunktausbau Nordmeer) und Luftwaffe zur Eingliederung in das Transportprogramm baldmöglichst an AOK Norwegen (Befehlsstelle Finnland und Heimatstab Übersee).

Der Chef des Oberkommandos der Wehrmacht
I. V. gez. Jodl
F. d. R.
gez. Unterschrift
Hauptmann d. G.

Verteiler:
AOK Norwegen   1. Ausf.
Verb. Stab Nord   2. Ausf.
Ob.d.H. (Op.Abt.) 3. Ausf.

21. 11. 1941

Ob.d.M. (Skl.)	4. Ausf.	
Ob.d.L. (LwFüSt.)	5. Ausf.	
Wehrm. Trsp. Chef	6. Ausf.	
OKW:		
WFSt	7. Ausf.	
Abt. L	8.—14. Ausf.	(dabei L II zur Unterrichtung Reichsf. SS)
Heimatstab Übersee	15. Ausf.	

Or. m. eigh. Unterschr. in OKM Weisungen OKW IV. 1. Bd. 1. 6 Seiten Masch. Schr.

Oberkommando der Wehrmacht   F. H. Qu., 21. 11. 41
Nr. 441977/41 gK Chefs. WFSt/Abt. L (I Op.)

Geheime Kommandosache
Chefsache!   18 Ausfertigungen
Nur durch Offizier!   6. Ausfertigung

Durchführungsbestimmungen Nr. 2 zur Weisung 37: Vorbereitung des Angriffs auf Kandalakscha

Der für März 1942 geplante Angriff auf Kandalakscha fällt in die Zeit der größten Schneehöhe. Normal ausgestattete Truppen sind dann unbeweglich. Die Stärke der feindlichen Verteidigung wird an der von Westen nach Kandalakscha führenden Straße und Bahn liegen. Es wird daher darauf ankommen, den Gegner über zugefrorene Seen und Sumpfstrecken mit weit ausholenden Umfassungskolonnen zu umgehen, die bis zur späteren Öffnung der Straße und Bahn ihre Versorgung mit sich führen müssen. Eine solche unter Polarverhältnissen durchzuführende Operation stellt unsere Truppen vor völlig ungewohnte Aufgaben. Die Vorbereitungen, namentlich für Ausbildung und Ausrüstung, müssen frühzeitig eingeleitet werden. Dies zu regeln, ist der Zweck der folgenden Richtlinien.

I.) **Einweisung der Führer.**

    1.) Der als **Oberbefehlshaber** des neuen „AOK Lappland" (bisher als „AOK Nordland" bezeichnet) bestimmte General der Gebirgstruppen Dietl führt noch im November die ersten Erkundungen im Einsatzgebiet durch. Erkundungsauftrag geht ihm über AOK. Norwegen (Befehlsstelle Finnland) gesondert zu.
        Erkundungsergebnis ist im Führerhauptquartier vorzutragen.

    2.) Der als **Kommandierender General** des XXXVI. A.K. bestimmte General der Infanterie Weisenberger und die Kommandeure der 7. und 5. Geb. Div. erhalten nach Eintreffen des Generals der Gebirgstruppen Dietl in Deutschland Anfang Dezember dessen Befehle für Schulung und voraussichtliche Aufgaben ihrer Verbände.

    3.) Der künftige **Armeechef** des AOK. Lappland ist sobald wie möglich zur Einweisung zur Befehlsstelle Finnland zu entsenden.

II.) **Truppe.**

    1.) Die **Stärke** der für den Winterangriff verfügbaren Truppe wird durch die Leistungsfähigkeit der finnischen Verkehrsmittel begrenzt. Wie bereits befohlen, sollen neu zugeführt werden
        7. Geb. Div.
        5. Geb. Div. (unter Übernahme der Ausstattung der abzulösenden 3. Geb. Div.)
        Armeetruppen.
    Außerdem steht die beim XXXVI. A. K. eingesetzte 169. I. D. und 1/3 163. I. D., gegebenenfalls auch Reste der 3. Geb. Div., soweit diese nicht abbefördert werden konnten, zur Verfügung.

Weisung Nr. 37

Teilnahme von 1—2 finnischen Brigaden ist von Feldmarschall Mannerheim erbeten.

Für Wegebaudienste werden in der Hauptsache Kriegsgefangene einzusetzen sein.

2.) Die für die Antransporte aus Deutschland durch AOK Norwegen (Befehlsstelle Finnland) aufzustellende D r i n g l i c h k e i t s l i s t e muß, besonders bezüglich Armeetruppen, gewährleisten, daß zunächst das für den Angriff auf Kandalakscha Wichtigste abgerufen wird. Diese Truppen sind durch OKH zeitgerecht bereitzustellen und auszurüsten.

3.) Nur eine sehr planmäßig geleitete A u s b i l d u n g wird die Truppe befähigen, die beabsichtigte Bewegungsoperation durchzuführen.

Die ohnehin knappe Ausbildungszeit (langsames Eintreffen der 5. Geb. Div. aus Kreta, Umstellung der 7. Geb. Div., Bereitstellung der Armeetruppen) wird durch Abruf der Truppen je nach Transportmöglichkeit und dadurch, daß die Ausbildung teils in Deutschland, teils in Finnland stattfinden muß, weiter beschnitten. Die Ausbildung muß sich diesen besonderen Verhältnissen wendig anpassen. Die Erfahrungen von Winteralpinisten, auch wenn sie militärisch nicht ausgebildet sein sollten, sowie finnischer Lehrkommandos sind auszunutzen.

III.) A u s r ü s t u n g.

1.) Der westlich Kandalakscha stehende Gegner kann in der Umgehung nur durch überlegene S c h n e l l i g k e i t vernichtet werden. Hierzu genügt eine normale Schneeschuh-Ausstattung nicht. Benötigt werden M o t o r s c h l i t t e n auf breiten Skikufen, auf denen Geschützteile, schwere Waffen, Munition, Verpflegung, Frostschutzmittel usw. verlastet werden und an die sich Schneeschuh-Gruppen anhängen können.

Dem Führer ist das vorgesehene Modell vorzuführen.

2.) Die S o n d e r a u s r ü s t u n g des einzelnen Mannes, die Verteilung der Lasten auf Schlitten usw. muß der erforderlichen hohen Beweglichkeit angepaßt werden.

3.) Ferner ist zu prüfen, ob die vorhandenen S c h n e e p f l ü g e und S c h n e e w a l z e n zum Freimachen der Nachschubwege den besonderen Anforderungen dieser Operation entsprechen, erforderlichenfalls sind die gebotenen Aushilfen vorzubereiten.

IV.) L u f t w a f f e.

Für Unterstützung des Angriffes auf Kandalakscha, dessen Erfolg die Grundlage für den späteren Angriff auf Murmansk bildet, sollen nach der Entscheidung des Führers möglichst starke Fliegerverbände eingesetzt werden. Es ist zu prüfen, welche Kräfte hierfür zur Verfügung stehen, und welcher Transportbedarf für Bevorratung und Verlegung entsteht.

Baldige Meldung über Absichten zwecks Eingliederung in das Transportprogramm erbeten.

Ob. d. H. und AOK Norwegen treffen unter Verantwortung des OKH in enger Zusammenarbeit die nach diesen Richtlinien (I—III) erforderlichen Maßnahmen. AOK Norwegen meldet an OKW und OKH, wann Gen. d. Gebtr. Dietl im Führerhauptquartier eintreffen kann.

Der Chef des Oberkommandos der Wehrmacht
gez. K e i t e l
F. d. R.
Danckworth
Hauptmann.

V e r t e i l e r :
AOK Norwegen — 1. Ausf.
Verb. Stab Nord — 2. Ausf.
Ob. d. H. (Op. Abt.) — 3. Ausf.
(Org. Abt.) — 4. Ausf.
(Gen. Qu.) — 5. Ausf.

2. 12. 1941

Ob. d. M. (Skl.) 6. Ausf.
Ob. d. L. (Lw. Fü. St.) 7. Ausf.
      (Gen. Qu.) 8. Ausf.
Chef Wehrm. Trsp. 9. Ausf.
OKW:
  WFSt. 10. Ausf.
  Abt. L 11.—17. Ausf.
  Heimatstab Übersee 18. Ausf.

Or. m. eigh. Unterschrift v. Dankworth in OKM Weisungen OKW IV, 1 Bd. 2, 5 Seiten Masch. Schr.

38.

Der Führer und Oberste Befehlshaber   F. H. Qu., den 2. 12. 1941
der Wehrmacht
OKW/WFSt/Abt. L (I Op) 441980/41 g. Kdos. Chefs.

Geheime Kommandosache
Chefsache!   17 Ausfertigungen
Nur durch Offizier!   2. Ausfertigung

Weisung Nr. 38

1) Als Grundlage für die Sicherung und Erweiterung der eigenen Mittelmeerstellung und zur Bildung eines **Kraftzentrums der Achsenmächte im mittleren Mittelmeer** befehle ich nach Einvernehmen mit dem Duce, daß Teile der im Osten frei gewordenen Verbände der deutschen Luftwaffe in Stärke etwa eines Fliegerkorps und der erforderlichen Luftverteidigungskräfte in den süditalienischen und nordafrikanischen Raum zu überführen sind.

    Neben der unmittelbaren Auswirkung auf die Kriegführung im Mittelmeer und Nordafrika soll dadurch eine wesentliche Einflußnahme auf die gesamte weitere Entwicklung im Mittelmeerraum angestrebt werden.

2) Mit der Führung der für diese Aufgabe einzusetzenden Gesamtkräfte beauftrage ich den Generalfeldmarschall **Kesselring** unter gleichzeitiger Ernennung zum Oberbefehlshaber Süd (Ob. Bfh. Süd).

    Seine **Aufgaben** sind:

        Erzwingen der Luft- und Seeherrschaft im Raum zwischen Süditalien und Nordafrika zur Herstellung gesicherter Verbindungswege nach Libyen und der Cyrenaika, hierzu insbesondere Niederhaltung Maltas,

        Zusammenwirken mit den in Nordafrika eingesetzten deutschen und verbündeten Kräften,

        Unterbindung des feindlichen Verkehrs durch das Mittelmeer sowie der englischen Versorgung von Tobruk und Malta in enger Zusammenarbeit mit den dafür verfügbaren deutschen und italienischen Seestreitkräften.

3) Der **Ob. Bfh. Süd** untersteht dem Duce und erhält über das Comando Supremo dessen Richtlinien für die Aufgaben im großen. In allen luftwaffeneigenen Angelegenheiten verkehrt der Ob. d. L. mit dem Ob. Bfh. Süd unmittelbar, in wesentlichen Fragen unter gleichzeitiger Unterrichtung des Oberkommandos der Wehrmacht.

4) Dem **Ob. Bfh. sind unterstellt:**
    sämtliche im Mittelmeerraum und Nordafrika eingesetzten Kräfte der deutschen Luftwaffe, die seitens der italienischen Wehrmacht zur Durchführung seiner Aufgaben zur Verfügung gestellten Flieger- und Flak-Verbände.

5) Die im mittleren Mittelmeergebiet eingesetzten deutschen **Seestreitkräfte** bleiben dem Ob. d. M. unterstellt.

    Der Ob. Bfh. Süd ist befugt, **für die Durchführung der ihm zugewiesenen Aufgaben** dem Deutschen Admiral beim Oberkommando der italienischen Kriegsmarine, gegebenenfalls auch der Marine-Gruppe Süd (für das östliche Mittelmeer) Weisungen zu erteilen. Den Einsatz befehlen die Marinedienststellen im Einvernehmen mit dem Ob. Bfh. Süd.

    Die Wünsche des Ob. Bfh. Süd zur Abstimmung des gemeinsamen Einsatzes der **verbündeten** Seestreitkräfte sind ausschließlich an den Deutschen Admiral beim Oberkommando der italienischen Kriegsmarine zu richten.

6) Die Aufgaben des W. B Südost und des Deutschen Generals beim Hauptquartier der italienischen Wehrmacht bleiben unverändert.

(gez.) Adolf Hitler

Verteiler:
Ob. d. L., Fü. Stab I a Robinson	1. Ausfertigung	
Ob. d. M., Skl.	2.	„
Ob. d. H., Op. Abt.	3.	„
Ob. Bfh. Süd	4.	„
W. B. Südost	5.	„
Dt. Gen. b. Hqu. d. ital. Wehrm. (zugl. f. Bfh. d. Pzgr. Afrika)	6.	„
OKW/WFSt	7.	„
/WFSt/Abt. L	8.—13.	„
/Wehrm. Transport-Chef	14.	„
/WNV	15.	„
/W. Pr.	16.	„
/Ausl. Abw.	17.	„

Or. m. eigh. Unterschrift in OKM Weisungen OKW IV, 1 Bd. 2, 3 Seiten Masch. Schr.

8. 12. 1941

39.

Der Führer und Oberste Befehlshaber F. H. Qu., den 8. 12. 1941
der Wehrmacht
OKW/WFSt/Abt. L (I Op)
Nr. 442090/41 g. K. Chefs.

Geheime Kommandosache
Chefsache! 14 Ausfertigungen
Nur durch Offizier! 3. Ausfertigung

Weisung Nr. 39

Der überraschend früh eingebrochene strenge Winter im Osten und die dadurch eingetretenen Versorgungsschwierigkeiten zwingen zu sofortiger Einstellung aller größeren Angriffsoperationen und zum Übergang zur Verteidigung.

Wie diese Verteidigung zu führen ist, wird bestimmt durch das Ziel, das mit ihr verfolgt wird, nämlich:

a) Räume zu behaupten, die operativ oder wehrwirtschaftlich für den Gegner von großer Bedeutung sind,

b) den im Osten eingesetzten Kräften der Wehrmacht eine möglichst große Erholung und Auffrischung zu ermöglichen und

c) dadurch die Voraussetzungen für die Wiederaufnahme größerer Angriffsoperationen im Jahre 1942 zu schaffen.

Im Einzelnen befehle ich:

I.) Heer:

1.) Die Masse des Ostheeres geht sobald wie möglich in kräftesparenden, vom Oberbefehlshaber des Heeres festzulegenden Fronten zur Abwehr über und beginnt dann unter Herausziehung vor allem der Panzer- und mot. Divisionen mit der Auffrischung der Verbände.

2.) Wo die Front, ohne vom Gegner gezwungen zu sein, zurückverlegt wird, muß zuerst eine rückwärtige Stellung vorbereitet sein, die der Truppe bessere Lebensbedingungen und Verteidigungsverhältnisse bietet als in der bisherigen Stellung.
Die Freigabe wichtiger Querverbindungen für den Feind kann zu einer Gefährdung anderer noch nicht gefestigter Frontabschnitte führen. In solchen Fällen muß der Zeitpunkt der

Zurücknahme einzelner Abschnitte der Gesamtlage angepaßt werden.

3.) Der Verlauf der Front muß der Truppe Unterbringung und Abwehr erleichtern und möglichst einfache Versorgungsverhältnisse, besonders auch während der Zeit der Schneeschmelze schaffen.

Sehnen- und rückwärtige Stellungen sind festzulegen und unter Zuhilfenahme aller aufzutreibenden Arbeitskräfte so rasch als möglich feldmäßig auszubauen.

4.) Im Rahmen der im Großen defensiven Kampfführung müssen folgende Sonderaufgaben gelöst werden:

a) Sewastopol ist sobald wie möglich zu nehmen; über die Masse der 11. Armee (mit Ausnahme der für Küstenschutz benötigten Teile) wird nach Abschluß der dortigen Kämpfe entschieden werden.

b) H. Gr. Süd muß trotz aller Schwierigkeiten bestrebt sein, die Voraussetzungen zu schaffen, daß sie bei günstiger Witterung noch während des Winters einen Angriff zur Gewinnung der unteren Don — Donezlinie führen kann. Dadurch werden günstige Voraussetzungen für die Frühjahrsoperation gegen den Kaukasus geschaffen werden.

c) H. Gr. Nord verkürzt seine Ost- und Südostfront nördlich des Ilmensees, ohne dabei Straße und Bahn von Tichwin nach Wolchowstroj und Koltschanawo für den Gegner freizugeben, und schafft dadurch die Voraussetzung, um nach dem Eintreffen von Verstärkungen die Lage südlich des Ladogasees zu bereinigen. Nur dadurch wird die Abschließung von Leningrad endgültig gesichert und die Verbindung mit der finnisch-karelischen Armee herzustellen sein.

d) Sollte sich ergeben, daß der Gegner aus dem Küstenstreifen südlich der Kronstadt-Bucht die Masse seiner Kräfte abgezogen hat und dort nicht mehr ernsthaft verteidigen will, wird zur Einsparung von Kräften die dortige Küste in Besitz zu nehmen sein.

II.) Luftwaffe:

1.) Aufgabe der Luftwaffe ist es, die Wiederauffrischung der russischen Wehrmacht durch Bekämpfung der Rüstungs- und Ausbildungszentren, vor allem Leningrad, Moskau, Rybinsk, Gorki, Woronesh, Rostow, Stalingrad, Krasnodar usw. nach Kräften zu stören. Besondere Bedeutung kommt der laufenden Unterbrechung der feindlichen Verbindungslinien zu, von denen der Gegner lebt und durch deren Ausnutzung eigene Frontabschnitte bedroht werden. Neben der Bekämpfung der feindlichen Luftwaffe ist das Heer in der Abwehr feindlicher Angriffe auf der Erde und aus der Luft mit allen Mitteln zu unterstützen.

2.) Mit der mir vorgelegten, an die Grenzen der Heeresgruppen angelegten Gliederung und der vorgesehenen Stärke der im Osten verbleibenden Kräfte der Fliegertruppe bin ich einverstanden. Mit Abschluß der Operationen des Heeres können einzelne Verbände, soweit es die Lage jeweils erlaubt, zur Auffrischung und Ausbildung zurückgezogen werden.

3.) Zur wirkungsvollen Abwehr etwaiger Winterangriffe und unter Berücksichtigung der eigenen vorgesehenen Winteroperationen (siehe I., 4.) ist eine Bodenorganisation zu erhalten, die eine rasche Kräfteverschiebung und Verstärkung aus zurückgezogenen Einheiten erlaubt. Hierfür sind die Auffrischungsräume möglichst nahe der Ostfront einzurichten.

4.) Laufende, deckende und weitreichende Luftaufklärung ist besonders wichtig, um feindliche Umgruppierungen frühzeitig erkennen und überwachen zu können. Heer und Luftwaffe müssen sich hierbei kräfte- und aufgabenmäßig ergänzen.

5.) Die Genehmigung zum Herausziehen der noch für den Einsatz im Bereich des Obfh. Süd vorgesehenen Kräfte aus der Front vor Moskau behalte ich mir weiter vor.

6.) Die Luftverteidigung hat die eigene Truppe in ihren Unterbringungs- und Versorgungsräumen, sowie die wichtigen rückwärtigen Verbindungen zu schützen. Um erkannten Schwerpunktsbildungen der feindlichen Luftangriffswaffe begegnen zu können, ist schnelle Zusammenfassung der eigenen Jagdkräfte zu Jagdschwerpunkten vorzusehen.

III.) Die Kriegsmarine stellt sicher, daß der nach Besitznahme von Hangö und Osmussaar weniger gefährdete Seeweg nach Helsinki in großem Umfang für den Wirtschaftsverkehr und zur Versorgung unserer Truppen in Finnland ausgenutzt werden kann.

Die Zahl der für Nachschubzwecke (insbesondere über das Schwarze Meer und in der Ägäis) zu bauenden kleinen Schiffe im eigenen Land, in den verbündeten und besetzten Staaten muß, unter Verzicht auf alle nicht unbedingt erforderlichen Ansprüche und Sicherheitsbestimmungen, noch erheblich gesteigert werden.

IV.) Der personelle Ersatz der Wehrmacht muß für das Jahr 1942 auch dann gesichert sein, wenn hohe Verluste eintreten sollten. Da der Jahrgang 1922 allein nicht ausreichen wird, sind durchgreifende Maßnahmen geboten.

Ich ordne an:

1.) Alle innerhalb der Wehrmacht aus der Heimat oder Sonderverwendung (z. B. Wehrmachtmission Rumänien) freizumachenden Kräfte sind in einem großzügigen Abbau der kämpfenden Front nutzbar zu machen.

Soldaten jüngerer Jahrgänge, die sich im Heimatkriegsgebiet oder rückwärtigen Diensten befinden, sind dabei gegen ältere Frontsoldaten auszutauschen.

2.) Für den Austausch zwischen Ost- und West-Kriegsschauplatz gilt folgendes:

Im Westen befindliche voll verwendungsfähige Divisionen 2. und 3. Welle und Panzer-Divisionen sind gegen besonders abgekämpfte Ostdivisionen auszutauschen. Dabei kann eine nur vorübergehende Schwächung während des Winters in Frankreich in Kauf genommen werden.

Kampferfahrene Führer, Unterführer und Soldaten aus aufzulösenden Ostdivisionen können in diese Westdivisionen eingegliedert werden.

Ob darüber hinaus noch Westdivisionen, die geschlossen im Osten nicht verwendet werden können, aufzulösen und zur Ergänzung bewährter Ostdivisionen zu verwenden sind, werde ich entscheiden, wenn mir der gesamte Plan des Heeres für die Reorganisation und die Verteilung des Heeres vorliegt.

Auf jeden Fall muß die Kampfkraft des Westheeres soweit erhalten bleiben, daß die Abwehr an den Küsten sowie die Durchführung des Unternehmens „Attila" gesichert sind.

3.) Junge uk-gestellte Arbeiter sind in größtem Umfange durch Gefangene und russische Zivilarbeiter, die in Gruppen eingesetzt werden, allmählich freizumachen. Besondere Anordnungen hierüber ergehen durch das Oberkommando der Wehrmacht.

(gez.) Adolf Hitler

Verteiler:
Ob. d. H. — Op. Abt.   1. Ausf.
Ob. d. L. — LwFüSt.   2. „
Ob. d. M. — Skl.   3. „
Wehrmachttransportchef   4. „
W. F. St.   5.—12. „
W. N. V.   13. „
Ausland/Abwehr   14. „

Or. m. eigh. Unterschrift in OKM Weisungen OKW IV, 1 Bd. 2, 8 Seiten Masch. Schr.

15. 12. 1941

39 a.

Chef OKW
OKW/WFSt/Abt. L (I Op.) Nr. 44 2164/41 gK. Chefs. B.
Geheime Kommandosache
Chef Sache
Nur durch Offizier

F. H. Qu., den 15. 12. 41

6 Ausfertigungen
1. Ausfertigung

Weisungen
Fernschreiben

an nachr. 1.) W.Bfh. Südost
2.) Ob.d.H. (Op.Abt.)
3.) Dtsch. Gen. b. H. Qu., d. ital. Wehrmacht, Rom
4.) Dtsch. Gen. in Agram

1.) Die Lage im Osten erfordert es, alle verfügbaren deutschen Kräfte diesem Kriegsschauplatz in absehbarer Zeit wieder zuzuführen. Um trotzdem die im Rahmen der Gesamtlage dringend erforderliche Ruhe auf dem Balkan sicherzustellen, sind in erheblich vermehrtem Umfange Truppen verbündeter Staaten zur restlosen Beseitigung der Unruhen heranzuziehen. In erster Linie kommen hierfür bulgarische Kräfte für Serbien und die 2. ital. Armee für Kroatien in Betracht.

2.) Ausgenommen von der Besetzung durch fremde Truppen sollen die Industriegebiete bleiben, die von kriegswichtiger Bedeutung für die deutsche Versorgung sind.

3.) Im Endziel sollen nicht mehr als 2 deutsche Sich.Div. zur Sicherung der für uns bedeutsamen Gebiete verbleiben.

4.) Besetzung Griechenlands bleibt unverändert.

5.) OKW ersucht, Vorschläge für Kräfteansatz, Durchführung und Zeitpunkt der Operationen vorzulegen, um auf diesen Grundlagen mit den verbündeten Mächten in Verbindung zu treten. Die Führung wird in Kroatien der 2. ital. Armee zufallen.
Es kann nicht mehr verantwortet werden, daß 6 deutsche Divisionen im serbisch-kroatischen Raum gebunden bleiben, obwohl bulgarische und italienische Kräfte in reichem Maße zur Verfügung stehen.
Wenn nicht in kürzester Zeit die Aufstandsgebiete in Kroatien ausgebrannt werden, wird es im Frühjahr notwendig sein, einen Feldzug zu führen.

Zusatz für Dtsch. Gen. b. H. Qu. d. ital. Wehrm.: Die Ansichten des Comando Supremo zu einem derartigen Einsatz der 2. ital. Armee sind einzuholen.

Zusatz für Dtsch. Gen. in Agram: Die Ansichten der kroatischen Wehrmachtführung sind zu diesem Vorhaben einzuholen.

Verteiler:
WFSt
Chef L/Ktb
I H
I K, I L
IV
Vo.Wi Rü

1. Ausf. nach Abgang
2. Ausf.
3. Ausf. (zgl. Fernschr.)
4. Ausf.
5. Ausf.
6. Ausf.

Or. Fernschreiben in OKM Weisungen OKW IV. 1. Bd. 2, 2 Seiten.

40.

Der Führer und Oberste Befehlshaber
der Wehrmacht
OKW/WFSt/Op. Nr.: 001031/42 g. Kdos.

F. H. Qu., den 23. 3. 1942

Geheime Kommandosache

25 Ausfertigungen
4. Ausfertigung

Weisung Nr. 40
Betr.: Befehlsbefugnisse an den Küsten.

I.) Grundlagen:

Die europäischen Küsten sind in der kommenden Zeit der Gefahr feindlicher Landungen in stärkstem Maße ausgesetzt.

Der Feind wird hierbei Zeitpunkt und Ort seiner Landeunternehmungen nicht allein von operativen Gesichtspunkten abhängig machen. Mißerfolge auf anderen Kriegsschauplätzen, Verpflichtungen gegenüber den Verbündeten und politische Erwägungen können ihn zu Entschlüssen verleiten, die nach rein militärischer Beurteilung unwahrscheinlich sind.

Auch feindliche Landeunternehmungen mit begrenzten Zielen stören, sofern sie überhaupt zu einem Festsetzen des Gegners an der Küste führen, in jedem Fall unsere eigenen Absichten empfindlich. Sie unterbrechen den eigenen See-Verkehr unter der Küste und binden starke Kräfte des Heeres und der Luftwaffe, die damit dem Einsatz an entscheidender Stelle entzogen werden. Besondere Gefahren entstehen, wenn es dem Feind gelingt, auf eigenen Flugplätzen einzufallen oder sich in dem von ihm gewonnenen Gebiet Flugbasen zu schaffen.

Die vielfach an der Küste oder küstennah gelegenen militärisch oder wehrwirtschaftlich wichtigen Anlagen, die z. T. mit besonders wertvollem Gerät ausgestattet sind, bieten außerdem Anreiz zu überfallartigen örtlichen Unternehmungen.

Besonders zu beachten sind die englischen Vorbereitungen für Landeunternehmungen an freier Küste, für die zahlreiche gepanzerte Landungsboote, eingerichtet für Kampfwagen und schwere Waffen, zur Verfügung stehen. Auch mit Fallschirm- und Luftlandeunternehmungen in größerem Ausmaß muß gerechnet werden.

23. 3. 1942

II.) **Allgemeine Kampfanweisung für die Küstenverteidigung.:**

1.) Die Verteidigung der Küsten ist eine **Wehrmachtaufgabe**, die ein besonders enges, lückenloses Zusammenwirken der Wehrmachtteile erfordert.

2.) **Vorbereitungen, Bereitstellung und Anmarsch des Gegners** für ein Landungsunternehmen rechtzeitig zu erkennen, muß das Bestreben des Nachrichtendienstes sowie der laufenden Aufklärung von **Kriegsmarine und Luftwaffe** sein.

Gegen Einschiffung oder Transportflotten sind dann alle geeigneten Kräfte zur See und in der Luft mit dem Ziel zusammenzufassen, den Feind möglichst weit ab von der Küste zu vernichten.

Da aber eine geschickte Verschleierung und die Ausnützung unsichtigen Wetters dem Gegner die Möglichkeit zu völlig überraschenden Angriffen gibt, müssen **alle Truppen**, die solchen überraschenden Aktionen ausgesetzt sein können, **stets im Zustand voller Abwehrbereitschaft** sein.

Das erfahrungsgemäß im Laufe der Zeit immer größer werdende Nachlassen der Aufmerksamkeit der Truppe zu verhindern, ist eine der wichtigsten Aufgaben der Führung.

3.) **Im Kampf um die Küste** — hierzu zählt auch das **Küstenvorfeld** im Bereich der mittleren Küsten-Artillerie — muß in Auswertung der Kampferfahrungen der jüngsten Zeit die **Verantwortung für die Vorbereitung und Durchführung der Verteidigung** eindeutig und ohne Einschränkung in **einer Hand** vereinigt werden.

Der verantwortliche Befehlshaber hat hierzu alle verfügbaren Kampfkräfte und -mittel der Wehrmachtteile, der Gliederungen und Verbände außerhalb der Wehrmacht und der eingesetzten deutschen zivilen Dienststellen zur Vernichtung der Transportmittel des Feindes und seiner Landungstruppen so einzusetzen, daß der **Angriff wenn möglich vor, spätestens aber nach dem Erreichen der Küste zusammenbricht.**

Gelandeter Feind muß in sofortigem Gegenangriff vernichtet oder in die See geworfen werden. Alle Waffenträger — gleichgültig, welchem Wehrmachtteil oder welchen Verbänden außerhalb der Wehrmacht sie angehören, sind hierzu einheitlich anzusetzen. Dabei müssen die erforderliche Arbeitsfähigkeit der an Land befindlichen Versorgungsbetriebe der Seestreitkräfte sowie die Einsatzbereitschaft der Fliegerbodenorganisation und der Flakschutz der Flugplätze, soweit sie nicht ohnehin durch die Kampfhandlungen auf der Erde in Mitleidenschaft gezogen sind, gewährleistet bleiben.

Keine Befehlsstelle und kein Verband dürfen in einer solchen Lage eine Rückwärtsbewegung antreten. Wo deutsche Männer an oder in der Nähe der Küste eingesetzt sind, müssen sie bewaffnet und für den Kampf ausgebildet sein.

Sofern Inseln in der Hand des Feindes eine Gefahr für das Festland oder für die Küstenschiffahrt bedeuten, muß verhindert werden, daß sich der Feind auf ihnen festsetzt.

4.) **Kräftegliederung und Befestigungsausbau** sind so vorzunehmen, daß der Schwerpunkt der Verteidigung an den Küstenabschnitten liegt, die in erster Linie als Landeplätze des Feindes in Frage kommen (Befestigte Räume).

Die übrigen Küstenabschnitte, soweit sie durch Handstreich auch kleinerer Abteilungen gefährdet sind, müssen — möglichst in Anlehnung an die Küstenbatterien — stützpunktartig gesichert werden. In diese stützpunktartige Sicherung sind alle militärisch und wehrwirtschaftlich wichtigen Anlagen einzubeziehen.

Die gleichen Grundsätze gelten für die vorgelagerten Inseln.

Weniger gefährdete Küstenabschnitte sind zu überwachen.

5.) Die **Abschnittseinteilung** an der Küste ist für die Wehrmachtteile in Übereinstimmung zu bringen, gegebenenfalls durch bindende Entscheidung des nach III.) 1.) verantwortlichen Befehlshabers.

6.) Die **befestigten Räume und Stützpunkte** müssen durch Kräftebemessung, Ausbau (Rundumverteidigung) und Bevorratung in der Lage sein, sich längere Zeit auch gegenüber überlegenem Gegner zu halten.

Befestigte Räume und Stützpunkte sind bis zum äußersten zu verteidigen. Niemals dürfen sie aus Mangel an Munition, Verpflegung oder Wasser zur Übergabe gezwungen werden können.

7.) Der nach III.) 1.) verantwortliche Befehlshaber erläßt die Anordnungen für die Küstenüberwachung und stellt sicher, daß die Aufklärungsergebnisse aller Wehrmachtteile schnell ausgewertet, zusammengefaßt und den berufenen Kommandobehörden und zivilen Dienststellen übermittelt werden.

Sobald Anzeichen für eine bevorstehende feindliche Operation vorliegen, ist er berechtigt, die notwendigen Richtlinien für eine einheitliche und sich ergänzende Aufklärung zur See und in der Luft zu geben.

8.) Für die in Küstennähe eingesetzten Stäbe und Verbände der Wehrmacht, sowie für alle Gliederungen und Verbände außerhalb der

Wehrmacht gelten keine Friedensrücksichten. Ihre Unterkunft, ihre Sicherungsmaßnahmen, ihre Ausrüstung, ihre Alarmbereitschaft und die Ausnützung des Landes werden allein durch Notwendigkeit bestimmt, jedem feindlichen Überfall so rasch und so stark als möglich entgegentreten zu können. Wo es die militärische Lage erfordert, ist die Bevölkerung schon jetzt zu evakuieren.

III.) Befehlsbefugnisse:

1). Für die Vorbereitung und Durchführung der Verteidigung der Küsten, die sich im deutschen Befehlsbereich befinden, sind verantwortlich:

    a) im Operationsgebiet im Osten (ohne Finnland):
        die vom OKH bestimmten Befehlshaber des Heeres,

    b) im Küstenbereich des AOK Lappland:
        der Oberbefehlshaber des AOK Lappland,

    c) in Norwegen:
        der Wehrmachtbefehlshaber in Norwegen,

    d) in Dänemark:
        der Befehlshaber der deutschen Truppen in Dänemark,

    e) in den besetzten Westgebieten (einschl. Niederlande):
        der Oberbefehlshaber West.

Die gemäß d) und e) verantwortlichen Befehlshaber werden für die Aufgaben der Küstenverteidigung unmittelbar dem Oberkommando der Wehrmacht unterstellt.

    f) auf dem Balkan (einschl. der besetzten Inseln):
        der Wehrmachtbefehlshaber Südost,

    g) in Ostland und Ukraine:
        die Wehrmachtbefehlshaber Ostland und Ukraine,

    h) im Heimatkriegsgebiet:
        die Kommandierenden Admirale.

2.) Die in III.) 1.) bestimmten Befehlshaber haben im Rahmen dieser Aufgabe Befehlsbefugnisse gegenüber den Kommandobehörden der Wehrmachtteile, den eingesetzten deutschen zivilen Dienststellen, sowie gegenüber den in ihrem Bereich befindlichen Verbänden und Gliederungen außerhalb der Wehrmacht.

In Ausübung dieser Befugnisse geben sie die für die Verteidigung der Küsten erforderlichen taktischen, organisatorischen und Versorgungsanordnungen und überzeugen sich von ihrer Durchführung. Auf die Ausbildung nehmen sie soweit Einfluß, wie es der Einsatz für den Kampf zu Lande erfordert. Die erforderlichen Unterlagen sind ihnen zur Verfügung zu stellen.

3.) Im Rahmen der zu treffenden Anordnungen und Maßnahmen sind in erster Linie sicherzustellen:

a) die Einbeziehung sämtlicher militärisch und wehrwirtschaftlich wichtigen Anlagen, besonders auch der Kriegsmarine (U-Bootbasen) und Luftwaffe, in befestigte Räume oder Stützpunkte,

b) einheitliche Steuerung der Küstenüberwachung,

c) die infanteristische Abwehr der befestigten Räume und Stützpunkte,

d) die infanteristische Abwehr aller außerhalb der befestigten Räume und Stützpunkte befindlichen Einzelposten, z. B. Küstenwachen, Flugmeldeposten,

e) die artilleristische Abwehr gegen Landziele (bei Einsatz neuer und Umstellung bereits vorhandener Küstenbatterien haben die Forderungen des Seekrieges den Vorrang),

f) die Abwehrbereitschaft, der Ausbau und die Bevorratung der Anlagen ebenso wie die Abwehrbereitschaft und Bevorratung außerhalb von Anlagen befindlicher Einzelposten. (Hierzu gehört auch die Ausstattung mit den für die Verteidigung erforderlichen Waffen, Minen, Handgranaten, Flammenwerfern, Hindernismaterial usw.),

g) die Nachrichtenverbindungen,

h) die Überprüfung der Alarmbereitschaft und der infanteristischen und artilleristischen Ausbildung im Rahmen der gestellten Abwehraufgaben.

4.) Die gleichen Befugnisse erhalten die Kommandeure der örtlichen Kommandobehörden bis zu den Abschnittsbefehlshabern, soweit ihnen die verantwortliche Verteidigung der Küstenabschnitte übertragen ist.

Als solche sind von den nach III.) 1.) eingesetzten Befehlshabern im allgemeinen die Kommandeure der im Küstenschutz eingesetzten Divisionen des Heeres, in Kreta der „Festungskommandant Kreta" zu bestimmen.

Soweit es ihre sonstigen Aufgaben erlauben, sind in einzelnen Abschnitten oder Unterabschnitten, besonders aber in ausgesprochenen Luft- und Marinestützpunkten die örtlichen Kommandanten oder Befehlshaber der Luftwaffe oder der Kriegsmarine mit der Verantwortung für die Gesamtverteidigung zu betrauen.

5.) Seestreitkräfte und die Streitkräfte der Luftwaffe für operative Kriegführung unterstehen der Kriegsmarine bzw. der Luftwaffe. Sie sind jedoch bei feindlichen Angriffen auf die

Küsten gehalten, den Anforderungen der für die Abwehr verantwortlichen Befehlshaber im Rahmen ihrer taktischen Möglichkeiten zu entsprechen. Sie müssen daher in den Nachrichtenaustausch als Grundlage ihres Einsatzes eingegliedert sein. Mit ihren Kommandobehörden ist enge Verbindung zu halten.

IV.) **Sonderaufgaben der Wehrmachtteile im Rahmen der Küstenverteidigung.**

1.) **Kriegsmarine:**
   a) Organisation und Schutz des Küstenverkehrs,
   b) Ausbildung und Einsatz der gesamten Küstenartillerie gegen Seeziele,
   c) Einsatz der Seestreitkräfte.

2.) **Luftwaffe:**
   a) Luftverteidigung in den Küstengebieten.
   Die Heranziehung der zur Abwehr von feindlichen Landungen geeigneten und verfügbaren Flak-Artillerie nach Anweisung der örtlichen für die Verteidigung verantwortlichen Befehlshaber wird hierdurch nicht berührt.
   b) Ausbau der Flieger-Bodenorganisation und ihres Schutzes gegen Angriffe aus der Luft und gegen überraschende Angriffe auf der Erde, letzteres, soweit die Flugplätze nicht in die Küstenverteidigung einbezogen und hierdurch nicht ausreichend gesichert sind.
   c) Einsatz der operativen Luftstreitkräfte.
   Aus diesen Sonderaufgaben sich ergebende Doppelunterstellungen müssen in Kauf genommen werden.

V.) Dieser Weisung entgegenstehende Befehle und Anordnungen treten mit dem 1. 4. 1942 außer Kraft.
   Neue Kampfanweisungen, die auf Grund meiner Weisung von den verantwortlichen Befehlshabern erlassen werden, sind mir über das OKW vorzulegen.

                          (gez.) Adolf Hitler
                                F. d. R.
                                Hornig
                                Hauptmann

Verteiler:

OKH/Op.Abt.	1. Ausf.
O. B. West	2. Ausf.
Bfh. d. dt. Truppen in Dänemark	3. Ausf.
OKM/1. Skl.	4. Ausf.
Ob.d.L./LwFüSt.	5. Ausf.

Weisung Nr. 40

Reichsf. SS u. Chef. d.
deutschen Polizei   6. Ausf.
W.Bfh. Norwegen   7. Ausf.
AOK Lappland   8. Ausf.
W.Bfh. Niederlande   9. Ausf.
W.Bfh. Südost   10. Ausf.
W.Bfh. Ostland   11. Ausf.
W.Bfh. Ukraine   12. Ausf.

OKW:
   WFSt   13.–19. Ausf.
   WNV   20. Ausf.
   WPr   21. Ausf.
   Ausl./Abw.   22. Ausf.
   AWA   23. Ausf.
   Wi Rü Amt   24. Ausf.
   Wehrm.Trsp.Chef 25. Ausf.

Nicht vollzogene gleichzeitige Reinschrift in Akte Marine-Archiv, 12 Seiten Masch. Schr. Abschrift der 13. Ausf. in Privatbesitz. Vgl. dazu Ausbau der Küstenverteidigung, OKW-Befehl v. 14. 12. 1941. Die im folgenden Stück vom 5. 12. 1942 angekündigte neue Weisung ist nicht mehr erlassen worden.

40 a.

Chef O.K.W.   F. H. Qu., den 5. 12. 1942
WFSt/Op. Nr. 004688/42 g.Kdos.

Geheime Kommandosache   3 Ausfertigungen
                                                      1. Ausfertigung

An
1. Genst. d. H./Op.Abt.
2. Genst. d. H./Gen. d. Artl.
3. OKM/1 Skl.
4. OKM/Qu A
5. Ob. d. L./Lw.Fü.St.
6. (Geb.) A. O. K. 20
7. W.Bfh. Norwegen
8. Befehlshaber d. Dt. Truppen in Dänemark
9. W.Bfh. Niederland
10. Ob. West
11. Ob. Süd
12. W.Bfh. Südost
13. W.Bfh. Ukraine
14. W.Bfh. Ostland
15. General d. Pi. u. Fest.

        Bis zu der in nächster Zeit zu erwartenden eingehenden Weisung des Führers über Einsatz und Führungsfragen der Küstenartillerie gelten auf Grund mündlicher Äußerungen des Führers als Grundlage für den weiteren Ausbau folgende Richtlinien:

1.) An den Grundsätzen der Weisung 40 wird festgehalten.
   Für die Bekämpfung des Feindes im Küstenvorfeld, die von entscheidender Bedeutung ist, müssen alle geeigneten Batterien herangezogen werden. Führung und bestimmender Einfluß sind hierbei allein Aufgabe der Kriegsmarine.
   Demgegenüber fällt dem Heer voll die Führung beim Kampf auf dem Lande zu.

2.) Nur für Seezielbekämpfung völlig ungeeignete, in früheren Zeiten als Notbehelf aufgestellte Küstenbatterien sind von den Befehlshabern der Kriegsmarine aus der Küstenartillerie auszuscheiden und dem Heer zu anderweitiger Verwendung zur Verfügung zu stellen.

3.) Batterien, die sich sowohl für Seezielbekämpfung, als auch für den Kampf gegen einen gelandeten Feind eignen, sind zwischen den Wehrmachtbefehlshabern bzw. Oberbefehlshabern und den zuständigen Marinebefehlshabern festzulegen und aufzustellen. Der Vorrang kommt dabei den Aufgaben der Seezielbekämpfung zu. Kommt darüber keine Einigung zu Stande, so ist unter Beifügung der Unterlagen beider Seiten die Entscheidung des Führers über das OKW herbeizuführen.

4.) Meldungen nach Ziff. 2 und 3 bis 1. 1. 1943 an OKW/WFSt.

For. Doc. Section London PG 31755 p. 55, jetzt Bundesarchiv.

41.

Der Führer und Oberste Befehlshaber der Wehrmacht
OKW/WFSt Nr. 55616/42 g. K. Chefs.

F. H. Qu., den 5. 4. 1942

Geheime Kommandosache
Chefsache
Nur durch Offizier

14 Ausfertigungen
3. Ausfertigung

Weisung 41

Die Winterschlacht in Rußland geht ihrem Ende zu. Durch die überragende Tapferkeit und den opferfreudigen Einsatz der Soldaten der Ostfront ist ein Abwehrerfolg von größtem Ausmaß für die deutschen Waffen errungen.

Der Feind hat schwerste Verluste an Menschen und Material erlitten. In dem Bestreben, scheinbare Anfangserfolge auszunutzen, hat er auch die Masse seiner für spätere Operationen bestimmten Reserven in diesem Winter weitgehend verbraucht.

Sobald Wetter- und Geländeverhältnisse die Voraussetzungen dazu bieten, muß nunmehr die Überlegenheit der deutschen Führung und Truppe das Gesetz des Handelns wieder an sich reißen, um dem Feinde ihren Willen aufzuzwingen.

Das Ziel ist, die den Sowjets noch verbliebene lebendige **Wehrkraft** endgültig zu vernichten und ihnen die wichtigsten kriegswirtschaftlichen Kraftquellen so weit als möglich zu entziehen.

Hierzu werden alle verfügbaren Kräfte der deutschen Wehrmacht und die der Verbündeten herangezogen. Dabei muß aber gewährleistet sein, daß die besetzten Gebiete im Westen und Norden Europas, **insbesondere die Küsten**, unter allen Umständen gesichert bleiben.

I. Allgemeine Absicht:

Unter Festhalten an den ursprünglichen Grundzügen des Ostfeldzuges kommt es darauf an, bei Verhalten der Heeresmitte, im **Norden** Leningrad zu Fall zu bringen und die Landverbindung mit den Finnen herzustellen, auf dem **Südflügel** der Heeresfront aber den Durchbruch in den Kaukasus-Raum zu erzwingen.

Dieses Ziel ist in Anbetracht der Abschlußlage nach der Winterschlacht, der verfügbaren Kräfte und Mittel und der Transportverhältnisse nur abschnittsweise zu erreichen.

Daher sind zunächst alle greifbaren Kräfte zu der **Hauptoperation im Süd-Abschnitt** zu vereinigen mit dem Ziel, den Feind vorwärts des Don zu vernichten, um sodann die Ölgebiete im kaukasischen Raum und den Übergang über den Kaukasus selbst zu gewinnen.

Die endgültige Abschnürung von Leningrad und die Wegnahme des Ingermanlandes bleibt vorbehalten, sobald die Entwicklung der Lage im Einschließungsraum oder das Freiwerden sonstiger ausreichender Kräfte es ermöglichen.

II. Die Führung der Operationen:

A.) **Erste Aufgabe des Heeres und der Luftwaffe** nach Abschluß der Schlammzeit ist es, die Vorbedingungen für die Durchführung der Hauptoperation zu schaffen.

Das erfordert die **Bereinigung und Festigung der Lage an der gesamten Ostfront** und in den rückwärtigen Heeresgebieten mit dem Ziel, dadurch möglichst viele Kräfte für die Hauptoperation zu gewinnen, an den übrigen Fronten aber mit geringstem Einsatz dennoch jedem Angriff gewachsen zu sein.

Wo zu diesem Zweck **Angriffsoperationen mit begrenztem Ziel** nach meinen Anordnungen geführt werden müssen, ist aber auch hierzu jeweils ein überwältigender Einsatz sämtlicher verfügbaren Angriffsmittel des Heeres und der Luftwaffe sicherzustellen, um schnelle und durchschlagende Erfolge zu erreichen. Nur dadurch wird vor allem auch schon vor dem Beginn der großen Frühjahrsoperationen in der eigenen Truppe die unbedingte Siegeszuversicht wieder gestärkt, dem Feind aber seine hoffnungslose Unterlegenheit eingehämmert werden.

B.) Die nächsten Aufgaben in diesem Rahmen sind es, auf der **Krim** die **Halbinsel Kertsch** zu säubern und **Sebastopol** zu Fall zu bringen. Die Luftwaffe und demnächst auch die Kriegsmarine haben den Auftrag, zur Vorbereitung dieser Unternehmungen den feindlichen Nachschubverkehr im Schwarzen Meer und in der Straße von Kertsch nachdrücklichst zu unterbinden.

Im **Südraum** ist der beiderseits **Isjum** eingebrochene Feind im Zuge des Donez abzuschneiden und zu vernichten.

Die in der **Mitte** und im **Nordabschnitt** der Ostfront noch erforderlichen Frontbereinigungen können erst nach Abschluß der laufenden Kampfhandlungen und der Schlammperiode endgültig übersehen und entschieden werden. Hierzu müssen aber die notwendigen Kräfte — sobald die Lage dies zuläßt — durch Strecken der Front geschaffen werden.

C.) **Die Hauptoperation an der Ostfront.**

Ihr Ziel ist es — wie schon betont — zur Einnahme der Kaukasusfront die russischen Kräfte, die sich im Raume von Woronesh nach Süden, westlich bezw. nördlich des Dons befinden, entscheidend zu schlagen und zu vernichten. Aus Gründen des Eintreffens der hierzu verfügbaren Verbände kann diese Operation nur in einer Reihe von nacheinander folgenden, aber untereinander im Zusammenhang stehenden bezw. sich ergänzenden Angriffen durchgeführt werden. Sie sind daher von Norden nach Süden zeitlich so aufeinander abzustimmen, daß außerdem in jedem einzelnen dieser Angriffe ein Höchstmaß der Konzentration sowohl von Heeres- als auch besonders von Luftstreitkräften an den entscheidenden Stellen sichergestellt werden kann.

Bei der nunmehr zur Genüge erwiesenen Unempfindlichkeit des Russen gegenüber operativen Einschließungen ist entscheidender Wert — ähnlich wie in der Doppelschlacht von Wjasma-Brjansk — darauf zu legen, die einzelnen Durchbrüche in die Gestalt enger Umklammerungen zu bringen.

Es muß vermieden werden,
daß durch zu spätes Einschwenken der Umklammerungsverbände dem Gegner die Möglichkeit offenbleibt, sich der Vernichtung zu entziehen.

Es darf nicht vorkommen,
daß durch ein zu schnelles und weites Ausgreifen der Panzer- bezw. mot.-Verbände die Verbindung zu der nachfolgenden Infan-

terie abreißt, oder die Panzer- und mot.-Verbände selbst die Möglichkeit verlieren, den schwer vorwärts kämpfenden infanteristischen Kräften des Heeres durch ihr unmittelbares Einwirken in den Rücken der umklammerten russischen Armeen zu Hilfe zu kommen.

Es ist also, abgesehen von dem großen operativen Ziel, in jedem einzelnen Fall die Vernichtung des angegriffenen Gegners schon durch die Art des Ansatzes und der Führung der eigenen Verbände unter allen Umständen sicherzustellen.

Die Einleitung der Gesamtoperation hat mit einem umfassenden Angriff bezw. Durchbruch aus dem Raum südlich Orel in Richtung auf Woronesh zu beginnen. Von den beiden zur Umklammerung angesetzten Panzer- und Mot-Verbänden hat der n ö r d l i c h e stärker zu sein als der südliche. Das Ziel dieses Druchbruchs ist die Besetzung von Woronesh selbst. Während es nun die Aufgabe eines Teiles der Infanterie-Divisionen ist, zwischen dem Ausgangspunkt des Angriffs von Orel in Richtung auf Woronesh sofort eine starke Verteidigungsfront aufzubauen, haben die Panzer- und mot-Verbände den Auftrag, von Woronesh aus mit ihrer linken Flanke, angelehnt an den Don, nach Süden den Angriff fortzusetzen zur Unterstützung eines zweiten Durchbruchs, der etwa aus dem allgemeinen Raum von Charkow nach Osten hin geführt werden soll. Auch hier ist es primär das Ziel, nicht die russische Front als solche einzudrücken, sondern im Zusammenwirken mit den den Don abwärts vorstoßenden mot-Verbänden die russischen Kräfte zu vernichten.

Der dritte Angriff dieser Operationen ist so zu führen, daß die den Don abwärts stoßenden Verbände sich im Raum um Stalingrad mit jenen Kräften vereinigen, die aus dem Raum Taganrog-Artelnowsk zwischen dem Unterlauf des Don und Woroschilowgrad über den Donez nach Osten vorstoßen. Diese sollen abschließend die Verbindung mit der gegen Stalingrad vorrückenden Panzer-Armee finden.

Sollten sich im Zuge dieser Operationen, besonders durch die Inbesitznahme unversehrter Brücken die Aussichten bieten, Brückenköpfe ostwärts bezw. südlich des Dons zu bilden, so sind solche Möglichkeiten wahrzunehmen. Auf jeden Fall muß versucht werden, Stalingrad selbst zu erreichen oder es zumindest so unter die Wirkung unserer schweren Waffen zu bringen, daß es als weiteres Rüstungs- und Verkehrszentrum ausfällt.

Besonders erwünscht wäre es, wenn es gelänge, entweder unversehrte Brücken sei es in Rostow selbst, oder sonst gesicherte Brückenköpfe südlich des Dons zu gewinnen für die weitere Fortführung der für später beabsichtigten Operationen.

Um zu verhindern, daß wesentliche Teile der nördlich des Dons befindlichen russischen Kräfte über den Strom nach Süden entweichen, ist es wichtig, daß die aus dem Raum von Taganrog nach dem Osten vorgehende Kräftegruppe eine Verstärkung ihres rechten Flügels durch die Zuführung von Panzer- und schnellen Truppen erhält, die — wenn notwendig — auch durch improvisierte Verbände zu bilden sind.

Entsprechend dem Fortschreiten dieser Angriffe muß nicht nur auf starke Sicherung der Nordostflanke der Angriffsoperation Bedacht genommen, sondern auch der Ausbau der Stellungen in Anlehnung an den Don sofort begonnen werden. Dabei ist auf stärkste Panzerabwehr entscheidender Wert zu legen. Die Stellungen sind von vornherein auch im Hinblick auf ihre etwaige Ausnutzung im Winter festzulegen und dafür mit allen Mitteln vorzubereiten.

Zur Besetzung der sich im Laufe dieser Operation mehr und mehr verlängernden Donfront werden in erster Linie die Verbände der Verbündeten mit der Maßgabe herangezogen, daß deutsche Truppen als starke Stütze zwischen Orel und dem Don sowie an der Stalingrader Landenge einzusetzen sind, im übrigen aber einzelne deutsche Divisionen hinter der Donfront als Eingreifreserven verfügbar bleiben.

Die Verbündeten Truppen sind weitgehend in eigenen Abschnitten so zu verwenden, daß am weitesten nördlich die Ungarn, demnächst die Italiener, am weitesten südostwärts die Rumänen eingesetzt werden.

D.) **Die schnelle Fortsetzung der Bewegungen über den Don** nach Süden zur Erreichung der Operationsziele muß im Hinblick auf die jahreszeitlichen Bedingungen gewährleistet sein.

III. Luftwaffe:

Neben der unmittelbaren Unterstützung des Heeres ist es die Aufgabe der Luftwaffe, den Aufmarsch im Raum der Heeresgruppe Süd durch **Verdichtung der Luftverteidigung** zu schützen. Dies gilt insbesondere für die Eisenbahnübergänge über den Dnjepr.

Werden **Aufmarschbewegungen des Feindes erkannt**, so sind seine Hauptverkehrswege und die in den Kampfraum hineinführenden Eisenbahnen weit im Hintergelände nachhaltig zu unterbrechen und hierzu in erster Linie Zerstörungsangriffe gegen die Eisenbahnbrücken über den Don zu richten.

Als Einleitung der Operation ist die **feindliche Luftwaffe** und ihre Bodenorganisation im Angriffsraum mit zusammengefaßten Kräften anzugreifen und zu zerschlagen.

Die Möglichkeit einer **raschen Verschiebung von Fliegerverbänden** in die Kampfräume Mitte und Nord muß gewahrt, die dazu nötige Bodenorganisation so weit als möglich aufrechterhalten bleiben.

IV.) Kriegsmarine:

Im **Schwarzen Meer** ist es die Hauptaufgabe der Kriegsmarine — soweit die eigenen Mittel an Kampf- und Sicherungsstreitkräften sowie an Schiffsraum es irgend gestatten — die Versorgung des Heeres und der Luftwaffe durch Seetransporte zu entlasten.

Im Hinblick auf die noch ungebrochene Kampfkraft der russischen Schwarz-Meer-Flotte ist es von besonderer Bedeutung, daß die ins Schwarze Meer zu überführenden leichten Seestreitkräfte dort möglichst frühzeitig einsatzbereit werden.

Die Ostsee ist durch Abriegelung der russischen Seestreitkräfte im inneren Finnenbusen zu sichern.

V.) Meine zur **Wahrung der Geheimhaltung** erlassenen grundsätzlichen Befehle sind erneut allen an den Vorbereitungen beteiligten Stellen zur Pflicht zu machen. Das hierin zu beobachtende Verhalten gegenüber den Verbündeten wird durch besondere Anordnungen zu dieser Weisung geregelt.

VI.) Die beabsichtigten **Vorbereitungen der Wehrmachtteile** sind mir, auch in ihrem zeitlichen Ablauf, über das Oberkommando der Wehrmacht zu melden.

(gez.) Adolf Hitler

Verteiler:

OKH / Op. Abt.	1. Ausf.
Ob. d. L. / Lw. Fü. Stab	2. Ausf.
Ob. d. M. / Skl.	3. Ausf.

OKW

W F St.	4.—10. Ausf.
W N V	11. Ausf.
W Pr	12. Ausf.
Chef Ausl/Abw.	13. Ausf.
Wehrmacht-Transportchef	14. Ausf.

Or. m. eigh. Unterschrift in OKM Weisungen OKW IV, 1 Bd. 2, 14 Seiten Masch. Schr. Druck: Jacobsen, 1939–1945 nach der 4. Ausf.

42.

Der Führer F. H. Qu., den 29. 5. 42
OKW/WFSt/Op. Nr. 55896/42 g. K. Chefs.

Geheime Kommandosache
Chefsache! 6 Ausfertigungen
Nur durch Offizier! 3. Ausfertigung

Weisung Nr. 42
Richtlinien für die Operationen gegen
Restfrankreich bezw. die Iberische Halbinsel
(Bisher „Attila" bezw. „Isabella")

I.) Die Entwicklung der Lage im unbesetzten Frankreich oder in den französischen Besitzungen in Nordafrika kann es auch in Zukunft erforderlich machen, das gesamte französische Gebiet zu besetzen.

Ebenso muß mit dem Versuch eines feindlichen Zugriffs auf die Iberische Halbinsel gerechnet werden, der unverzüglich eigene Gegenmaßnahmen erfordert.

II.) Infolge der dauernden Kräfteverschiebungen im Westen und des ständigen Wechsels in der Einsatzbereitschaft der Verbände können für die Durchführung dieser Unternehmen lediglich allgemeine Richtlinien gegeben werden. Die Personal- und Materiallage verbieten es auch, Kräfte und Material hierfür ständig besonders verfügbar zu halten.

Die bisher für „Attila" und „Isabella" erlassenen Weisungen treten daher mit sofortiger Wirkung außer Kraft. Die Improvisation beider Unternehmen ist aber so vorzubereiten, daß ihre Durchführung mit möglichst kurzer Vorbereitung möglich bleibt.

III.) Besetzung Restfrankreichs in Zusammenarbeit mit italienischen Kräften (Deckname „Anton" (gK), Tag des Operationsbeginns = A-Tag)

1.) Ziel der Operation ist es, die Widerstandskraft des unbesetzten Frankreichs zu brechen und das Land zu besetzen.

Dabei kommt es für die deutschen Kräfte darauf an, unter Aufrechterhaltung des Küstenschutzes mit schnell zu bildenden, möglichst beweglichen Kräftegruppen die für die Verteidigung wichtigen Objekte überraschend in Besitz zu nehmen und hierdurch die französischen Widerstandsmöglichkeiten auszuschalten. Raschem Zugriff auf die französischen größeren Standorte, Eisenbahnknotenpunkte, Stockierungslager, Munitions- und Waffenlager, Flugplätze und den Regierungssitz Vichy kommt hierbei besondere Bedeutung zu.

Aufgabe der Italiener wird es sein, — neben Korsika — die französische Mittelmeerküste zu besetzen und durch Abriegelung der Flottenstützpunkte — insbesondere Toulon — von See her ein Übergehen der französischen Heimatflotte und der in den Mittelmeerhäfen liegenden Handelsschiffe zum Feind zu verhindern. Sie sind dabei durch die im Mittelmeer befindlichen deutschen See- und Luftstreitkräfte zu unterstützen.

Ferner werden die Italiener, falls es die Lage erfordert, sich gegen Tunesien zu wenden haben. Die Bildung einer Kampfgruppe für diesen Zweck ist im Gange.

2.) OKH (H. Gr. D.) trifft dementsprechend alle Vorbereitungen nach Maßgabe der jeweils verfügbaren Kräfte.

Zur Unterstützung des Heeres bei Sonderaufgaben (z. B. Besetzung von Luftwaffen-Anlagen, Ausschaltung von Nachrichten-Anlagen, Sabotage) erforderliche Sonderkommandos sind von den Wehrmachtteilen und den Dienststellen des OKW nach Anforderung und im Einvernehmen mit OKH abzustellen.

3.) Aufgabe der Luftwaffe ist es, neben der unmittelbaren Unterstützung der Operationen des Heeres die in Frankreich befindlichen Teile der französischen Luftwaffe in Zusammenarbeit mit den Italienern auszuschalten.

Möglichkeiten zu Luftlande-Unternehmen sind, wenn die 7. Fl. Div. und Transportgruppen zur Verfügung stehen, auszunützen.

Die Voraussetzungen für den Einsatz der Luftwaffe sind durch Vorbereiten der Bodenorganisation im besetzten französischen Gebiet soweit möglich bereits jetzt zu schaffen.

IV.) Erste Gegenmaßnahmen gegen feindlichen Zugriff auf die Iberische Halbinsel (Deckname „Ilona" (g. K.), Tag des Grenzübertritts = I-Tag).

1.) Als erstes Ziel der eigenen Gegenmaßnahmen müssen durch Inbesitznahme der Südausgänge der Pyrenäen die Voraussetzungen für spätere Operationen geschaffen werden. Einer Bedrohung der strategisch wichtigen französischen Atlantikküste von Spanien ist durch Sicherung der an der spanischen Nordküste gelegenen Häfen zuvorzukommen.

29. 5. 1942

2.) Verhandlungen und Vorbesprechungen mit den Spaniern und anderen außerdeutschen Stellen über diese Absichten sind verboten.

V.) Die Oberkommandos der Wehrmachtteile melden zum

10. 6. für beide Unternehmen

a) die vorgesehenen Kräfte,

b) die beabsichtigte Durchführung im Großen,

c) den erforderlichen Zeitbedarf bis zum Anlauf der Operation,

d) Forderungen und Wünsche an die Italiener, sowie Möglichkeiten zu ihrer Unterstützung (gem. III, 1, Abs. 3).

Die erforderlichen Absprachen mit den Italienern werden dann durch das Oberkommando der Wehrmacht veranlaßt werden.

(gez.) Adolf Hitler

Verteiler:
OKH/Op. Abt.	1. Ausf.
Ob. d. L. / LwFüSt	2. Ausf.
OKM / 1. Skl.	3. Ausf.
Dt. Gen. b. H. Qu. d. ital. Wehrm.	4. Ausf.
OKW / WFSt	5.—6. Ausf.

* *Vgl. oben Weisung Nr. 19. — Unter dem Stichwort „Isabella" war am 9. 5. 1941 die Vorbereitung zur Sicherung der spanischen und portugiesischen West-Küste vom OKW befohlen worden (vgl. Seraphim, Die Welt als Geschichte XV, 1955). Diese Befehle stehen im Zusammenhang mit den für den Fall Barbarossa (Weisung Nr. 21) getroffenen Abwehrmaßnahmen in West-Europa.*

Or. m. eigh. Unterschrift in OKM Weisungen OKW IV, 1 Bd. 2, 7 Seiten Masch. Schr. (Führer-Masch.). Verteiler eingeschränkt.

43.

Der Führer F. H. Qu., den 11. 7. 1942
Nr. 551208/42 g.K. Chefs. OKW/WFSt/Op.

Geheime Kommandosache
Chefsache! 5 Ausfertigungen
Nur durch Offizier! 3. Ausfertigung

Weisung Nr. 43
Fortsetzung der Operationen von der Krim.

1.) Nach der Säuberung der Halbinsel Kertsch und der Einnahme von Sewastopol ist es die nächste Aufgabe der 11. Armee, unter Aufrechterhaltung der Sicherung der Krim, bis spätestens Mitte August alle Vorbereitungen für einen Übergang mit der Masse der Armee über die Straße von Kertsch zu treffen mit dem Ziel, beiderseits der Westausläufer des Kaukasus in südostwärtiger und ostwärtiger Richtung vorzustoßen.

Das Unternehmen erhält den Decknamen „Blücher" (geh. Kdos.), der Tag des Anlandens die Bezeichnung „Bl-Tag".

2.) Für die Durchführung der Operation gelten nachstehende Richtlinien:

Der Übergang ist nach den Vorschlägen der 11. Armee derart vorzusehen, daß mit möglichst starken Teilen im Rücken der feindlichen Küstenbefestigungen gelandet wird.

Anschließend ist zunächst das Höhengelände nördlich Noworossijsk zu gewinnen. Durch Besetzung der Häfen von Anapa und Noworossijsk sind diese Stützpunkte der feindlichen Flotte auszuschalten.

Danach wird die Operation mit Schwerpunkt in allgemein ostwärtiger Richtung, nördlich des Kaukasus, fortzusetzen sein. Schnelle Inbesitznahme des Gebietes um Maikop ist dabei von besonderer Bedeutung. Ob Teilkräfte auch an der Küstenstraße des Schwarzen Meeres über Tuapse anzusetzen sind, kann erst später entschieden werden.

Die Masse der mittleren und schweren Flachfeuer- sowie der Steilfeuer-Batterien bis 21 cm-Mörser einschl. und einige der schw. Wurfgerät-Abteilungen sind der 11. Armee für die Durchführung dieser Operation zu belassen.

3.) Die Kriegsmarine trifft beschleunigt alle Maßnahmen, um den für den Übergang benötigten Schiffsraum nach näherer Anforderung des Heeres bereitzustellen.

11. 7. 1942

Zur Deckung dieses Bedarfes sind neben den im Schwarzen und Asowschen Meer verfügbaren und noch zuzuführenden Schiffen weitere geeignete Fahrzeuge durch Charterung oder Ankauf von den Bulgaren und Rumänen zu erwerben.

Bei dem Unternehmen selbst hat die Kriegsmarine die Landungstruppen bei der Durchführung des Überganges zu unterstützen und die Operation mit den verfügbaren Kräften gegen die Einwirkung der feindlichen Flotte zu schützen.

Die zur Überführung der Landungstruppen eingesetzten Teile der Kriegsmarine sind für den Übergang der 11. Armee zu unterstellen.

4.) Aufgabe der Luftwaffe in der Vorbereitung der Operation ist es, die feindlichen Häfen und Seestreitkräfte im Schwarzen Meer weitgehend auszuschalten.

Während des Unternehmens kommt es darauf an, neben der unmittelbaren Unterstützung der Landungstruppen, Störungen des Übersetzens durch die feindlichen Seestreitkräfte zu verhindern.

Die mehrtägige Luftversorgung der auf die Halbinsel von Temrjuk übergesetzten Kräfte des Heeres ist vorzubereiten.

Die Möglichkeit des Einsatzes von Fallschirmtruppen und Luftlandetruppen ist zu prüfen. 7. Flieger-Division ist hierzu nach Möglichkeit nicht heranzuziehen, allenfalls mit geringfügigen Teilen. Die Verwendung von Teilen der 22. J. D. als Luftlandetruppe kann von Vorteil sein.

5.) Dem Gegner ist die Verlegung starker Teile der 11. Armee von der Krim in den Raum nördlich des Asowschen Meeres vorzutäuschen. Hierzu ist eine große Marsch- und Eisenbahn-Transportbewegung in nördlicher Richtung durchzuführen und der Aufmarsch zum Unternehmen „Blücher" durch Nachtmärsche zu verschleiern.

Das Oberkommando der Wehrmacht wird diese Irreführung durch geeignete Maßnahmen unterstützen.

6.) Die vorbereiteten Sonderunternehmen (Abw. II):

a) Fallschirmabsprung einer Einsatzgruppe im Raum um Maikop zum Schutz der Ölanlagen (Unternehmen „Schamil"),

b) Sabotage-Unternehmen gegen das Eisenbahn-Dreieck Krasnodar—Krapotkin—Tichorezk sowie gegen die Kuban-Brücken im gleichen Raum,

c) Mitwirkung bei Angriffen gegen feindliche Hafen- und Küsten-Anlagen durch die für solche Aufgaben aufgestellte le. Pi. Komp./Lehrregt. Brandenburg sind von Gen. St. d. H. mit Amt Ausl./Abw. (Abw. II) zu prüfen und gegebenenfalls in die Operation „Blücher" einzuordnen.

7.) Einzelheiten der Vorbereitung und Durchführung der Operation wird Genst. d. H. mit Kriegsmarine und Luftwaffe unmittelbar festlegen.

Über den Stand der Vorbereitungen (Bereitstellung des Schiffsraumes) und den beabsichtigten Kräfteansatz ist mir über OKW/WFSt. laufend zu berichten.

(gez.) Adolf Hitler

Verteiler:
Gen. St. d. H. / Op. Abt.	1. Ausf.
Ob. d. L. / Lw. Fü. St.	2. „
O.K.M. / 1. Skl.	3. „
W.F.St.	4.—5. „

Or. m. eigh. Unterschrift in OKM Weisungen OKW IV, 1 Bd. 3, 6 Seiten Masch. Schr.

Fernschreiben von KR GWNOL 04074 13/7 1635 DSZ = KR GenSt. d. H. / Op. Abt. = KR Ob. d. L. / Lw. Fü. St. = KR O. K. M. / 1. Skl. g. Kdos.

Bezug: Weisung Nr. 42 (Der Führer, Nr. 551208/42 g. K. Chefs. OKW/WFSt/Op. v. 11. 7.).

In der Weisung Nr. 43 ist im ersten Satz die Zeitangabe „bis spätestens Mitte August" zu streichen und dafür zu setzen „bis Anfang August".

OKW/WFSt/Op. (H) Nr. 002353/42 g. Kdos.

Or. Fernschr. in OKM Weisungen OKW IV. 1. Bd. 3, 1 Seite.

44.

Der Führer F. H. Qu., den 21. 7. 1942
OKW/WFSt/Op. Nr. 55 1275/42 g. Kdos. Chefs.

Geheime Kommandosache
Chefsache!   8 Ausfertigungen
Nur durch Offizier!   3. Ausfertigung.

Weisung Nr. 44

Betr.: Kampfführung in Nordfinnland.

1.) Die unerwartet schnell und günstig verlaufenen Operationen gegen die Armeen Timoschenkos berechtigen zu der Hoffnung, daß es in kurzer Zeit gelingen wird, Sowjetrußland von der Verbindung mit dem Kaukasus, damit von seiner hauptsächlichen

21. 7. 1942

Ölversorgung und einem wesentlichen Zufuhrweg für englische und amerikanische Materiallieferungen abzuschneiden.

Hiermit und mit dem Verlust der gesamten Donezindustrie wird der Sowjetunion ein Schlag zugefügt, der in seinen Auswirkungen unabsehbar ist.

2.) Es kommt nunmehr darauf an, auch die **nördliche Versorgungslinie abzuschneiden**, die Sowjetrußland mit den angelsächsischen Mächten verbindet. Dies ist in erster Linie die **Murmanbahn**, auf der die Materiallieferungen aus Amerika und England in der überwiegenden Menge in den Wintermonaten zugeführt worden sind. Die Bedeutung dieser Versorgungslinie wird sich erneut steigern, wenn Jahreszeit und Witterung einen erfolgreichen Einsatz gegen die Geleitzüge im Norden ausschließen.

3.) Hierzu bereitet Geb. AOK 20, entsprechend seinem Vorschlag, im Einvernehmen mit Luftflotte 5 für den Herbst dieses Jahres einen **Angriff zur Gewinnung der Murmanbahn bei Kandalakscha** vor.

Dabei kann damit gerechnet werden, daß

a) spätestens im September Leningrad genommen wird und hierdurch finnische Kräfte freigemacht werden,

b) bis Ende September die 5. Geb. Div. nach Finnland zugeführt sein wird.

Das Unternehmen erhält den Decknamen „Lachsfang". Angriffstag „L=Tag".

4.) Es ist wünschenswert, mit dem Angriff des Geb. AOK 20 ein **Vorgehen der Finnen gegen Belomorsk** zu verbinden.

Verbindungsstab Nord klärt die Absichten der finnischen Wehrmachtführung für diesen Angriff im Einvernehmen mit Geb. AOK 20.

5.) **Die wichtigste Aufgabe des Geb. AOK 20** bleibt der unbedingte Schutz der finnischen Nickelerzeugung.

Es muß erneut und mit allem Ernst darauf hingewiesen werden, daß der Ausfall der Nickellieferungen Finnlands an Deutschland dieses jeder Möglichkeit berauben könnte, hochwertige Stähle, in erster Linie für die Flugzeug- und U-boot-Motorenfertigung, herzustellen. Das kann zu entscheidenden Folgen für den Ausgang des Krieges führen.

Geb. AOK 20 muß demnach jederzeit in der Lage sein, dem Geb. Korps Norwegen die für die Erfüllung seiner Aufgabe erforderlichen Reserven zuzuführen.

Ebenso muß die Luftwaffe (Luftflotte 5) im Fall eines Angriffs auf die Nickelerzeugung, unter Zurückstellung aller anderen Aufgaben, den Schwerpunkt auf die Unterstützung der Abwehr legen.

* 6.) Das Unternehmen „Wiesengrund" unterbleibt in diesem Jahre. Die Vorbereitungen sind jedoch so weiter zu treffen und zu verstärken, daß im Frühjahr 1943 die Durchführung mit beschränkter Anlaufzeit (etwa 8 Wochen) möglich ist.

Besonderer Wert ist auf Ausbau und Verstärkung der Luft- und Versorgungsbasis zu legen, da diese die Grundlage sowohl für die Durchführung von „Wiesengrund" wie auch für die Abwehr eines feindlichen Großangriffs im Nordraum ist.

7.) Geb. AOK 20 und Ob d L melden baldmöglichst ihre Absichten.
Verbindungsstab Nord berichtet über die Absichten der Finnen für den Angriff auf Belomorsk.

(gez.) Adolf Hitler

Verteiler:

Geb. AOK 20	1. Ausf.
Ob d L/LwFüSt	2. „
Ob d M/Skl	3. „
Gen St d H	4. „
Verb. Stab Nord	5. „
OKW/WFSt.	6.–8. „

* *Wiesengrund = Wegnahme der Fischer-Halbinsel. Vgl. Weisung 37, 1d.*
Or. m. eigh. Unterschrift in OKM Weisungen OKW IV, 1 Bd. 3, 4 Seiten Masch. Schr. (Führer-Maschine).

45.

Der Führer F. H. Qu., d. 23. 7. 42
OKW/WFSt/Op. Nr. 55 1288/42 g.K. Chefs.

Geheime Kommandosache
Chefsache!   6 Ausfertigungen
Nur durch Offizier!   3. Ausfertigung

Weisung Nr. 45
* für die Fortsetzung der Operation „Braunschweig"

I.) In einem Feldzug von wenig mehr als drei Wochen sind die von mir dem Südflügel der Ostfront gesteckten weiten Ziele im wesentlichen erreicht worden. Nur schwächeren feindlichen Kräften der Armeen Timoschenkos ist es gelungen, sich der Umfassung zu entziehen und das südliche Donufer zu erreichen. Mit ihrer Verstärkung aus dem Kaukasusgebiet ist zu rechnen.

23. 7. 1942

Die Versammlung einer weiteren feindlichen Kräftegruppe im Raum um Stalingrad, das der Gegner voraussichtlich zäh verteidigen wird, ist im Gange.

II.) Ziele der weiteren Operationen:

A) Heer:

1.) Die nächste Aufgabe der H. Gr. A ist es, nunmehr die über den Don entkommenen feindlichen Kräfte im Raum südlich und südostwärts Rostow einzuschließen und zu vernichten.

Hierzu sind starke schnelle Verbände aus den Brückenköpfen, die im Raum Konstantinowskaja — Zymljanskaja zu bilden sind, in allgemein südwestlicher Richtung, etwa auf Tichorezk, Infanterie-, Jäger- und Gebirgs-Div. im Raum von Rostow über den Don anzusetzen.

Daneben bleibt der Auftrag bestehen, die Bahnlinie Tichorezk, Stalingrad mit vorgeworfenen Teilen zu unterbrechen.

Zwei Panzerverbände der H. Gr. A (23. u. 24. Pz. Div.) sind der H. Gr. B für die Fortsetzung der Operation nach Südosten zu unterstellen.

Die I. D. „Großdeutschland" ist als OKH-Reserve im Raum nördlich des Don zu belassen. Ihr Abtransport nach dem Westen ist vorzubereiten.

2.) Nach Vernichtung der feindlichen Kräftegruppe südlich des Don ist es die wichtigste Aufgabe der H. Gr. A, die gesamte Ostküste des Schwarzen Meeres in Besitz zu nehmen und damit die Schwarzmeerhäfen und die feindliche Schwarzmeerflotte auszuschalten.

Hierzu sind die hierfür vorgesehenen Teile der 11. Armee (rum. Geb. Korps) über die Straße von Kertsch überzusetzen, sobald das Vorgehen der Hauptkräfte der H. Gr. A wirksam wird, um alsdann im Zuge der Schwarzmeerküstenstraße nach Südosten vorzustoßen.

Mit einer weiteren Kräftegruppe, bei der alle übrigen Geb.- und Jg. Div. zusammenzufassen sind, ist der Übergang über den Kuban zu erzwingen und das Höhengelände von Maikop und Armavir in Besitz zu nehmen.

Im weiteren Vorgehen dieser durch die rechtzeitig zuzuführenden Hochgebirgseinheiten zu verstärkenden Gruppe gegen und über den Westteil des Kaukasus sind alle gangbaren Pässe auszunutzen und so im Zusammenwirken mit den Kräften der 11. Armee die Schwarzmeerküste in Besitz zu nehmen.

3.) Zugleich ist mit einer im wesentlichen aus schnellen Verbänden zu bildenden Kräftegruppe unter Aufbau eines Flankenschutzes nach Osten der Raum um Grossnyi zu gewinnen und mit Teilkräften die Ossetische und Grusinische Heerstraße möglichst auf den Paßhöhen zu sperren.

Anschließend ist im Vorstoß entlang des Kaspischen Meeres der Raum um Baku in Besitz zu nehmen.

Mit der späteren Zuführung des ital. Alpinikorps kann die H. Gr. rechnen.

Diese Operationen der H. Gr. A erhalten den Decknamen „Edelweiß" — Geheimschutz: Geheime Kommandosache.

4.) Der H. Gr. B fällt — wie bereits befohlen — die Aufgabe zu, neben dem Aufbau der Donverteidigung im Vorstoß gegen Stalingrad die dort im Aufbau befindliche feindliche Kräftegruppe zu zerschlagen, die Stadt selbst zu besetzen und die Landbrücke zwischen Don und Wolga sowie den Strom selbst zu sperren.

Im Anschluß hieran sind schnelle Verbände entlang der Wolga anzusetzen mit dem Auftrag, bis nach Astrachan vorzustoßen und dort gleichfalls den Hauptarm der Wolga zu sperren.

Diese Operationen der H. Gr. B erhalten den Decknamen „Fischreiher" — Geheimschutz: Geheime Kommandosache.

B) **Luftwaffe**:

Aufgabe der Luftwaffe ist es, zunächst mit starken Teilen den Übergang des Heeres über den Don, anschließend das Vorgehen der ostwärtigen Schwerpunktgruppe entlang der Bahn nach Tichorezk zu unterstützen und die Masse der Kräfte zur Vernichtung der Heeresgruppe Timoschenko zusammenzufassen.

Daneben sind die Operationen der H. Gr. B gegen Stalingrad und den Westteil von Astrachan zu unterstützen. Besondere Bedeutung kommt hierbei der frühzeitigen Zerstörung der Stadt Stalingrad zu. Außerdem sind gelegentliche Luftangriffe gegen Astrachan zu führen; der Schiffsverkehr auf dem Unterlauf der Wolga ist durch Verminungen zu stören.

Bei der weiteren Fortsetzung der Operationen ist das Schwergewicht der Kampfführung zur Luft auf das Zusammenwirken mit den gegen die Schwarzmeerhäfen vorgehenden Kräften zu legen, wobei neben der unmittelbaren Unterstützung des Heeres eine Einwirkung feindlicher Seestreitkräfte im Zusammenwirken mit der Kriegsmarine zu verhindern ist.

23. 7. 1942

In zweiter Linie sind ausreichende Kräfte für die Mitwirkung bei dem Vorstoß über Grossnyi auf Baku vorzusehen.

Wegen der entscheidenden Wichtigkeit der Erdölproduktion des Kaukasus für die weitere Kriegführung sind Luftangriffe gegen die dortigen Erzeugungsstätten und Großtankanlagen sowie gegen die Umschlaghäfen am Schwarzen Meer nur durchzuführen, wenn es die Operationen des Heeres unbedingt erforderlich machen. Um aber dem Gegner die Ölzufuhr aus dem Kaukasus baldigst zu sperren, ist die frühzeitige Unterbrechung der hierfür noch benutzbaren Bahnstrecken und Ölleitungen sowie die Störung der Seeverbindungen auf dem Kaspischen Meer von besonderer Bedeutung.

C) Kriegsmarine:

Der Kriegsmarine fällt die Aufgabe zu, neben der unmittelbaren Unterstützung des Heeres beim Übergang über die Straße von Kertsch mit den im Schwarzen Meer verfügbaren Seestreitkräften feindliche Einwirkung von See her gegen die Operationen an der Schwarzmeerküste zu stören.

Zur Erleichterung des Heeresnachschubs sind nach Möglichkeit baldigst einige MFP durch die Straße von Kertsch auf den Don zu verbringen.

Außerdem trifft OKM Vorbereitungen, leichte Seestreitkräfte auf dem Kaspischen Meer zur Störung der feindlichen Seeverbindungen (Öltransporte und Verbindung zu den Angelsachsen in Iran) zum Einsatz zu bringen.

III.) Die im Bereich der H. Gr. Mitte und Nord in Vorbereitung befindlichen örtlichen Unternehmungen sind in möglichst schneller Folge durchzuführen. Es muß dadurch erreicht werden, daß die Zersplitterung und Auflösung der feindlichen Kräfte in Führung und Truppe auf das höchste Maß gesteigert wird.

Die H. Gr. Nord bereitet die Wegnahme von Leningrad bis Anfang September vor. Deckname: „Feuerzauber". Hierzu sind ihr 5 Divisionen der 11. Armee neben der schweren und schwersten Artillerie sowie die nötigen sonstigen Heerestruppen zuzuführen.

2 deutsche und 2 rum. Div. sind vorläufig auf der Krim zu belassen, die 22. Div., wie schon befohlen, dem W. B. Südost zuzuführen.

IV.) Für die Bearbeitung und Weitergabe dieser Weisung und der mit ihr zusammenhängenden Befehle und Anordnungen weise ich auf

Weisung Nr. 45 · Fortsetzung der Operation Braunschweig

** meinen am 12. 7. gegebenen Befehl über **Geheimhaltung** besonders hin.

(gez.) Adolf Hitler
Für die Richtigkeit
Warlimont
Generalleutnant

Verteiler:
Gen. St. d. H. / Op. Abt.	1. Ausf.
Ob. d. L. / Lw. Fü. St.	2. „
Ob. d. M. / 1. Skl.	3. „
OKW/WFSt	4.–6. „

Die Geheimhaltungsbestimmungen sind nach Inhalt und Verteiler beachtet.

* *Fortsetzung der mit „Operation Blau" begonnenen Frühsommer-Offensive der H.Gr. Süd der Ostfront.*
** *Hier nicht abgedruckt.*

Or. m. eigh. Unterschrift Warlimonts in OKM Weisungen OKW IV, 1 Bd. 3, 6 Seiten Masch. Schr.
Druck: Jacobsen, 1939–1945 Nr. 100 nach obiger Vorlage.

Fernschreiben von + KR G-WEHL 04362 24/7 1700 = KR Gen. St. d. H / Op. Abt. = KR Ob. d. L. / Lw. Fü. St. = KR OKM / 1. Skl.
g. Kdos.

Chefsache — Nur durch Offizier.

Bezug: Führerweisung Nr. 45 (OKW/WFSt/Op.Nr. 551288/42 g. Kdos. Chefs. v. 23/7).

In Ziffer II) A) 1) sind die beiden letzten Absätze zu streichen, dafür ist zu setzen: „2 Panzerverbände der Heeres-Gruppe A (darunter 24. Panzer-Division) sind der Heeres-Gruppe B für die Fortsetzung der Operationen nach Südosten zu unterstellen. — Die Inf. Div. ‚Großdeutschland' ist nicht weiter als über den Manytsch-Abschnitt vorzuziehen. Ihr Abtransport nach dem Westen ist vorzubereiten." =

OKW/WFSt/Op. 551288/42 g. Kdos. Chefs.

Or. Fernschreiben in OKM Weisungen OKW IV. 1. Bd. 3, 1 Seite.

18. 8. 1942

Oberkommando der Wehrmacht F. H. Qu., 31. 7. 42
Nr. 551288/42 g. K. Chefs. III. Ang.

Geheime Kommandosache
Chefsache! 6 Ausfertigungen
Nur durch Offizier! 3. Ausfertigung

Bezug: Weisung Nr. 45 (Der Führer — OKW/WFSt/Op. Nr. 551288/42 g. K. Chefs. v. 23. 7.)
Betr.: Berichtigung

Das in o. a. Weisung im Abschnitt III.), 2. Absatz befohlene Deckwort „Feuerzauber" ist mit sofortiger Wirkung in „Nordlicht" (g. Kdos.) geändert. Um entsprechende Berichtigung der Weisung wird gebeten.

Der Chef des Oberkommandos der Wehrmacht
I. A.
(gez.) Frhr. v. Buttlar

Verteiler:
GenStdH./Op. Abt. 1. Ausf.
Ob. d. L. / LwFüSt. 2. Ausf.
Ob. d. M. / 1. Skl. 3. Ausf.
OKW/WFSt. 4.—6. Ausf.

OKM Weisungen OKW 1. Bd. 3, 1 Seite Masch. Schr.

46.

Der Führer F. H. Qu., den 18. 8. 42
OKW/WFSt/Op. Nr. 00 2821/42 g.K.

30 Ausfertigungen
Geheime Kommandosache 24. Ausfertigung

Weisung Nr. 46
Richtlinien für die verstärkte Bekämpfung des Bandenunwesens im Osten

A) Allgemeines

I.) **Das Bandenunwesen im Osten** hat in den letzten Monaten einen nicht mehr erträglichen Umfang angenommen und droht zu einer ernsten Gefahr für die Versorgung der Front und die wirtschaftliche Ausnützung des Landes zu werden.

Bis zum Beginn des Winters müssen diese Banden im wesentlichen ausgerottet und damit der Osten hinter der Front befriedet werden, um entscheidende Nachteile für die Kampfführung der Wehrmacht im Winter zu vermeiden.

Hierzu ist erforderlich:

1.) Schnelle durchgreifende aktive Bekämpfung der Banden unter Zusammenfassung aller hierzu freizumachenden und geeigneten Kräfte der Wehrmachtteile, der SS und der Polizei.

2.) Zusammenfassung aller propagandistischen, wirtschaftlichen und politischen Maßnahmen auf die Notwendigkeiten der Bandenbekämpfung.

II.) Folgende **allgemeine Richtlinien** sind von allen beteiligten Stellen bei ihren militärischen, polizeilichen und wirtschaftlichen Maßnahmen zu berücksichtigen:

1.) Die Bandenbekämpfung ist, wie die Führung gegen den Feind an der Front, eine **Führungsangelegenheit**. Sie ist durch die hierfür vorgesehenen Führungsstäbe zu organisieren und zu führen.

2.) Die Vernichtung des Bandentums erfordert **aktive Bekämpfung** und **härteste Maßnahmen** gegen alle, die sich an der Bandenbildung beteiligen oder sich der Unterstützung der Banden schuldig machen. Kampfanweisung für die Durchführung der Bandenbekämpfung folgt.

3.) Das notwendige Vertrauen in die deutsche Führung muß durch strenge aber **gerechte Behandlung der Bevölkerung** errungen werden.

4.) Voraussetzung für die Vernichtung der Banden ist die **Sicherstellung des Existenzminimums der Bevölkerung**. Gelingt dies nicht und ist insbesondere die gerechte Verteilung des Vorhandenen nicht gewährleistet, wird ein vermehrter Zuzug zu den Banden die Folge sein.

5.) Die **Mitarbeit der Bevölkerung** bei der Bandenbekämpfung ist unentbehrlich. Die Belohnung verdienter Leute darf nicht kleinlich gehandhabt werden. Sie soll wirklich einen Anreiz bieten. Um so härter müssen demgegenüber Sühnemaßnahmen für jede Begünstigung der Banden sein.

6.) Der **unangebrachten Vertrauensseligkeit gegenüber den Landeseinwohnern**, besonders gegenüber solchen Landeseinwohnern, die bei deutschen Dienststellen angestellt sind, ist schärfstens entgegenzutreten. Wenn auch die Masse der Bevölkerung bandenfeindlich eingestellt ist, so muß doch überall mit Spitzeln gerechnet werden, deren Aufgabe es ist, die Banden rechtzeitig über alle gegen sie beabsichtigten Maßnahmen zu unterrichten.

B) Befehlsführung und Verantwortlichkeit

1.) Reichsführer SS und Chef der deutschen Polizei

Der Reichsführer SS und Chef der deutschen Polizei ist die zentrale Stelle für die Sammlung und Auswertung aller Erfahrungen auf dem Gebiete der Bandenbekämpfung.

Darüber hinaus ist der Reichsführer SS allein verantwortlich für die Bandenbekämpfung in den Reichskommissariaten. Die Wehrmachtbefehlshaber haben ihn bei der Durchführung der sich hieraus ergebenden Aufgaben durch Abstimmung ihrer Maßnahmen sowie gegebenenfalls durch Abstellung von Führungsorganen, Führungsmitteln und Versorgungseinrichtungen zu unterstützen. Soweit es die militärischen Sicherungsaufgaben, die örtlich möglichst aktiv zu lösen sind, irgend zulassen, sind den Höheren SS- und Polizeiführern für deren Unternehmungen im Bedarfsfall auch Kräfte der Wehrmacht vorübergehend zu unterstellen.

Engste Verbindung zwischen den Höheren SS- und Polizeiführern und den Wehrmachtbefehlshabern ist die Vorbedingung des Erfolges.

2.) Heer:

Der Chef des Generalstabes des Heeres ist im Operationsgebiet allein für die Bandenbekämpfung verantwortlich. Zur Durchführung der hieraus entstehenden Aufgaben sind neben den vom Heer hierfür eingesetzten Kräften die im Operationsgebiet liegenden Polizeikräfte den entsprechenden Befehlshabern unterstellt. Diese haben die Führung der einzelnen Unternehmungen je nach Lage, Kräfteeinsatz und verfügbaren Dienstgraden den Kommandeuren des Heeres oder den Höheren SS- und Polizeiführern zu übertragen.

C) Kräfte

1.) Kräfte des Reichsführers SS

Die verfügbaren und für die Bandenbekämpfung vorgesehenen Polizei- und SS-Verbände sind in erster Linie zur aktiven Bekämpfung bestimmt. Ihr Einsatz zu sonstigen Sicherungsaufgaben ist zu vermeiden. Eine Verstärkung der Polizei- und SS-Kräfte im Osten und weitgehende Verlegung sonstiger Einrichtungen des Reichsführers SS in die gefährdeten Gebiete ist anzustreben. Die noch an der Front eingesetzten, aber für die Bandenbekämpfung im Hinterland unentbehrlichen Verbände sind baldmöglichst durch das Heer herauszulösen und dem Reichsführer SS für ihr eigentliches Aufgabengebiet zur Verfügung zu stellen.

2.) **Kräfte des Heeres:**

Um eine verstärkte Belegung des großen, hinter den kämpfenden Fronten liegenden Ostraumes zu ermöglichen, befehle ich:

a) Mit dem Zeitpunkt des Übergangs des Generalgouvernements in das Heimatkriegsgebiet sind in das Generalgouvernement zwei Ersatzdivisionen zu verlegen.

b) In den Bereich des W. Bfh. Ostland und W. Bfh. Ukraine sind bis 15. 10. 1942 insgesamt fünf Ersatzdivisionen zu verlegen.

c) Aus dem Generalgouvernement sind bis 1. 10. 1942 alle Truppenteile, Einheiten, Dienststellen, Einrichtungen und Schulen des Feldheeres, soweit sie nicht unter Befehl des BdE treten, in die Reichskommissariate bezw. das Operationsgebiet zu verlegen. Erforderliche Ausnahmen unterliegen der Genehmigung durch den Chef des O.K.W.

d) In das Operationsgebiet im Osten ist bis Ende Oktober eine aus dem Ersatzheer zu bildende Feldersatz-Organisation in einer Stärke von 50 000 Mann im Endziel zu verlegen.

e) Erforderliche Durchführungsbestimmungen zu a) — d) erläßt der Chef des O.K.W.

3.) **Kräfte der Luftwaffe**

Oberbefehlshaber der Luftwaffe veranlaßt zur Verstärkung der Besatzungskräfte im Osten die Verlegung von Einrichtungen der Luftwaffe in die bandengefährdeten Gebiete.

4.) **Landeseigene Verbände**

Die in der Bandenbekämpfung besonders bewährten landeseigenen Verbände können, soweit unbedingt zuverlässige und einsatzfreudige Mannschaften auf freiwilliger Grundlage zur Verfügung stehen, weiter aufrechterhalten und ausgebaut werden. Ihre Heranziehung zum Kampf an der Front und die Verwendung von Emigranten oder Führern der ehemaligen Intelligenz bleiben verboten.

Für diese Verbände sind vom Generalstab des Heeres, soweit bisher noch nicht geschehen, einheitliche Bestimmungen für innerdienstliche Verhältnisse, Dienstgrade, Uniformierung und Ausbildung in Anlehnung an die für die Turk-Verbände aufgestellten Richtlinien zu erlassen und durch Chef OKW zu genehmigen. Deutsche Rang- und Hoheitsabzeichen sowie Schulterstücke der Wehrmacht sind verboten. Die Versorgung der Angehörigen ist zu regeln. Die Höhe der Abfindung und Versorgung soll dem bewiesenen Einsatz entsprechen. Bevorzugte Landzuteilung ist im Rahmen der gegebenen Anweisungen und Möglichkeiten großzügig zu handhaben.

18. 8. 1942

5.) **Sonstige Kräfte**

Die Bewaffnung des RAD, der Eisenbahner, Forstbeamten, Landwirtschaftsführer usw. ist, soweit noch erforderlich, zu verbessern. Sie sind in die Lage zu versetzen, sich mit möglichst **wirkungsvollen Waffen selber zu schützen.**

Es darf im bandengefährdeten Gebiet keinen Deutschen geben, der nicht aktiv oder passiv in die Bandenbekämpfung eingespannt ist.

(gez.) Adolf Hitler
F. d. R.
Jordan
Hauptmann

Verteiler:

Gen. St. d. H. / Op. Abt.	1. Ausf.
Gen. Qu.	2. Ausf.
Org. Abt.	3. Ausf.
Ausb. Abt.	4. Ausf.
General z. b. V.	5. Ausf.
Chef H Rüst und BdE	6. Ausf.
R. d. L. und Ob. d. L. / Lw. Fü. Stab	7. Ausf.
Ob. d. L. / Gen. Qu.	8. Ausf.
W. Bfh. Ukraine	9. Ausf.
W. Bfh. Ostland	10. Ausf.
MiG	11. Ausf.
Reichsführer SS und Chef der dt. Polizei, Kommandostab	12. Ausf.
Der Reichsmarschall des Großdeutschen Reiches und Beauftragte für den Vierjahresplan z. Hd. Ministerialrat Bergbohm, Berlin W 8, Leipziger Str. 3	13. Ausf.
Reichsminister für die bes. Ostgebiete, z. Hd. Herrn Gauleiter Meyer, Berlin W, Rauchstr. 17/18	14. Ausf.

OKW

Heeresstab	15. Ausf.
W H	16. Ausf.
W R	17. Ausf.
A W A	18. Ausf.
A. Ausl/Abw	19. Ausf.
Wi Amt	20. Ausf.
Wehrmacht-Transportchef	21. Ausf.
W Pr	22. Ausf.
Chef WNV	23. Ausf.
W F St.	24.–30. Ausf.

Or. m. eigh. Unterschrift Jordans in OKM Weisungen OKW IV, 1 Bd. 3, 6 Seiten Masch. Schr.

Weisung Nr. 46 · Verstärkte Bekämpfung des Bandenunwesens im Osten

Oberkommando der Wehrmacht F. H. Qu., den 23. 6. 1943
WFSt/Op Nr. 002739/43 gK.

32 Ausfertigungen
25. Ausfertigung

Betr. Weisung Nr. 46

Der Führer hat befohlen, daß ein weiterer Ausbau der landeseigenen Verbände unterbleibt. In der Weisung Nr. 46, Abschnitt C, Ziffer 4, Abs. 1, sind die Worte „und ausgebaut" zu streichen.

Der Chef des Oberkommandos der Wehrmacht
I. A.
(gez.) Warlimont

OKM Weisungen OKW IV. 1. Bd. 3, 1 Seite.

46 a.

Der Führer F. H. Qu., den 18. 10. 1942
Nr. 003830/42 g.Kdos. OKW/WFSt.

12 Ausfertigungen
Geheime Kommandosache 12. Ausfertigung

1.) Schon seit längerer Zeit bedienen sich unsere Gegner in ihrer Kriegführung Methoden, die außerhalb der internationalen Abmachungen von Genf stehen. Besonders brutal und hinterhältig benehmen sich die Angehörigen der sogenannten Kommandos, die sich selbst, wie feststeht, teilweise sogar aus Kreisen von in den Feindländern freigelassenen kriminellen Verbrechern rekrutieren. Aus erbeuteten Befehlen geht hervor, daß sie beauftragt sind, nicht nur Gefangene zu fesseln, sondern auch wehrlose Gefangene kurzerhand zu töten im Moment, in dem sie glauben, daß diese bei der weiteren Verfolgung ihrer Zwecke als Gefangene einen Ballast darstellen oder sonst ein Hindernis sein könnten. Es sind endlich Befehle gefunden worden, in denen grundsätzlich die Tötung der Gefangenen verlangt worden ist.

2.) Aus diesem Anlaß wurde in einem Zusatz zum Wehrmachtbericht vom 7. 10. 1942 bereits angekündigt, daß in Zukunft Deutschland gegenüber diesen Sabotagetrupps der Briten und ihren Helfershelfern zum gleichen Verfahren greifen wird, das heißt: daß sie durch die deutschen Truppen, wo immer sie auch auftreten, rücksichtslos im Kampf niedergemacht werden.

3.) Ich befehle daher:

Von jetzt ab sind alle bei sogenannten Kommandounternehmungen in Europa oder in Afrika von deutschen Truppen gestellte Gegner, auch wenn es sich äußerlich um Soldaten in Uniform oder Zerstörertrupps mit und ohne Waffen handelt, im Kampf oder auf der Flucht bis auf den letzten Mann niederzumachen. Es ist dabei ganz gleich, ob sie zu ihren Aktionen durch Schiffe und Flugzeuge angelandet werden oder mittels Fallschirmen abspringen. Selbst wenn diese Subjekte bei ihrer Auffindung scheinbar Anstalten machen sollten, sich gefangen zu geben, ist ihnen grundsätzlich jeder Pardon zu verweigern. Hierüber ist in jedem Einzelfall zur Bekanntgabe im Wehrmachtbericht, eine eingehende Meldung an das O.K.W. zu erstatten.

4.) Gelangen einzelne Angehörige derartiger Kommandos als Agenten, Saboteure usw. auf einem anderen Weg, — z. B. durch die Polizei in den von uns besetzten Ländern — der Wehrmacht in die Hände, so sind sie unverzüglich dem SD zu übergeben.

Jede Verwahrung unter militärischer Obhut, z. B. in Kriegsgefangenenlagern usw. ist, wenn auch nur für vorübergehend gedacht, strengstens verboten.

18. 10. 1942

5.) Diese Anordnung gilt nicht für die Behandlung derjenigen feindlichen Soldaten, die im Rahmen normaler Kampfhandlungen (Großangriffe, Großlandungsoperationen und Großluftlandeunternehmen) im offenen Kampf gefangengenommen werden oder sich ergeben. Ebensowenig gilt diese Anordnung gegenüber den nach Kämpfen auf See in unsere Hand gefallenen oder nach Kämpfen in der Luft durch Fallschirmabsprung ihr Leben zu retten versuchenden feindlichen Soldaten.

6.) Ich werde für die Nichtdurchführung dieses Befehls alle Kommandeure und Offiziere kriegsgerichtlich verantwortlich machen, die entweder ihre Pflicht der Belehrung der Truppe über diesen Befehl versäumt haben oder die in der Durchführung entgegen diesem Befehl handeln.

gez. Unterschrift

Verteiler:
O.K.H./Genst. d. H.	1. Ausf.
O.K.M./Skl.	2. Ausf.
Ob.d.L./Lw.Fü.St.	3. Ausf.
W.B. Norwegen	4. Ausf.
W.B. Südost	5. Ausf.
Ob. West	6. Ausf.
Geb. A.O.K. 20	7. Ausf.
Ob. Süd	8. Ausf.
Pz.Armee Afrika	9. Ausf.
Rf. SS u. Chef d. Dtsch. Polizei	10. Ausf.
OKW/WFSt	11.—12. Ausf.

46 b.

Der Führer und Oberste Befehlshaber der Wehrmacht

18. 10. 1942

Geheime Kommandosache
Chefsache!
Nur durch Offizier!

Ich habe mich gezwungen gesehen, einen scharfen Befehl zur Vernichtung feindlicher Sabotagetrupps zu erlassen und seine Nichtbefolgung unter schwere Strafe zu stellen. Ich halte es für nötig den zuständigen Befehlshabern und Kommandeuren die Gründe für die Anordnung bekanntzugeben.

Wie noch in keinem Kriege vorher entwickelte sich in diesem eine Methode der Störung rückwärtiger Verbindungen, der Einschüchterung der für Deutschland arbeitenden Bevölkerungskreise, sowie der Vernichtung kriegswichtiger Industrie-Anlagen in den von uns besetzten Gebieten. Im Osten hat diese Kampfesart als Partisanenkrieg schon vom letzten Winter an zu sehr schweren Beeinträchtigungen unserer Kampfkraft geführt, zahlreichen deutschen Soldaten, Eisenbahnern, Arbeitern der O. T., des Arbeitsdienstes usw. das Leben gekostet, die Transportleistungen für die Erhaltung der Kampfkraft der Truppe auf das äußerste beeinträchtigt, ja sogar oft tagelang unterbrochen. Bei einer erfolgreichen Fortsetzung oder gar Intensivierung dieser Kriegsführung kann unter Umständen an der einen oder anderen Stelle der Front eine sehr schwere Krise eintreten. Viele Maßnahmen gegen diese ebenso grausame wie hinterhältige Sabotage-Arbeit scheitern einfach daran, daß der deutsche Offizier und seine Soldaten ahnungslos der Größe der Gefahr gegenüberstehen und im einzelnen deshalb nicht so gegen diese feindlichen Gruppen eingreifen, wie es nötig wäre, um der vordersten Front und damit der gesamten Kriegführung zu helfen.

Es war deshalb im Osten zum Teil notwendig, eigene Verbände aufzustellen, die dieser Gefahr Herr wurden oder besonderen SS-Formationen diese Aufgabe zu überweisen. Nur da, wo der Kampf gegen das Partisanen-Unwesen mit rücksichtsloser Brutalität begonnen und durchgeführt wurde, sind die Erfolge nicht ausgeblieben, die dann der kämpfenden Front vorne ihre Lage erleichterten.

Im gesamten Ostgebiet ist daher der Krieg gegen die Partisanen ein Kampf der restlosen Ausrottung des einen oder des anderen Teiles.

Sowie diese Erkenntnis Gemeingut einer Truppe geworden ist, wird sie regelmäßig mit diesen Erscheinungen in kurzer Zeit fertig, im anderen Falle ist ihrem Einsatz kein durchschlagender Erfolg beschieden. Er wird damit zwecklos.

Wenn auch unter anderen Bezeichnungen, haben England und Amerika sich zu einer gleichen Kriegführung entschlossen. Wenn der Russe auf dem Landwege versucht, Partisanentrupps hinter unsere Front zu bringen und nur ausnahmsweise den Lufttransport zum Absetzen von Mannschaften und für den Abwurf von Verpflegung verwendet, dann wird in England und Amerika diese Kriegführung in erster Linie durch das Anlandsetzen von Sabotagetrupps von U-Booten aus, oder mittels Schlauchbooten oder durch Fallschirm-Agenten geführt. Im Wesen aber unterscheidet sich diese Kriegführung in nichts von der russischen Partisanen-Tätigkeit.

Denn die Aufgabe dieser Truppe ist es:

1. einen allgemeinen Spionagedienst unter Zuhilfenahme williger Einwohner aufzuziehen,
2. Terroristen-Gruppen aufzubauen und sie mit den nötigen Waffen und Sprengstoffen zu versehen,
3. solche Sabotage-Aktionen zu unternehmen, die geeignet sind, entweder durch Zerstörung von Verkehrseinrichtungen nicht nur laufend unsere Verbindungen zu stören, sondern im Ernstfall Truppenbewegungen überhaupt unmöglich zu machen und die Nachrichtenmittel auszuschalten.

Endlich sollen durch diese Trupps aber Anschläge gegen kriegswichtige Unternehmen verübt werden, indem man nach einem wissenschaftlich erforschten Programm Schlüsselwerke durch Sprengungen vernichtet, um dadurch ganze Industrien praktisch lahmzulegen.

Die Folgen dieser Tätigkeit sind außerordentlich schwere. Ich weiß nicht, ob sich jeder Kommandeur und Offizier dessen bewußt ist, daß die Zerstörung eines einzigen Elektrizitätswerkes z. B. die Luftwaffe um viele Tausend Tonnen Aluminium bringen kann, und daß damit der Bau zahlreicher Flugzeuge ausfällt, die der Front in ihrem Kampfe fehlen und somit zu schwersten Schädigungen der Heimat und zu blutigen Verlusten der kämpfenden Soldaten führen.

Dabei ist diese Art von Krieg für den Gegner gänzlich gefahrlos. Denn indem er seine Sabotagetrupps in Uniform absetzt und andererseits aber auch Zivilkleidung mitgibt, können sie je nach Bedarf als Soldaten oder als Zivilisten in Erscheinung treten. Während sie selbst den Auftrag besitzen, ihnen hinderliche deutsche Soldaten oder sogar Landeseinwohner rücksichtslos zu beseitigen, laufen sie keinerlei Gefahr, bei ihrem Treiben wirklich ernsthafte Verluste zu erleiden, da sie ja schlimmstenfalls gestellt, sich augenblicklich ergeben und damit theoretisch unter die Bestimmungen der Genfer Konvention zu fallen glauben. Es gibt keinen Zweifel, daß dies aber einen Mißbrauch der Genfer Abmachungen schlimmster Art darstellt, umsomehr, als es sich bei diesen Elementen zu einem Teil sogar um Verbrecher handelt, die, aus Gefängnissen befreit, durch solche Aktionen ihre Rehabilitierung erreichen können.

England und Amerika werden für diese Kampfführung deshalb auch immer wieder solange Freiwillige finden, als diesen mit Recht gesagt werden kann, daß irgendeine Lebensgefahr für sie nicht besteht. Im schlimmsten Falle brauchen sie nur ihre Attentate gegen Menschen, Verkehrseinrichtungen oder Sachanlagen glücklich vollbringen, um sich dann, vom Feinde gestellt, einfach zu ergeben.

Wenn nun die deutsche Kriegführung nicht durch ein solches Verfahren schwersten Schaden leiden soll, dann muß dem Gegner klargemacht werden, daß jeder Sabotagetrupp ausnahmslos bis zum letzten Mann niedergemacht wird. Das heißt, daß die Aussicht, hier mit dem Leben davonzukommen, gleich Null ist. Es kann also unter keinen Umständen gestattet werden, daß ein Spreng-, Sabotage- oder Terroristentrupp sich einfach stellt und gefangengenommen wird, um nach den Regeln der Genfer Konvention behandelt zu werden, sondern er ist unter allen Umständen restlos auszurotten.

Die Meldung, die darüber im Wehrmachtbericht erscheinen soll, wird ganz kurz und lakonisch lauten, daß ein Sabotage-, Terror- oder Zerstörungstrupp gestellt und bis zum letzten Mann niedergemacht wurde.

Ich erwarte deshalb, daß sowohl die Befehlshaber der ihnen unterstellten Armeen als auch die einzelnen Kommandeure nicht nur die Notwendigkeit eines solchen Handelns begreifen, sondern daß sie sich mit aller Energie für die Durchführung dieses Befehls einsetzen. Offiziere oder Unteroffiziere, die aus irgendeiner Schwäche versagen, sind unnachsichtlich zu melden oder unter Umständen — wenn Gefahr im Verzug ist — selbst sofort zur schärfsten Verantwortung zu ziehen. Sowohl die Heimat als auch der kämpfende Soldat an der Front haben ein Recht darauf, zu erwarten, daß hinter ihrem Rücken die Basis der Ernährung, sowie die Versorgung mit kriegswichtigen Waffen und Munition sichergestellt bleibt. Dies sind die Gründe für den von mir erlassenen Befehl.

Sollte sich die Zweckmäßigkeit ergeben, aus Vernehmungsgründen einen oder zwei Mann zunächst noch auszusparen, so sind diese nach ihrer Vernehmung sofort zu erschießen.

For. Doc. Section London PG 31755 p. 51, jetzt Bundesarchiv.

47.

Der Führer F. H. Qu., den 28. 12. 42
OKW/WFSt/Op. Nr. 552273/42 g. K. Chefs.

Geheime Kommandosache
Chefsache! 24 Ausfertigungen
Nur durch Offizier! 6. Ausfertigung

Weisung Nr. 47
für die Befehlsführung und Verteidigung des Südostraumes.

I.) Die Lage im Mittelmeerraum macht in absehbarer Zeit einen Angriff auf Kreta, die deutschen und italienischen Stützpunkte in der Ägäis und die Balkanhalbinsel möglich.

Es muß damit gerechnet werden, daß dieser Angriff durch Aufstandsbewegungen in den westlichen Balkanländern unterstützt wird.

Weisung Nr. 47 · Befehlsführung und Verteidigung des Südostraumes

Die verstärkte Einflußnahme der angelsächsischen Mächte auf die Haltung der Türkei fordert auch in dieser Richtung erhöhte Aufmerksamkeit.

II.) Auf Grund dieser Lage und der Entwicklung in Nordafrika übertrage ich die Verteidigung des Südostraumes einschließlich der ihm vorgelagerten Inseln dem Wehrmachtbefehlshaber Südost, der mir als „Ob. Südost" (H. Gr. E) unmittelbar unterstellt ist.

Für die Durchführung der Küstenverteidigung gelten die Grundsätze der Weisung Nr. 40.

Die Heereskräfte der Verbündeten werden, soweit erforderlich, erst im Falle eines feindlichen Angriffs dem Ob. Südost taktisch unmittelbar unterstellt werden.

Kräfte der verbündeten Kriegsmarinen und Luftwaffen werden dann taktisch unter den Oberbefehl der Kommandostellen der entsprechenden deutschen Wehrmachtteile treten.

Diese Unterstellungsverhältnisse werden durch besonderen Befehl in Kraft gesetzt.

Für die Vorbereitung eines solchen Abwehrkampfes fallen dem Ob. Südost folgende Aufgaben zu:

1.) Vorbereitung der Verteidigung an den Küsten mit Schwerpunkten im Dodekanes, Kreta und Peloponnes, die festungsmäßig auszubauen sind (Ausnahme Mytilene und Chios).

2.) Endgültige Befriedung des Hinterlandes und Vernichtung der Aufständischen und Banden aller Art in Verbindung mit der italienischen 2. Armee.

3.) Vorbereiten aller Maßnahmen, die im Falle eines feindlichen Angriffs mit Hilfe oder Billigung der Türkei gegen den Balkan erforderlich werden, im Einvernehmen mit dem bulgarischen Oberkommando.

Darüber hinaus regelt der Ob. Südost für den deutschen Bereich:

Die einheitliche Seetransportbewegung im Ägäischen Meer einschließlich Kreta und deren Sicherung,

Die Versorgung auf dem Land- und auf dem Seewege für alle im Südosten eingesetzten deutschen Wehrmachtteile nach deren Forderungen und nach Maßgabe des hierfür verfügbaren Transportraumes,

Die Entscheidung über sämtliche Fragen, die sich aus der einheitlichen Leitung des Transport- und Nachrichtenwesens im besetzten Südostraum für alle drei Wehrmachtteile ergeben.

III.) Organisation der Befehlsführung:

A) Im deutschen Bereich:

1.) Der Oberbefehlshaber im Südosten ist der oberste Vertreter der Wehrmacht im Südosten und übt in den von deutschen Truppen besetzten Gebieten vollziehende Gewalt aus.

Er führt die Aufsicht über die von den Befehlshabern und dem Kommandanten der Festung Kreta eingerichtete Zivilverwaltung.

Die Unterstellung des W. Bfh. Südost unter den O. B. Süd wird mit dem 1. 1. 1943 aufgehoben.

2.) Dem Ob. Südost unterstehen:

a) Für den Bereich Kroatien „Der Deutsche Bevollmächtigte General in Kroatien" (abgesehen von seiner Eigenschaft als Militärattaché) und „Der Befehlshaber der deutschen Truppen in Kroatien".

b) für den Bereich Altserbien der „Kommandierende General und Befehlshaber in Serbien".

c) für den Bereich Saloniki und die Inseln Lemnos, Mytilene, Chios und Strati sowie für die neutrale Zone zur Türkei in Thrazien der „Befehlshaber Saloniki-Ägäis",

d) für den Bereich des Hafens Piräus, die Unterkünfte und den Bereich der deutschen Truppen in Attika sowie Insel Melos der „Befehlshaber Südgriechenland",

e) für den Bereich Kreta „Der Kommandant der Festung Kreta",

f) der „Admiral Ägäis" in allen Fragen der Küstenverteidigung,

g) der „Militärattaché in Sofia" im Rahmen seiner über die Attachéaufgaben hinausgehenden Aufgaben.

Für die Kriegsmarine bleibt die bisherige Abgrenzung zwischen Marinegruppe Süd und dem deutschen Marinekommando Italien bestehen.

3.) Luftwaffe:

a) Luftkriegführung

aa) Führung des Luftkrieges im gesamten Mittelmeerraum mit Ausnahme des südfranzösischen Mittelmeerbereiches bleibt Aufgabe des O. B. Süd. Er erhält Weisungen für die Kampfführung

(1) im mittleren Mittelmeer durch Comando Supremo,

(2) im ostwärtigen Mittelmeer und Balkanraum durch Ob. d. L. nach meinen Richtlinien.

Ob. d. L. und Comando Supremo gleichen hierzu die grundsätzlichen Absichten für die Luftkriegführung miteinander ab.

bb) Um bei gemeinsamen Kampfhandlungen, vor allem in der Küstenverteidigung, die einheitliche Kampfführung im ostwärtigen Mittelmeer und Balkanraum sicherzustellen, ist durch O. B. Süd eine Kommandostelle zu bestimmen, die hinsichtlich der Luftkriegführung in diesem Raum mit dem Ob. Südost zusammenarbeitet. Hierzu gehören auch die Vorbereitung der Bodenorganisation im Balkanraum und die Vorbereitung einer Zusammenarbeit mit den Verbündeten im Falle feindlicher Angriffe.

b) Luftverteidigung:

aa) Vorbereitung und Führung der Luftverteidigung im mittleren Mittelmeer ist Aufgabe des O. B. Süd unter dem Comando Supremo.

bb) Im Balkanraum obliegt die Vorbereitung und Führung der Luftverteidigung dem Ob. Südost nach den Weisungen des Ob. Süd, um dadurch die Einheitlichkeit der Luftkriegführung auch für das ostwärtige Mittelmeer herzustellen.

B) Mit den Verbündeten ist die Vorbereitung der Kampfführung und die innere Befriedung des Landes durch enge Zusammenarbeit sicherzustellen. Soweit bisher noch nicht geschehen, sind Verbindungsoffiziere auszutauschen.

Hierzu gelten folgende Richtlinien:

1.) Italien:

a) Heer:
Anordnungen, die für den italienischen Bereich für erforderlich gehalten werden, sind dem Oberkommando der Wehrmacht vorzulegen, werden von diesem mit Comando Supremo abgestimmt. Dieses erteilt sodann die entsprechenden Befehle an die im Südostraum eingesetzten italienischen Armeen.

b) **Kriegsmarine:**

Beabsichtigte Anweisungen des Ob. Marinegruppe Süd an den italienischen Admiral Dodekanes für vorbereitende Maßnahmen sind von der Marinegruppe Süd als Befehlsentwürfe an die Seekriegsleitung zu geben, die Abstimmung entsprechender Befehle mit Supermarina verabredet. Die entsprechenden Befehle werden durch Supermarina nach Einholen der Zustimmung des Comando Supremo herausgegeben.

c) **Luftwaffe:**

Anordnungen, die für die italienische Luftwaffe im Südostraum für erforderlich gehalten werden, sind O. B. Süd vorzulegen, der sie nach Einholen der Zustimmung des Comando Supremo mit dem Oberkommando der italienischen Luftwaffe abstimmt und Herausgabe eines entsprechenden Befehls erwirkt.

2.) **Bulgarien:**

Mit der bulgarischen Wehrmacht wird ein ähnliches Verfahren angestrebt (das Ergebnis der Besprechungen mit den Bulgaren bleibt abzuwarten).

3.) **Kroatien:**

Die Zusammenarbeit mit Kroatien und der Einsatz der kroatischen Wehrmacht vollziehen sich wie bisher.

Ob. Südost und die Kommandostellen der deutschen Kriegsmarine und Luftwaffe sind verpflichtet, die Einheitlichkeit der Vorbereitungen für die Verteidigung im gesamten Südostraum sicherzustellen und berechtigt, die hierzu angeordneten Maßnahmen zu überprüfen.

IV.) Der Ob. Südost hat alle **Befugnisse eines Territorialbefehlshabers** gegenüber den drei Wehrmachtteilen und der Waffen-SS in den von deutschen Truppen besetzten Teilen Kroatiens, Serbiens und Griechenlands einschließlich der Griechischen Inseln.

Die ausschließlich von deutschen Truppen besetzten Gebiete sind **Operationsgebiet**. Hier übt der Ob. Südost vollziehende Gewalt durch die ihm unterstellten Befehlshaber aus.

Auch die Teile Kroatiens, die durch deutsche Truppen besetzt sind oder in denen deutsche Truppen operieren, gelten als Operationsgebiet.

In den zum **italienischen Besetzungsraum** gehörenden Gebieten, in denen deutsche Truppen untergebracht sind, übt er die militärischen Hoheitsrechte für alle Wehrmachtteile insoweit aus, als es der militärische Auftrag der deutschen Wehrmacht erfordert.

Die Abgrenzung der Befugnisse des Ob. Südost gegenüber dem „Bevollmächtigten des Reiches für Griechenland" siehe Anlage.

V.) Weisung Nr. 31 vom 9. 6. 1941 und OKW/WFSt/Op. Nr. 551743/42 g. K. Chefs. v. 13. 10. 1942 werden hiermit aufgehoben.

(gez.) Adolf Hitler

Für die Richtigkeit:
Frhr. v. Buttlar
Oberst d. G.

Änderung siehe OKW/WFSt. (Op) Nr. 552273/42 gK. II. Ang. vom 1. 6. 43 (unten abgedruckt).

Verteiler:

Gen. St. d. H. / Op. Abt.	1. Ausf.
Org.	2. Ausf.
Gen. d. Pi. u. Fest.	3. Ausf.
Chef H Rüst u BdE	4. Ausf.
Ob. d. L. / Lw. Fü. Stab	5. Ausf.
OKM / 1. Skl.	6. Ausf.
Ob. Südost	7. Ausf.
O. B. Süd	8. Ausf.
Dt. Gen. b. H. Qu. d. ital. Wehrm.	9. Ausf.

OKW:

Chef WFSt	10. Ausf.
Stellv. Chef WFSt	11. Ausf.
Op. (H)	12. Ausf.
Op. (L)	13. Ausf.
Op. (M)	14. Ausf.
Qu	15. Ausf.
Org.	16. Ausf.
Ktb.	17. Ausf.
Heimatstab Übersee	18. Ausf.
Chef Wehrm.Trsp. Wesen	19. Ausf.
Chef WNV	20. Ausf.
Chef Ausl/Abw	21. Ausf.
Chef WZ	22. Ausf.
Chef W R	23. Ausf.
Chef A W A	24. Ausf.

Or. m. eigh. Unterschrift v. Buttlar in OKM Weisungen OKW IV, 1 Bd. 3, 8 Seiten Masch. Schr.

28. 12. 1942

Anl. zu Nr. 552273/42 g. K. Chefs.
vom 28. 12. 1942

Abgrenzung der Befugnisse des „Bevollmächtigten des Reiches für Griechenland" und des „Oberbefehlshabers im Südosten".

I.) Die Beziehungen des „Bevollmächtigten des Reiches für Griechenland" und des „Oberbefehlshabers im Südosten" untereinander und gegenüber der griechischen Regierung ergeben sich aus folgendem:

a) Führererlaß vom 28. 4. 1941 für den „Bevollmächtigten des Reiches für Griechenland":

„1.) Ich bestelle einen „Bevollmächtigten des Reiches für Griechenland". Seine Dienststelle ist Athen.

2.) Der Bevollmächtigte des Reiches hat bis zur Aufnahme formeller diplomatischer Beziehungen mit Griechenland die politischen, wirtschaftlichen und kulturellen Interessen des Reiches in Griechenland bei der neuen griechischen Regierung zu vertreten.

3.) Der Bevollmächtigte des Reiches hat ferner den zur Durchführung seiner Aufgaben notwendigen Kontakt mit den italienischen Besatzungsstellen zu halten".

b) Ausübung vollziehender Gewalt in dem von deutschen Truppen besetzten Gebiet durch den Oberbefehlshaber im Südosten.

II.) Der Ob. Südost hat den Bevollmächtigten des Reiches zu unterstützen und seine eigenen Maßnahmen in Griechenland mit diesem abzustimmen.

III.) Die Aufgaben auf politischem, wirtschaftlichem und kulturellem Gebiet werden im allgemeinen dem Bevollmächtigten des Reiches für Griechenland zufallen. Ihm obliegen die Verhandlungen mit der griechischen Regierung zur Vertretung der Interessen des Reiches auf diesen Gebieten.

Der Bevollmächtigte des Reiches für Griechenland unterrichtet den Ob. Südost über die außenpolitischen Fragen, deren Kenntnis für die Durchführung seiner militärischen Aufgaben notwendig ist.

IV.) Bei militärischen Anordnungen, die außenpolitische Rückwirkungen haben können, hat der Ob. Südost vorher das Einvernehmen mit dem Bevollmächtigten des Reiches für Griechenland herzustellen, soweit es die militärische Lage gestattet.

V.) Steuerung der **Propaganda** in Griechenland, soweit sie Deutschland angeht, ist Aufgabe des Auswärtigen Amtes, das hierzu mit dem Oberkommando der Wehrmacht (WFSt/W. Pr.) zusammenarbeitet.

47 a.

Der Führer
und Oberste Befehlshaber der Wehrmacht
OKW/WFSt/(Op) Nr. 552273/42 g. K. Chefs. II. Ang.

F. H. Qu., den 1. 6. 1943

Geheime Kommandosache.
Chefsache!
Nur durch Offizier!

24 Ausfertigungen
6. Ausfertigung

Änderung der Weisung Nr. 47

Infolge der Umwandlung des Gen. Kdo. X. Fl. Korps zu einem Luftwaffen-Kommando Südost mit unmittelbarer Unterstellung unter den Ob. d. L. wird die „Weisung Nr. 47 für die Befehlsführung und Verteidigung des Südostraumes" wie folgt abgeändert:

Bisherige Ziffer III. A. 3.) ist durch folgende neue Fassung zu ersetzen:

3.) **Luftwaffe:**

a) **Luftkriegführung**

aa) Die Führung des Luftkrieges im ostwärtigen Mittelmeerraum und im Balkanraum erfolgt durch das Luftwaffen-Kommando Südost. Es erhält Weisungen für die Kampfführung durch den Ob. d. L. nach meinen Richtlinien.

bb) Ob. d. L. und Commando Supremo gleichen zur Sicherstellung der einheitlichen Luftkriegführung im Mittelmeerraum die grundsätzlichen Absichten miteinander ab.

cc) Durch enge Zusammenarbeit des Luftwaffen-Kommando Südost mit Ob. Süd ist sicherzustellen, daß die gemeinsame Luftkriegführung im mittleren und ostwärtigen Mittelmeerraum reibungslos und ineinandergreifend erfolgt.

b) **Luftverteidigung**

Im Balkanraum obliegt die Vorbereitung und Führung der Luftverteidigung dem Luftwaffenkommando Südost nach den Weisungen des Ob. d. L. in enger Zusammenarbeit mit dem Ob. Südost.

Ziffer III. B. 1 c) behält weiterhin volle Gültigkeit.

im Auftrage:
gez. K e i t e l
Der Chef des Oberkommandos der Wehrmacht
Für die Richtigkeit:
(gez.) Berg
Oberst d. G.

Verteiler:
Wie Weisung Nr. 47

Or. m. eigh. Unterschrift Berg in OKM Weisungen OKW IV, 1 Bd. 3, 1 Seite Masch. Schr.

19. 5. 1943

(48.)

Der Führer und Oberste Befehlshaber F. H. Qu., 19. 5. 43
der Wehrmacht
Nr. 661095/43 g.K.-Chefs. OKW/WFSt/Op.

Geheime Kommandosache
Chefsache! 3. Entw. Ausf.
Nur durch Offizier! 1. Ausf.

Entwurf!
Weisung Nr. 48b

1.) Die Entwicklung der Lage kann es erforderlich machen, daß die Verteidigung des Balkans allein durch deutsche und bulgarische Truppen erfolgen muß.

2.) Für Ob. Südost kommt es in diesem Fall zunächst darauf an, mit allen verfügbaren Kräften möglichst rasch die wichtigsten Küstenabschnitte und Inseln zu gewinnen bezw. zu übernehmen und bis zum Eintreffen ausreichender Verstärkungen stützpunktartig zu halten.

3.) Zur Durchführung dieser Aufgaben ist, außer den bereits befohlenen Verstärkungen, die Zuführung folgender Kräfte aus dem Osten vorgesehen:
   a) 2 Inf.-Div.-Zuführung in den Raum von Agram
   b) 1—2 Pz.-Div.-Zuführung über Bukarest nach Bulgarien (Divisionen sind zum Einsatz in Griechenland vorzusehen)
   c) 2 Inf.-Div.-Zuführung auf den Peloponnes im höchstmöglichen, auf der Strecke nach Athen zu leistenden Tempo.

4.) Von bulgarischer Seite kann in diesem Fall mit der Gestellung von weiteren 5 Divisionen gerechnet werden. Sie sind zum Einsatz in Nordostgriechenland sowie zum Freimachen der deutschen Kräfte in Serbien vorzusehen. Mit den Bulgaren ist jedoch ohne besonderen Befehl hierüber keine Verbindung aufzunehmen.

5.) Die Bevorratungs- und Versorgungsmaßnahmen sowie die Nachrichtenverbindungen des Ob. Südost müssen schon jetzt der Möglichkeit einer derartigen Entwicklung Rechnung tragen.

6.) Ob. Südost meldet:
   a) weiteren Kräftebedarf (einschl. Heerestruppen)
      (1) zur Übernahme des italienisch besetzten Gebietes einschl. Inseln.
      (2) zur Verteidigung des Balkans unter der Voraussetzung, daß Italien in eigener Hand bleibt.
      (3) zur Verteidigung des Balkans, wenn Süd- und Mittelitalien verloren gehen;
   b) beabsichtigte Durchführung der Übernahme der italienisch besetzten Gebiete;
   c) im Endziel vorgesehene Kräftegliederung zur Verteidigung des Balkans unter den Voraussetzungen, daß
      (1) Italien in eigener Hand bleibt und
      (2) Süd- und Mittelitalien verloren gehen;
   d) Beurteilung der Möglichkeiten für die Versorgung der oben genannten Kräfte und zusätzlichen Bedarf an Kolonnen- und Schiffsraum unter den Voraussetzungen, daß
      (1) der Seeweg über das Adriatische Meer benutzbar bleibt und
      (2) die Versorgung allein auf den Landweg angewiesen ist.

7.) Die **Kriegsmarine** hat Sperrvorhaben an der Westküste des Balkanraumes und den Ausbau von Stützpunkten zunächst unmittelbar mit Supermarina zu regeln.

Weitergehende Absichten im Sinne dieses Behelfs, insbesondere auch für die Vorbereitung des Aufbaues einer deutschen Küstenartillerie, sind unter Ausschaltung italienischer Stellen nur im Einvernehmen mit Ob. Südost über OKW/WFSt. zu melden.

Der im westlichen Mittelmeer entbehrliche Schiffsraum ist, unter Zurückhalten einer unbedingt notwendigen Reserve, beschleunigt nach der Ägäis zu überführen.

8.) Die **Luftwaffe** hat alle durch das Ausscheiden der ital. Luftwaffe notwendig werdenden Maßnahmen vorzubereiten, hierzu insbesondere:

(1) Übernahme der bisher durch die Italiener durchgeführten Aufgaben des Luftkrieges,

(2) Übernahme, Ausbau und Sicherung der bisher von den Italienern benutzten Bodenorganisation und Flakartillerie, einschl. der Nachschub- und Vorratslager, soweit sie für eigenen Einsatz in Frage kommen.

(3) Unbrauchbarmachung der nicht für den eigenen Einsatz benötigten Flugplätze, bezw. deren Sicherung gegen Luftlandung im Einvernehmen mit Ob. Südost.

9.) Die Bearbeitung dieses Befehls ist auf einen engsten namentlich zu bestimmenden Personenkreis zu beschränken. Die Unterrichtung anderer als im Verteiler genannter Dienststellen bedarf der Genehmigung des Oberkommandos der Wehrmacht.

Verteiler:
Ob. Südost
OKM/Skl.

nachrichtl.:
Genstb.d.H./Op.Abt.
Wehrmacht-Trsp.Chef
Chef WNV
WFSt.

Dieser Entwurf wurde nicht vollzogen, vielmehr am 21. Mai 1943 von Hitler abgelehnt (vgl. KTB/OKW III. 2, S. 786).

48.

Der Führer F. H. Qu., den 26. Juli 43
OKW/WFSt/Op. Nr. 661637/43 g. K. Chefs.

Geheime Kommandosache.
Chefsache! 17 Ausfertigungen
Nur durch Offizier! 4. Ausfertigung

Weisung 48
für die Befehlsführung und Verteidigung des Südostraums

I. Die feindlichen Maßnahmen im Ost-Mittelmeer im Zusammenhang mit dem Angriff gegen Sizilien lassen den baldigen

26. 7. 1943

Beginn von Landungsunternehmen gegen die Sperrfront der Ägäis in Linie Peloponnes — Kreta — Rhodos und gegen die griechische Westküste mit den vorgelagerten Ionischen Inseln erwarten.

Im Falle eines Übergreifens der feindlichen Operationen von Sizilien auf das süditalienische Festland muß auch mit einem Vorstoß gegen die Ostküste des Adriatischen Meers nördlich der Straße von Otranto gerechnet werden.

Die feindliche Führung stützt ihre Pläne außerdem auf die von ihr in zunehmendem Maße planmäßig geleiteten Bandenbewegungen im Innern des Südostraums.

Die neutrale Haltung der Türkei steht zur Zeit außer Zweifel, erfordert aber weiterhin die notwendige Aufmerksamkeit.

II. Auf Grund dieser Lage wird die Befehlsführung im Südostraum im Einvernehmen mit dem verbündeten Italien nach folgenden Richtlinien neu geordnet:

A. Heer:

1.) Ob. Südost übernimmt ab 27. 7. 1943, 0.00 Uhr, den Befehl über die 11. italienische Armee.

2.) Der 11. italienischen Armee und den von ihr bestimmten Kommandostellen werden die zur Zeit im Gebiet dieser Armee eingesetzten und hierfür noch vorgesehenen deutschen Verbände taktisch unterstellt mit der Maßgabe, daß die Führung aller deutschen und italienischen Truppen auf dem Peloponnes einheitlich dem Gen. Kdo. des deutschen LXVIII. A. K. übertragen wird und das Gen. Kdo. des italienischen VIII. A. K. in den Raum nördlich des Kanals von Korinth verlegt wird.

Die zum unmittelbaren Küstenschutz eingesetzten deutschen Verbände stehen unter dem Befehl der in diesen Abschnitten befehlsführenden italienischen Divisionen.

3.) Die vorübergehend in Albanien, Montenegro und den von italienischen Truppen besetzten küstennahen Gebieten Kroatiens zum Einsatz kommenden deutschen Verbände sind taktisch der italienischen Heeresgruppe Ost bzw. der 2. italienischen Armee zu unterstellen.

B. Kriegsmarine und Luftwaffe:

Für die Einflußnahme von Kriegsmarine und Luftwaffe auf die Verbündeten gelten weiter die bisherigen Richtlinien. Dabei sichert der Kommandierende Admiral Ägäis in den Küstengebieten der 11. italienischen Armee in allen Fragen der Küstenverteidigung, die von der Marine wahrgenommen werden, die Durchführung der deutschen Grundsätze.

III. Die wichtigste Aufgabe des Ob. Südost ist die Vorbereitung der Verteidigung der griechischen Küsten auf den Inseln und dem Festland. Als Voraussetzung hierzu kommt es darauf an, durch Vernichtung der Banden in Griechenland, Serbien und Kroatien die Nachschubstraßen, besonders die Hauptbahnstrecke, freizukämpfen und die erforderliche Rückenfreiheit sicherzustellen.

Für die Verteidigung der Küsten sind allein die deutschen Grundsätze hinsichtlich Besetzung und Ausbau der Küsten, auch den italienischen Verbänden gegenüber, maßgebend.

Zur Stützung der Italiener sind an den hauptsächlich gefährdeten Küstenabschnitten deutsche Festungs-Bataillone und, soweit diese nicht ausreichen, auch Teile der als Eingreifreserven vorgesehenen deutschen Divisionen an der Küste oder in Küstennähe einzusetzen. Ebenso ist zu fordern, daß wichtige italienische Küsten-Batterien oder sonstige Schlüsselstellungen durch deutsches Stammpersonal verstärkt werden.

Soweit deutsche Verbände als Eingreifreserven nicht ausreichen, sind die hierfür bereitgestellten italienischen Truppenteile unter deutsche Führung zu stellen und mit deutschen Einheiten zu durchsetzen.

Küstennahe Flugplätze sind durch deutsche Kräfte zu verteidigen.

Bei Auswahl und Ausbau aller Verteidigungsanlagen und den Erkundungen für Anmarsch und Bereitstellung ist der zu erwartenden feindlichen Luftüberlegenheit Rechnung zu tragen.

Im rückwärtigen Gebiet ist die vordringlichste Aufgabe des Ob. Südost, die Banden in Serbien und Kroatien mit Schwerpunkt an den Verkehrslinien nach Griechenland zu vernichten.

Durch enge Verbindung mit der italienischen Heeresgruppe Ost bezw. der 2. italienischen Armee und durch die etwa erforderliche Abstellung deutscher Kräfte muß erreicht werden, daß die Bandenbekämpfung auch in deren Gebiet mit größtem Nachdruck durchgeführt wird und vor allem die Bandenherde in Küstennähe, die bei einer feindlichen Landung eine besondere Gefahr bedeuten können, ausgeräumt werden. Darüber hinaus muß die Heeresgruppe ständig darauf vorbereitet sein, in die Küstenverteidigung im italienischen Bereich bei entsprechender Entwicklung der Lage mit möglichst starken deutschen Kräften einzurücken.

IV. Die vom Ob. Südost nach dem Vorschlag vom 26. 7. 1943 vorgesehene Kräfteverteilung wird im großen gebilligt. Einzelheiten werden gesondert befohlen.

26. 7. 1943

Über Zuführung von Heerestruppen folgt Befehl.

Darüber hinaus ist in den nächsten Monaten die Versammlung einer Operations-Armee entlang der Bahn Belgrad—Larissa beabsichtigt, die aus

    2 Pz.- oder Pz. Gren. Div.,
    2 Geb. Div.,
    2 Jäg. Div.,

die aus dem Osten zugeführt werden, gebildet werden soll.

Die weiteren Anordnungen hierzu ergehen gesondert.

V. A. 1.) Das von deutschen Truppen und der bulgarischen 7. Division besetzte griechische Gebiet einschließlich der Inseln und der neutralen Zone in Thrazien ist Operationsgebiet. Der Oberbefehlshaber Südost übt in diesem Bereich die vollziehende Gewalt aus und ist berechtigt, seine Vollmachten auf den Militär-Befehlshaber Griechenland zu übertragen.

Seine Befugnisse sind durch den Chef des Oberkommandos der Wehrmacht in einer besonderen Dienstanweisung nach dem Grundsatz zu regeln, daß entsprechend der militärischen Lage alle in Griechenland eingesetzten oder noch einzusetzenden deutschen Dienststellen außerhalb der Wehrmacht dem Oberbefehlshaber Südost unterstellt und in den Stab des Militär-Befehlshabers Griechenland eingegliedert werden. Das fachliche Weisungsrecht der Obersten Reichsbehörden wird durch diese Unterstellung nicht berührt, jedoch läuft der Dienstweg über den Militär-Befehlshaber.

2.) Von dieser Regelung ausgenommen bleiben bis zur endgültigen Regelung mit dem Auswärtigen Amt der Bevollmächtigte des Reichs bei der Griechischen Regierung und der Gesandte Neubacher, dessen Sonderauftrag und Befugnisse vorläufig unverändert bestehen bleiben. Die engste Zusammenarbeit zwischen dem Militär-Befehlshaber und diesen Stellen ist durch die Dienstanweisung für den Militär-Befehlshaber zu regeln.

3.) Durch den Oberbefehlshaber Südost ist ein maßgebender deutscher Einfluß auf die militärische Verwaltung des von italienischen Truppen besetzten Gebietes nur insoweit geltend zu machen, als es die militärische Führung erfordert. Ist hierbei Übereinstimmung mit den örtlichen italienischen Dienststellen nicht zu erzielen, so sind entsprechende Anträge an das OKW zu richten.

B. 1.) In dem Operationsgebiet von Serbien und Kroatien läßt der Oberbefehlshaber Südost die ihm übertragene Befugnis zur Ausübung vollziehender Gewalt durch den „Militär-Befehlshaber Südost" wahrnehmen, der sich hierzu in Kroatien des Befehlshabers der deutschen Truppen in Kroatien bedient.

2.) Die überragende Bedeutung des serbischen Raums für die gesamte Kampfführung im Südosten erfordert die Zusammenfassung aller deutschen Dienststellen. Dazu werden die in Serbien eingesetzten nichtmilitärischen Dienststellen dem Militärbefehlshaber Südost unterstellt und in seinen Stab eingegliedert.

Das fachliche Weisungsrecht der Obersten Reichsbehörden wird durch die Unterstellung nicht berührt, jedoch läuft der Dienstweg über den Militärbefehlshaber.

Die Dienstanweisung erläßt der Chef des Oberkommandos der Wehrmacht.

3.) Der Befehlshaber der deutschen Truppen in Kroatien und der Deutsche Bevollmächtigte General in Kroatien behalten ihre bisherigen Aufgaben und Befugnisse.

VI. Die notwendigen Anordnungen über die Umgliederung von Stäben und Kommandobehörden sowie auf dem Gebiete der Versorgung erläßt der Chef des Oberkommandos der Wehrmacht in meinem Auftrage.

Die dieser Weisung entgegenstehenden Bestimmungen werden aufgehoben.

(gez.) Adolf Hitler.
F. d. R.
Warlimont
Generalleutnant.

Verteiler:

H. Gr. E	1. Ausfertigung
Gen. St. d. Heeres	2. Ausfertigung
Chef H Rüst u BdE	3. Ausfertigung
OKM/Skl.	4. Ausfertigung
Ob. d. L./Lw. Führ. Stab	5. Ausfertigung
Dt. Gen. b. H. Qu. d. ital. Wehrmacht	6. Ausfertigung
OKW:	
Chef WFSt	7. Ausfertigung
Stellv. Chef WFSt	8. Ausfertigung
Op (H)	9. Ausfertigung
Op (M)	10. Ausfertigung

3. 8. 1943

Op (L)	11. Ausfertigung
Qu	12. Ausfertigung
Org	13. Ausfertigung
Ktb.	14. Ausfertigung
Chef Ausl./Abw.	15. Ausfertigung
Chef Wehrm. Trp. Wesen	16. Ausfertigung
Chef WNV	17. Ausfertigung

Or. m. eigh. Unterschrift Warlimonts in OKM Weisungen OKW IV, 1 Bd. 3, 7 Seiten Masch. Schr.

48 a.

Oberkommando der Wehrmacht F. H. Qu., den 3. 8. 1943
Nr. 661811/43 Gkdos Chefs. WFSt/Qu. (Verw.)

Geheime Kommandosache.
Chefsache!
Nur durch Offizier!

Besondere Anordnungen Nr. 2 für Weisung Nr. 48.

Für den Fall der Übernahme der bisher von italienischen Kräften besetzten Gebiete des Südostraumes durch die Deutsche Wehrmacht (Stichwort „Achse") wird befohlen:

I. 1.) Einbeziehung der bisher von italienischen Truppen besetzten Gebiete Griechenlands in den Bereich des Militärbefehlshabers Griechenland, Ausdehnung seiner Befugnisse auf diese Gebiete. Dazu ist schon jetzt durch Gen. St. d. H. die Zuführung der erforderlichen Anzahl von Kommandanturen (mit Militärverwaltungsgruppen) zum Militärbefehlshaber Griechenland vorzubereiten.

2.) Über die Auswirkungen des Stichwortes „Achse" auf die Stellung des Bevollmächtigten des Reiches und des Sonderbeauftragten Gesandten Neubacher in ihrem Verhältnis zum Militärbefehlshaber Griechenland und zur griech. Regierung folgt zu gegebener Zeit weiterer Befehl.

II. Für die Einbeziehung des derzeit der italienischen Hoheit unterstehenden albanischen und montenegrinischen Raumes sind vorerst nur durch Gen. St. d. H. die gem. OKW/WFST/Qu. (Verw.) Nr. 661410/43 Gkdos Chefs. vom 1. 7. 43 zu treffenden Vorbereitungen abzuschließen.

III. 1.) Einbeziehung des gesamten kroatischen Staatsgebietes in den Bereich des Deutschen Bevollmächtigten Generals in Kroatien.

2.) Weitere Maßnahmen — insbesondere Neuregelung des Verhältnisses der deutschen militärischen und nichtmilitärischen Dienststellen zur Kroatischen Regierung und zueinander — hängen von der Entwicklung der politischen Lage in Kroatien und den dazu erforderlichenfalls zeitgerecht ergehenden Richtlinien ab. Gen. St. d. H. bereitet personalmäßig die Erfüllung weiterer Aufgaben, die sich aus einer solchen Neuregelung ergeben können, vor.

Der Chef des Oberkommandos der Wehrmacht
gez.: Keitel.

Abschrift in Akten OKM.

48 b.

Oberkommando der Wehrmacht
Nr. 004124/43 g.K./WFSt/Qu. (Verw./V)

F. H. Qu., den 7. 8. 1943.

Geheime Kommandosache!

24 Ausfertigungen
7. Ausfertigung.

Besondere Anordnungen Nr. 3
zur Weisung Nr. 48.

Der Führer wird dem Oberbefehlshaber der Heeresgruppe F — Frhr. v. Weichs (Belgrad) — die Führung im gesamten deutschen Operationsgebiet des Südostraumes übertragen. Mit der Befehlsübernahme wird der Befehlsbereich der Heeresgruppe E auf Griechenland einschl. der Inseln beschränkt unter Fortfall der bisherigen Bezeichnung „Oberbefehlshaber Südost". Die Heeresgruppe E wird dann der Heeresgruppe F unterstellt.

Auf Grund dieser neuen Befehlsgliederung ergeben sich folgende Änderungen der durch die Weisung Nr. 48 und die Besonderen Anordnungen Nr. 1 und 2 (letztere nur beschränkt verteilt) getroffenen Regelung für die Versorgungs- und Verwaltungsführung im Südostraum:

I. Versorgungsführung:

1.) Die einheitliche Leitung der Versorgungsführung im gesamten Südostraum übernimmt der O. Qu. der Heeresgruppe F, der gleichzeitig als Außenstelle des Gen. St. d. H./Gen. Qu. die ihm mit Verfügung vom 2. 8. 43 (OKW/WFSt/Qu. (I/V) Nr. 003949/43

7. 8. 1943

g.Kdos.) übertragenen Befugnisse behält. Er ist berechtigt, seine Befugnisse auf die O. Qu. der unterstellten Kommandodienststellen für deren Befehlsbereiche auszudehnen.

Im einzelnen ist nach seinen Weisungen die Versorgung zu leiten:*)

a) für die der Heeresgruppe E unterstellten Verbände durch den O. Qu. dieser Heeresgruppe,

b) für die bodenständigen Einrichtungen in Griechenland (außer Kreta) durch den Qu. beim Militärbefehlshaber Griechenland (Athen),

c) für die Insel Kreta durch den Qu. des Kommandanten der Festung Kreta,

d) für die in Serbien, Kroatien, Albanien und Montenegro dem demnächst einzusetzenden Pz. A. O. K. 2 unterstellten Verbände durch den O. Qu. dieses A. O. K.'s,

e) für die bodenständigen Einrichtungen in Serbien durch den Qu. des Militärbefehlshabers Südost,

f) für die bodenständigen Einrichtungen in Kroatien durch den Qu. beim Deutschen Bevollmächtigten General in Kroatien.

2.) Die Steuerung der **Bahntransporte und Donauschiff-fahrt** für Nachschub und Versorgungsgüter für den gesamten Südostraum obliegt dem O. Qu. der Außenstelle des Gen. St. d. H./ Gen. Qu. in Belgrad in Zusammenarbeit mit einem durch den Wehrmachttransportchef bei der Heeresgruppe F einzusetzenden General des Transportwesens.

3.) Die Steuerung der **Seetransporte** nach und innerhalb des Südostraumes obliegt dem O. Qu. der Heeresgruppe E in Zusammenarbeit mit den örtlichen Dienststellen der Kriegsmarine und des Reichskommissars für die Seeschiffahrt.

II. Verwaltungsführung.

1.) Die vollziehende Gewalt wird im gesamten deutschen Operationsgebiet des Südostraumes ausgeübt durch den

„Militärbefehlshaber Südost in Belgrad"

— General der Infantrie Felber —

und von den diesem unterstellten Befehlshabern:

a) „Militärbefehlshaber Griechenland" (Athen)

— General der Flieger Speidel —

für das gesamte von deutschen Truppen und der bulgarischen 7. Division besetzte griechische Gebiet einschl. der Inseln und der neutralen Zone in Thrazien,

b) „Deutscher Bevollmächtigter General in Kroatien"
— Generalleutnant von Glaise-Horstenau —
für das deutsche Operationsgebiet in Kroatien,
sowie durch den
Militärbefehlshaber Südost in Belgrad
unmittelbar für Serbien.

2.) Der Militärbefehlshaber Südost in Belgrad erhält Weisungen für seine Aufgaben, die sich aus der Ausübung vollziehender Gewalt im Operationsgebiet ergeben, unmittelbar durch den Gen. St. d. H. Im übrigen gelten die Bestimmungen Chef OKW Nr. 519/43 WFSt/Qu. (Verw.) vom 23. 6. 43.

3.) Der Oberbefehlshaber der Heeresgruppe F ist gegenüber den Militärbefehlshabern weisungsberechtigt, soweit es die Führungsbelange erfordern. Er kann dieses Weisungsrecht auf die ihm unterstellten Oberbefehlshaber übertragen.

4.) Die in der Weisung Nr. 48 vorgesehene Unterstellung aller in Griechenland eingesetzten oder noch einzusetzenden deutschen Dienststellen außerhalb der Wehrmacht unter den Oberbefehlshaber Südost entfällt. Diese Dienststellen werden dem Militärbefehlshaber Griechenland durch besonderen Führererlaß unterstellt werden.

5.) Die Umwandlung des Stabes des Befehlshabers Saloniki-Ägäis in eine Oberfeldkommandantur und die Übernahme der territorialen Aufgaben in Kroatien durch den Deutschen Bevollmächtigten General in Kroatien ist mit der Befehlsübernahme durch die Heeresgruppe F zu vollziehen. Zum gleichen Zeitpunkt wird der Kommandant der Festung Kreta in territorialer Hinsicht dem Militärbefehlshaber Griechenland unterstellt.

6.) Der Deutsche Militär-Attaché in Sofia untersteht dem Oberbefehlshaber der Heeresgruppe F im Rahmen seiner über die Attaché-Befugnisse hinausgehenden Aufgaben.

III. Vorschläge für die sich aus der neuen Befehlsregelung ergebende Umorganisation auf dem Gebiet des Transportwesens, des Wehrmachtverwaltungswesens, der Wehrwirtschaft, des Abwehrdienstes sind bis zum 12. 8. durch die betreffenden Wehrmachtdienststellen dem OKW/WFSt. einzureichen.

Gen. St. d. H. wird gebeten, baldmöglichst den Entwurf einer Dienstanweisung für den Militärbefehlshaber Südost zu übersenden.

Der Chef des Oberkommandos der Wehrmacht
(gez.) Keitel

7. 8. 1943

Verteiler:
Heeresgruppe F	1. Ausf.
Heeresgruppe E	2. „
Dt. Mil. Att. Sofia	3. „
Gen. St. d. H. mit N. A. f. Gen. Qu.	4. u. 5. „
Chef H. Rüst. u. B. d. E.	6. „
OKM/Skl.	7. „
Ob. d. L. / Lw. Fü. Stb.	8. „
Ob. d. L. / Gen. Qu.	9. „
Wehrm. Trsp. Chef über V. O.	10. „
W Z	11. „
W R	12. „
A. Ausl/Abw. (Ag. Ausl.) über V. O.	13. „
„ „ (Abw. III) über V. O.	14. „
A W A	15. „
W. Stb. über V. O.	16. „
W N V	17. „
W Pr.	18. „
WFSt / Op. (H)	19. „
Op. (L-M)/Ktb.	20. „
Org.	21. „
Qu. — Standort	22. „
Heimatstab Übersee	23. „
Qu. (Entw.)	24. „

* *Absatz a—f ist berichtigt gem. OKW/WFSt 004124/43 II. Ang. vom 22. 8. 1943:*
a) in Griechenland mit den Inseln und Bulgarien durch O. Qu. Heeresgruppe E.
b) im übrigen Südostraum (ohne Rumänien) durch O. Qu. Pz. AOK 2.

Or. m. eigh. Unterschrift Keitels in OKM Weisungen OKW IV. 1. Bd. 3, 6 Seiten Masch. Schr.

Vgl. ergänzend hierzu: Fernschreiben OKW/WFSt/Qu. 1 (Trsp.) Nr. 00494/44 geh. v. 20. Januar 1944 (gez. Jodl) betr. Regelung der Transportlage in der Ägäis (In den Akten des Marine-Archivs).

49.

Weisung 49

ist nicht ausgegangen.
Sie betraf die Maßnahme „Alarich" usw. Anstatt der Weisung sind mehrere Einzelbefehle ausgegangen.
„Alarich" (später „Achse") war der Plan zur Besetzung Italiens durch deutsche Truppen im Falle des italienischen Ausscheidens aus dem Kriege.

Weisung Nr. 49

WFSt/Qu. (I/Verw.)
Nr. 661726/43 g.K.Chefs.

31. 7. 43

Geheime Kommandosache
Chefsache!
Nur durch Offizier!

3 Entwurfs-Ausfertigungen
1. Entwurfs-Ausfertigung

Besondere Anordnungen Nr. 1 zur Weisung 49.

I. Versorgungsführung.

1.) Fall A.

Die Versorgung der Verbände des Heeres im Bereich des Ob. Süd und die der Heeresgruppe B ist durch OKH/Genst.d.H./Gen.Qu. I/Qu. 1 Nr. I/4811/43 g.Kdos. v. 29. 7. 43 festgelegt.

Der O.Qu. der Heeresgruppe B ist gleichzeitig Außenstelle OKH/Gen.Qu. „Italien".

Für die Kriegsmarine und Luftwaffe verbleibt es bei der bisherigen Regelung.

2.) Fall B.

Die Versorgungsführung im gesamten ital. Raum geht auf die Außenstelle OKH/Gen.Qu. „Italien" über (s. Ziffer IV des oben angegebenen Befehls). Die Außenstelle „Italien" erhält Wehrmachtbefugnisse gemäß Sonderbefehl.

II. Versorgungsbasen.

Entsprechend der Kräfteverteilung müssen für Fall A und B auf dem Festland Italien 3 zentrale Versorgungsbasen bestehen:
1.) Süditalien
2.) Mittelitalien
3.) Norditalien (Raum Mantua).

Die Basen in Süd- und Mittelitalien sind nur in der Höhe des laufenden Bedarfs der in diesem Raum zu versorgenden Verbände zu befüllen. Die norditalienische Basis ist unter Ausnutzung aller Möglichkeiten weitgehend zu bevorraten, so daß sie auch bei Störung der Eisenbahnstrecken oder sonstiger Verkehrseinrichtungen die Versorgung der im ital. Raum eingesetzten Verbände auf längere Zeit gewährleistet.

Die Versorgungsgüter sind so zu lagern, daß sie gegen Erd- und Luftangriffe ausreichend gesichert sind. Da bei Verschärfung der Lage mit Unruhen und Sabotage zu rechnen ist, muß jedoch die Dezentralisation der Basen den zur Verfügung stehenden Bewachungskräften angepaßt werden.

III. Versorgungs- und Nachschubtransporte.

a) Eisenbahn.

Im Fall A werden die Versorgungs- und Nachschubtransporte gem. Ziffer I, 1 gesteuert.

Im Fall B erfolgt die Steuerung für alle Bedarfsträger durch die Außenstelle OKH/Gen.Qu. „Italien".

Chef des Transportwesens hält ab 1. 8. 43 in Königsbrück 5 000 Mann abrufbereit, um auf Befehl den Betrieb der Eisenbahnstrecken im Operationsgebiet Italien ganz oder teilweise in eigener Verantwortung zu übernehmen.

b) Schiffsraum.

Der Einsatz des Schiffsraumes ist bis auf weiteres durch Ob. Süd in Zusammenarbeit mit den Dienststellen OKM und RKS. durchzuführen.

31. 7. 1943

Der Schiffsraum ist für die rasche Bevorratung der Insel Corsica sowie in der Küstenschiffahrt für die Versorgung zu verwenden.
Zur Entlastung der deutsch-ital. Eisenbahnlinien ist anzustreben, daß freiwerdender Schiffsraum im Küstenverkehr Südfrankreich—Italien eingesetzt wird.

IV. Verwaltungsbestimmungen.

1.) Das von deutschen Truppen geschützte ital. Gebiet ist Operationsgebiet im Sinne der militärischen Bestimmungen. Eine Übertragung der Ausübung vollziehender Gewalt auf deutsche Befehlshaber bleibt entsprechend der weiteren politischen Entwicklung vorbehalten.
Die politische Begründung des Einsatzes der H.Gr. B wird durch einen Aufruf des Führers an das italienische Volk bekanntgegeben.
Die Zuteilung eines politischen Beraters und eines Vertreters des Reichsführers-SS und Chefs der Deutschen Polizei zum Oberkommando der H.Gr. B wird durch besonderen Befehl geregelt.

2.) Der „Stab Rothkirch" ist der H.Gr. B als Kommandant Heeresgebiet zuzuführen. H.Gr. B fordert Feld- und Ortskommandanturen in dem unbedingt erforderlichen Umfange bei Gen.St.d.H. an.

3.) Die italienische Nordgrenze vom Tyrrhenischen bis zum Adriatischen Meer ist zu sperren. Einreisen nach Italien über diese Grenze unterliegen bis auf weiteres der Genehmigung des Oberkommandos der Wehrmacht.
Durchführungsbestimmungen erläßt der Chef des Oberkommandos der Wehrmacht.

4.) Bei den nachstehend in Ziff. 5) bis 10) aufgeführten Maßnahmen ist grundsätzlich Einvernehmen mit den italienischen Dienststellen anzustreben (Fall A). Ist eine gemeinsame Regelung nicht zu erzielen (Fall B), so ist entsprechend der weiteren politischen Entwicklung durchzusetzen, was die Erfüllung der H.Gr. B erteilten militärischen Auftrages jeweils erfordert. Oberbefehlshaber H.Gr. B führt hierzu in grundsätzlichen Fragen die Zustimmung des Oberkommandos der Wehrmacht über den Wehrmachtführungsstab herbei.

5.) Maßnahmen gegen Angehörige der Feindstaaten im Operationsgebiet regelt der Oberbefehlshaber der H.Gr. B im Benehmen mit dem Reichsführer-SS und Chef der Deutschen Polizei.

6.) Militärische Einrichtungen, Eisenbahnen, Häfen und Küstenschiffahrt sind in Anspruch zu nehmen, soweit die Erfüllung der militärischen Aufgaben es erfordert. Das Gleiche gilt für die Benutzung von Nachrichtenverbindungen.

7.) Aus dem im Laufe der Operationen zu räumenden Gebiet sind außer dem deutschen Versorgungsgut italienisches rollendes Eisenbahnmaterial, Kraftfahrzeuge, Kraftfahrzeug-Instandsetzungsmaterial, Werkstätteninventar und Treibstoffvorräte in weitestmöglichem Umfange zurückzuführen.

8.) Für die weitere Kampfführung ist es von großer Bedeutung, daß ausreichender Schiffsraum, insbesondere Kleinschiffsraum, zur Verfügung bleibt und nicht in Feindeshand fällt. Deshalb ist anzustreben, den italienischen Schiffsraum zur gemeinsamen Benutzung im norditalienischen Operationsgebiet zu halten. Die mit Seetransport befaßten Dienststellen sind, soweit erforderlich, durch die örtlichen Truppenführer zu unterstützen.

9.) In dem von den deutschen Truppen geschützten Gebiet sind für die deutsche Kriegführung wichtige Warenbestände und Roh-

Weisung Nr. 49

stoffvorräte gegen unbefugte Zugriffe mit allen Mitteln zu schützen.

10.) Alle **Warenentnahmen** auf italienischem Boden sind nur gegen Bezahlung zulässig.

11.) Den Angehörigen der Deutschen Wehrmacht sind **selbständige Beschaffungen und die Mitnahme von Waren**, die den unumgänglich nötigen persönlichen Bedarf übersteigen, untersagt. Truppenteile und alleinreisende Wehrmachtangehörige werden an der Grenze kontrolliert. Nähere Bestimmungen erläßt der Chef des Oberkommandos der Wehrmacht.

12.) Im Zusammenhang mit den vorstehenden Maßnahmen werden je nach Entwicklung der politischen Lage durch Einzelbefehle durch das Oberkommando der Wehrmacht geregelt werden:

    a) Versorgung der Truppe mit Zahlungsmittel, ggf. Einführung des Reichskreditkassenscheines im Falle B.

    b) Regelung des Requisitionsrechtes im Falle B. Dieses ist für den Fall vorgesehen, daß weder eine Beschaffung auf dem freien Markt noch mit Hilfe der italienischen Behörden möglich ist. Dabei wird die Anordnung und Durchführung den Einheitsführern vom Bataillon aufwärts vorbehalten bleiben.

    c) Maßnahmen zur Lenkung der Wirtschaft im Operationsgebiet.

    d) Solange nicht die vollziehende Gewalt auf die Deutsche Wehrmacht übergegangen ist, bleibt das italienische Recht grundsätzlich unangetastet. Nur für Fälle dringenden militärischen Erfordernisses und, wo entsprechende italienische Bestimmungen fehlen, ist ein eng begrenztes Verordnungsrecht des Oberkommandos der Heeresgruppe vorgesehen, das rechtzeitig zu beantragen ist.

Verteiler:
Stellv. Chef WFSt.   1. Ausf.
Qu. (I/Verw.)   2.   „
Op. (H — L — M)/Ktb.   3.   „

Paraphe: W[arlimont] *am Schluß des Schriftstücks. Auf der Vorderseite hs. Vermerk Jodls:* Muß den Fernschreiben angepaßt werden. J.
Auf der letzten Seite: Vermerk: Genst. d. H./Gen. Qu. ist einverstanden.

Photokopie im Besitz des Arbeitskreises f. Wehrforschung, Stuttgart. Dort auch die gleichlautende 2. Entwurfs-Ausfertigung sowie ein Entwurf derselben Dienststelle mit gleicher Brief-Tagebuch-Nr., vom 30. 7. 1943, gez. Poleck.
Or. in National Archives Washington, Akte OKW/WFSt. Microfilm Series T-77/Roll No. 780, 14 Bll.

Akten-Notiz Marine-Archiv

    Betr.: Küstenverteidigung des Mittelmeerraumes I op G 7/10.
    Siehe Akten II. 17 Band 1 und 2. PG/32 462 u. 32 463.

28. 9. 1943

50.

Der Führer Führerhauptquartier, den 28. September 43
OKW/WFSt/Op. Nr. 662375/43 g.K. Ch.

Geheime Kommandosache
Chefsache! 10 Ausfertigungen
Nur durch Offizier! 3. Ausfertigung

Weisung Nr. 50 für die Vorbereitung der Rückführung des Geb. A. O. K. 20 nach Nordfinnland und Nordnorwegen.

1.) Die Lage bei der Heeresgruppe Nord ist völlig gefestigt, eine Zurücknahme ihrer Front nicht beabsichtigt. Der operativ gefährlichste Abschnitt bei Welikije Luki wird nachhaltig verstärkt. Trotzdem wird für den Fall einer ungünstigen Entwicklung, insbesondere in Finnland selbst, zur Zeit hinter dem Peipus-See und der Narva eine zweite Stellung gebaut.

2.) Der Fall des Ausscheidens Finnlands oder sein Zusammenbruch muß von uns pflichtgemäß in Rechnung gestellt werden.

3.) Aufgabe des Geb. A.O.K. 20 würde es in diesem Fall sein, den für uns wehrwirtschaftlich lebenswichtigen Nordraum unter Zurückschwenken der Armeefront in Linie Karesuando — Ivalo — gegenwärtiger Kampfraum des XIX. (Geb.) A. K. zunächst weiterhin zu halten. 230. und 270. I. D. würden ihm hierzu zu gegebener Zeit unterstellt werden.

Dem Schutz des dann vermehrt bedrohten Nickelwerkes Kolosjoki gegen Erd- und Luftangriffe käme dabei besondere Bedeutung zu.

Wie lange die Durchführung dieses Auftrages möglich sein wird, kann zur Zeit noch nicht beurteilt werden.

4.) Die außerordentlichen Schwierigkeiten der unter diesen Umständen notwendig werdenden Bewegungen und späteren Kampfführung machen es erforderlich, die lange Zeit beanspruchenden Vorbereitungen hierfür schon jetzt in Angriff zu nehmen. Sie haben sich auf folgende Gebiete zu erstrecken:

   a) Ausbau und Offenhalten der in Frage kommenden Marschstraßen, Anlage von Rastplätzen.
   b) Vorbereitungen für die Versorgung der Armee auf dem Rückmarsch.
   c) Vorbereitung der Zerstörung für den Feind wichtiger Anlagen in den zu räumenden Gebieten.
   d) Verlagerung der Bevorratung.
   e) Vorbereitung von Unterkünften in den späteren Einsatzräumen der zurückzuführenden Teile der Armee.
   f) Vorbereitung der Nachrichtenverbindungen.

Die im unmittelbaren Einvernehmen zwischen Geb. A.O.K. 20 und Wehrmachtbefehlshaber Norwegen zu treffenden Vorbereitungen müssen auf jede Jahreszeit und den ungünstigen Fall abgestellt sein, daß ein Abtransport der nicht für das Halten des Nordraumes benötigten Teile der Armee aus finnischen Häfen über See in nennenswertem Umfange nicht möglich ist.

5.) Die befohlenen Maßnahmen sind, soweit sie nicht völlig unauffällig getroffen werden können, gegenüber der eigenen Truppe und den Finnen ausschließlich mit dem Ausbau der Verbindungswege zwischen Norwegen und Finnland zu begründen. Durch diesen Ausbau ist anzustreben, im Bedarfsfall auch im Winter Divisionen aus der Reserve des Wehrmachtbefehlshabers Norwegen nach Finnland zuführen zu können. Der Personenkreis, der auch über die weiteren Gründe der Vorbereitungen unterrichtet wird, muß so klein wie irgend möglich gehalten werden. Soweit Schriftwechsel oder mündliche Besprechungen zwischen W. Bfh. Norwegen und Geb. A.O.K. 20 notwendig sind, darf nur der Weg über Deutschland, nicht über Schweden gewählt werden.

6.) Durch Geb. A.O.K. 20 ist dem Oberkommando der Wehrmacht/ Wehrmachtführungsstab eine kurze Studie über die Durchführung der vorgesehenen Kampfführung unter besonderer Berücksichtigung der Versorgung vorzulegen.

Der Stand der gemäß Ziffer 4.) zu treffenden Vorbereitungen ist durch Geb. A.O.K. 20 und Wehrmachtbefehlshaber Norwegen zum 1. 12. 1943 zu melden.

(gez.) Adolf Hitler
F. d. R.
Frhr. v. Buttlar
Oberst d. G.

Verteiler:
OKW/Chef WFSt — 1. Ausf.
Gen. St. d. H. — 2. Ausf.
OKM/Skl. — 3. Ausf.
Ob. d. L./Lw. Fü. St. — 4. Ausf.

OKW/WFSt/Op (H) — 5. Ausf.
        Op (M) — 6. Ausf.
        Op (L) — 7. Ausf.
        Qu — 8. Ausf.
        I c — 9. Ausf.
        Ktb — 10. Ausf.

Geb. AOK 20 } durch Fernschreiben
W. Bfh. Norwegen }

Or. m. eigh. Unterschrift v. Buttlar in OKM Weisungen OKW IV, 1 Bd. 3, 3 Seiten Masch. Schr. Druck: Operationsgebiet östl. Ostsee 1944, hrsg. v. Mil. Gesch. Forschg. Amt, Stuttg. 1961.

51.

Der Führer
OKW/WFSt/Op. Nr. 662656/43 g.K. Chefs.

F. H. Qu., den 3. 11. 43

Chefsache!
Nur durch Offizier!

27 Ausfertigungen
8. Ausfertigung

Weisung Nr. 51

Der harte und verlustreiche Kampf der letzten zweieinhalb Jahre gegen den Bolschewismus hat die Masse unserer militärischen Kräfte und Anstrengungen aufs Äußerste beansprucht. Dies entsprach der Größe der Gefahr und der Gesamtlage. Diese hat sich inzwischen geändert. Die Gefahr im Osten ist geblieben, aber eine größere im Westen zeichnet sich ab: die angelsächsische Landung! Im Osten läßt die Größe des Raumes äußersten Falles einen Bodenverlust auch größeren Ausmaßes zu, ohne den deutschen Lebensnerv tödlich zu treffen.

Anders der Westen! Gelingt dem Feind hier ein Einbruch in unsere Verteidigung in breiter Front, so sind die Folgen in kurzer Zeit unabsehbar. Alle Anzeichen sprechen dafür, daß der Feind spätestens im Frühjahr, vielleicht aber schon früher, zum Angriff gegen die Westfront Europas antreten wird.

Ich kann es daher nicht mehr verantworten, daß der Westen zu Gunsten anderer Kriegsschauplätze weiter geschwächt wird. Ich habe mich daher entschlossen, seine Abwehrkraft zu verstärken, insbesondere dort, von wo aus wir den Fernkampf gegen England beginnen werden. Denn dort muß und wird der Feind angreifen, dort wird — wenn nicht alles täuscht — die entscheidende Landungsschlacht geschlagen werden.

Mit Fesselungs- und Ablenkungsangriffen an anderen Fronten ist zu rechnen. Aber auch ein Großangriff gegen Dänemark ist nicht ausgeschlossen. Er ist seemännisch schwieriger, aus der Luft weniger wirksam zu unterstützen. Seine politischen und operativen Auswirkungen aber sind beim Gelingen am größten.

Zu Beginn des Kampfes wird die gesamte Angriffskraft des Feindes sich zwangsläufig gegen die Besatzung der Küste richten. Nur stärkster Ausbau, der unter Anspannung aller verfügbaren personellen und materiellen Kräfte der Heimat und der besetzten Gebiete aufs Höchste zu steigern ist, kann in der kurzen noch voraussichtlich verfügbaren Zeit unsere Abwehr an den Küsten stärken.

Die Dänemark und den besetzten Westgebieten in nächster Zeit zufließenden bodenständigen Waffen (s. Pak, unbewegliche, in die Erde einzugrabende Panzer, Küstenartillerie, Landeabwehrgeschütze, Minen usw.) sind schwerpunktmäßig scharf zusammengefaßt an den bedrohtesten Küstenabschnitten einzusetzen. Es ist in Kauf zu nehmen, daß dabei die Verteidigungskraft weniger bedrohter Abschnitte in nächster Zeit noch nicht verbessert werden kann.

Erzwingt der Feind trotzdem durch Zusammenfassen seiner Kräfte eine Landung, so muß ihn unser mit größter Wucht geführter Gegenangriff treffen. Es kommt darauf an, durch ausreichende und schnelle Zuführung von Kräften und Material und durch intensive Ausbildung die vorhandenen großen Verbände zu hochwertigen, angriffsfähigen und voll beweglichen Eingreifreserven zu machen, die durch Gegenangriff die Ausweitung einer Landung verhindern und den Feind ins Meer zurückwerfen.

Darüber hinaus muß durch genaue bis ins einzelne vorbereitete Behelfsmaßnahmen aus den nicht angegriffenen Küstenfronten und aus der Heimat alles mit größter Beschleunigung gegen den gelandeten Feind geworfen werden, was irgendwie einsatzfähig ist.

Luftwaffe und Kriegsmarine müssen den zu erwartenden starken Angriffen aus der Luft und über See mit allen nur greifbaren Kräften in rücksichtslosem Einsatz entgegentreten.

Dazu befehle ich:

A) Heer:

1.) Chef Generalstab des Heeres und Generalinspekteur der Panzertruppen legen mir baldigst einen Plan über die Zuteilung von Waffen, Panzern, Sturmgeschützen, Kraftfahrzeugen und Munition innerhalb der nächsten drei Monate für die Westfront und für Dänemark vor, der der neuen Lage Rechnung trägt.
Hierbei ist zu Grunde zu legen:
a) Ausreichende Beweglichkeit aller Panzer- und Panzer-Grenadier-Divisionen im Westen und Ausstattung dieser Verbände mit je 93 Pz. IV bzw. Sturmgeschützen und starker Panzerabwehr bis Ende Dezember 1943.
Beschleunigte Umgliederung der 20. Luftwaffen-Feld-Division zu einem kampfkräftigen beweglichen Eingreifverband unter Zuteilung von Sturmgeschützen bis Ende 1943.
Beschleunigte waffenmäßige Auffüllung der SS-Pz. Gren. Div. „H. J.", der 21. Pz. Div. und der in Jütland eingesetzten Inf.- und Reserve-Divisionen.

3. 11. 1943

b) Weitere Auffüllung der Reserve-Panzer-Divisionen im Westen und Dänemark sowie der Sturmgeschütz-Ausbildungs-Abteilung in Dänemark mit Pz. IV, Sturmgeschützen und s. Pak.

c) Monatliche Zuweisung von 100 s. Pak 40 und s. Pak 43 (davon die Hälfte beweglich) im November und Dezember zusätzlich zu den für die Neuaufstellungen im Westen und Dänemark erforderlichen s. Pak.

d) Zuweisung einer größeren Anzahl von Waffen (dabei etwa 1000 MG) zur Verbesserung der Ausstattung der im Küstenschutz Westen und Dänemark eingesetzten bodenständigen Divisionen und zur einheitlichen Ausstattung der aus nicht angegriffenen Abschnitten herauszuziehenden Truppenteile.

e) Reichliche Ausstattung der in bedrohten Abschnitten liegenden Verbände mit Panzer-Nahbekämpfungsmitteln.

f) Verbesserung der artilleristischen Kampfkraft und der Panzerabwehr der in Dänemark liegenden und in den besetzten Westgebieten im Küstenschutz eingesetzten Verbände und Verstärkung der Heeresartillerie.

2.) Alle im Westen und in Dänemark liegenden Truppenteile und Verbände sowie alle im Westen neuaufzustellenden Panzer-, Sturmgeschütz- und Panzerjägereinheiten dürfen ohne meine Genehmigung nicht für andere Fronten abgezogen werden.

Chef Generalstab des Heeres bzw. Generalinspekteur der Panzertruppen melden mir die Beendigung der Ausstattung der Panzer-Abteilungen, Sturmgeschütz-Abteilungen, Panzerjäger-Abteilungen und Kompanien über OKW/WFSt.

3.) Ob. West legt über das bisherige Maß hinaus kalendermäßig und durch Kriegsspiele und Rahmenübungen das Heranführen von behelfsmäßig angriffsfähig zu machenden Verbänden aus nicht angegriffenen Frontabschnitten fest. Hierbei fordere ich das rücksichtslose Entblößen nichtbedrohter Abschnitte bis auf geringe Bewachungskräfte. Für Räume, aus denen Reserven abgezogen werden, sind Sicherungs und Bewachungskräfte aus Sicherungs- und Alarmeinheiten bereitzustellen, desgleichen Baukräfte zum Offenhalten der durch die feindliche Luftwaffe voraussichtlich zerstörten Verkehrswege unter weitgehender Ausnutzung der Bevölkerung.

4.) Der Befehlshaber der deutschen Truppen in Dänemark trifft in seinem Befehlsbereich Maßnahmen entsprechend Ziffer 3.

5.) Chef H Rüst u BdE stellt aus Lehrtruppen, Lehrgängen, Schulen, Ausbildungs- und Genesenden-Truppenteilen des Heimatkriegsgebietes Kampfgruppen in Regimentsstärke, Sicherungsbataillone und Bau-Pionier-Bataillone entsprechend Sonderbefehl so bereit, daß sie innerhalb von 48 Stunden nach Aufruf abtransportiert werden können.

Darüber hinaus ist weiter verfügbares Personal in Marsch-Bataillone mit den verfügbaren Waffen einzuteilen, um die zu erwartenden hohen Verluste schnell ausgleichen zu können.

B) Luftwaffe:

Durch Verstärken der Angriffs- und Abwehrkraft der im Westen und in Dänemark befindlichen Verbände der Luftwaffe ist der neuen Gesamtlage Rechnung zu tragen. Hierbei ist vorzubereiten, daß alle verfügbaren und für den Abwehrkampf geeigneten Kräfte an fliegenden Verbänden und beweglicher Flakartillerie aus der Heimatluftverteidigung, aus Schulen und aus Ausbildungseinheiten des Heimatkriegsgebietes für den Einsatz im Westen und gegebenenfalls in Dänemark freigemacht werden.

Der Ausbau der Bodenorganisation in Südnorwegen, Dänemark, Nordwestdeutschland und im Westen ist so vorzubereiten und zu bevorraten, daß durch größtmögliche Auflockerung die eigenen Verbände bei beginnendem Großkampf den feindlichen Bombenangriffen entzogen werden und die Wirkung der feindlichen Angriffskraft zersplittert wird. Dies trifft besonders für die eigenen Jagdkräfte zu, deren Einsatzmöglichkeit durch zahlreiche Feldflugplätze erhöht werden muß. Auf beste Tarnung ist besonders zu achten. — Auch hier erwarte ich rücksichtsloses Bereitstellen aller Kräfte unter Entblößen weniger bedrohter Gebiete.

C) Kriegsmarine:

Die Kriegsmarine bereitet den Einsatz möglichst starker, zum Angriff gegen die feindlichen Landungsflotten geeigneter Seestreitkräfte vor. Die im Ausbau befindlichen Küstenverteidigungsanlagen sind mit größter Beschleunigung fertigzustellen, die Aufstellung weiterer Küstenbatterien sowie die Möglichkeit einer Auslegung zusätzlicher Flankensperren ist zu prüfen.

Der Einsatz sämtlicher für den Erdkampf geeigneten Soldaten von Schulen, Lehrgängen und sonstigen Landkommandos ist so vorzubereiten, daß ihre Verwendung im Kampfgebiet feindlicher Landungsoperationen zumindestens als Sicherungsverbände in kürzester Frist erfolgen kann.

Bei den Vorbereitungen der Kriegsmarine für die Verstärkung der Verteidigung im Westraum ist die gleichzeitige Abwehr von Feindlandungen im norwegischen oder dänischen Raum besonders zu berücksichtigen. Hierbei messe ich der Bereitstellung zahlreicher U-Boote für die nördlichen Seegebiete besondere Bedeutung bei. Eine vorübergehende Schwächung der Atlantik-U-Bootskräfte muß in Kauf genommen werden.

D) SS:
Reichsführer SS prüft das Bereitstellen von Kräften der Waffen-SS und Polizei zu Kampf-, Sicherungs- und Bewachungsaufgaben. Aus Ausbildungs-, Ersatz- und Geneseneneinheiten sowie Schulen und sonstigen Einrichtungen im Heimatkriegsgebiet ist die Aufstellung von einsatzfähigen Verbänden für Kampf- und Sicherungsaufgaben vorzubereiten.

E) Die Oberbefehlshaber der Wehrmachtteile, der Reichsführer SS, der Chef des Gen. St. d. H., der Ob. West, der Chef H Rüst u BdE und der Generalinspekteur der Panzertruppen sowie der Befehlshaber der deutschen Truppen in Dänemark melden mir bis 15. November die getroffenen und beabsichtigten Maßnahmen.

Ich erwarte, daß in der noch zur Verfügung stehenden Zeit von allen Dienststellen mit höchster Anspannung die Vorbereitungen für die zu erwartende Entscheidungsschlacht im Westen getroffen werden.

Alle Verantwortlichen wachen darüber, daß nicht nutzlos Zeit und Arbeitskraft in Zuständigkeitsfragen vergeudet, sondern Abwehr- und Angriffskraft gefördert werden.

(gez.) Adolf Hitler
F. d. R.
Frhr. v. Buttlar
Oberst d. G.

Verteiler:

Gen. St. d. H., zgl. für Gen. d. Art. und Gen. d. Pi.	1.—5. Ausf.
Ob. d. L. / Lw. Fü. Stab und Gen. Qu.	6.—7. Ausf.
OKM/Skl. und Qu A 6	8.—9. Ausf.
Reichsführer SS	10. Ausf.
Ob. West	11. Ausf.
Chef H Rüst u BdE	12. Ausf.
Generalinspekteur der Pz. Truppen	13. Ausf.
Bfh. d. dt. Tr. i. Dänemark	14. Ausf.
W. Bfh. Norwegen (nachr.)	15. Ausf.

OKW
    Chef OKW   16. Ausf.
    WFSt
        Stellv. Chef/Ktb   17. Ausf.
        Op. (H)   18. Ausf.
        Op. (H) / West   19. Ausf.

Weisung Nr. 51

Op. (L)	20. Ausf.
Op. (M)	21. Ausf.
Qu	22. Ausf.
Org.	23. Ausf.
Heeresstab b. Chef OKW	24. Ausf.
Amt Ausland / Abwehr	25. Ausf.
Wehrmachttransportchef	26. Ausf.
Chef W. N. V.	27. Ausf.

Or. m. eigh. Unterschrift v. Buttlar in OKM Weisungen OKW IV, 1 Bd. 1, 7 Seiten Masch. Schr. Druck: Jacobsen, 1939—1945 Nr. 128 nach obiger Vorlage. Nach 1. Ausf. gedr. Schramm, KTB/OKW IV. 2, S. 1530—1534.

51 a.

Fernschreiben von + KR GWNOL 014381 27/12 2000 = KR Nachr Ob d M = Gltd: Ob West = Nachr Gen St d H = Nachr Ob d M = Nachr Ob d L / Lw Fü Stab = Nachr Chef H Rüst u BdE = Nachr Heeresgruppe B = Nachr Wehrmachttransportchef = Nachr Chef WNV, Anna.
gKdos — Chef-Sache — Nur durch Offizier
Betr.: Führerweisung 51.

I) Der feindliche Aufmarsch in Südengland geht seiner Vollendung entgegen. Es ist damit zu rechnen, daß er Mitte Februar beendet ist, ab Mitte Februar ist jederzeit mit dem Beginn der feindlichen Großlandung zu rechnen. — Der hohe Zeitbedarf für das Heranführen aller Kräfte hinter die besonders gefährdeten Küstenabschnitte in Verbindung mit der hemmenden Einwirkung der feindlichen Luftwaffe auf das eigene Verkehrsnetz macht es notwendig, bereits vor der entscheidungsuchenden feindlichen Großlandung mit dem Aufmarsch zu beginnen.

II) Der Führer hat daher befohlen:
Da die Front des AOK 15 und der rechte Flügel des AOK 7 (Halbinsel Cotentin) besonders bedroht sind, muß die Masse der verfügbaren Kräfte hinter diesen Fronten versammelt werden.
Die herangeführten Verbände sind in ihrer Verbandsausbildung zu fördern und haben ihre Bereitstellungsräume splittersicher auszubauen.

III) Beginn des Aufmarsches ab 1. 1. 44.

IV) Einzelmaßnahmen:
A) Durch Ob West:
1.) Am 15. 1. beginnend sind 4 Divisionen aus der Küstenfront bei AOK 7, AOK 1 und AOK 19 herauszulösen und ab 1. 2. in den Raum gemäß Ziffer II zuzuführen.

27. 12. 1943

Zur Besetzung der 4 Küstenverteidigungsabschnitte werden die 159. und 165. Res Div zum Einsatz in der Küstenverteidigung freigegeben. Im übrigen ist die Besetzung gemäß den Vorbereitungen Ob West durch Festungstruppen, Osttruppenteile, Alarmeinheiten und Sicherungsverbände durchzuführen.

2.) In Verbindung mit der Gruppierung der 4 Inf. Divisionen nach Ziffer 1 ist zu prüfen und zu melden, ob nicht auch einige schnelle Divisionen, insbesondere die 21. Pz Div., in der zweiten Januar-Hälfte näher an die gefährdeten Küstenabschnitte herangeführt und dort feldmäßig eingebaut werden müssen.

3.) Zur Verstärkung der Abwehrkraft der entblößten Küstenverteidigungsabschnitte und zur Sicherung der durch Abzug der 159. und 165. Res. Div. freigewordenen Räume sind die Divisionen 22. Welle (271., 272. und 275. Div) in die Räume Brisancon — Toul — St. Dizier — Dijon und St. Etienne — Lyon — Bourg bzw. hinter den bisherigen Abschnitt der 243. Inf Div zuzuführen. — Die Verlegung der Divisionen 22. Welle muß bis 10. 1. abgeschlossen sein.
Die Aufstellung der Divisionen ist in den neuen Räumen beschleunigt fortzusetzen. Auch sie müssen bis 15. 2. einsatzfähige Kampfgruppen gebildet haben.

B) Durch Chef H Rüst u BdE werden

1.) Ab 15. 1. Ob West 4 Verst. Rgt. Gruppen (1. Welle BdE) zugeführt. Sie sind 3 Divisionen in besonders bedrohten Küstenabschnitten und 1 Rgt. der 348. Inf Div zuzuführen und zu unterstellen.

2.) Ab 1. 1. die Lehrtruppen der Panzertruppenschulen zugeführt. Aus ihnen ist in den Raum Verdun — Toul — Nancy — Luneville die Panzer-Lehr-Division aufzubauen. Befehl hierzu ergeht durch Chef H Rüst u BdE. — 1 Art. Rgt. Stab, 2 Art. Abt. und Teile der Versorgungstruppen müssen von Ob West zum Aufbau der Division bereitgestellt werden. — Der Aufbau der Division ist bis 1. 3. zu beenden.

3.) Ab 15. 1. 5 Ld. Schtz. Btl. (1. Welle BdE) zugeführt. Sie dienen zum Ersatz von Sicherungs-Regimentern, die gemäß Ziffer IV A in der Küstenverteidigung eingesetzt werden oder zur Verstärkung des Bahnschutzes.

Weisung Nr. 51

C) Durch Ob Südwest wird ab Ende Januar Panzer-Division „Hermann Göring" ohne Panzer- und Sturmgeschütz-Ausstattung zugeführt. Ende Februar ist die Zuführung der 90. Pz Gren Div beabsichtigt. Beschleunigte Auffrischung beider Divisionen wird durch GenStdH gesondert befohlen. Unterbringungsraum ist durch Ob West zu melden.

D) Durch Wehrmachttransportchef sind zwischen 25. 1. und 15. 2. in zwei oder drei Gruppen die bereitgestellten Personalreserven für den Eisenbahnbetrieb dem Ob West zuzuführen und schwerpunktmäßig an den Notbetriebsstrecken einzusetzen.

V) Ob West meldet hierzu seine Absichten.

gez. Keitel.

OKW / WFSt / Op (H) WEST Nr. 663137/43 gK Chefs

Or. Fernschreiben im Marinearchiv.

51 b.

Fernschreiben von + KR GWNOL 014412 28/12 1400 = OKM/Skl = Gltd: GenSt d H = ObdL Lw Fü St = OKM Skl = Reichsführer SS = Chef H Rüst und BdE = Gen Insp d Pz Tr = Ob West = W Bfh Dänemark.
gKdos
Bezug: Führerweisung 51.

Der Führer hat mit sofortiger Wirkung jeden Abzug von Personal und Material aus dem Bereich des Ob West und des W Bfh Dänemark verboten. — Ausgenommen ist der planmäßige personelle Austausch innerhalb der dem Chef H Rüst und BdE unterstehenden Reserve-Divisionen und den Ausbildungseinheiten der Wehrmachtteile und der Waffen-SS. Über Abzug der dem Gen Insp d Pz Tr unterstehenden Panzerverbände und der dem Chef H Rüst und BdE unterstehenden Sturmgeschütz-Artl-Verbände sowie Verbänden der Operativen See- und Luftkriegsführung entscheidet der Führer von Fall zu Fall =

gez. Keitel, OKW/WFSt/Op Org Nr. 008330/43 gKdos.

Or. Fernschreiben im Marine-Archiv.
Vgl. hierzu ergänzend den Führerbefehl betr. Unterstellung der Heeresgruppe B unter den OB West, OKW/WFSt/Op (H) West Nr. 663174/43 gKdos. vom 1. Januar 1944 (gez. Keitel); ferner den Führerbefehl betr. Festungen im Bereich des OB West, OKW/WFSt/Op. Nr. 00606/44 gKdos. vom 19. Januar 1944 (gez. Jodl). — Beide Akten im Marine-Archiv.

17. 1. 1944

51 c.

Der Führer Führerhauptquartier
OKW/WFSt/Op: Qu. den 17. Januar 1944
Nr. 00 545/44 gKdos

Geheime Kommandosache!
Betr.: Kampfzonen im Bereich des Oberbefehlshabers West.

1.) Ich ermächtige den Oberbefehlshaber West, mit sofortiger Wirkung einen von ihm festgelegten Bereich an den belgischen und französischen Küsten ganz oder teilweise zur „Kampfzone" zu erklären.

2.) Der Oberbefehlshaber West ist in den von ihm zur „Kampfzone" erklärten Gebieten uneingeschränkt zu allen Anordnungen berechtigt, die er für die Durchführung seines militärischen Auftrages für erforderlich hält. Insbesondere kann der Oberbefehlshaber West bestimmen, welche Anforderungen der militärischen Führung den Vorrang vor anderen Aufgaben haben. Auch sämtliche nichtmilitärischen Dienststellen sind für den Bereich der „Kampfzonen" an die Anordnungen des Oberbefehlshabers West gebunden.

3.) Der Oberbefehlshaber West ist berechtigt, die ihm in den „Kampfzonen" zustehenden Befugnisse im selben Umfang auf die Oberbefehlshaber der Armeen zu übertragen.

4.) An der Mittelmeerküste gehen mit der Erklärung des vom Oberbefehlshaber West festgelegten Bereichs zur „Kampfzone" sämtliche Befugnisse der Französischen und Monegassischen Regierung in dieser Zone auf den Oberbefehlshaber West über, soweit dieser es örtlich und sachlich für notwendig hält. Im übrigen gelten die Bestimmungen der Ziffern 2 und 3 sinngemäß.

gez. Adolf Hitler

Gleichzeitige Abschrift im Marine-Archiv.

52.

Fernschreiben von + + + FRR WNOF 0914 28. 1. 44 0110 = FRR an Nachr.:
O. K. M. Skl.

Geheime Kommandosache — Chefsache — Nur durch Offizier
Gltd: An den Oberbefehlshaber Südwest Generalfeldmarschall Kesselring,
An Nachr.: Ob. d. L. Luftwaffenführungsstab, an Nachr.: O. K. M. Skl.

In den nächsten Tagen wird der „Kampf um Rom" entbrennen. Er entscheidet über die Verteidigung Mittelitaliens und über das Schicksal der 10. Armee.

52. „Kampf um Rom"

Die Bedeutung dieses Kampfes geht aber darüber noch hinaus, denn mit der Landung bei Nettuno hat die für das Jahr 1944 geplante Invasion in Europa begonnen.

Möglichst weit von der Basis in England entfernt, wo nach wie vor die Masse der Invasionstruppen bereitsteht, sollen starke deutsche Kräfte gefesselt, verbraucht und Erfahrungen für die zukünftigen Operationen gesammelt werden.

Über die Bedeutung des Kampfes, den die 14. Armee zu führen hat, muß sich daher jeder ihrer Soldaten im klaren sein.

Taktisch richtige und klare Befehle zu geben, genügt nicht. Die Armee, die Luftflotte und die Streitkräfte der Kriegsmarine müssen in all ihren Führern und Soldaten durchdrungen sein von dem fanatischen Willen, diesen Kampf siegreich zu bestehen und nicht zu erlahmen, bis der letzte Gegner vernichtet oder wieder ins Meer geworfen ist. Er muß geführt werden mit dem heiligen Haß einem Feind gegenüber, der einen erbarmungslosen Ausrottungskrieg gegen das deutsche Volk führt, dem jedes Mittel dafür recht ist und der ohne jeden höheren ethischen Zweck nur die Vernichtung Deutschlands und dadurch der europäischen Kultur im Auge hat.

Der Kampf muß ein harter und erbarmungsloser sein, nicht nur gegen den Feind, sondern auch gegen jeden Führer und jede Truppe, die in dieser entscheidenden Stunde versagen sollten.

So wie bei den Kämpfen auf Sizilien, am Rapido-Fluß und bei Ortona muß der Feind erkennen, daß die deutsche Kampfkraft ungebrochen ist und daß die Großinvasion des Jahres 1944 ein Unterfangen ist, das im Blute der angelsächsischen Soldaten ersticken wird.

(gez.) Adolf Hitler, OKW/WFSt/Op Nr. 77 232/44 g.K. Chefs.

Or. Fernschreiben im Marine-Archiv.
Vorangegangen war der Führerbefehl vom 19. Januar 1944 betr. Vollmacht für den OB Südwest für alle Wehrmacht- und SS-Kräfte in Italien, OKW/WFSt/Op. Nr. 00703/44 gKdos. (gez. Jodl). — In den Akten des Marine-Archivs.
Der deutsche Gegenangriff gegen die Landung der Alliierten bei Nettuno wurde durch Führerbefehl vom 14. Februar 1944 ausgelöst; OKW/WFSt/Op (H) Nr. 77395/44 gKdos. Chefs. (gez. Jodl). — In den Akten des Marine-Archivs.

53.

Der Führer F. H. Qu., den 8. März 1944
Oberkommando des Heeres
Gen. St. d. H. / Op. Abt. (I) Nr. 2434/44 g. Kdos.

Geheime Kommandosache!

Führerbefehl Nr. 11
(Kommandanten der festen Plätze und Kampfkommandanten)

Aufgrund verschiedener Vorfälle befehle ich:

1.) Es ist zu unterscheiden zwischen:
„festen Plätzen" unter je einem „Kommandant des festen Platzes" und „Ortsstützpunkten" unter je einem „Kampfkommandant".
Die „festen Plätze" sollen die gleichen Aufgaben wie die früheren Festungen erfüllen. Sie haben zu verhindern, daß der Feind diese operativ entscheidenden Plätze in Besitz nimmt. Sie haben sich einschließen zu lassen und dadurch möglichst starke Feindkräfte zu binden. Sie haben dadurch mit die Voraussetzung für erfolgreiche Gegenoperationen zu schaffen.
Die „Ortsstützpunkte" sollen bei feindlichen Durchbrüchen zäh verteidigte Stützpunkte in der Tiefe der Kampfzone sein. Bei ihrer Einbeziehung in die HKL sollen sie den Rückhalt der Abwehr und bei feindlichen Einbrüchen die Angelpunkte und Eckpfeiler der Front und die Ausgangspunkte für Gegenangriffe bilden.

2.) Der „Kommandant des festen Platzes" soll ein besonders ausgesuchter, harter Soldat sein und möglichst im Generalsrang stehen. Seine Ernennung erfolgt durch die betr. Heeresgruppe. Der Kommandant des festen Platzes ist persönlich durch den Ob. der H. Gr. zu verpflichten.
Der Kommandant des festen Platzes haftet mit seiner Soldatenehre für die Erfüllung seiner Aufgaben bis zum letzten.
Nur der Ob. der H. Gr. persönlich kann mit meiner Genehmigung den Kommandanten des festen Platzes von seinen Aufgaben entbinden und eine etwaige Aufgabe des festen Platzes anordnen.
Der Kommandant des festen Platzes untersteht dem Ob. der H. Gr. bzw. der betr. Armee, in deren Bereich der feste Platz liegt. Eine weitere Unterstellung unter Kommandierende Generale darf nicht erfolgen.
Dem Kommandanten des festen Platzes unterstehen außer der Sicherheits- und Gesamtbesatzung alle darüber hinaus in dem festen Platz befindlichen oder sich sammelnden Personen, ganz gleich ob

Soldaten oder Zivilisten und unbeschadet ihres Dienstranges oder ihrer Dienststellung.

Der Kommandant des festen Platzes hat **Wehrmachtbefugnisse** und die Disziplinarstrafgewalt eines Kommandierenden Generals. Zur Durchführung seiner Aufgaben sind ihm fliegende Kriegsgerichte und Standgerichte beizugeben.

Der **Stab des Kommandanten des festen Platzes** ist durch die betr. H. Gr. auf dem Kdo. Wege zu bilden. Die Besetzung der Chefstelle erfolgt durch OKH auf Antrag der H. Gr.

3.) Die **Besatzung** des festen Platzes gliedert sich in
   Sicherheitsbesatzung und
   Gesamtbesatzung.

Die **Sicherheitsbesatzung** muß dauernd in dem festen Platz vorhanden sein. Ihre Stärke ist von dem Ob. der H. Gr. festzulegen. Sie richtet sich nach der Größe des Platzes und nach den ihr obliegenden Aufgaben (Vorbereitung und Ausbau der Verteidigung, Halten des festen Platzes gegen handstreichartige Überfälle oder örtliche Teilangriffe des Feindes).

Die **Gesamtbesatzung** muß dem Kommandanten des festen Platzes so rechtzeitig zugeführt werden, daß sie vor drohendem planmäßigen Angriff des Feindes die Verteidigungsstellungen in Ordnung bezogen hat und eingewiesen ist. Ihre Stärke ist von dem Ob. der H. Gr. je nach der Größe des festen Platzes und der ihr zufallenden Aufgabe (entscheidende Verteidigung des festen Platzes) festzulegen.

4.) Der „**Kampfkommandant**" ist ein Organ des Truppenführers. Er wird von diesem eingesetzt, untersteht ihm und bekommt von ihm seinen Kampfauftrag. Sein Rang richtet sich nach der Bedeutung des Ortes in der Kampfzone und der Stärke der Besatzung. Seine Aufgaben verlangen besonders energische und krisenbewährte Offiziere.

5.) Die **Stärke der Besatzung** des „Ortsstützpunktes" richtet sich nach der Bedeutung des Ortes und den zur Verfügung stehenden Kräften. Sie ist durch die dem Kampfkommandanten vorgesetzte Dienststelle zu befehlen.

6.) **Aufgaben** der „Kommandanten der festen Plätze" und der „Kampfkommandanten" sowie ein Verzeichnis der festen Plätze und die von den Heeresgruppen einzureichenden Meldungen enthalten die Anlagen.

7.) Alle bisher über Kampfkommandanten gegebenen Befehle treten hiermit außer Kraft.   (gez.) **Adolf Hitler**

An gem. Verteiler

Abschrift nebst Anlagen u. Ergänzungen im Marinearchiv.

Anlage 1 zu OKH/Genst. d. H./ Op. Abt. (I) Nr. 2434/44 g. K. v. 8. 3.

Geheime Kommandosache!

Aufgaben und Richtlinien für den Kommandanten eines festen Platzes.

I. **Die Aufgaben des Kommandanten des festen Platzes sind:**

  1) den ihm anvertrauten festen Platz für die Verteidigung vorzubereiten unter rücksichtsloser Ausschöpfung aller Möglichkeiten,

  2) den ihm anvertrauten festen Platz mit der Sicherheitsbesatzung gegen handstreichartige Überfälle oder örtliche Teilangriffe des Gegners zu verteidigen, sich bei ungünstiger Entwicklung der Lage einschließen zu lassen und bis zum letzten zu halten,

  3) den ihm anvertrauten festen Platz nach Eintreffen der für die Verteidigung vorgesehenen Gesamtbesatzung endgültig auch bei stärksten geschlossenen Feindangriffen zu verteidigen, sich ggf. einschließen zu lassen und bis zum letzten zu halten.

Sollten die vorstehenden Anordnungen über Sicherheits- und Gesamtbesatzung aufgrund der Lage nicht erfüllt werden können, so ist der Kommandant des festen Platzes verpflichtet, rechtzeitig dem Ob. der H. Gr. bzw. der Armee Meldung zu erstatten. Der Ob. der H. Gr. hat sodann zu entscheiden, ob eine Änderung der Aufgabe des Kommandanten des festen Platzes bei mir zu beantragen und sodann von ihm zu befehlen ist. Solange eine solche nicht erfolgt ist, bleiben die Aufgaben des Kommandanten des festen Platzes in vollem Umfang auch unter solchen erschwerten Umständen bestehen.

II. **Bei der Vorbereitung der Verteidigung ist zu beachten:**

  1) Der Ausbau der Ortsverteidigung ist mit allen zur Verfügung stehenden Mitteln unter Heranziehung aller in dem betr. Ort liegenden Truppenteile und weitgehendem Einsatz der Zivilbevölkerung vorwärtszutreiben. Es sind zunächst Stellungen für die Sicherheitsbesatzung, sodann Stellungen zur Aufnahme der Gesamtbesatzung zu schaffen.

  2) Die Sperrung der wichtigsten Straßen, Sprengung der Brücken und sonstige Zerstörungen sind vorzubereiten. Der Schwerpunkt ist auf die Panzerabwehr zu legen.

53. Kommandanten der festen Plätze

3) Für jeden Verteidigungsabschnitt und Stützpunkt ist eine kurze schriftliche Kampfanweisung aufzustellen. Sie enthält Auftrag und Richtlinien für die Kampfführung. In jeder Kampfanweisung ist auf den Befehl zum Halten des Stützpunktes bis zuletzt, auch im Falle der Einschließung, hinzuweisen.
Ein Abweichen hiervon nur auf Befehl des Kommandanten des festen Platzes.

4) Die Nachrichtenverbindung zu jedem Stützpunkt ist sicherzustellen. (Nicht nur Fernsprecher, sondern Melder, Sichtzeichen, wenn möglich Funk).

5) Alarmierung und Besetzen der Stellung sind kalendermäßig vorzubereiten.
Alarmübungen sind regelmäßig durchzuführen. Bei häufigem Belegungswechsel sind Einweisung der Führer und Probealarm von besonderer Bedeutung.

6) Der Kommandant des festen Platzes ist für die Aufstellung von Alarmeinheiten verantwortlich. Alle Dienststellen sind dazu heranzuziehen. Ihre Ausbildung, insbesondere in der Panzernahbekämpfung ist energisch zu betreiben. Panzervernichtungstrupps sind aufzustellen und auszubilden. Auch der letzte deutsche Mann ist ohne Rücksicht auf seine Ausbildung und Dienststellung zu erfassen und im Alarmfall zum Kampf einzusetzen.

7) Die Bevorratung des festen Platzes und der einzelnen Stützpunkte ist vorausschauend durchzuführen. Sie ist durch den Kommandanten des festen Platzes ständig zu überprüfen und auf der erforderlichen Höhe zu halten.

8) Eingehende Einweisung des Nachfolgers oder Vertreters des Kommandanten des festen Platzes ist erforderlich. Der Vertreter des Kommandanten des festen Platzes muß von nicht mit seinen Aufgaben als Kommandant des festen Platzes zu vereinbarenden Verpflichtungen während der Dauer der Vertretung entbunden werden. Er ist für diese Zeit voll verantwortlicher Kommandant des festen Platzes mit allen Vollmachten.

III. Bei der Durchführung der Verteidigung ist zu beachten:

1) Die Kommandanten der festen Plätze sind für die geregelte Durchführung durch ihren Bereich laufender Räumungs- und Rückzugsbewegungen verantwortlich. Sie haben die Entstehung von Paniken zu verhindern. Fliegende Kriegs-

gerichte und Standgerichte sind ihnen hierfür beizugeben.

2) Ist nach Lage an der Front mit Durchbrüchen zu rechnen, so ist der feste Platz zu alarmieren. Alarmposten sind weit hinauszuschieben.

3) Der Kommandant des festen Platzes muß bei Eindringen des Feindes unter allen Umständen die Gesamtführung in der Hand behalten.

4) Bewegliche Reserven — auch wenn sie noch so schwach sind — zur Bekämpfung in den Ort eingedrungener Feindkräfte und für Gegenstöße sind zur Verfügung des Kommandanten des festen Platzes bereitzuhalten. In Reserve gehaltene Panzervernichtungstrupps sind zur Vernichtung einzelner in den Ort hineingefahrener Panzer anzusetzen. Panzernahbekämpfung in den Straßen ist besonders wirksam!

Anlage 2 zu OKH/Genst. d. H./Op. Abt. (I) Nr. 2434/44 g.Kdos. v. 8. 3. 44.
Aufgaben und Richtlinien für den Kampfkommandanten.

I. Die Aufgabe des Kampfkommandanten ist:
den Ortsstützpunkt mit allen Mitteln zäh zu verteidigen und dadurch die Voraussetzungen für erfolgreiche Weiterführung des Kampfes in seinem Frontabschnitt zu schaffen.

Der Befehl der vorgesetzten Dienststelle hat klar zu regeln, ob der Kommandant sich ggf. einschließen lassen oder rechtzeitig ausweichen soll.

II. Bei der Vorbereitung der Verteidigung ist zu beachten:

1) Der Ausbau der Ortsverteidigung ist mit allen zur Verfügung stehenden Mitteln unter Heranziehung aller in dem betr. Ort liegenden Truppenteile und weitgehendem Einsatz der Zivilbevölkerung vorwärtszutreiben. Es sind zunächst Stellungen für die Ortsbesatzung, sodann Stellungen zur Aufnahme weiterer Truppen zu schaffen.

2) Die Sperrung der wichtigsten Straßen, Sprengung der Brücken und sonstige Zerstörungen sind vorzubereiten. Der Schwerpunkt ist auf die Panzerabwehr zu legen.

3) Für jeden Verteidigungsabschnitt und Stützpunkt ist eine kurze schriftliche Kampfanweisung aufzustellen. Sie enthält Auf-

53. Kampfkommandanten

trag und Richtlinien für die Kampfführung. In jeder Kampfanweisung ist auf den Befehl zum Halten des Stützpunktes, bis zuletzt, auch im Falle der Einschließung, hinzuweisen. Ein Abweichen hiervon nur **auf Befehl** des Kampfkommandanten.

4) Die **Nachrichtenverbindung** zu jedem Stützpunkt ist sicherzustellen. (Nicht nur Fernsprecher, sondern Melder, Sichtzeichen, wenn möglich Funk).

5) **Alarmierung und Besetzung der Stellung** sind kalendermäßig vorzubereiten.
Alarmübungen sind regelmäßig durchzuführen.
Bei häufigem Belegungswechsel sind **Einweisung der Führer** und Probealarm von besonderer Bedeutung.

6) Der Kampfkommandant ist für die **Aufstellung von Alarmeinheiten** verantwortlich. Alle Dienststellen sind dazu heranzuziehen. Ihre Ausbildung insbesondere in der **Panzernahbekämpfung** ist energisch zu betreiben. **Panzervernichtungstrupps** sind aufzustellen und auszubilden. Auch der letzte **deutsche** Mann ist ohne Rücksicht auf seine Ausbildung und Dienststellung zu erfassen und im Alarmfall zum Kampf einzusetzen.

7) Die **Bevorratung** des Ortsstützpunktes und der einzelnen Stützpunkte ist voraussehend durchzuführen. Sie ist durch den Kampfkommandanten ständig zu überprüfen und auf der erforderlichen Höhe zu halten.

8) **Eingehende Einweisung des Nachfolgers oder Vertreters** des Kampfkommandanten ist erforderlich. Der Vertreter des Kampfkommandanten muß von nicht mit seinen Aufgaben als Kampfkommandant zu vereinbarenden Verpflichtungen während der Dauer der Vertretung entbunden werden. Er ist für diese Zeit **voll verantwortlicher Kampfkommandant mit allen Vollmachten**.

III. Bei der **Durchführung der Verteidigung** ist zu beachten:

1) Die Kampfkommandanten sind für die geregelte Durchführung durch ihren Bereich laufender **Räumungs- und Rückzugsbewegungen** verantwortlich. Sie haben die Entstehung von Paniken zu verhindern.

2) Ist nach der Lage an der Front mit Durchbrüchen zu rechnen, so ist der Ortsstützpunkt zu **alarmieren. Alarmposten** sind weit hinauszuschieben.

8. 3. 1944

3) Der Kampfkommandant muß bei Eindringen des Feindes unter allen Umständen die Gesamtführung in der Hand behalten.

4) Bewegliche Reserven — auch wenn sie noch so schwach sind — zur Bekämpfung in den Ort eingedrungener Feindkräfte und für Gegenstöße sind zur Verfügung des Kampfkommandanten bereitzuhalten. In Reserve gehaltene Panzervernichtungstrupps sind zur Vernichtung einzelner in den Ort hinein gefahrener Panzer anzusetzen. Panzernahbekämpfung in den Straßen ist besonders wirksam!

Anlage 3 zu OKH/Genst. d. H./Op. Abt. (I) Nr. 2434/44 g.Kdos. v. 8. 3. 44.

Verzeichnis der festen Plätze.

Als feste Plätze sind vorgesehen:
H. Gr. A: Nikolajew, Wosnessensk.
H. Gr. Süd: Nowo Ukrainka, Perwomaisk, Uman, Winniza, Shmerinka, Proskuroff, Tarnopol, Brody, Kowel.
H. Gr. Mitte: Pinsk, Luniniec, Bobruisk, Sslusk, Mogilew, Orscha, Minsk, Borissoff, Witebsk.
H. Gr. Nord: Polozk, Rositten, Opotschka, Ostroff, Pleskau, Dorpat, Jewi, Wesenberg, Reval.

Anlage 4 zu OKH/Genst. d. H./Op. Abt. (I) Nr. 2434/44 g.Kdos. v. 8. 3. 44.

Einzureichende Meldungen.

Die Heeresgruppen melden:
a) Vorschläge für weitere feste Plätze,
b) Namen der Kommandanten der festen Plätze,
c) Stärke der Stäbe der Kommandanten der festen Plätze,
d) Stärke der Sicherheitsbesatzungen,
e) Stärke der Gesamtbesatzungen,
f) Ausbauzustand und -planungen.

Diese Meldungen sind laufend, mindestens zu jedem 1. eines Monats zu berichtigen.

Auf Grund des Führerbefehls vom 3. März 1944 (OKW/WFSt/Op (H) West Nr. 001524/44 gKdos. gez. Jodl) waren die Kanalinseln zu Festungen erklärt worden (Akten Marine-Archiv).

54. Kampfführung Süden und Mitte der Ostfront

OKH/Genst. d. H./Op Abt. I Nr. 7796/44 g.Kdos. v. 1. 8. 1944

In Ergänzung zum Führerbefehl Nr. 11 wird für die Kommandanten der festen Plätze und für Kampfkommandanten befohlen, daß

1.) Die Eisenbahnbediensteten vom Einsatz zum Kampf in der für eine Betriebsführung notwendigen Stärke solange auszunehmen sind wie noch ein Eisenbahnbetrieb zur Verbindung mit dem Kampfraum oder innerhalb desselben möglich ist.

2.) In die Gesamtbesatzung eines festen Platzes eine Anzahl Flak-Battr. einbezogen werden kann. Die Stärke dieser Flak-Besatzung hat sich nach der Bedeutung und Luftempfindlichkeit des festen Platzes sowie den zur Verfügung stehenden Flak-Kräften aller Wehrmachtteile zu richten. Einzelheiten bestimmen die LFL. Kdo. je nach Lage in Zusammenarbeit mit den H. Gr. Kdo. Die Kommandanten der festen Plätze sind ohne Genehmigung der zuständigen Luftflotten nicht befugt, die im Zuge von Absetzbewegungen usw. durch- oder vorbeimarschierende Flak-Artillerie festzuhalten.
Verfügungsrecht besteht nur über die festgelegte Flak-Besatzung.
       i. A. (gez.) Guderian.

In diesen zeitlichen Zusammenhang gehört das hier nicht abgedruckte Fernschreiben Chef OKW/WFSt/Op. Nr. 004180/44 gKdos. vom 23. März 1944 betr. Zerstörung von Häfen bei Räumungen (gez. Keitel).

Abschrift des Führer-Befehls Nr. 11 nebst Anlagen und Ergänzungen im Marine-Archiv.

54.

2. April 1944

OKH/GenStdH/Op Abt. (I) Nr. 440 129/44 g.Kos./Chefs.

Operationsbefehl Nr. 7

Weisung für die weitere Kampfführung
der H. Gr. A, Süd und Mitte

1.) Die russ. Offensive im Süden der Ostfront hat ihren Höhepunkt überschritten. Der Russe hat seine Verbände abgenutzt und auseinandergezweigt.

Es ist jetzt der Zeitpunkt gekommen, das russ. Vorgehen endgültig zum Stehen zu bringen.

Dafür habe ich die verschiedensten Maßnahmen eingeleitet. Es ist nunmehr unter Festhalten der Krim folgende Linie unbedingt zu halten bzw. wiederzugewinnen:

Dnjestr bis nordostw. Kischinew — Jassy — Targul Neamt — Ostausgänge der Karpaten zwischen Targul Neamt und Kolomea — Tarnopol — Brody — Kowel.

2.) Heeresgruppe A hat vorläufig die Linie Tiligulskij Liman — Dnjestr bei Dubosari zu halten, bis die Voraussetzungen für eine Versorgung der Krim unabhängig von Odessa geschaffen sind. Die Zurücknahme auf den Dnjestr ist lediglich vorzubereiten. Nach Schließung der zwischen 8. Armee und den Karpaten bestehenden Lücke sind beschleunigt möglichst starke Kräfte des rechten Flügels auf den linken Flügel der Heeresgr. zu verschieben. Die Ostausgänge der Karpaten sind zu sperren. Der Aufmarsch der mobilgemachten rumän. Kräfte muß auch von uns aus mit allen Mitteln vorwärtsgetrieben werden.

Die Eingliederung der rumän. Kräfte hat entsprechend dem Gelände zu erfolgen, so daß an panzergefährdeten Abschnitten in erster Linie deutsche Truppen stehen.

Besonders wichtig ist es, daß die den Rumänen von mir zur Verfügung gestellten schw. Pak so schnell wie möglich herankommen und an die gefährdetsten Stellen gebracht werden. Sie müssen deutsche Besatzungen haben. Es kann hier auf jede Stunde ankommen. Die Heeresgr. ist hierfür voll verantwortlich und hat einen besonderen Stab dafür einzusetzen.

3.) Die vornehmlichste Aufgabe der Heeresgruppe Süd ist das Freikämpfen der 1. Pz.-Armee aus ihrer Umschließung. Die 1. Pz.-Armee hat ihren Durchbruch weiter in nordwestl. Richtung vorzutreiben.

Aus den vorhandenen und neu eintreffenden Verbänden ist eine starke durchschlagkräftige Angriffsgruppe im Raum südostw. Lemberg zu bilden, die zum frühestmöglichen Zeitpunkt mit scharf zusammengefaßten Kräften in südostw. Richtung anzutreten hat, um die durchgebrochene Feindgruppe im Raum Stanislau zu vernichten und die Verbindung mit 1. Pz.-Armee wiederherzustellen. Ich bin mit dem Vorschlag des Feldmarschalls von Manstein im großen einverstanden.

Nach Zusammentreffen mit 1. Pz.-Armee ist durch örtliche Vorstöße die anfangs befohlene Linie endgültig zu gewinnen, der Anschluß an Heeresgr. Mitte südl. Kowel herzustellen und eine geschlossene Front aufzubauen. Die aus Ungarn mobilgemachten ungar. Kräfte werden Heeresgr. Süd unterstellt. Auch hier ist es wichtig, sie mit deutschen Verbänden, die ihnen einen Rückhalt geben sollen, zusammen einzusetzen. Scharfe Befehle sind hier notwendig.

4.) Bei Heeresgruppe Mitte bin ich mit der scharfen Schwerpunktbildung bei Brest voll einverstanden.

Erste Aufgabe der Heeresgr. Mitte ist Freikämpfen von Kowel und Verbindungsaufnahme mit Heeresgr. Süd.

gez.: Adolf Hitler

Sinngemäße Wiedergabe in KTB/Skl. v. 3. 4. 44. — Gedr. Schramm, KTB/OKW IV Anh. Nr. 3. Danach hier. *Zusatz Skl.:*

Gruppe Süd ist von Skl auszugsweise unterrichtet. Zu Ziffer 2.) ist Gruppe Süd um Stellungnahme ersucht bezüglich Voraussetzung für Versorgung der Krim unabhängig von Odessa. Letzte Forderung des Genstb. d. H. von 35.000 t monatlich ist zu Grunde zu legen. Skl wird Umfang des beabsichtigten Lufttransports ermitteln.

Entsprechende Anfrage an Ob. d. L. Füstb. ist gerichtet. Abschrift der Verfügung 1/Skl I a 1080/44 Gkdos. Chefs. in KTB Teil C Heft XIV a.

Ob. d. M. wird über Gruppe West mit Fernschreiben 1/Skl I a 1071/44 Gkdos. Chefs. ins Bild gesetzt.

55.

Führerbefehl vom 16. Mai 1944
betr. Einsatz der Fernwaffen gegen England

F. H. Qu., den 16. Mai 1944

Oberkommando der Wehrmacht
Nr. 771 574/44 g.K. Chefs. WFSt/Op. (H) Ia/Geh. Kdos. Chefs.
Bezug: OKW/WFSt/Op. Nr. 663082/43 g.Kdos. Chefs. v. 23. 12. 43

Der Führer hat befohlen:

1. Das Fernfeuer gegen England ist Mitte Juni zu eröffnen. Den genauen Zeitpunkt befiehlt OB. West, der auch mit Hilfe des Gen.-Kdo. LXV.AK. und der Luftflotte 3 das Fernfeuer leitet.

2. Es wirken mit:
   a) Fzg. 76,
   b) Fzg. 76 durch Abwurf von He 111,
   c) Fernkampfartillerie,
   d) Kampfverbände der Luftflotte 3.

12. 7. 1944

3. Durchführung:

a) **Gegen Hauptziel London**
Nach schlagartiger Feuereröffnung in der Nacht durch Fzg. 76, deren Geräte zusammen mit Bomben (in der Masse Brandbomben) der Kampfverbände im Ziel ankommen, und durch Feuerüberfälle der Fernkampfartillerie auf Städte im Wirkungsbereich ist zu einem ununterbrochenen nächtlichen Störungsfeuer auf London überzugehen. Bei einer Wetterlage, die feindliche Flugtätigkeit ausschließt, wird auch unter Tags geschossen werden können. Das Störungsfeuer, durchmischt mit Feuerschlägen von wechselnder Dauer und Stärke, muß so bemessen sein, daß der Munitionsbestand immer den Anschluß an die Fertigung und die Zuführung behält. Darüber hinaus sind 600 Geräte Fzg. 76 als OKW-Sperrbestand anzusehen, die nur mit Genehmigung OKW verschossen werden dürfen.

b) **Der Übergang auf andere Ziele** wird zeitgerecht befohlen.

4. **Die Mitwirkung der Kampfverbände der Luftwaffe** ist unter Zurückstellung anderer Aufgaben wenigstens zu Beginn des Schießens vorzusehen. Der Jagd- und Flakschutz über den Feuerstellungen und Versorgungsanlagen muß bei Beginn des Feuers aufgebaut und organisiert sein. Alle Vorbereitungen müssen darauf abgestellt sein, daß die Verkehrsverbindungen zu den Feuerstellungen in stärkstem Maße durch den Gegner angegriffen und zerstört werden.

5. Für die Geheimhaltung gilt die Ziffer 7) des Befehls vom 25. 12. 43 Nr. 663 082/43 g.Kdos./Chefs.
Der Chef des Oberkommandos der Wehrmacht
gez.: Keitel

* *FZL 76 war die Entwicklungsbezeichnung der von dem Fieseler-Flugzeugwerk Kassel gebauten Ferngeschosses (unbemannten Flugkörpers), später „V 1" (Vergeltungswaffe Nr. 1) genannt.*
Aus Akten Marine–Archiv. Gedr.: Schramm KTB/OKW IV Anh. Nr. 4, danach hier.

56.

Oberkommando der Wehrmacht   F. H. Qu., den 12. 7. 1944
Nr. 004775/44 g. K. WFSt/Qu. 1 (M)
                                                              55 Ausfertigungen
Geheime Kommandosache   6. Ausfertigung

Betr.: Seetransport.

In der Anlage wird ein Führerbefehl über den Seetransport mit den zugehörigen Durchführungsbestimmungen des Chefs des Oberkommandos der Wehrmacht übersandt.
Der Chef des Oberkommandos der Wehrmacht
I. A.
Warlimont

56. Seetransport

Verteiler:	
Gen. St. d. H. / Chef Gen. St. d. H.	1. Ausf.
/ Op. Abt.	2. "
/ Gen. Qu.	3. "
/ Org. Abt.	4. "
Chef H Rüst u BdE	5. "
OKM / 1. Skl.	6. "
/ Skl. Adm. Qu. A	7. "
OKL / Lw. Fü. Stab	8. "
/ Gen. Qu.	9. "
W. Befh. Dänemark	10. "
W. Befh. Norwegen	11. "
AOK Norwegen	12. "
Dt. Gen. b. Obkdo. d. Finn. Wehrmacht	13. "
(Geb.) AOK 20	14. "
Ob. Südwest	15. "
Ob. Südost	16. "
Ob. West	17. "
Reichsminister u. Chef der Reichskanzlei z. Hd. Herrn Kabinettsrat Dr. Ficker	18. "
Der Reichsmarschall des Großdeutschen Reiches Beauftragter für den Vierjahresplan z. Hd. Herrn Min. Rat Drape o. V. i. A.	19. "
Ausw. Amt z. Hd. Herrn Botschafter Ritter	20. "
Reichsminister für Rüstung u. Kriegsproduktion z. Hd. Herrn Min. Rat Schütte o. V. i. A.	21. "
Organisation Todt — Zentrale — z. Hd. Herrn Min. Dir. Dipl. Ing. Dorsch	22. "
Reichswirtschaftsminister z. Hd. Herrn Min. Rat Quecke o. V. i. A.	23. "
Reichsverkehrsminister (V.B.K.) z. Hd. Herrn Oberreg. Rat Müller o. V. i. A.	24. "
Reichskommissar für die Seeschiffahrt z. Hd. Herrn Min. Rat Paul o. V. i. A.	25. "
Reichskommissar für die besetzten norwegischen Gebiete, Oslo	26. "
OKW / Chef OKW	27. "
/ W Z A	28. "
/ Wehrm. Trsp. Chef	29. "
/ Heeresstab	30. "
/ Sonderbevollm. Donau, Wien	31. "
/ WFSt / Chef WFSt	32. "
/ Stellv. Chef WFSt	33. "
/ Op. (H)	34. "
/ Op. (L)	35. "
/ Op. (M)	36. "
/ I c	37. "
/ Org.	38. "
/ Ag. Ausland über V. O.	39. "
/ Heimatstab Skandinavien	40. "
/ Ktb.	41. "
/ Qu. (Entwurf)	42. "
Reserve	43.—55. "

In den zeitlichen Zusammenhang gehört das hier nicht abgedruckte Fernschreiben OKW/WFSt/Op. Nr. 77137/44 gKdos. Chefs. vom 26. April 1944 betr. Organisation der Heeresgruppe G (gez. Jodl).
Dsgl. der Führerbefehl betr. Dienstanweisung für den Kommandanten der Festung Kreta vom 6. Juni 1944. Dasselbe ergänzt in Fernschreiben Chef OKW, WFSt/Qu. 2 (Süd-Südost) Nr. 06802/44 geh. (gez. Keitel) vom 2. September 1944. — Akten des Marine-Archivs.

24. 7. 1944

Der Führer F. H. Qu., den 12. 7. 1944
OKW/WFSt/Qu. 1 (M) Nr. 004775/44 g.Kdos.

    Die Entwicklung der militärischen Lage bringt die Seeschiffahrt in immer engere Abhängigkeit von der Seekriegführung und erfordert daher innerhalb der Wehrmacht eine straffe Zusammenfassung aller Fragen des Seetransports.
Hierzu befehle ich:

1.) Die einheitliche Bearbeitung aller Fragen des Seetransports übernimmt für die Wehrmacht der Oberbefehlshaber der Kriegsmarine.

2.) Das Aufgabengebiet und die Verantwortlichkeit des Reichskommissars f. d. Seeschiffahrt im Sinne meines Befehls vom 30. 5. 42 werden hierdurch nicht berührt.

3.) In Gebieten, die durch Operationen des Feindes von der Heimat abgeschnitten sind, übernimmt die Führung des Seetransports der Oberbefehlshaber der Kriegsmarine unter Zugrundelegung meines Befehls über den Seetransport vom 25. 10. 1943.

4.) Durchführungsbestimmungen erläßt der Chef des Oberkommandos der Wehrmacht im Benehmen mit dem Oberbefehlshaber der Kriegsmarine und dem Reichskommissar f. d. Seeschiffahrt.

                        gez. Adolf Hitler
                        F. d. R.
                        Warlimont
                        General der Artillerie

Or. m. eigh. Unterschrift Warlimonts in den Akten des Marine-Archivs. Hierzu Durchführungsbestimmungen Chef OKW/WFSt/Qu. 1 (M) Nr. 004775/44 vom 12. 7. 1944 (Akten Marine-Archiv).

57.

Oberkommando der Wehrmacht F. H. Qu., den 24. 7. 44
WFSt/Qu. (Verw. 1)/Qu. 2 Nr. 007997/44 g.Kdos.

                                        100 Ausfertigungen
Geheime Kommandosache   9. Ausfertigung

Betr.: Vorbereitungen für die Verteidigung des Reiches.
Bezug: Chef OKW/WFSt/Qu. 2 (Verw. 1) Nr. 007715/44 g.K. v. 13. 7. 44.

    Als Anlage werden die Erlasse des Führers vom 13. 7. 44 über die Befehlsgewalt in einem Operationsgebiet innerhalb des Reiches und über die Zusammenarbeit von Partei und Wehrmacht in einem

57. Reichsverteidigung

Operationsgebiet innerhalb des Reiches übersandt. Die Erlasse sind nicht veröffentlicht worden. Sie sind schlechthin anwendbar im Falle Vordringens feindlicher Kräfte auf deutsches Reichsgebiet, gleichviel ob dies auf dem westlichen, dem östlichen oder einem sonstigen Kriegsschauplatz geschehen mag. Bei der Unterzeichnung des Erlasses hat der Führer angeordnet, daß die Regelung auch in den einem Chef der Zivilverwaltung unterstehenden Gebieten gelten soll.

Die ersten Ausführungsanweisungen für den militärischen Bereich sind in dem Bezugsbefehl enthalten.

I. A.
gez. Warlimont
F. d. R.:
Poleck
Oberst d. G.

Verteiler:
wie Bezugsbefehl.

Ausfertigungen mit den eigenhändigen Unterschriften von Poleck und Warlimont im Marine-Archiv. Vgl. hierzu die folgenden, ergänzenden Befehle: OKW/WFSt/ Org. (I) Nr. 1852/44 g.Kdos. (gez. Keitel) vom 15. 7. 1944 betr. Bildung von Kampfeinheiten im Heimatgebiet; OKW/WFSt/Qu. Nr. 008145/44 g.Kdos. (gez. Keitel) vom 15. 7. 1944 betr. Regelung der Befehlsgewalt im Wehrkreis I (Ostpreußen). Sämtlich in den Akten des Marine-Archivs. — Siehe unten 2. Erlaß mit Anschreiben vom 26. 9. 1944.

Erlaß des Führers
über die Befehlsgewalt in einem Operationsgebiet
innerhalb des Reiches
vom 13. Juli 1944.

Geheim! Kommandosache!
Geheime Reichssache!

Für den Fall eines Vordringens feindlicher Kräfte auf deutsches Reichsgebiet ordne ich an:

I.

Die zivilen Dienststellen des Staates und der Gemeinden setzen ihre Tätigkeit im Operationsgebiet fort.

II.

1.) Der militärische Oberbefehlshaber, dem ich die Ausübung vollziehender Gewalt übertrage, richtet seine sich aus den militärischen Notwendigkeiten ergebenden Anforderungen im zivilen Bereich an den Reichsverteidigungskommissar für das Operationsgebiet.

2.) In den unmittelbaren Kampfzonen, deren Begrenzung der militärische Oberbefehlshaber im Benehmen mit dem Reichsverteidigungskommissar für das Operationsgebiet bestimmt, sind die oberen militärischen Kommandobehörden befugt, zivilen Dienststellen des Staates und der Gemeinden unmittelbar diejenigen Weisungen zu geben, die zur Durchführung ihres Kampfauftrages jeweils erforderlich sind. Wenn unvorhergesehene Ereignisse sofortiges Handeln erfordern und der Reichsverteidigungskommissar für das Operationsgebiet nicht erreichbar ist, hat der militärische Oberbefehlshaber die gleichen Befugnisse im Gesamtoperationsgebiet. Der Reichsverteidigungskommissar für das Operationsgebiet ist von den getroffenen Maßnahmen auf schnellstem Wege zu unterrichten.

3.) Der Reichsverteidigungskommissar für das Operationsgebiet wird von mir bestellt.

III.

1.) Der Reichsverteidigungskommissar für das Operationsgebiet hat die Aufgabe, den militärischen Oberbefehlshaber in Fragen der zivilen Verwaltung einschließlich Wirtschaft zu beraten. Er kann den zivilen Dienststellen des Staates und der Gemeinden die hiernach notwendigen Weisungen geben.

2.) Hat der Reichsverteidigungskommissar für das Operationsgebiet Anforderungen zu stellen, so wendet er sich in Angelegenheiten der Polizei an den zuständigen Höheren SS- und Polizeiführer,
in Angelegenheiten der Reichsbahn und Binnenschiffahrt an den Bevollmächtigten des Reichsverkehrsministers,
in Angelegenheiten der Seeschiffahrt an den Beauftragten des Reichskommissars für die Seeschiffahrt,
in Angelegenheiten der Rüstung und Kriegsproduktion an den zuständigen Vorsitzer der Rüstungskommission des Reichsministers für Rüstung und Kriegsproduktion.

IV.

Die Reichsverteidigungskommissare, deren Amtsbezirk ganz oder teilweise zum Operationsgebiet gehört, benennen einen Verbindungsmann, der dem Reichsverteidigungskommissar für das Operationsgebiet als Berater beigegeben wird.

V.

Der Reichsverteidigungskommissar für das Operationsgebiet führt seine Aufgaben mit den ihm als Reichsverteidigungskommissar zur

Verfügung stehenden Dienstkräften durch. Es können ihm auf Vorschlag der Obersten Reichsbehörden vom Generalbevollmächtigten für die Reichsverwaltung im Benehmen mit dem Leiter der Parteikanzlei und dem Oberkommando der Wehrmacht besondere Fachberater beigegeben werden.

VI.

Der Reichsverteidigungskommissar für das Operationsgebiet kann die Durchführung seiner Aufgaben im Bereich eines nachgeordneten Befehlshabers, den der militärische Oberbefehlshaber mit vollziehender Gewalt ausgestattet hat, dem für den Standort des nachgeordneten Befehlshabers zuständigen Reichsverteidigungskommissar übertragen. Bei Anforderungen hat sich dieser gemäß III Abs. 2 an die regionalen Dienststellen seines Bereiches zu wenden.

VII.

Die zur Durchführung dieses Erlasses erforderlichen Rechts- und Verwaltungsvorschriften erläßt der Reichsminister des Innern.

Führerhauptquartier, den 13. Juli 1944

Der Führer
(gez.) Adolf Hitler

Der Reichsminister u. Chef der Reichskanzlei
(gez.) Dr. Lammers

Der Chef des Oberkommandos der Wehrmacht
(gez.) Keitel.

F. d. R.
Warlimont
General d. Art.

13. 7. 1944

Geheim! Kommandosache!
Geheime Reichssache!

Erlaß des Führers
über die Zusammenarbeit von Partei und Wehrmacht
in einem Operationsgebiet innerhalb des Reiches
vom 13. Juli 1944.

Für den Fall eines Vordringens feindlicher Kräfte auf deutsches Reichsgebiet ordne ich an:

I.

Die Dienststellen der NSDAP., ihrer Gliederungen und angeschlossenen Verbände setzen ihre Tätigkeit im Operationsgebiet fort.

II.

1.) Der militärische Oberbefehlshaber, dem ich die Ausübung vollziehender Gewalt übertrage, richtet seine sich aus den militärischen Notwendigkeiten ergebenden Anforderungen für den Bereich der NSDAP., ihrer Gliederungen und angeschlossenen Verbände an den Gauleiter für das Operationsgebiet.

2.) In unmittelbaren Kampfzonen, deren Begrenzung der militärische Oberbefehlshaber im Benehmen mit dem Reichsverteidigungskommissar für das Operationsgebiet bestimmt, sind die oberen militärischen Kommandobehörden befugt, den Dienststellen der NSDAP., ihrer Gliederungen und angeschlossenen Verbände unmittelbar diejenigen Weisungen zu geben, die zur Durchführung ihres Kampfauftrages jeweils erforderlich sind. Wenn unvorhergesehene Ereignisse sofortiges Handeln erfordern und der Gauleiter für das Operationsgebiet nicht erreichbar ist, hat der militärische Oberbefehlshaber die gleichen Befugnisse im Gesamtoperationsgebiet. Der Gauleiter für das Operationsgebiet ist von den getroffenen Maßnahmen auf schnellstem Wege zu unterrichten.

3.) Der Gauleiter für das Operationsgebiet wird von mir bestellt.

III.

Der Gauleiter für das Operationsgebiet hat die Aufgabe, den militärischen Oberbefehlshaber in Fragen der NSDAP., ihrer Gliederungen und angeschlossenen Verbände zu beraten.

IV.

Die Gauleiter, deren Gau ganz oder teilweise zum Operationsgebiet gehört, benennen einen Verbindungsmann, der dem Gauleiter für das Operationsgebiet als Berater beigegeben wird.

V.

Der Gauleiter für das Operationsgebiet führt seine Aufgaben mit allen zur Verfügung stehenden Kräften der NSDAP., ihrer Gliederungen und angeschlossenen Verbände durch.

VI.

Der Gauleiter für das Operationsgebiet kann die Durchführung seiner Aufgaben im Bereich eines nachgeordneten Befehlshabers, den der militärische Oberbefehlshaber mit vollziehender Gewalt ausgestattet hat, dem für den Standort des nachgeordneten Befehlshabers zuständigen Gauleiter übertragen.

VII.

Die zur Durchführung dieses Erlasses erforderlichen Vorschriften erläßt der Leiter der Partei-Kanzlei.

Der Führer
gez. Adolf Hitler
Der Leiter der Parteikanzlei
gez. M. Bormann
Der Chef des OKW
gez. Keitel
F. d. R.:
Warlimont
General d. Art.

Vorangegangen war das Rundschreiben 123/44 der Nationalsozialistischen Deutschen Arbeiterpartei, Chef der Parteikanzlei, vom 31. Mai 1944 betr. Einsatz der Partei im Falle einer Invasion (In den Akten des Marine-Archivs. Gedruckt bei Schramm, KTB/OKW IV, Anhang).

58.

Der Chef des Oberkommandos   F. H. Qu., den 19. 7. 1944
der Wehrmacht
WFSt/Qu. 2/Verw. 1/Nr. 007715/44 g.Kos.

Befehl des Chefs OKW
betr. Vorbereitungen für die Verteidigung des Reichs

Betr.: Vorbereitungen für die Verteidigung des Reiches.

    Die bisherigen Anordnungen über Vorbereitungen für die Verteidigung der Küsten und Grenzen des Reichs werden nachstehend zusammengefaßt und ergänzt.

19. 7. 1944

Als Grundsatz hat zu gelten, daß die Dienststellen der Wehrmacht sich bei diesen Vorbereitungen ausschließlich auf die rein militärischen Aufgaben zu beschränken haben, während z. B. die Mobilisierung aller Kräfte im Heimatkriegsgebiet, die Menschenführung, insbesondere auch Maßnahmen zur Evakuierung der deutschen Zivilbevölkerung allein Aufgabe der Partei sind. Entsprechende Maßnahmen auf wirtschaftlichem Gebiet fallen den verantwortlichen Obersten Reichsbehörden zu. Die notwendige Zusammenarbeit ist, losgelöst von allen Zuständigkeitsfragen, allein unter dem Gesichtspunkt der höchsten Nutzleistung zu betreiben.

I. Befehlsgliederung

1. Die Vorbereitung der Verteidigung des Heimatkriegsgebiets ist hinsichtlich der Maßnahmen des Heeres und allgemeiner Wehrmachtangelegenheiten Aufgabe des Chefs H.Rüst. und B.d.E. und nach seinen Weisungen der Wehrkreisbefehlshaber, für den Bereich von Kriegsmarine und Luftwaffe Aufgabe des Ob.d.M. bzw. des Ob.d.L.

2. Richtlinien grundsätzlicher Art zur Vorbereitung der Reichsverteidigung ergehen durch OKW/WFSt., zusätzliche Weisungen in allgemeinen Wehrmachtangelegenheiten durch die Dienststellen des OKW, Richtlinien für das Gebiet der Versorgungsführung durch Gen.St.d.H./Gen.Qu.

3. Die Verantwortlichkeit der Kommandierenden Admirale für Vorbereitung und Durchführung der Verteidigung der Küsten gegen feindliche Landeunternehmen gemäß Weisung 40 (Anmerkung 1)[1] bleibt in vollem Umfang bestehen.

4. Die Anordnungen über

   a) Bekämpfung von Fallschirmjägern und Luftlandetruppen im Heimatkriegsgebiet (Anmerkung 2)[1],

   b) Bekämpfung einzelner Fallschirmspringer (Anmerkung 3)[1],

   c) Bekämpfung von Luft- und Flußminen in den Reichswasserstraßen (Anmerkung 4)[1],

   d) Schutz militärischer und kriegswichtiger Bauten und Anlagen (Anmerkung 5)[1]

   gelten weiterhin.

5. Soweit Kampfhandlungen in Teile von Wehrkreisen übergreifen, wird durch Einzelbefehl festgelegt werden, welcher Bereich in allen Fragen der Kampfführung zu Lande aus der Unterstellung unter Chef H.Rüst. und B.d.E. ausscheidet und Dienststellen des Feldheeres unterstellt wird.

58. Vorbereitungen für Reichsverteidigung

Derartige Anordnungen sind bereits für das Generalgouvernement und den Wehrkreis I ergangen.

6. Die Verteidigung des Heimatkriegsgebiets stützt sich auf die Bereitschaft aller Kreise der Bevölkerung, die in den Reichsgauen in den Gauleitern und Reichsverteidigungskommissaren ihre Spitze findet. Diese sind durch Rundschreiben des Leiters der Partei-Kanzlei auf ihre besonderen Aufgaben im Rahmen der Reichsverteidigung hingewiesen (Anmerkung 6)[1].

Die Wehrkreisbefehlshaber haben die Initiative der Gauleiter und Reichsverteidigungskommissare in jeder Weise zu unterstützen und zu fördern, in engstem Einvernehmen mit ihnen die für den Befehlsbereich der Wehrmacht zu treffenden Maßnahmen mit den zivilen Dienststellen abzustimmen, gemeinsame Maßnahmen kalendermäßig vorzubereiten und alle Beteiligten über getroffene Anordnungen der Wehrmacht rechtzeitig zu unterrichten.

II. Aufgaben

In die vorbereitenden Maßnahmen zur Verteidigung des Heimatkriegsgebiets sind durch die Wehrkreisbefehlshaber alle in ihrem Befehlsbereich liegenden Kommandobehörden, Truppen, Dienststellen und Einrichtungen der Wehrmacht und der Waffen-SS sowie die von den Gauleitern und den Höheren SS- und Polizeiführern zur Verfügung gestellten zusätzlichen Kräfte einzubeziehen; Kommandobehörden, Truppen, Dienststellen und Einrichtungen der Kriegsmarine und Luftwaffe jedoch nur insoweit, als dadurch die Erfüllung ihrer eigenen Aufgaben (Ziff. I, 1) nicht beeinträchtigt wird.

Die Aufgaben umfassen im wesentlichen:

1. Übersicht über Unterbringung, Stärke, Beweglichkeit und Bewaffnung der zum militärischen Einsatz zur Verfügung stehenden Kräfte.

2. Pläne für Zusammenfassung dieser Kräfte, Befehlsgliederung, Alarmplan, Ausstattungsplan, Transportplan.

3. Pläne für Heranziehung und Ausbildung der durch die Hoheitsträger der Partei zur Verfügung gestellten Reserven an zivilen deutschen Kräften.

Die hierzu bisher für die Küsten und für die besetzten Gebiete geltenden Anordnungen werden auf das gesamte Heimatkriegsgebiet ausgedehnt (Anmerkung 7)[1].

4. Freistellung führender Kräfte von Partei und Staat vom Wehrdienst in Zusammenarbeit mit dem Gauleiter und Reichsverteidigungskommissar.

5. Vorbereitungen für Einweisung in vorgesehene Befestigungsarbeiten sowie in sonstige Verteidigungs- und erste Kampfaufgaben. Bei Anlage von Befestigungen sind die Wehrkreisbefehlshaber verantwortlich für Linienführung, Einweisung und Art des Ausbaues. Durchführung der Bauten wird im allgemeinen den Reichsverteidigungskommissaren als Gauleitern zu überlassen sein.

6. a) Vorbereitungen für Rückführung der Kriegsgefangenen in Zusammenarbeit mit den Reichsverteidigungskommissaren.

   b) Unterrichtung über die Maßnahmen zur Rückführung der ausländischen Arbeiter, die Aufgabe des Reichsführers SS ist.

   c) Unterrichtung über die allein vom Gauleiter vorzubereitenden Maßnahmen zur Evakuierung der deutschen Zivilbevölkerung.

7. a) Vorbereitung von Auflockerungs-, Räumungs-, Lähmungs- und Zerstörungsmaßnahmen im militärischen Bereich.

   b) Auf Aufforderung der Reichsverteidigungskommissare Zusammenarbeit mit diesen in der kalendermäßigen Vorbereitung von Auflockerungs-, Rückführungs-, Lähmungs- und Zerstörungsmaßnahmen im zivilen Bereich, die Aufgaben der Reichsverteidigungskommissare nach den Weisungen der Obersten Reichsbehörden sind, sowie Vorbereitung der Unterstützung der Reichsverteidigungskommissare bei etwaiger späterer Durchführung derartiger Maßnahmen.

8. Unterrichtung der Reichsverteidigungskommissare und der Hoheitsträger der Partei — in den unmittelbar bedrohten Gauen bis zum Kreisleiter abwärts — über den Stand der militärischen Vorbereitungen und gegebenenfalls die militärische Lage.

9. Vorbereitungen auf dem Versorgungsgebiet.

III. Ergänzende Bestimmungen

1. Vorstehende Richtlinien können nur als Anhalt gelten. In jedem Falle sind aber die Vorbereitungen auf den engsten Personenkreis zu beschränken, um jede unnötige Erregung in der Bevölkerung auszuschließen. Lassen sich Vorbereitungen dieser Art ohne unerwünschte Auswirkung auf die Bevölkerung nicht durchführen, so sind sie zunächst zu unterlassen[2].

2. Die erforderlichen Durchführungsbestimmungen sind durch die jeweils verantwortlichen obersten Kommandobehörden zu erlassen.
   Soweit diese Bestimmungen Richtlinien von grundsätzlicher Bedeutung enthalten, sind sie vor Erlaß dem OKW/WFStab vorzulegen.

3. Die Bestimmungen dieses Befehls gelten sinngemäß für die Vorbereitung der Verteidigung der Operationszonen Alpenvorland und Adriatisches Küstenland mit der Maßgabe, daß diejenigen Aufgaben, deren Erfüllung im Heimatkriegsgebiet den Wehrkreisbefehlshabern obliegt, in den Operationszonen durch den Befehlshaber in der Operationszone Alpenvorland bzw. den Befehlshaber in der Operationszone Adriatisches Küstenland nach den Weisungen des Ob. Südwest wahrzunehmen sind.

gez.: Keitel

[1] *Die Anmerkungen sind hier weggelassen.*
[2] *Dieser Absatz wurde durch Befehl vom 28. 7. gestrichen.*

Gedr. Schramm, KTB/OKW IV Anh. Nr. 4, danach hier.

59.

Der Führer F. H. Qu., den 23. 7. 1944.
OKW/WFSt/Qu. 2 (Ost)/Verw. 1 Nr. 007984/44 g.Kdos.

Geheime Kommandosache! 70 Ausfertigungen
16. Ausfertigung.

Betr.: Neuregelung der Befehlsverhältnisse im Bereich der Heeresgruppe Nord.

I. Ich ernenne den Generaloberst Schörner zum Oberbefehlshaber der Heeresgruppe Nord und übertrage ihm für seinen gesamten Befehlsbereich die Befugnis, alle verfügbaren Kampfkräfte und -mittel der Wehrmachtteile und Waffen-SS, der Gliederungen und Verbände außerhalb der Wehrmacht, der Partei- und der zivilen Dienststellen zur Abwehr des feindlichen Angriffs und zur Erhaltung des Ostlands einzusetzen.

Alle Waffenträger, gleichgültig welchem Wehrmachtteil oder welchen Verbänden außerhalb der Wehrmacht sie angehören, sind hierzu einheitlich anzusetzen. Dabei muß die Einsatzfähigkeit der Seestreitkräfte und der dazugehörigen Versorgungsbetriebe sowie die Einsatzbereitschaft der Luftwaffe gewährleistet bleiben.

Seestreitkräfte und die Streitkräfte der Luftwaffe für operative Kriegführung unterstehen der Kriegsmarine bzw. der Luftwaffe. Sie sind jedoch gehalten, den Anforderungen des Oberbefehlshabers der Heeresgruppe Nord im Rahmen ihrer taktischen Möglichkeiten zu entsprechen.

II. Der gesamte Befehlsbereich der Heeresgruppe Nord (Reichskommissariat Ostland ohne die zur Heeresgruppe Mitte gehörenden Teile des Generalkommissariats Litauen) ist Operationsgebiet.

Der Wehrmachtbefehlshaber Ostland wird dem Oberbefehlshaber der Heeresgruppe Nord in jeder Beziehung unterstellt.

III. Die Zivilverwaltung im Operationsgebiet der Heeresgruppe Nord und das Verhältnis der militärischen Kommandobehörden zur Zivilverwaltung bleiben in ihrer bisherigen Form bestehen.

IV. Ich stelle dem Reichskommissar Ostland für den zivilen Bereich und dem Oberbefehlshaber der Heeresgruppe Nord für den militärischen Bereich diejenigen Rückführungs- und Räumungsmaßnahmen im Ostland frei, die sie nach pflichtmäßigem Ermessen mit Rücksicht auf die Frontlage als notwendig ansehen.

Die durch den Höheren SS- und Polizeiführer Ostland auf Grund meiner Vollmacht durchgeführte Erfassungsaktion darf durch derartige Maßnahmen nicht beeinträchtigt werden.

Befehl für Räumungsmaßnahmen im estnischen Ölschiefergebiet behalte ich mir vor.

gez. Adolf Hitler
F. d. R.
Warlimont
General der Artillerie.

Verteiler:

Chef Gen. St. d. H.	1. Ausf.
Gen. St. d. H. / Op. Abt.	2. „
Gen. St. d. H. / Org. Abt.	3. „
Gen. St. d. H. / Gen. Qu.	4.—8. „
Obkdo. Heeresgruppe Nord	9. „
AOK 9 (General v. Voormann)	10. „
W. Bfh. Ostland	11. „
Chef H. Rüst. u. B. d. E.	12. „
/ AHA	13. „
OKL / Lw. Fü. Stab	14. „
OKL / Gen. Qu.	15. „
OKM / 1. Skl.	16. „
OKM / Skl. / Adm. Qu.	17. „
Reichsführer-SS u. Chef d. Dt. Polizei — Kommandostab RF-SS — z. Hd. Herrn SS-Brigadeführer und Generalmajor d. Waffen-SS Rohde	18. „

59. Befehlsverhältnisse H.Gr. Nord

Reichsführer-SS u. Chef d. Dt. Polizei — SS-Führungshauptamt — z. Hd. Herrn SS-Obergruppenführer Jüttner	19. Ausf.
Reichsführer-SS u. Chef d. Dt. Polizei — Chef der Bandenkampfverbände —	20. „
Verb. Offz. Reichsführer-SS b. Führer, Herrn SS-Gruppenführer Fegelein	21. „
Reichsminister u. Chef der Reichskanzlei, z. Hd. Herrn Reichskabinettsrat v. Stutterheim	22. „
Generalbevollmächtigter f. d. Reichsverwaltung, Herrn Staatssekretär Dr. Stuckart	23.—27. „
Reichsminister f. d. besetzten Ostgebiete, z. Hd. Herrn Oberreg. Rat Dr. Labs	28. „
Reichskommissar Ostland	29. „
Höherer SS- u. Polizeiführer Ostland	30. „
Wi-Stab Ost	31. „
BA OKW — GBA, Oberstlt. Frantz	32. „
OKW / Chef OKW	33. „
W Z A	34. „
W R	35. „
NSF	36. „
AWA	37.—40. „
F. Wi.-Amt	41. „
Wehrm. Trsp. Chef	42. „
Chef Wehrm. Streifendienst	43. „
Chef W. San.	44. „
Chef Heeresstab	45. „
WFSt / Chef WFSt.	46. „
Stellv. Chef WFSt.	47. „
Chef W. Pr. über V. O.	48. „
Chef WNV	49. „
Op. (H)	50. „
Op. (L)	51. „
Op. (M)	52. „
I c Wehrm.	53. „
Org. über Org. / F.	54. „
Ktb.	55. „
Qu. (Verw. 1)	56. „
Qu. 2 (Ost) (Entwurf)	57. „
Reserve (bei WFSt/Qu.)	58.—70. „

Ausfertigung, 4 Seiten Masch. Schr. m. eigh. Unterschrift von Warlimont, in den Akten **Marine-Archiv**.

27. 7. 1944

60.

Fernschreiben von GWNOL
01483 27/7 1935 FRR Nachr OKM / Skl = Gltd: Ob Südwest = Oberster Kommissar der Op Zone Alpenvorland, Gauleiter Hofer = Oberster Kommissar der Op Zone Adriat. Küstenland, Gauleiter Rainer = Bevollm. General der dt Wehrm. in Italien (auch f. Botsch. Rahn) = Gen d Pi u Fest bei OKW = Nachr GenStdH für Op Abt = Nachr GenStdH für Gen Qu = Nachr OKL/ Fü.Stab = Nachr OKM/Skl = Nachr Partei-Kanzlei = Nachr OT-Zentrale = gKdos — Chefsache — Nur durch Offizier.
Betr.: Voralpenstellung.

1.) Ich befehle den Ausbau eines rückwärtigen Stellungssystems in Norditalien.
2.) Es sind auszubauen:
   a) Die bereits im großen erkundete Voralpenstellung,
   b) Die anschließende Karststellung (Tschitschen-Bogen),
   c) Eine Riegelstellung von Ala zum Golf von Venedig,
   d) Eine Riegelstellung von Belluno zum Golf von Venedig.
3.) Den Ausbau leiten verantwortlich:
   a) Der oberste Kommissar der Operationszone Alpenvorland in der Voralpenstellung von der Schweizer Grenze bis Piave-Tal südlich Longarone (einschließlich),
   b) Der oberste Kommissar der Operationszone adriatisches Küstenland in der Voralpenstellung vom Piave-Tal südlich Longarone (ausschließlich) bis Triest (ausschließlich) und in der Karststellung (Tschitschen-Bogen) bis zum Golf von Fiume.
   Die Arbeitskräfte und Mittel sind durch ein Volksaufgebot ähnlich wie in Ostpreußen aufzubringen.
   c) Der Ob Südwest in den beiden Riegelstellungen zwischen der Voralpenstellung und dem Golf von Venedig mit Hilfe der OT.
4.) Die rein militärischen Aufgaben für alle Stellungen obliegen dem Ob Südwest. — Er bestimmt mit Hilfe der dafür zu bildenden taktischen und pionier-technischen Stäbe:
   a) Die operative und taktische Linienführung der Stellungen,
   b) Die Dringlichkeit im Ausbau der einzelnen Abschnitte,
   c) Die Art des Baues auf Grund der taktischen Lage, den taktischen und technischen Kampferfahrungen und den verfügbaren Mitteln.
5.) Über die beabsichtigte Organisation des Stellungsbaues und die aufzubringenden Arbeitskräfte ist mir sobald als möglich, über den Fortschritt der Arbeiten nach Beginn zum 1. 10. und 20. jeden Monats zu melden.

6.) Die näheren Ausführungsbefehle erläßt das Oberkommando der Wehrmacht.

gez. Adolf Hitler

WFSt / Op / 77 2598/44 gK Chefs +

60 a.

Fernschreiben von + FRR GWNOL 01501 29/7 1100 = MBBS FRR Nachr OKM / Skl = Robinson FRR Nachr OKL / Fü Stab = Gltd: Reichsleiter Bormann = Oberster Kommissar der Op Zone Alpenvorland, Gauleiter Hofer = Oberster Kommissar der Op Zone Adriat. Küstenland, Gauleiter Rainer = General von Zangen = Ob. Südwest = Ausw Amt z Hd Botsch Ritter = Bevollm General d dt Wehrm in Italien (auch für Botsch Rahn) = Oberstlt i. G. Jandl, Verb Stab beim Duce = Gen. d. Pi. u. Fest. beim OKW = OT-Zentrale = Chef GenStdH = Nachr. GenStdH für Op Abt = Nachr. GenStdH für Gen Qu = Nachr. OKL Fü Stab = Nachr. OKM Skl.
gKdos — Chefsache — Nur durch Offizier

Bezug: Führerbefehl OKW WFSt Op Nr 772598/44 gK Chefs v 26. 7. 1944. —
Der Führer hat zu Ziffer 2 und 3 des genannten Befehls über den Ausbau eines rückwärtigen Stellungssystems folgende Änderungen und Ergänzungen befohlen:

1.) Neben den beiden in Ziffer 2 des Befehls vom 26. 7. aufgeführten Riegelstellungen sind unter Ausnutzung der Flußläufe möglichst viele weitere Riegelstellungen zu bauen, um dadurch dem Feinde das Vordringen in das Becken von Udine zu erschweren, die dortige Luftbasis zu schützen und den Zeitgewinn für den Ausbau der Voralpenstellung zu schaffen.

2.) Den Ausbau sämtlicher genannter Stellungen, auch der Riegelstellungen auf italienischem Boden, leiten die obersten Kommissare der beiden Operationszonen.
Der Ob Südwest behält den Ausbau der tief zu gliedernden Apennin-Stellung und der Küstenbefestigung.

3.) Die Grenzziehung beim Ausbau der Riegelstellungen zwischen den beiden Operationszonen regeln die beiden obersten Kommissare im unmittelbaren Einvernehmen.
Soweit die Stellungen außerhalb der Operationszonen, also auf ital. Gebiet, liegen, haben die obersten Kommissare dort für die Zwecke des Stellungsbaues dieselben Befugnisse wie in ihren Operationszonen. Hierzu sind sie in jeder Hinsicht durch den Bevollm Gen d dt Wehrm in Italien und die diesem unterstellten Dienststellen zu unterstützen.

29. 7. 1944

Ausw Amt wird gebeten, dem Duce die militärische Notwendigkeit dieses Stellungsbaues und der dazu erforderlichen Maßnahmen, die rein militärischer, nicht politischer Natur sind, auseinanderzusetzen.

4.) An Baukräften der OT und Festungsbaustäben stehen den obersten Kommissaren zur Verfügung:
   a) Alle schon in ihrem bisherigen Bereich eingesetzten Kräfte,
   b) Die Baukräfte der Luftwaffe, die zum Ausbau der Flugplätze nordostwärts der Linie Verona — Po-Mündung eingesetzt sind. Ausnahmen (z. B. kurzfristige Fertigstellung schon begonnener Arbeiten, die für den jetzigen Einsatz der Luftflotte 2 wichtig sind) beantragt OKL.
   c) Die später in der Apennin-Stellung frei werdenden Kräfte.
   Die schon bisher an den Küstenbefestigungen eingesetzten Kräfte der OT verbleiben dem Ob Südwest.

5.) Befehl über Unterstützung durch die in der Operationszone Alpenvorland liegenden Stäbe und Dienststellen aller Wehrmachtteile für die Sicherung der Bauarbeiten folgt.

Gez i A: Jodl — OKW WFSt Op Nr 772641/44 gK Chefs.

60 b.

Fernschreiben von + KR GWNOL 01558 3. 8. 2040 = Nachr. OKM / Skl.— = Gltd = Gltd.: Reichsleiter Bormann. — Oberster Kommissar der Op Zone Alpenvorland, Gauleiter Hofer. — Oberster Kommissar der Op Zone adriat. Küstenland, Gauleiter Rainer. — General d Inf. von Zangen. — Ob Südwest. — Auswärtiges Amt z Hd Botschafter Ritter. — Bevollm. Gen d dt Wehrm in Italien (auch für Botschafter Rahn.). — Oberstleutnant i. G. Jandl, Verb. Stab beim Duce. — Gen. d. Pi. u. Fest. beim OKW. — OT-Zentrale. — Chef GenStdH. — Nachr. GenStdH für Op Abt. — Nachr. GenStdH für Gen Qu. — Nachr. OKL / Fü Stab. — Nachr. OKM / Skl.
gKdos — Chefsache — Nur durch Offizier
Bezug: 1) OKW / WFSt / Op Nr. 772598/44 g K Chefs v 26. 7. 44. —
   2) OKW / WFSt / Op Nr. 772641/44 g K Chefs v 28. 7. 44.·

Ausführungsbestimmungen zum Führer-Befehl über Ausbau eines rückwärtigen Stellungssystems in Norditalien.

1.) Allgemein:
Das Stellungssystem zum Schutze des Heimatkriegsgebietes wird im Sinne des totalen Krieges durch ein Volksaufgebot ausgebaut. Das ist nur möglich durch verantwortliche Einschaltung der politischen Führung. Die großen Erfolge eines derartigen Masseneinsatzes an Menschen sind im Osten bereits klar erkennbar.

Alle Dienststellen müssen sich hierzu von bisher üblichen Ansichten über Zuständigkeiten, Form der Zusammenarbeit und sonstigen Hemmungen frei machen, alle Vorteile der Improvisation nachahmen, entbehrliche organisatorische und verwaltungsmäßige Maßnahmen aber unterlassen. — Die militärische Führung ist der Bauherr. Ihre Aufgaben, die rein militärischer Art sind, sind in Ziffer 4 des Führerbefehls klar umrissen.

In der Durchführung des Ausbaues, vor allem im Einsatz von Menschen und Material, ist den obersten Kommissaren in jeder Hinsicht **freie Hand** zu lassen. Ihnen sind daher alle Baukräfte, die in diesem Ausbau arbeiten, zu unterstellen, **auch** im Zuge des Ausbaues der Apennin- und Küstenstellung frei werdende und für den Einsatz in der Voralpenstellung verfügbare **Spezial-Baukräfte** des Heeres, z. B. Gesteinsbohrkompanien und im Minenlegen ausgebildete Bautruppen.

2.) **Operative Richtlinien für Erkundung und Ausbau.**
Besondere Bedeutung kommt im Zuge des gesamten Ausbaues zunächst der **vordersten** Linie zu, nämlich einer kurzen und nach dem Gelände günstigen Verbindung zwischen Schweizer Grenze und der Adria. Diese Stellung ist daher in 1. **Dringlichkeit** zu erkunden und auszubauen.

Dann folgen die weiteren Stellungen dieses Stellungssystems, deren rückwärtigste die Voralpenstellung selbst ist, soweit sie nicht in ihrem westlichen Teil mit der vordersten Linie zusammenfällt. —

Bei dem Ausbau selbst Schwerpunkt an den voraussichtlichen Hauptdurchstoßlinien des Feindes, also beiderseits der Täler und großen Durchgangsstraßen und an den Flußabschnitten der Etsch und Piave. Hier wird der Feind auf jeden Fall versuchen, in nordostwärtiger Richtung in das Becken von Udine vorzustoßen.

3.) **Aufbau der militärischen Organisation für den Ausbau.**
Zum ständigen Vertreter des Ob Südwest für alle **militärischen** Fragen und Aufgaben des Ausbaues gemäß Ziffer 4 des Führerbefehls wird General der Infanterie von Zangen zur Verfügung gestellt. Ihm ist als Kommandostab der bisherige Gebirgsstab Italien zu unterstellen.

Unter General von Zangen sind durch Ob Südwest aus eigenem Bereich die erforderlichen Erkundungsstäbe — zugleich Abschnittsstäbe — aufzustellen. Diese Stäbe müssen sich aus erfahrenen Offizieren aller Waffen und Angehörigen von Festungs-Pi. Stäben zusammensetzen und derart ausgestattet sein, daß die notwendige Festlegung und Auspflockung der Stellung und die Einweisung der zivilen Baukräfte in kürzester Zeit durchgeführt werden kann.

Etwa notwendige Verstärkungen des Stabes von Zangen, der möglichst **beweglich** zu halten ist, sind durch Ob Südwest bei OKW / WFSt zu beantragen.

Wünschen der obersten Kommissare, die sich im Verlauf des Ausbaues auf Zuteilung von Spezialbautruppen des Heeres ergeben, ist je nach Freiwerden der Kräfte im Apennin zu entsprechen. Diese Bautruppen des Heeres sind für den reinen Arbeitseinsatz an die Anordnungen der obersten Kommissare gebunden.

4.) **Richtlinien des Gen d Pi u Fest** für den Ausbau des Ostraumes und taktisch-technische Hinweise über Stellungsausbau des Pionier-Sonderstabes 9 werden in der Anlage als Grundlage für den Ausbau der Riegelstellungen beigefügt. (Anlage nur zu Lfd. Nr. 2—5 und 10, an 5) und 10) folgt sie auf dem Kurierwege).

5.) **Einsatz der OT im Rahmen des Ausbaues:**. — Die OT wird auf Grund unmittelbarer Vereinbarung zwischen den obersten Kommissaren und der Organisation Todt derart eingesetzt, daß die OT den notwendigen Bauapparat zur Verfügung stellt und die **fachliche** Aufsicht bei der Ausführung von Bauarbeiten übernimmt. Verantwortlich für den Ausbau bleibt die betreffende Dienststelle der obersten Kommissare. Zu ihr tritt jeweils die örtliche OT-Dienststelle als technische Abteilung.

6.) **Erfassung der zivilen Arbeitskräfte:** Die Erfassung der zivilen Bevölkerung zum Arbeitseinsatz ist Aufgabe der obersten Kommissare, die sich außerhalb der Operationszonen hierzu auch der militärischen Dienststellen bedienen können. Diese treffen notwendigenfalls den Ausgleich, falls Arbeitskräfte mehrfach erfaßt werden.

7.) **Materialbeschaffung:**
Die gesamte Beschaffung und der Antransport der für den Ausbau erforderlichen normalen Baustoffe (Eisen, Zement, Holz usw.) einschließlich des benötigten Schanz- und Werkzeuges obliegt den obersten Kommissaren mit Hilfe der O. T.

Minen, Hindernisdraht sowie Stellungsbaustoffe aller Art für den Ausbau des gesamten Stellungssystems werden durch OKW / WFSt über Ob Südwest im Rahmen der Gesamtzuweisungen für Italien zugewiesen. Anforderungen an Minen, Hindernisdraht, Stellungsbaustoffen sind durch die obersten Kommissare an den Ob Südwest zu richten.

8.) **Betreuung und Versorgung** der gesamten zivilen Arbeitskräfte einschließlich der eingesetzten O. T. fällt den obersten Kommissaren zu. In Sonderfällen, z. B. für abgesetzte Arbeitsgruppen, kann durch die obersten Kommissare Versorgung durch die Wehrmacht bei Ob Südwest beantragt werden.

9.) Die Sicherung der Arbeitsstellen gegen Banden und etwa erforderliche Bewachung der Arbeitskräfte übernehmen die obersten Kommissare mit den ihnen hierfür zur Verfügung stehenden Kräften. Um für diese Aufgabe weitere Kräfte freizumachen, sind durch Ob Südwest alle in den Operationszonen Alpenvorland und adriat. Küstenland liegenden Stäbe und Dienststellen aller Wehrmachtteile, soweit sie nicht durch taktischen Einsatz gebunden sind, bis zu 40 Prozent ihrer Iststärke für örtliche Sicherungs- und Bewachungsaufgaben zur Verfügung zu stellen.

Die aktive Bandenbekämpfung bleibt Aufgabe des höchsten SS- und Polizeiführers Italien in Verbindung mit den örtlichen militärischen Dienststellen.

10.) Ob Südwest meldet baldigst beabsichtigte militärische Organisation unter General von Zangen (einschl. Gefechtsstände der Stäbe) und beabsichtigte Durchführung des Ausbaues gem. Ziff. 2.).

gez. Keitel

OKW / WFSt / Op Nr. 772679/44 g K Chefs.

Or. Fernschreiben in Akten Marine-Archiv.

61.

Fernschreiben von + FRR GWNOL 01709 24 / 8. 2055. = An Nachr. OKM / Skl. = Gltd.: Reichsleiter Bormann. = Gen Bevollm. Reichsverwaltung z Hd Staatssekr. Stuckart. — Gauleiter Grohé, Reichskommissar in Belgien und Nordfrankreich. — Gauleiter Simon. — Gauleiter Bürkel. — Gauleiter Wagner. — OT-Zentrale. — Chef H Rüst u BdE. — Stellv. Gen Kdo VI. — Stellv. Gen Kdo XII. — Stellv. Gen Kdo V. — Gen d Pi u Fest b OKW. — Nachr. Ausw. Amt. — Nachr. Ob West. — Nachr. Mil Befh in Frankreich. — Nachr. Chef GenStdH (zugl. für Op Abt., Gen Qu, Gen d Art.). — Nachr. OKL / FüStab. — Nachr. OKM / Skl.

gKdos — Chefsache — Nur durch Offizier

Befehl über Ausbau der deutschen Weststellung.

1.) Ich befehle den Ausbau der „deutschen Weststellung" mit den Mitteln eines Volksaufgebots in folgenden Abschnitten:

a) Unter verantwortlicher Leitung des Gauleiters Grohé, Reichskommissar in Belgien und Nordfrankreich, in der bereits erkundeten Schelde — Albert Kanallinie bis westlich Aachen (Anschluß an Westwall),

b) unter verantwortlicher Leitung des Gauleiters Simon
In der Mosellinie vom Westwall südwestlich Trier bis zur Grenze zwischen Gau Moselland und Gau Westmark,

c) unter verantwortlicher Leitung des Gauleiters Bürkel
In der Mosellinie von der Grenze des Gaues Westmark über Waffenplatz Metz — Diedenhofen — südlich St Avold (Teile der Maginotlinie) bis Saaralben,

d) unter verantwortlicher Leitung des Gauleiters Wagner
In der bereits erkundeten Vogesenstellung von Saaralben bis Belfort,

unbeschadet, ob Teile der Stellung im Bereich eines **benachbarten Gaues** liegen.

Außerdem wird die Mosellinie von südlich Metz über Nancy — Epinal bis St Maurice, später durch Mil. Befh. in Frankreich gemäß Sonderbefehl ausgebaut. ·

2.) Die mit Chef H Rüst u BdE mit Nr. G 105/44 g K Chefs vom 14. 8. gemeldete Linienführung wird genehmigt. Zwischen Maastricht und Aachen ist zunächst die Linie über Valkenburg auszubauen, die vorgesehene südlichere Linie über Eben-Emael erst in späterer Dringlichkeit. ·

3.) **Die rein militärischen Aufgaben** für alle Stellungen obliegen dem Chef H Rüst u BdE nach Weisung des OKW.

Unter ihm sind zur Durchführung der militärischen Aufgaben verantwortlich einzusetzen:

a) Wehrm. Befehlshaber in Belgien und Nordfrankreich.
b) Stellv. Gen Kdo XII. A. K. ·
c) Stellv. Gen Kdo V. A. K.

Ihre Abschnitte sind denen der Gauleiter anzupassen, auch wenn Teile der Stellung im Bereich eines Nachbar-Wehrkreises liegen.

Chef H Rüst und in seinem Auftrag die militärischen Kommandobehörden bestimmen mit Hilfe der bereits eingesetzten Erkundungsstäbe und der vorgesehenen Pionier-Sonderstäbe:

a) Die taktische Linienführung der Stellung **im einzelnen** auf Grund der bereits durchgeführten Erkundung.

b) Die Dringlichkeit im Ausbau der einzelnen Abschnitte.

c) Die Art des Ausbaues auf Grund der taktischen und technischen Kampferfahrungen und der verfügbaren Mittel.

61. Ausbau Weststellung

4.) **Der Ausbau** selbst ist **so** durchzuführen, daß in erster Linie ein durchgehendes Panzerhindernis entsteht, die Vorbereitungen für eine Zerstörungszone feindwärts der Stellungen getroffen werden und ein durchlaufendes tief gegliedertes Stellungs-System erreicht wird, das an den Schwerpunkten durch **daneben** laufenden ständigen Ausbau zu verstärken ist.

Im Waffenplatz Metz — Diedenhofen und in den einzubeziehenden Teilen der Maginotlinie sind die bestehenden Anlagen umzubauen und **nicht benutzte Anlagen unbrauchbar zu machen**. Besondere Richtlinien für den Ausbau werden durch OKW / Gen d Pi u Fest erlassen.

5.) Alle für den Ausbau der Stellungen eingesetzten militärischen Dienststellen und Truppen bleiben den vorgesetzten militärischen Dienststellen unterstellt.

Für den reinen Arbeitseinsatz werden sie an die Anordnungen der Gauleiter gebunden.

6.) **Die Erfassung der zivilen Arbeitskräfte** und ihr Einsatz ist Aufgabe der Gauleiter, denen auch die Betreuung und Versorgung dieser Kräfte einschließlich der eingesetzten OT zufällt.

7.) **Einsatz der OT im Rahmen des Ausbaus:** Die OT wird auf Grund unmittelbarer Vereinbarungen zwischen den Gauleitern und der OT derart eingesetzt, daß sie den notwendigen Bauapparat zur Verfügung stellt und die **fachliche Aufsicht** bei der Ausführung der Bauarbeiten übernimmt. Verantwortlich für den Ausbau bleibt der betreffende Gauleiter. Zu ihm tritt jeweils die örtliche OT-Dienststelle als techn. Abteilung.

8.) **Durchführung der gesamten Materialbeschaffung** (Anforderung, Zuweisung, Antransport) wird durch „besondere Anordnungen" geregelt.

9.) Über die beabsichtigte Organisation des Ausbaus und die aufzubringenden Arbeitskräfte ist mir sobald als möglich durch die Gauleiter über den Leiter der Parteikanzlei, über Ausbaustand und Baufortschritt durch Chef H Rüst u BdE über OKW / WFSt zum 1. und 15. jeden Monats zu melden.

(gez.) Adolf Hitler   Nr. 772965/44 g K Chefs.

7. 9. 1944

Fernschreiben von + + FRR GWNOL 02057 7. 9. 2115 = Nachr: OKM /
Skl = Gltd: Reichsleiter Bormann (Kurier) = Gen Bevollm Reichsverwaltung
z Hd Staatssekr Stuckart = Reichskommissar für die besetzten Niederld. Gebiete, Reichsmin Dr. Seyss-Inquart = Gauleiter Grohé = OT-Zentrale =
Chef H Rüst u BdE = Stellv Gen Kdo VI = Gen d Pi u Fest beim OKW
(Kurier) = Nachr Ausw Amt z Hd H. Botsch. Ritter (Kurier) = Nachr Ob
West = Nachr Wehrm Bef Belg-Nordfrankreich = Nachr Wehrm Bef Niederlande = Nachr Chef GenStdH (Kurier) = Nachr OKL/FüStab = Nachr OKM/
Skl = Nachr Reichskanzlei (Kurier) = Nachr Chef HNW (Kurier)

gKdos — Chefsache — Nur durch Offizier.

Bezug: „Der Führer" Nr. 77 2965/44 gK Chefs vom 20. 8. 44.

Betr.: Ausbau der deutschen Weststellung.

In Abänderung der Ziffer 1 a) wird die verantwortliche Leitung des
Ausbaus in dem durch Holland führenden Abschnitt der Weststellung
von Maastricht bis westlich Aachen dem Reichskommissar für die
besetzten Niederländischen Gebiete, Reichsminister Dr. Seyss-Inquart,
übertragen.
Für Durchführung der rein militärischen Aufgaben in diesem Abschnitt bleibt Wehrkr Kdo VI verantwortlich.

Gez. i. A. Jodl — OKW/WFSt/Op (H) / Nr. 772965/44 gK Chefs II. Ang.

Or. Fernschreiben in Akten Marine-Archiv.

*Am 25. August 1944 erklärte Rumänien dem Deutschen Reich den Krieg (vgl.
Schramm, KTB/OKW IV). Das daraufhin vom OKW/WFSt/Qu 2 (Ost) Nr. 00601/44
geh. betr. Regelung der Verhältnisse in Rumänien (gez. Keitel) an die Wehrmachtteile erlassene Fernschreiben (in den Akten des Marine-Archivs) war durch die
Ereignisse überholt.*

62.

Fernschreiben von + FRR GWNOL 01814 29/8 0130 = MBBS MOK Nordsee = OKM Skl = Gltd: Reichsleiter Bormann = Gen Bev Reichsverwaltung z Hd Staatssekr Stuckart = Gauleiter Kaufmann = Reichskanzlei = OT-Zentrale = Chef H Rüst und BdE, Stab = MOK Nordsee = Stellv Gen Kdo X = Gen d Pi u Fest beim OKW = Chef HNW = OKM/Skl = Nachr: OKL/Fü Stab = Nachr: Chef Gen St d H für Op Abt, für Gen d Art = Nachr: Wehrm Befh Dänemark = Nachr: Wehrm Befh Niederlande

gKdos — Chefsache — Nur durch Offizier

Befehl über Ausbau der deutschen Bucht

1.) Ich befehle zur Verstärkung der Abwehr in der deutschen Bucht

    a) Den Ausbau der gesamten Küste von der dänischen bis zur holländischen Grenze sowie der bisher noch nicht ausgebauten Nord- und Ostfriesischen Inseln.
(Programm A).
Die bereits in ständigem Ausbau stehenden Inseln sind auf volle Verteidigungsfähigkeit zu bringen.

    b) Die Erkundung und Vorbereitung aller Maßnahmen für kurzfristigen Ausbau einer zweiten Stellung, die von der dänischen Grenze in einem Abstand von etwa 10 km von der Küste verläuft, einer Riegelstellung etwa im Verlauf der deutsch-dänischen Grenze, sowie weiterer Riegelstellungen in Schleswig-Holstein nördlich des Kaiser-Wilhelm-Kanals. — Außerdem werden durch Wehrm Befh Dänemark nördlich der deutsch-dänischen Grenze weitere in Ostwestrichtung verlaufende Riegelstellungen erkundet und ausgebaut.

2.) Den Ausbau leitet verantwortlich Gauleiter Kaufmann, der hierzu alle verfügbaren Mittel und die OT einsetzt.

3.) Die Leitung der rein militärischen Aufgaben übernimmt nach Weisung OKW/WFSt der Ob MOK Nord als WBfh für Verteidigung der deutschen Nordseeküste.
Unter diesem ist Stellv Gen Kdo X zur Durchführung der militärischen Aufgaben verantwortlich einzusetzen.
Aufgaben:

    a) Erkundung des gesamten Stellungssystems (einschl. Feststellung des Materialbedarfs) für ständigen und feldmäßigen Ausbau, für den die Kräftebedarfsberechnung einer für volle Verteidigung ausreichenden Besatzung zu Grund zu legen ist.

b) Festlegung der takt. Linienführung der Stellung im einzelnen und

c) der Dringlichkeit im Ausbau der einzelnen Abschnitte.

d) Bestimmung der Art des Ausbaus auf Grund der takt und techn. Kampferfahrungen und der verfügbaren Mittel.
Hierzu sind durch Stellv Gen Kdo X außer dem bereits bestehenden Erkundungsstab 3 weitere Erkundungsstäbe aufzustellen, die sich aus Offizieren aller Waffengattungen zusammensetzen. Diese werden durch HPA dem Stellv Gen Kdo X zugewiesen.
Die für den Ausbau erforderlichen Pionierstäbe sind durch Stellv Gen Kdo X aufzustellen.
Diesem wird hierzu die im Bereich der deutschen Bucht eingesetzte Marinefestungs-Pionier-Organisation für diesen Bereich und diese Aufgabe unterstellt.
Darüber hinaus erforderliches Personal ist durch Stellv Gen Kdo X bei OKW/Gen d Pi anzufordern.

4.) Richtlinien für den Ausbau: In erster Dringlichkeit sind auszubauen: Die Nord- und Ostfriesischen Inseln, der Küstenabschnitt gegenüber Sylt (Hindenburgdamm); die Eiderstedter Halbinsel, die Flußverteidigung Elbe-Wesermündung mit dem Küstenabschnitt von Brunsbüttel — Cuxhaven — Wesermünde bis Wilhelmshaven einschließlich, die Emsmündung mit Delfzijl, in zweiter Dringlichkeit: Die gesamte übrige Küstenfront. — Der Ausbau selbst ist so durchzuführen, daß in erster Linie ein durchgehendes Panzerhindernis und ein tiefgegliedertes Stellungssystem entsteht, das durch daneben laufenden ständigen Ausbau verstärkt wird. — Besondere Richtlinien für den Ausbau werden durch OKW/Gen d Pi u Fest erlassen.

5.) Alle für den Ausbau der Stellungen eingesetzten militärischen Dienststellen und Truppen bleiben den vorgesetzten militärischen Dienststellen unterstellt. — Für den reinen Arbeitseinsatz werden sie an die Anordnungen des Gauleiters gebunden.

6.) Die Erfassung der zivilen Arbeitskräfte und ihr Einsatz ist Aufgabe des Gauleiters, dem auch die Betreuung und Versorgung dieser Kräfte einschließlich der eingesetzten OT zufällt.

7.) Einsatz der OT im Rahmen des Ausbaus: Die OT wird auf Grund unmittelbarer Vereinbarungen zwischen dem Gauleiter und der OT derart eingesetzt, daß sie den notwendigen Bauapparat zur Verfügung stellt und die fachliche Aufsicht bei der Aus-

62. Ausbau Deutsche Bucht

führung der Bauarbeiten übernimmt. Verantwortlich für den Ausbau bleibt Gauleiter Kaufmann, bzw. die von ihm einzusetzenden Dienststellen. Zu diesen tritt jeweils die örtliche OT-Stelle als technische Abteilung.

8.) **Durchführung der gesamten Materialbeschaffung** (Anforderung und Zuweisung, Antransport) wird durch „besondere Anordnungen" geregelt.

9.) Gauleiter Kaufmann hat mir über den Leiter der Reichskanzlei sobald als möglich über die beabsichtigte Organisation des Ausbaus und die aufzubringenden Arbeitskräfte, **Marine-Oberkommando Nordsee** zum 1. und 15. j. Mts. über OKW/WFSt über Ausbaustand und Baufortschritt zu melden =

Der Führer Adolf Hitler, Nr. 77 3051/44 gK Chefs.

Fernschreiben von + FRR GWNOL 01867 31/8 1215 = FRR OKM/Skl = Gltd: Reichsleiter Bormann = Gen Bevollm Reichsverwaltung z Hd Staatssekr. Stuckart = Gauleiter Kaufmann (Gau Hamburg) = Gauleiter Sieh (Gau Schleswig-Holstein) = Gauleiter Telschow (Gau Osthannover) = Gauleiter Wegener (Gau Weser-Ems) = Reichskanzlei = OT-Zentrale = Chef H Rüst u BdE = MOK Nordsee = Stellv Gen Kdo X = Gen d Pi u Fest beim OKW = Chef HNW = OKM/Skl = Nachr OKL/FüStab = Nachr Chef GenStdH/Op = Nachr Chef GenStdH für Gen d Art = Nachr Wehrm Bef Dänemark = Nachr Wehrm Bef Niederlande.
Gkdos — Chefsache — Nur durch Offizier.

Bezug: Der Führer Nr. 77 3051/44 g K Chefs vom 28. 8. 44 (Befehl über Ausbau der deutschen Bucht).

Auf Vorschlag des Leiters der Parteikanzlei, Reichsleiter Bormann, erhält der Führerbefehl in Ziffer 2.) und 9.) folgende Fassung:

2.) „Die Gauleiter von Schleswig-Holstein, Ost-Hannover und Weser-Ems werden mit dem Ausbau der in ihren Bereichen liegenden Stellungsteile beauftragt.
Sie haben die erforderlichen Arbeitskräfte aufzubringen und ihren Einsatz selbständig zu leiten. — In allen Fragen der Zusammenarbeit mit Stellv Gen Kdo X übernimmt Gauleiter Kaufmann die Federführung in Übereinstimmung mit den übrigen Gauleitern.
Die verfügbaren Arbeitskräfte und das verfügbare Material des Gaues Hamburg werden durch Gauleiter Kaufmann den Erforder-

nissen entsprechend den mit dem Ausbau beauftragten Gauleitern zur Verfügung gestellt."

9.) „Die Gauleiter haben mir über den Leiter der Parteikanzlei sobald als möglich ... (weiter wie bisher). — Ziffer 6. und 7. ist entsprechend zu ändern.

I. A. gez. Jodl — OKW/WFSt/Op Nr. 77 3140/44 gK Chefsache.

Beide Fernschreiben in Akten Marine-Archiv.

63.

Fernschreiben von + FRR GWNOL 01898 1. 9. 0310 = mit Aue — an Nachr. OKM/Skl. = Gltd: Reichsleiter Bormann = Gen Bevollm Reichsverwaltung z Hd d Herrn Staatssekr Stuckart = Reichskommissar für die besetzten niederld Gebiet, Reichsmin. Dr. Seyss-Inquart = Stellv Gauleiter Schlessmann = (Gau Essen) = Gauleiter Florian (Gau Düsseldorf) = Gauleiter Grohé (Gau Köln-Aachen) = Gauleiter Simon (Gau Moselland) = Gauleiter Bürckel (Gau Westmark) = Gauleiter Wagner (Gau Baden-Elsass) = Gauleiter Dr Meyer (Gau Westfalen-Nord) = Gauleiter Albert Hoffmann (Gau Westfalen-Süd) = 53) = = — 7) 38534 = 34) —, = (Gau Kurhessen) = Gauleiter Sprenger (Gau Hessen-Nassau) = Gauleiter Dr Hellmuth (Gau Mainfranken) = Gauleiter Murr (Gau Württemberg) = Reichsarbeitsführer = OT-Zentrale = OKL Fü Stab = Chef H Rüst und BdE = Wehrm Bef Niederlande = Stellv Gen Kdo VI = Stellv Gen Kdo XII = Stellv Gen Kdo V = Gen d Pi und Fest beim OKW = Chef HNW = Nachr: Auswärtiges Amt = Nachr: Ob West = Nachr: Mil Bef in Frankreich = Nachr: Chef Genst d H zugl f Op Abt = Nachr: Chef Genst d H zugl f Gen d Art = Nachr: OKM/Skl.

gKdos — Chefsache — Nur durch Offizier

Befehl über Herstellung der Verteidigungsbereitschaft des Westwalls

1.) Ich befehle zur Herstellung der Verteidigungsbereitschaft des Westwalls

   a) Die Verstärkung der Stellung (einschließlich der einzubeziehenden Teile der Maginot-Linie) durch feldmäßigen Ausbau.

   b) Den feldmäßigen und womöglich ständigen Ausbau der bereits erkundeten Verlängerung des Westwalls bis an die Ijssel-See.

2.) Der gesamte Ausbau ist mit den Mitteln eines Volksaufgebots durchzuführen und wird verantwortlich übertragen:

a) Dem Reichskommissar für die besetzten niederld Gebiet, Reichsmin. Dr. Seyss-Inquart unter verantwortlicher Einschaltung des Leiters des Arbeitsbereichs der NSDAP, Oberdienstleiter Ritterbusch, im Abschnitt Ijssel-See bis Nimwegen

b) Dem stellv. Gauleiter Schlessmann (Gau Essen) im Abschnitt Nimwegen — Venlo

c) Dem Gauleiter Florian (Gau Düsseldorf) im Abschnitt Venlo — deutsch-holl. Grenze südostwärts Roermond

d) Dem Gauleiter Grohé (Gau Köln — Aachen)

e) Dem Gauleiter Simon (Gau Moselland)

f) Dem Gauleiter Bürkel (Gau Westmark)

g) Dem Gauleiter Wagner (Gau Baden — Elsaß) in ihren Gauen. — Zusätzliche Arbeitskräfte sind, wo erforderlich, durch die Nachbargaue zu stellen: Es werden angewiesen: Gau Essen auf Gau Westfalen-Nord, Gau Düsseldorf auf Gau Westfalen-Nord und -Süd, Gau Köln-Aachen auf Gau Westfalen-Süd, Gau Moselland auf Gau Kurhessen und Hessen-Nassau, Gau Westmark auf Gau Mainfranken, Gau Baden Elsaß auf Gau Württemberg. — Die erforderlichen Maßnahmen, einschließlich Festlegung der Höhe der Arbeitskräfte, sind unter den Gauleitern unmittelbar zu regeln.

3.) Die rein militärischen Aufgaben für den gesamten Ausbau obliegen dem Chef H Rüst und BdE nach Weisung OKW/WFSt mit Hilfe des Führungsstabes Weststellungen, der gleichzeitig mit den militärischen Aufgaben des Ausbaues und der Sicherung der Weststellungen vorwärts des Westwalles von Trier bis zur Schweizer Grenze beauftragt ist.

Unter diesem sind zur Durchführung der militärischen Aufgaben verantwortlich einzusetzen:

a) Wehrm Bef Niederlande im Abschnitt von der Ijssel-See bis Nimwegen

b) Stellv Gen Kdo VI. AK

c) Stellv Gen Kdo XII. AK

d) Stellv Gen Kdo V. AK innerhalb ihrer Wehrkreise, stellv Gen Kdo VI. AK zusätzlich im Abschnitt Nimwegen bis Roermond. — Wehrm Bef Niederland wird für dies Aufgabe dem Chef H Rüst und BdE unterstellt.

4.) Richtlinien für den Ausbau folgen gesondert.

1. 9. 1944

5.) **Reicharbeitsführer** stellt die in den mit dem Ausbau beauftragten Gauen eingesetzten RAD-Abteilungen den Gauleitern zum Ausbau zur Verfügung. Die Einstellungstermine in die Wehrmacht sind einzuhalten.

6.) Die Erfassung der zivilen Arbeitskräfte ist Aufgabe des Reichskommissars für die besetzten niederld Gebiete, Reichsmin. Dr. Seyss-Inquart, und der Gauleiter, **ihr Einsatz** Sache des Reichskommissars für die besetzten niederld. Gebiete, Reichsmin. Dr. Seyss-Inquart, für seinen Abschnitt und der mit dem Ausbau beauftragten Gauleiter. Diesen fällt auch die Betreuung und Versorgung dieser Kräfte einschließlich der eingesetzten OT zu.

7.) **Einsatz der OT im Rahmen des Ausbaues:**
Die OT wird auf Grund unmittelbarer Vereinbarungen des Reichskommissars für die besetzten niederld Gebiet, Reichsmin Dr Seyss-Inquart, und der Gauleiter mit der OT derart eingesetzt, daß sie den notwendigen Bauapparat zur Verfügung stellt und die **fachliche** Aufsicht bei der Ausführung der Bauarbeiten übernimmt. Verantwortlich für den Ausbau bleibt der betreffende Gauleiter. Zu ihnen tritt jeweils die örtliche OT-Dienststelle als technische Abteilung.

8.) Die gesamte Materialbeschaffung einschließlich Anforderung, Zuweisung und Abtransport wird nach dem für den Ausbau der deutschen Weststellung durch OKW / Gen d Pi erlassenen Befehl durchgeführt.

9.) Der **örtliche** Flakschutz für den Ausbau wird durch die Luftwaffe übernommen.

10.) Reichskommissar für die besetzten niederld. Gebiete, Reichsmin. Dr. Seyss-Inquart, und die Gauleiter melden mir über den Leiter der Parteikanzlei möglichst bald die beabsichtigte Organisation des Ausbaues und die Arbeitskräfte, Chef H Rüst und BdE über OKW / WFSt zum 1. und 15. jeden Monats über Ausbaustand und Baufortschritt.

(gez.) Adolf Hitler. Der Führer Nr. 77 3134/44 gK Chefs.

* *Gruppe verstümmelt. Aus Nr. 63a und 64b ist zu ergänzen: Nachr. Stellv. Gauleiter Gerland, Gau Kurhessen.*

63. Verteidigungsbereitschaft Westwall

63 a.

Fernschreiben von + + + FRR GWNOL 014837 1. 9. 1535 = an OKM / Skl = Gltd: Ob. West. — Chef H Rüst u BdE. — W B Belgien / Nordfrankreich. — W B Niederlande. — Stellv. Gen. Kdo. VI A. K. — Stellv. Gen. Kdo. XII. A. K. Stellv. Gen. Kdo. V. A. K. — GenSt Heeres zgl. für Op. Abt. / Gen. Qu., Gen d. Art. — Gen. d. Pi. u. Fest. bei OKW. — Chef HNW. — Chef HPA. — Chef Trsp. Wesen. — Gen. Insp. d. Pz. Truppen. — OKM / Skl. — OKL / FüStab. — Nachr. Reichsleiter Bormann. — Nachr. Gen Bev. f d Reichsverwaltung z. Hd. Staatssekretär Stuckart. — Nachr. Ausw. Amt. — Nachr. Gauleiter Grohé, Reichskomm. in Belgien / Nordfrankreich. — Nachr. Reichskommissar für die besetzten niederländischen Gebiete, Reichsmin. Dr. Seyss-Inquart. — Nachr. stellv. Gauleiter Schlessmann (Gau Essen). — Nachr. Gauleiter Florian (Gau Düsseldorf). — Nachr.: Gauleiter Simon (Gau Moselland). — Nachr. Gauleiter Bürkel (Gau Westmark). — Nachr. Gauleiter Wagner (Gau Baden-Elsaß). — Nachr. Gauleiter Dr. Meyer (Gau Westfalen-Nord). — Nachr. Gauleiter Albert Hoffmann (Gau Westfalen-Süd). — Nachr. stellv. Gauleiter Gerland (Gau Kurhessen). — Nachr. Gauleiter Sprenger (Gau Hessen-Nassau). — Nachr. Gauleiter Dr. Hellmuth (Gau Mainfranken). — Nachr. Gauleiter Murr (Gau Württemberg). — Nachr. Reichsarbeitsführer. — Nachr. OT-Zentrale. — Nachr. Reichskanzlei.
gKdos

Bezug: Der Führer Nr. 772965/44 gK Chefs. v. 20. 8. 44.
„Der Führer" Nr. 773134/44 gK Chefs v 30. 8. 44.

Befehl für die Sicherung der deutschen Weststellung
und des Westwalls.

I. Mit dem Auftreten feindlicher Panzerspitzen vor der deutschen Weststellung und dem Einsatz feindlicher Luftlandetruppen in der Tiefe des Stellungsraumes muß in nächster Zeit gerechnet werden.

II. Den Kampf vorwärts der Weststellung führt der Ob. West.
Die Weststellung und der Westwall sind durch Chef H Rüst u BdE bis zu einer etwa erforderlichen Rücknahme des Westheeres in diese Stellungen zu sichern und zu verteidigen. Gleichzeitig sind in dieser Stellung alle aus dem Westen zurückgehenden Truppen, Dienststellen und Einrichtungen der Wehrmacht, der Waffen-SS und der Organisationen nach Sonderbefehlen aufzufangen und zu ordnen. Schwerpunkt aller Maßnahmen liegt im Raum zwischen der Maas und den mittleren Vogesen (einschließlich).

III. Die Aufgaben der Gauleiter und des Reichskommissars für die besetzten niederld. Gebiete sind durch die Befehle des Führers vom 20. 8. und 30. 8. geregelt.

IV. Für die militärischen Aufgaben in den Weststellungen und im Westwall gilt folgendes:

1.) Organisation:

Die gesamten militärischen Aufgaben in allen genannten Stellungen leitet der Chef H Rüst u BdE. — Er bildet dazu unter Führung des Gen. d. Pioniere Kuntze einen Stab (Führungsstab für den Ausbau der Weststellungen). — Zu diesem Stabe treten für die fachlichen Sonderaufgaben: Gen. Lt. Göttke, Gen d Fest Artl., ein Sonderstab f Panzer-Abwehr, ein Stab für Aufgaben der Flak-Artl. — Die Stellenbesetzung regeln die Personal-Ämter des Heeres und der Luftwaffe mit dem Chef H Rüst u BdE. — Dem Führungsstab für den Ausbau der Weststellungen unterstehen für Ausbau und Sicherung der Weststellungen:

a) Stellv. Gen. Kdo. VI, das mit den Gauen Essen, Düsseldorf und Köln-Aachen zusammenarbeitet,

b) Stellv. Gen. Kdo. XII in Zusammenarbeit mit den Gauen Moselland und Westmark.

c) Stellv. Gen. Kdo. V in Zusammenarbeit mit Gau Baden-Elsaß. —

Die militärischen Aufgaben des Ausbaus der Stellung von der Schelde-Mündung bis zum Westwall nordwestl. Aachen übernimmt der Wehrm. Bef. Belgien-Nordfrankr. in Zusammenarbeit mit Gauleiter Grohé, die des verlängerten Westwalls vom Ijssel-See bis Nimwegen der W. B. Niederlande in Zusammenarbeit mit dem Reichskommissar für die besetzten niederld. Gebiete, Reichsmin. Dr. Seyss-Inquart.

Den beiden letzten genannten militärischen Dienststellen gibt der Führungsstab für den Ausbau der Weststellungen nur die für die Einheitlichkeit des gesamten Ausbaus nötigen Richtlinien.

2.) Militärische Aufgaben:

Der Führungsstab für den Ausbau der Weststellungen übernimmt mit den ihm hierzu zuzuführenden Kräften (siehe Ziff 4) die Sicherung und Verteidigung der Weststellungen bis zu einer etwaigen Rücknahme des Westheeres. — Er bestimmt mit Hilfe der bereits eingesetzten Erkundungsstäbe und der bestehenden Festungs-Pi.-Org.:

a) Die taktische Linienführung der Stellungen im einzelnen auf Grund der bereits durchgeführten Erkundung.

b) Die Dringlichkeit im Ausbau der einzelnen Abschnitte.

c) Die Art des Ausbaus auf Grund der taktischen und technischen Kampferfahrungen und der verfügbaren Mittel.

63. Verteidigungsbereitschaft Westwall

3.) Richtlinien für den Ausbau:

Vordringlich ist es, die Verteidigungsbereitschaft des Westwalls herzustellen: Arbeitskräfte sind nur dann in die Weststellungen weiter vorn vorzuschieben, wenn die Lage es noch erlaubt.

4.) Sicherungskräfte:

Als Sicherheitsbesatzung bzw. zur Durchführung der Verteidigung stehen Chef H Rüst u BdE. neben den Gren. Div. 559 und später der 36. I. D., deren Zuführung in den Raum Diedenhofen–Nancy–Saarbrücken schon befohlen ist, zur Verfügung:

1.) Im Wehrkreis VI. XII. und V vorhandene Ersatzeinheiten.

2.) Alle z. Zt. im Heimatkriegsgebiet in Aufstellung befindlichen Festungstruppen (Fest.-Inf. und MG.-Btle., Fest. Art.- u. -Pak-Abt.) ohne Rücksicht darauf, ob diese bereits für andere Kriegsschauplätze vorgesehen sind. Vordringlich ist, die Aufstellung der Fest. Art. Abt. unverzüglich abzuschließen.

3.) In der Aufstellung befindliche Div., sobald Aufstellungsstand einen behelfsmäßigen Einsatz in der Weststellung ermöglicht, in der die Aufstellung abzuschließen ist. — 19. Lw. Feld-Div. ist aus Dänemark durch Chef H Rüst u BdE in den Raum Trier zu verlegen und hier einzusetzen. Als Ersatz ist Aufstellung einer neu aufzustellenden Div. in Dänemark durchzuführen.

4.) Schulen, Lehrgänge und Lehreinheiten. Diese sind ohne Rücksicht auf ihre sonstigen Aufgaben im Hinblick auf die entscheidende Bedeutung des Haltens der Weststellung für die Gesamtfortführung des Krieges sofort in den Bereich des Führungstabes Weststellungen zu verlegen.

5.) Alle im Heimatkriegsgebiet befindlichen, für Einsatz als Alarm-Batterien und zur Panzerabwehr geeigneten Geschütze und Pak, auch wenn sie nur über beschränkte Munitions-Ausstattung verfügen.

V. Luftwaffe: Durch die Luftwaffe sind, entsprechend den an Chef H Rüst u BdE befohlenen Maßnahmen, alle verfügbaren Luftwaffeneinheiten der Bodenorganisation, Schulen und Lehrgänge in unmittelbarem Einvernehmen mit Chef H Rüst u BdE in die Tiefe des Raumes hinter der Weststellung zu verlegen, um hierdurch in erster Linie einen Schutz gegen feindliche Luftlandungen zu schaffen. Dem Ausbau der Luftverteidigung im Bereich der Weststellung und dem Schutz der Rheinbrücken kommt größte Bedeutung zu. 9. Flak-Division (18 s. und 18 le. Bttr.) wird durch Luftwaffe dem Führungsstab Weststellungen in den Raum Frankfurt/Main zugeführt.

VI. Gesamtversorgung der Sicherungsbesatzungen und der später in die Weststellung gegebenenfalls einrückenden Masse des Westheeres ist Aufgabe Genst. d. H./Gen. Qu. und sofort vorzubereiten. Hierbei ist mit Unterbrechen der Verbindungen über den Rhein zu rechnen.

VII. Nachrichtenverbindungen: Chef WNV hat in erster Linie die Nachrichtenverbindungen für W B Belgien/Nordfrankreich und Führungsstab Weststellungen sicherzustellen, darüber hinaus die erforderlichen Nachrichtenverbindungen für eine Rückverlegung der Kommandobehörden des Westheeres hinter die Weststellung vorzubereiten. Einzelanordnungen hierzu ergehen gesondert.

VIII. Transportwesen: Rheinbrücken werden als nächste Angriffsziel der feindlichen Luftwaffe sein. Zahlreiche Fährstellen sind für den Fall des Ausfalls der Rheinbrücken schon jetzt vorzubereiten. Hierzu ist neben dem Bau von Fähren der Bau zahlreicher An- und Abmarschwege und die Vorbereitung getarnter Ablaufräume für nächtliches Übersetzen in breiter Front erforderlich.

IX. Ob. West hat alle in derzeitiger Lage entbehrlichen Einrichtungen (insbesondere Teile der OT, Orts- und Feldkommandanturen, Instandsetzungseinrichtungen usw.) hinter die Weststellung abzuschieben. Sie stehen mit Eintreffen in der Weststellung dem Chef H Rüst u BdE zur Verfügung.

X. Chef H Rüst u BdE meldet baldmöglichst an OKW/WFSt Übernahme der Befehlsführung in den Weststellungen, Gliederung und Einteilung der Kräfte sowie sonstige Absichten für die Durchführung der Sicherung und Verteidigung der Weststellungen, ferner zum 1. und 15. jeden Monats über Ausbaustand und Baufortschritt, Stand der Bewaffnung und Ausrüstung.

XI. Zeitpunkt der Übernahme der Befehlsführung durch Ob. West und die diesem unterstellten Kommandobehörden wird durch OKW/WFSt befohlen.

Gez. Keitel, WFSt/Op (H) Nr 10654/44 gKdos.

* *Hier nicht abgedruckt.*

Beide Fernschreiben in Akten Marine-Archiv.

64.

Fernschreiben von + FRR GWNOL Nr 01952 3. 9. 0145 = an OKM/1. Skl = Gltd: Armeegruppe G = Chef H Rüst u BdE = OKL/Fü.Stab = OKM/1. Skl.

Chefsache — Nur durch Offizier

Weisung für die weitere Kampfführung Ob. West.

1.) Die stark verbrauchten eigenen Kräfte und die Unmöglichkeit, rasch ausreichende Verstärkungen zuzuführen, lassen es nicht zu, schon jetzt eine Linie zu bestimmen, die gehalten werden muß und sicher gehalten werden kann.
Es kommt daher darauf an, möglichst lange Zeit für Aufstellung und Heranführen neuer Verbände und für den Ausbau der West-Stellung zu gewinnen und durch Teilschläge Feindkräfte zu vernichten.

2.) Hierzu befehle ich für die Kampfführung: .— Rechter Flügel und Mitte (einschließlich AOK 1) des Westheeres haben in verbissenem, hinhaltendem Kampf dem Feind jeden Fußbreit Bodens streitig zu machen. Örtliche Einbrüche müssen in Kauf genommen werden. Es darf aber nicht zur Einschließung stärkerer Kräftegruppen kommen.
Sicherung der West-Stellung und des Westwalls von Roermond bis zur Schweizer Grenze bleibt zunächst Aufgabe des Chef H Rüst u BdE mit den ihm hierfür unterstellten Kräften.
Dem AOK 1 ist der Befehl vorwärts der West-Stellung nördlich des Rhein-Marne-Kanals zu übertragen. Kräfteeinsatz und Gefechtsstand des AOK richten sich hiernach. Den Zeitpunkt, zu dem AOK 1 den Befehl in der West-Stellung übernehmen kann, schlägt Ob. West vor.
Auf dem linken Flügel ist vorwärts der Vogesen durch die Armeegruppe G eine bewegliche Kräftegruppe zum Angriff gegen die tiefe Ostflanke des Feindes zu versammeln. Erste Aufgabe dieser Kräftegruppe ist die Sicherung der Rückführung der 19. Armee und des LXIV. A. K. sowie des Ausbaus der West-Stellung durch bewegliche Kampfführung in der Südflanke des XII. amerikanischen A. K. .— Spätere Hauptaufgabe ist ein Angriff mit zusammengefaßten Kräften gegen die tiefe Ostflanke und den Rücken der Amerikaner. Mit der Führung der beweglichen Kräftegruppe ist zunächst das XLVII. Pz. Korps zu beauftragen. Nach Wiederherstellung der Einsatzbereitschaft AOK 7 ist Panzer-AOK 5 für diese Aufgabe herauszulösen und einzusetzen.

3. 9. 1944

Unter dem XLVII. Pz. Korps, später Pz. AOK 5 sind zusammenzufassen:
3. und 15. Pz. Gren. Div.
17. SS-Pz. Gren. Div., wenn möglich auch Pz. Lehr-Div.
Pz. Brig. 106, 107 und 108 und die 11. und 21. Pz. Div.
Außerdem werden aus dem Heimatkriegsgebiet drei weitere Panzer-Brigaden am 5. September beginnend zugeführt.
Für das Herauslösen der Panzer-Div. aus der 1. Armee steht 19. Inf. Div. zur Verfügung, die am 4. September mit Anfang bei Trier eintreffen kann. Bei der Bildung der Gruppe ist dafür Sorge zu tragen, daß neuzugeführte und in Auffrischung befindliche Verbände nicht vorzeitig in den Kampf gezogen und verbraucht werden.
Um die Angriffsgruppe frühzeitig für ihre Hauptaufgabe freizumachen, verlange ich größte Beschleunigung der Bewegungen der Armeegruppe G.

3.) Die gemäß OKW/WFSt/Op (H) Nr. 773049/44 g. K. Chefs. v. 26. 8. 44 für Ob. West vorgesehenen Festungstruppen werden zunächst in der West-Stellung eingesetzt, um hier die vorübergehend eingesetzten 559. und 36. Gren. Div. für eine Verwendung vorwärts der West-Stellung freizumachen. Mit Eintreffen hierfür ausreichender Festungstruppen ist bis Mitte September zu rechnen.
Von den weiter für September zugesagten Divisionen sind auf Grund Verzögerung in der Stammgestellung nur verwendungsbereit:
564. Gren. Div.   15. 9. .—
565. Gren. Div.   20. 9. .—
566. Gren. Div.   25. 9. .—
570. Gren. Div.   25. 9. .—
Diese Divisionen sind für eine Aufnahmestellung hinter dem rechten Flügel vorgesehen.
Ort der Zuführung ist rechtzeitig durch Ob. West zu melden.

4.) Die dringend notwendige Auffrischung, insbesondere der Panzerverbände und der Artillerie, erfolgt am schnellsten durch Rückverlegung stark angeschlagener Truppenteile hinter den Westwall. Dies ist in möglichst großem Umfange anzustreben. Absichten mit Zeitplan sind mir zu melden.
Armeegruppe G hat schon während und nach Abschluß der Rückführung aus dem kampffähigen Menschenmaterial aller Wehrmachtteile ihre Verbände personell voll aufzufüllen. Ob West stellt den Bedarf an Waffen und Gerät für die rasche Wiederauffrischung der Armeegruppe G fest.
Ein Organisationsstab, dem auch Vertreter der Kriegsmarine und der Luftwaffe beizugeben sind, ist durch Chef H Rüst u BdE aufzustellen

und zur Armeegruppe G in Marsch zu setzen. Seine Aufgabe wird von mir befohlen.

Gez. Adolf Hitler. —

WFSt/Op Nr. 773189/44 g.K. Chefs.

Or. Fernschreiben in Akten Marine-Archiv. — Vgl. hierzu Fernschreiben des OKW/ WFSt Nr. 773222/44 gKdos. Chefs. vom 4. September 1944 betr. Maßnahmen infolge des britischen Panzerdurchbruchs in Richtung Antwerpen (gez. Warlimont). — In den Akten des Marine-Archivs.

64 a.

Fernschreiben von + FRR GWNOL 016430 7. 9. 1435 = OKM 1. Skl. = Gltd: Ob. West. — W. B. Belgien und Nordfrankreich. — W. B. Niederlande. — Chef H. Rüst u BdE. — Chef Genst. d. H. — OKM/1. Skl. — OKL/Lw. Fü. Stab. — Reichsführer-SS u. Chef d. Dt. Polizei-Kommandostab = (Hochwald). = g. Kdos.

Betr.: Wehrmachtbefugnisse Oberbefehlshaber West.

1.) Ich verleihe dem Ob. West, Generalfeldmarschall v. Rundstedt, die Vollmacht,

   a) für die Erfüllung der ihm von mir übertragenen Aufgaben alle in seinem Befehlsbereich verfügbaren Kampfkräfte und Mittel der Wehrmachtteile und Waffen-SS sowie der Gliederungen und Verbände außerhalb der Wehrmacht einzusetzen. Ausgenommen sind: Besatzungen von U-Booten, Schnellbooten und seefahrende Spezialisten nach Bestimmung des Ob. d. M., Personal der fliegenden Verbände und Spezialisten nach Bestimmung des Ob. d. L. —

   b) Für die Wiederherstellung und Aufrechterhaltung der Ordnung in seinem Befehlsbereich jede notwendige Maßnahme zu treffen. — Alle Dienststellen der Kriegsmarine und Luftwaffe sowie der Gliederungen und Verbände außerhalb der Wehrmacht sind insoweit an seine Befehle gebunden.

2.) Ob. West kann — soweit es nicht schon durch das OKW geschehen ist — dem Chef H Rüst u. BdE diejenigen Anweisungen für die Verteilung der Sicherungskräfte im Westwall und in den Weststellungen geben, die notwendig sind, um diese Verteilung mit der Gesamtlage im Westen in Übereinstimmung zu bringen. — Soweit Dienststellen der Partei und des Staates in den Westmarken militärische Aufgaben übertragen sind, gelten die Weisungen des Ob. West auch für diese.

7. 9. 1944

3.) W. B. Belgien und Nordfrankreich und W. B. Niederlande werden dem Ob. West in jeder Beziehung voll unterstellt.

Der Führer gez. Adolf Hitler, OKW/WFSt/Qu 2 (West)

Nr. 0010783/44 g.Kdos.

Gleichzeitige Abschrift in Akten Marine-Archiv.

64 b.

Fernschreiben von + FRR GWNOL 02078 9/9 1850 = OKM/Skl = Gltd. An Reichsleiter Bormann. — An Gen Bevollm. Reichsverwaltung z Hd Staatssekretär Stuckart. — Ob West. — Chef H Rüst u BdE. — Wehrmachtbefh. Niederlande. — OKM/Skl — OKL/Fü Stab. — Gen St d H für Op Abt. — Gen St d H für Org Abt. — SS-Führungshauptamt. — General d Pi u Fest 1. Staffel. — Gen Insp d Pz Truppen. — Wehrmachttransportchef. — OKH/General d Art. — Chef HNW. — Nachr. Ausw. Amt. — Nachr. Reichskomm f d besetzt niederl Gebiet, Reichskommissar Dr Seyss-Inquart. — Nachr. Gauleiter Grohé, Gau Köln-Aachen. — Nachr. Stellv. Gauleiter Schleßmann, Gau Essen. — Nachr. Gauleiter Florian, Gau Düsseldorf. — Nachr. Gauleiter Simon, Gau Moselland. — Nachr. Gauleiter Bürckel, Gau Westmark. — Nachr. Gauleiter Wagner, Gau Baden-Elsaß. — Nachr. Gauleiter Dr. Meyer, Gau Westfalen-Nord. — Nachr. Gauleiter Albert Hoffmann, Gau Westfalen-Süd. — Nachr. Stellv. Gauleiter Gerland, Gau Kurhessen. — Nachr. Gauleiter Sprenger, Gau Hessen-Nassau. — Nachr. Gauleiter Dr. Hellmuth, Gau Main-Franken. — Nachr. Gauleiter Murr, Gau Württemberg. — Nachr. Reichsarbeitsführer. — Nachr. O.T.-Zentrale. — Nachr. Reichskanzlei.

gKdos — Chefsache — Nur durch Offizier

1.) Der Oberbefehlshaber West übernimmt ab 11. 9. 44, 00,00 Uhr den Befehl über die deutsche Weststellung (einschließlich des Westwalls) mit allen darin befindlichen Sicherungskräften.
Er übernimmt damit alle Aufgaben, die ich dem Chef H Rüst u BdE für die Herstellung der Verteidigungsbereitschaft der deutschen Weststellung und ihrer Verteidigung übertragen habe.
(Siehe 1.) der Führer Nr 772965/44 g. K. Chefs. vom 20. 8. 44. — 2.) Der Führer Nr 773134/44 g. K. Chefs. vom 30. 8. 44. — 3.) OKW/WFSt/Op Nr 0010654/44 g. K. vom 1. 9. 44.).

2.) Dem Oberbefehlshaber West werden hierzu unterstellt:

a) Der Führungsstab für den Ausbau der Weststellung (Kommandant Festungsbereich West 2, Gen. d. Pi. Kuntze).

b) Vorübergehend die Wehrkreiskommandos VI, XII und V hinsichtlich ihrer mit Ausbau, Bewaffnung und Verteidigung der Weststellung zusammenhängenden Aufgaben.

3.) Chef H Rüst u BdE stellt sicher, daß die für die Besetzung der deutschen Weststellung bestimmten Verbände und Festungstruppen zu den vorgesehenen Terminen dem Ob. West zugeführt werden.

4.) Ob. West löst die in der deutschen Weststellung eingesetzten Truppen des Chef H Rüst u BdE (Walküre-Einheiten) entsprechend der Zuführung der Neuaufstellungen heraus und stellt sie dem Chef H Rüst u BdE wieder zur Verfügung.
Die Wehrkreiskommandos VI, XII und V sind frühzeitig durch Kommandobehörden des Feldheeres von ihren Aufgaben in der Weststellung abzulösen.

5.) Ob. West meldet Befehlsübernahme und beabsichtigten Zeitplan für die Ablösung der Wehrkreiskommandos und Walküre-Einheiten aus der deutschen Weststellung.

Gez. Adolf Hitler. OKW/WFSt/Op Nr 773296/44 g. K. Chefs.

* *Hier nicht abgedruckt.*
Or. Fernschreiben in Akten Marine-Archiv.
Ergänzungen hierzu in Führerbefehl (Fernschreiben) betr. fanatische Kampfführung im Westen (OKW/WFSt/Op. Nr. 0011273/44 gKdos, gez. Jodl) vom 16. September 1944; Fernschreiben OKW/WFSt/Qu. 2 (West) Nr. 0011700/44 gKdos. vom 30. 9. 1944 betr. Verteidigung im Westen (gez. Keitel); Fernschreiben OKW/WFSt/Qu. 2 (West) Nr. 0011700/44 gKdos. vom 19. 10. 1944 betr. Befehlsbereich des OB. West (gez. Keitel). — In den Akten Marine-Archiv.

65.

Fernschreiben von + KR GWNOL 016794 12/9 1420 = mit AUE = KR Nachr OKM Skl = Gltd Reichsleiter Bormann (Kurier) = Gen Bevollm Reichsverwaltung z Hd Staatssekr Stuckart = Ob Kommissar der Op Zone Adriat Küstenland Gauleiter Dr Rainer (Gau Kärnten) = Gauleiter Überreither (Gau Steiermark) = Gauleiter Dr Jury (Gau Niederdonau) = Gauleiter v Schirach (Gau Wien) = OT-Zentrale = OKL/FüStab (Kurier) = Chef H Rüst u BdE = Stellv Gen Kdo XVIII = Stellv Gen Kdo XVII = Gen d Pi u Fest (1. u 2. St) (Kurier) = Chef HNW (Kurier) = Nachr Ausw Amt z Hd Botsch Ritter (Kurier) = Nachr Reichskanzlei z Hd Reichsm Dr Lammers (Kurier) = Nachr Ob Südwest = Nachr Genst d H zgl f Op Abt (Kurier) = Nachr Wehrm Trsp Chef (Kurier) = Nachr Gen d Art b Genst d H (Kurier) = Nachr OKM/Skl.

gKdos — Befehl über Ausbau im Südosten.

12. 9. 1944

1.) Ich befehle den Ausbau einer Grenzstellung in den Gauen Kärnten und Steiermark auf deutschem Reichsgebiet etwa in der Linie: Tolmein (hier Anschluß an die blaue Linie) — nördlich Laibach — Verlauf der Save bis nordwestlich Gurkfeld — von dort nach Nordosten bis westlich Varazdin.

2.) Der Ausbau ist mit den Mitteln eines Volksaufgebots durchzuführen und wird verantwortlich übertragen:

   a) Dem Obersten Kommissar der Operationszone Adriatisches Küstenland und Gauleiter des Gaues Kärnten, Gauleiter Dr Rainer

   b) Dem Gauleiter des Gaues Steiermark, Gauleiter Überreither in ihren Gauen.

3.) Die rein militärischen Aufgaben für den Ausbau obliegen dem Chef H Rüst u BdE nach Weisung OKW/WFSt. — Unter ihm ist zur Durchführung der militärischen Aufgaben verantwortlich einzusetzen: Stellv Gen Kdo XVIII, das mit den Gauen Kärnten und Steiermark zusammenarbeitet.

4.) Militärische Aufgaben:

   a) Sicherung noch erforderlicher Erkundung, des Ausbaues sowie ausgebauter Stellungen gegen Banden durch aus eigenem Befehlsbereich zu stellende Sicherungskräfte.

   b) Bestimmungen der taktischen Linienführung der Stellung auf Grund der laufenden Erkundung. — Hierzu hat Stellv Gen Kdo XVIII mit Ob Südwest in unmittelbarer Verbindung den Anschlußpunkt der Stellungen festzulegen.

   c) Festlegen der Dringlichkeit im Ausbau der einzelnen Abschnitte.

   d) Bestimmung der Art des Ausbaues auf Grund der taktischen und technischen Kampferfahrungen und der verfügbaren Mittel. — Die für Durchführung der Aufgaben von b) bis d) erforderlichen Erkundungs- und Pionier-Sonderstäbe sind durch das Stellv Gen Kdo XVIII aus eigenem Bereich aufzustellen. — Darüber hinaus erforderliche Anforderungen sind in beschränktem Umfang über Chef H Rüst u BdE an OKW/WFSt zu richten.

5.) Der Ausbau selbst ist so durchzuführen, daß, wo starke Angriffe mit Panzern möglich sind, ein durchgehendes Panzerhindernis und ein durchlaufendes tiefgegliedertes Stellungssystem entsteht, sowie die Vorbereitungen für eine Zerstörungszone feindwärts der Stellung getroffen werden.

6.) Alle für den Ausbau der Stellungen eingesetzten militärischen Dienststellen und Truppen bleiben den vorgesetzten militärischen

Dienststellen unterstellt. — Für den reinen Arbeitseinsatz werden sie an die Anordnungen der Gauleiter gebunden.

7.) Die Erfassung der zivilen Arbeitskräfte und ihr Einsatz ist Aufgabe der Gauleiter. Sie übernehmen auch die Betreuung und Versorgung dieser Kräfte einschließlich der eingesetzten OT.

8.) Einsatz der OT im Rahmen des Ausbaues:
Soweit OT-Kräfte für den Ausbau zur Verfügung stehen, sind sie auf Grund unmittelbarer Vereinbarungen zwischen den Gauleitern und der OT derart einzusetzen, daß die OT den notwendigen Bauapparat zur Verfügung stellt und die fachliche Aufsicht bei der Ausführung der Bauarbeiten übernimmt. — Verantwortlich für den Ausbau bleiben die Gauleiter. Zu ihnen tritt jeweils die örtliche OT-Dienststelle als technische Abteilung.

9.) Nachschub an Stellungsbaumaterial aller Art: Gemäß Befehl OKW/ Gen d Pi u Fest.

10.) Die Gauleiter melden mir sobald als möglich über den Leiter der Parteikanzlei über die beabsichtigte Organisation des Ausbaues und die aufzubringenden Arbeitskräfte, Chef H Rüst und BdE zum 1. und 15. j d. M. über Ausbaustand und Baufortschritt.

Gez Adolf Hitler — OKW/WFSt/Op (H) Nr oo 11093/44 gKdos

Or. Fernschreiben in Akten Marine-Archiv.

66.

Oberkommando der Wehrmacht F. H. Qu., den 26. 9. 1944.
WFSt/Qu. (Verw. 1) / Qu. 2 Nr. oo 11668/44 g. Kdos.   100 Ausfertigungen
8. Ausfertigung

Bezug: OKW/WFSt/Qu. (Verw. 1)/Qu. 2 Nr. 007997/44 g. K. vom 24. 7. 44.

Betr.: 2. Erlaß des Führers über die Befehlsgewalt sowie über die Zusammenarbeit von Partei und Wehrmacht in einem Operationsgebiet innerhalb des Reiches.

Die mit Bezugsbefehl mitgeteilten Erlasse des Führers vom 13. 7. 44 sind durch die anliegenden Erlasse vom 19. und 20. 9. 44 ersetzt worden. Sie gelten ebenso wie die ersten Erlasse auch in den einem Chef der Zivilverwaltung unterstehenden Gebieten. Ein Rundschreiben des Reichsministers und Chefs der Reichskanzlei über die Notwendigkeit enger Fühlung zwischen zivilen und militärischen Dienststellen bei Durchführung der Erlasse ist zur Unterrichtung beigefügt.

I. A.
(gez.) Poleck

Verteiler:
wie Bezugsverfügung.

Der Reichsminister und Chef Berlin W. 8, den 22. Sept. 44
der Reichskanzlei
Rk. 1514 E g

Sofort!
Geheim

Die Obersten Reichsbehörden

Betrifft: Zweiter Erlaß des Führers über die Befehlsgewalt in einem Operationsgebiet innerhalb des Reiches.

Im Anschluß an mein Rundschreiben vom 16. Juli 1944-Rk. 901 E gRs.

Der Führer hat es für erforderlich erachtet, daß der Ihnen mit meinem Rundschreiben vom 16. Juli 1944 zugeleitete Erlaß in einigen Punkten geändert werde, und hat den Zweiten Erlaß über die Befehlsgewalt in einem Operationsgebiet innerhalb des Reiches in der aus der Anlage ersichtlichen Fassung vollzogen. Ich darf Sie bitten, das Erforderliche zu veranlassen. Auch diese Regelung gilt in den einem Chef der Zivilverwaltung unterstehenden Gebieten.

Der Führer hat bei der Vollziehung des Erlasses der Auffassung Ausdruck gegeben, daß es sich von selbst verstehe, daß alle zivilen Dienststellen, namentlich die in Ziffer IV Abs. 2 des Erlasses aufgeführten, engste Fühlung mit den beteiligten militärischen Stellen halten. Ich darf Sie bitten, die in Frage kommenden Dienststellen Ihres Geschäftsbereichs in diesem Sinne zu unterrichten.

Eine Veröffentlichung des Erlasses wird nicht erfolgen.

Für den Bereich der Partei ist eine entsprechende Neuregelung getroffen.

gez.: Dr. Lammers
F. d. R. d. A.
M. V. I.

66. Zusammenarbeit Partei — Wehrmacht (II)

Zweiter Erlaß des Führers über die Zusammenarbeit von Partei und Wehrmacht in einem Operationsgebiet innerhalb des Reichs vom 19. September 1944.

Unter Aufhebung meines Erlasses über die Zusammenarbeit von Partei und Wehrmacht in einem Operationsgebiet innerhalb des Reichs ordne ich für den Fall eines Vordringens feindlicher Kräfte auf deutsches Reichsgebiet an:

I.

Die Dienststellen der NSDAP., ihrer Gliederungen und angeschlossenen Verbände setzen ihre Tätigkeit im Operationsgebiet fort.

II.

(1) Der militärische Oberbefehlshaber richtet seine sich aus den militärischen Notwendigkeiten ergebenden Anforderungen für den Bereich der NSDAP., ihrer Gliederungen und angeschlossenen Verbände an den Gauleiter für das Operationsgebiet.

(2) In unmittelbaren Kampfzonen, deren Begrenzung der militärische Oberbefehlshaber im Benehmen mit dem Reichsverteidigungskommissar für das Operationsgebiet bestimmt, sind die oberen militärischen Kommandobehörden befugt, den Dienststellen der NSDAP., ihrer Gliederungen und angeschlossenen Verbände unmittelbar diejenigen Weisungen zu geben, die zur Durchführung ihres Kampfauftrages jeweils erforderlich sind.

(3) Der Gauleiter für das Operationsgebiet wird von mir bestellt.

III.

Der Gauleiter für das Operationsgebiet hat die Aufgabe, den militärischen Oberbefehlshaber in Fragen der NSDAP., ihrer Gliederungen und angeschlossenen Verbände zu beraten.

IV.

Die Gauleiter, deren Gau ganz oder teilweise zum Operationsgebiet gehört, benennen einen Verbindungsmann, der dem Gauleiter für das Operationsgebiet als Berater beigegeben wird.

V.

Der Gauleiter für das Operationsgebiet führt seine Aufgaben mit allen zur Verfügung stehenden Kräften der NSDAP., ihrer Gliederungen und angeschlossenen Verbände durch.

VI.

Der Gauleiter für das Operationsgebiet kann die Durchführung seiner Aufgaben im Bereich eines nachgeordneten Befehlshabers dem für den Standort des nachgeordneten Befehlshabers zuständigen Gauleiter übertragen.

VII.

Dieser Erlaß gilt auch in den eingegliederten Ostgebieten. Er findet sinngemäße Anwendung im Protektorat Böhmen und Mähren, im Generalgouvernement sowie in den einem Chef der Zivilverwaltung unterstehenden Gebieten.

VIII.

Die zur Durchführung dieses Erlasses erforderlichen Vorschriften erläßt der Leiter der Parteikanzlei.

Führerhauptquartier, den 19. September 1944.
Der Führer
gez. Adolf Hitler
Der Leiter der Parteikanzlei
gez. M. Bormann
Der Chef des Oberkommandos der Wehrmacht
gez. Keitel

F. d. R. d. A.
M. V. I.

Abschrift.

Zweiter Erlaß des Führers über die Befehlsgewalt in einem Operationsgebiet innerhalb des Reiches vom 20. September 1944.

Unter Aufhebung meines Erlasses über die Befehlsgewalt in einem Operationsgebiet innerhalb des Reiches vom 13. 7. 44 ordne ich für den Fall eines Vordringens feindlicher Kräfte auf deutsches Reichsgebiet folgendes an:

I. Die zivile Verwaltung bleibt im Operationsgebiet in vollem Umfange bestehen. Die zivilen Dienststellen des Staates und der Gemeinden setzen ihre Tätigkeit fort.

II. Der Reichsverteidigungskommissar für das Operationsgebiet wird von mir bestellt.

III. 1.) Der Reichsverteidigungskommissar für das Operationsgebiet übt die vollziehende Gewalt aus. Die reichseinheitliche Ausrichtung aller nach diesem Erlaß von dem Reichsverteidigungskommissar zu treffenden Maßnahmen obliegt nach meinen allgemeinen Richtlinien dem Reichsführer SS Heinrich Himmler.

2.) Der militärische Oberbefehlshaber richtet seine sich aus den militärischen Notwendigkeiten ergebenden Anforderungen im zivilen Bereich an den Reichsverteidigungskommissar für das Operationsgebiet.

3.) In den unmittelbaren Kampfzonen, deren Begrenzung der militärische Oberbefehlshaber im Benehmen mit dem Reichsverteidigungskommissar für das Operationsgebiet bestimmt, sind die oberen militärischen Kommandobehörden befugt, zivilen Dienststellen des Staates und der Gemeinden unmittelbar diejenigen Weisungen zu geben, die zur Durchführung ihres Kampfauftrages jeweils erforderlich sind.

IV. 1.) In Ausübung der vollziehenden Gewalt kann der Reichsverteidigungskommissar für das Operationsgebiet

1) alle infolge der feindlichen Bedrohung erforderlich werdenden Maßnahmen treffen,

2) sämtlichen Dienststellen des Staates und der Gemeinden Weisungen erteilen,

3) Rechtsvorschriften erlassen.

2.) Der Reichsverteidigungskommissar für das Operationsgebiet bedient sich
in Angelegenheiten der Polizei des zuständigen Höheren SS- und Polizeiführers,
in Angelegenheiten der Reichsbahn und Binnenschiffahrt des Bevollmächtigten des Reichsverkehrsministers,
in Angelegenheiten der Seeschiffahrt des Beauftragten des Reichskommissars für die Seeschiffahrt,
in Angelegenheiten der Rüstung und Kriegsproduktion des zuständigen Vorsitzers der Rüstungskommission oder -unterkommission.

V. Die Reichsverteidigungskommissare, deren Amtsbezirk ganz oder teilweise zum Operationsgebiet gehört, benennen einen Verbindungsmann, der dem Reichsverteidigungskommissar für das Operationsgebiet als Berater beigegeben wird.

VI. Der Reichsverteidigungskommissar für das Operationsgebiet kann die Durchführung seiner Aufgaben den Reichsverteidigungskommissaren übertragen, deren Reichsverteidigungsbezirk am Operationsgebiet beteiligt ist.

VII. Dieser Erlaß gilt auch in den eingegliederten Ostgebieten. Er findet sinngemäße Anwendung in den einem Chef der Zivilverwaltung unterstehenden Gebieten und im Generalgouvernement.

VIII. Diesem Erlaß entgegenstehende Bestimmungen treten außer Kraft.

IX. Die zur Durchführung dieses Erlasses erforderlichen Rechts- und Verwaltungsvorschriften erläßt der Reichsminister des Innern.

Führerhauptquartier, den 20. 9. 1944.

Der Führer

gez. Adolf Hitler.

Der Reichsminister und Chef der Reichskanzlei

gez. Dr. Lammers.

Der Chef des Oberkommandos der Wehrmacht

gez. Keitel.

F. d. R. d. A.:
M. V. J.

Gleichzeitige Abschriften mit Or. Anschreiben u. eigh. Unterschrift von Poleck in Akten Marine-Archiv.

67.

*Stellungsbau und Verteidigungsmaßnahmen
in West-Deutschland Sept.—Dez. 1944*

Fernschreiben OKW/WFSt/Op (H) Nr. 0011769/44 gKdos. vom 30. 9. 1944 (gez. Jodl) betr. Befestigungen in der Ems-Rhein-Linie; Fernschreiben OKW/WFSt/Op (H) Nr. 0011946/44 gKdos. vom 8. 10. 1944 (gez. Keitel) betr. Befestigungen im Südabschnitt der Westfront; Fernschreiben OKW/WFSt/Op (H) Nr. 0012398/44 gKdos. vom 22. 10. 1944 betr. Verteidigung in den Wehrkreisen XVII und XVIII durch Panzerhindernisse und Feldbefestigungen (gez. Keitel); Fernschreiben Chef OKW/WFSt/ Qu. 2 Nr. 0011997/44 gKdos. vom 13. 11. 1944 betr. Abänderung der Grenzen der Wehrbezirke VI, IX, X und XI (gez. Keitel); Fernschreiben OKW/WFSt/Op Nr. 0014109/44 gKdos. vom 1. 12. 1944 betr. Einsatz der Versorgungstruppen bei Befestigungen (gez. Jodl). — Alle Akten im Marine-Archiv. — Befehl des OKW/WFSt/ Nr. 0014329/44 gKdos. v. 5. 12. 1944 (gez. Jodl) betr. Halten des Westwalls unter allen Umständen: gedr. Jacobsen, 1939—1945 Nr. 155.

*Befestigungen in der Slowakei
Sept.—Dez. 1944*

Fernschreiben OKW/WFSt/Op. (H) Nr. 0011226/44 gKdos. vom 18. 9. 1944 betr. Befestigungen in der Slowakei (gez. Keitel); Fernschreiben OKW/WFSt/Op. (H) Nr. 0013790/44 gKdos. vom 23. 11. 1944 betr. Bau zusätzlicher Befestigungen in der

Slowakei (gez. Jodl); *Fernschreiben OKW/WFSt/Op. (H) Nr. 0014267/44 gKdos. vom 5. 12. 1944 betr. Ausbau von Preßburg (Slowakei) als Festung (gez. Jodl). — Alle Akten im Marine-Archiv.*

Evakuierungen

Fernschreiben OKW/WFSt/Qu. 2 Nr. 06938/44 geh. vom 10. 9. 1944 betr. Evakuierungen in den verbündeten und besetzten Ländern (gez. Jodl); Fernschreiben OKW/ WFSt/Qu. 2 (I) Nr. 001540/45 gKdos. vom 21. 2. 1945 betr. Evakuierungen im Westen (gez. Keitel). — Akten im Marine-Archiv.

68.

Führerbefehl über die Befehlsführung bei auf sich selbst gestellten Truppenteilen.

Der Chef   F. H. Qu., den 28. 11. 44
des Oberkommandos der Wehrmacht
WFSt/Qu. 2 Nr. 1409/44

Nur für den Dienstgebrauch!

Betr.: Befehlsführung bei abgeschnittenen Truppenteilen.

     Nachstehender Führerbefehl über die Befehlsführung bei auf sich selbst gestellten Truppenteilen ist der Truppe beschleunigt bekanntzugeben.
     Es ist sicherzustellen, daß der Inhalt des Befehls alsbald Allgemeingut jedes Soldaten wird.
     Ausführungsbestimmungen, durch die eine Zusammenfassung der bisher ergangenen Befehle über Festungen, feste Plätze, Ortsstützpunkte usw. vorgesehen ist, folgen.

— 1 — Anlage.
Verteiler:
Chef Gen. St. d. H.
Ob. d. L.
Ob. d. M.
Reichsführer SS u. Chef d. Dt. Polizei
Chef H Rüst u BdE
OB. der Kriegsschauplätze
Dienststellen des OKW

Der Führer   Hauptquartier, den 25. 11. 44

Der Krieg entscheidet über Sein oder Nichtsein des deutschen Volkes. Er fordert rücksichtslosen Einsatz jedes Einzelnen. Todesmutige Tapferkeit der Truppen, standhaftes Ausharren aller Dienstgrade und unbeugsame überlegene Führung haben auch aussichtslos erscheinende Lagen gemeistert.

Führer deutscher Soldaten kann nur sein, wer mit allen Kräften des Geistes, der Seele und des Körpers seinen Männern täglich die Forderungen vorlebt, die er an sie stellen muß. Tatkraft und Entschlußfreudigkeit, Charakterfestigkeit und Glaubensstärke und harte unbedingte Einsatzbereitschaft sind seine unerläßlichen Eigenschaften für den Kampf. Wer sie nicht oder nicht mehr besitzt, kann nicht Führer sein und hat abzutreten.

Ich befehle daher:

Glaubt ein Truppenführer, der auf sich selbst gestellt ist, den Kampf aufgeben zu müssen, so hat er erst seine Offiziere, dann Unteroffiziere, danach die Mannschaften zu befragen, ob einer von ihnen den Auftrag erfüllen und den Kampf fortführen will. Ist dies der Fall, übergibt er diesem — ohne Rücksicht auf den Dienstgrad — die Befehlsgewalt und tritt selbst mit ein. Der neue Führer übernimmt das Kommando mit allen Rechten und Pflichten.

(gez.) Adolf Hitler
F. d. R.
(Unterschrift unleserlich)
Oberst d. G.

Or. Ausfertigung in den Akten Marine-Archiv.

69.

Fernschreiben von + KR GWBBL 01066 21/1 0200 = M AUE = KR OKM/Skl = Gltd = KR Ob West = KR Ob Südwest = KR Ob Südost = KR Geb AOK 20 (WB Norwegen) = KR WB Dänemark = KR Chef GenStdH = KR Ob. Ersatzheer = KR OKM/Skl = KR OKL/Fü Stab = g K d o s

Ich befehle:
1.) Die Oberbefehlshaber, Kommandierenden Generale und Divisions-Kommandeure sind mir persönlich dafür verantwortlich, daß mir
   a) jeder Entschluß zu einer operativen Bewegung,
   b) jeder beabsichtigte Angriff vom Divisionsverband an aufwärts, der nicht im Rahmen von allgemeinen Weisungen der obersten Führung liegt,
   c) jedes Angriffsunternehmen an ruhigen Fronten über die normale Stoßtrupptätigkeit hinaus, das geeignet ist, die Aufmerksamkeit des Gegners auf diesen Frontabschnitt zu ziehen,
   d) jede beabsichtigte Absetz- oder Rückzugsbewegung,
   e) jede beabsichtigte Aufgabe einer Stellung eines Ortsstützpunktes oder einer Festung
   so frühzeitig gemeldet wird, daß mir ein Eingreifen in diese Entschlußfassung möglich ist und ein etwaiger Gegenbefehl die vorderste Truppe noch rechtzeitig erreicht.
2.) Die Oberbefehlshaber, Kommandierenden Generale und Divisions-Kommandeure, die Chefs der Generalstäbe und jeder einzelne Generalstabsoffizier oder in Führungsstäben eingesetzte Offiziere sind mir dafür verantwortlich, daß jede an mich unmittelbar oder auf dem Dienstweg erstattete Meldung die ungeschminkte Wahrheit enthält. Ich werde künftig jeden Versuch einer Verschleierung, sei sie absichtlich oder fahrlässig oder durch Unachtsamkeit entstanden, drakonisch bestrafen.
3.) Ich muß darauf hinweisen, daß das Halten der Nachrichtenverbindungen, vor allem bei schwierigen Kampfhandlungen und in Krisenlagen, die Voraussetzung für die Führung des Kampfes ist. Jeder Truppenführer ist mir dafür verantwortlich, daß diese Verbindung sowohl zu der vorgesetzten Kommandobehörde als auch zu der untergeordneten Kommandostelle nicht abreißt und daß unter Ausschöpfung aller Mittel und unter Einschalten der eigenen Person die ständige Nachrichtenverbindung nach oben und unten in jeder Lage sichergestellt ist.

gez. Adolf Hitler

OKW/WFSt/Op (H) Nr. 00688/45 gKdos

Der Entwurf trägt das Datum 19. 1. 1945. Druck: Schramm, KTB/OKW IV.

28. 1. 1945

70.

Fernschreiben von + KR GWBBL 01606 28. 1. 2145 = an Nachr. OKM/Skl. = Gltd: Chef Gen. St. d. H. = Reichsf.-SS-Feld. Kdo. Stelle = Ob. d. E. / Stab. = Ob. d. E / AHA / Stab. Ob. West. = Ob. Südwest. = Ob. Südost. = Reichsleiter Bormann. = Ob. d. E / Führungsstab Volkssturm. = SS-Hauptamt z. Hd. SS-Obgruf. Berger. = Nachr. OKM/Skl = KR Nachr OKL/Lw Fü Stab. = Nachr. W. B. Dänemark. = Nachr. Geb. AOK 20 (zugl. W. B. Norwegen). = gKdos. —
Betr.: Einsatz des Volkssturms.

> Die Erfahrungen im Osten zeigen, daß Volkssturm-, Alarm- und Ersatzeinheiten, auf sich allein gestellt, nur geringe Kampfkraft haben und schnell zerschlagen werden können. Die Kampfkraft dieser zahlenmäßig meist starken, aber für das neuzeitliche Gefecht nicht ausreichend bewaffneten Einheiten ist ungleich höher, wenn sie im Rahmen von Truppen des Feldheeres eingesetzt werden.
> Ich befehle daher: . .— Stehen in einem Kampfabschnitt Volkssturm-, Alarm- und Ersatzeinheiten neben Truppenteilen des Feldheeres zur Verfügung, so sind gemischte Kampfgruppen (Brigaden) unter einheitlicher Führung zu bilden, die den Volkssturm-, Alarm- und Ersatzeinheiten Rückhalt und Anlehnungsmöglichkeiten geben.

gez. Adolf Hitler — OKW /WFSt / Op-Org. Nr. 00937/45 g. K.

Or. Fernschreiben in den Akten Marine-Archiv. — Der Erlaß Hitlers zur Bildung des Volkssturms vom 25. September 1944 (mitgezeichnet von Bormann, Keitel, Dr. Lammers) gedruckt bei Jacobsen, 1939—1945 Nr. 150.

71.

Anordnungen verschiedener Art
Januar — Februar 1945

Fernschreiben auf Befehl des Führers OKW/WFSt/Op. (H) Nr. 001009/45 gKdos. vom 31. 1. 1945 betr. Ausbau von Feldbefestigungen und ihre Besetzung (gez. Keitel); Fernschreiben auf Befehl des Führers OKW/WFSt/Op. (H) Nr. 001189/45 gKdos. vom 31. 1. 1945 betr. Unterstellung und Einsatz der V-Waffen (gez. Jodl); Fernschreiben OKW/WFSt/Qu. 2 (I) Nr. 0601/45 geh. vom 3. 2. 1945 betr. Befehlsregelung in den Niederlanden (gez. Keitel); Fernschreiben OKW/WFSt/Op. (H) Nr. 001193/45 gKdos. vom 4. 2. 1945 betr. Stellung der Wehrkreisbefehlshaber zu den Frontbefehlshabern (gez. Keitel); Fernschreiben OKW/WFSt/Qu. 2 Nr. 002005/45 gKdos. betr. Rückverlegung militärischer Dienststellen aus bedrohten Gebieten in das Reich (gez. Keitel).

71. Räumungstransporte

71 a.

Fernschreiben von: + SSD WBBL 543 5. 2. 45 2050 = an OKM / 1. Skl. über MOK Nord W'haven.

— Geheim —
Betr.: Rückführungstransporte aus dem Osten nach Dänemark.

> Der Führer hat am 4. 2. 1945 befohlen:
> „Zur sofortigen Entlastung der Transportlage im Reich befehle ich: Aus dem Osten des Reichs vorübergehend rückgeführte Volksgenossen sind außer im Reich auch in Dänemark unterzubringen. — Nach Dänemark sind insbesondere diejenigen Volksgenossen zu evakuieren, welche
>
> 1.) die Kriegsmarine ohne Beeinträchtigung der laufenden Truppen- und Versorgungstransporte über See transportieren kann,
>
> 2.) in den westlichen Häfen der Ostsee einschl. Stettin und Swinemünde angelandet sind und von hier mit der Bahn weiterbefördert werden müssen.
>
> Reichsbevollmächtigter organisiert in Zusammenarbeit mit den örtlichen dänischen Dienststellen die zweckmäßige Unterbringung der rückgeführten Volksgenossen. Die Wehrmacht leistet hierbei jede nur erdenkliche Unterstützung.
>
> gez. Adolf Hitler".

Zusatz OKW für den Bereich der Wehrmacht:
Die Unterstützung der Wehrmacht hat sich insbesondere zu erstrecken auf Ausnutzung aller in Westrichtung zurücklaufender Transportmittel auf Schiff, Schiene und Straße, Aushilfe mit Verpflegung, sanitäre Betreuung und zur Verfügungstellung von Zwischenunterkünften.

i. A. gez. Winter, Gen. Ltn. u. stellv. Chef des Wehrmachtführungsstabes = OKW/WFSt/Qu 1 (Trsp) Qu 2 Nr. 0874/45 geh.

Gleichzeitige Abschrift in Akten Marine-Archiv.

20. 3. 1945

72.

Fernschreiben von + FRR MBKO 02037 20 / 3 2235 = M AUE = FRR 1 Skl = Gltd Skl Adm Qu = Chef MAR Wehr gKdos a) OKW/WFSt drahtet MIO Op / Qu 2 Nr 2711 / 45 gKdos, gez Winter, General u. stell Chef WFSt, vom 19. 3.: an Ob d M — 1 Skl = Gltd: FRR Chef GenSt d H = FRR Ob West = FRR Führungsstab Nordküste = FRR Generalbevollmächtigter f d Reichsverwaltung Staatssekretär Dr Stuckart = FRR Reichsmin f Rüstung u Kriegsprod — Reichsmin Prof Speer = FRR Ob d M — 1 Skl = FRR Ob d L = FRR Ob d L — Luftwaffenführungsstab = KR Reichs-SS-Feldkdostelle = KR Reichsf-SS — SS-F H A = KR Ob d E — Stab I = KR OKW/Chef F WI-Amt = KR OKW/Chef = KR Wehrmachttransportchef = KR Nachr WBfh Dänemark =

Der Führer hat am 19. 3. 1945 nachstehenden Befehl erlassen.
Betr.: Zerstörungsmaßnahmen im Reichsgebiet.

> Der Kampf um die Existenz unseres Volkes zwingt auch innerhalb des Reichsgebietes zur Ausnutzung aller Mittel, die die Kampfkraft unseres Feindes schwächen und sein weiteres Vordringen behindern. Alle Möglichkeiten, der Schlagkraft des Feindes unmittelbar oder mittelbar den nachhaltigsten Schaden zuzufügen, müssen ausgenutzt werden. Es ist ein Irrtum zu glauben, nicht zerstörte oder nur kurzfristig gelähmte Verkehrs- Nachrichten- Industrie- und Versorgungsanlagen bei der Rückgewinnung verlorener Gebiete für eigene Zwecke wieder in Betrieb nehmen zu können. Der Feind wird bei seinem Rückzug uns nur eine verbrannte Erde zurücklassen und jede Rücksichtnahme auf die Bevölkerung fallen lassen. Ich befehle daher:
>
> 1) Alle militärischen Verkehrs-, Nachrichten-, Industrie- und Versorgungsanlagen sowie Sachwerte innerhalb des Reichsgebietes, die sich der Feind für Fortsetzung seines Kampfes irgendwie sofort oder in absehbarer Zeit nutzbar machen kann, sind zu zerstören.
>
> 2) Verantwortlich für die Durchführung dieser Zerstörungen sind: Die militärischen Kommandobehörden für alle militärischen Objekte einschließlich der Verkehrs- und Nachrichtenanlagen, die Gauleiter und Reichsverteidigungskommissare für alle Industrie- und Versorgungsanlagen sowie sonstige Sachwerte. Den Gauleitern und Reichsverteidigungskommissaren ist bei der Durchführung ihrer Aufgabe durch die Truppe die notwendige Hilfe zu leisten.
>
> 3) Dieser Befehl ist schnellstens allen Truppenführern bekanntzugeben, entgegenstehende Weisungen sind ungültig.
>
> gez. Adolf Hitler.

72. Zerstörungsmaßnahmen im Reichsgebiet

Zusatz Ob d M: 1) Befehle Skl Adm Qu II 4084/44 gKdos v. 12. 9. 44
Betr. Zerstörungs- und Lähmungsmaßnahmen und Mar Rüst 6591/44
v 12. 9. 44
1) Richtlinien für Zerstörungs- und Räumungsmaßnahmen bei Feindbedrohung im Heimatkriegsgebiet stimmen mit Führerbefehl überein und behalten daher Gültigkeit. —
2) Befehl Adm z b V beim Ob d M 240/45 Chefs v 17. 3.
Betr. Verblockung Osthäfen ist vom Führer ausdrücklich gebilligt und bleibt in Kraft. —
3) Bekanntgabe an alle Dienststellen mit der Anweisung, die zuständigen Gauleiter usw. zu unterrichten, durch Skl.

Adm z b V beim Ob d M 925/45 gKdos.

Fernschreiben von + FRR GWBBL 05357 24/3. 1430. = FRR Ob d M / 1. Skl. = Gltd.: FRR Chef GenStdH. — FRR Ob West. — FRR Führungsstab Nordküste. — FRR Generalbevollmächtigter f d Reichsverwaltg. Staatssekretär Dr Stuckart —. FRR Reichsmin. f. Rüstung u. Kriegsproduktion — Reichsmin. Prof. Speer —. FRR Ob d M / 1. Skl. — FRR Ob d L / Luftwaffenführungsstab. — KR Reichsf. SS — Feldkommandostelle. — KR Reichsf.-SS — SS-F H A. — KR Ob d E / Stab I. — KR OKW / Chef F WI Amt. — KR OKW / Chef WNV. — KR Wehrmachttransportchef. — KR Nachr. W Bfh. Dänemark.

gKdos

Bezug: FS OKW / WFSt / Op / Qu 2 Nr. 002711/45 gKdos vom 19. 3. 45. —
Betr.: Zerstörungsmaßnahmen im Reichsgebiet.

Zu den vom Führer befohlenen Richtlinien über Zerstörungsmaßnahmen im Reichsgebiet wird klargestellt:
Die Auslösung von ARLZ-Maßnahmen aller Art an Betrieben der Gewinnung und Verarbeitung von Flüssigkraftstoffen bedarf, wie bisher, in jedem Einzelfalle der Genehmigung durch den Chef des Oberkommandos der Wehrmacht, der hierzu, soweit erforderlich, jeweils die Entscheidung des Führers herbeiführt. — Oberster Grundsatz für derartige ARLZ-Maßnahmen bleibt:
Gewährleistung der Ausnutzung der vorhandenen Produktionskapazität bis zum letztmöglichen Augenblick.

Der Chef OKW
gez. Keitel
Generalfeldmarschall

OKW/WFSt/Qu 2 (II) Nr. 002711/45 gK.

OKW/WFSt/Qu II Nr. 003132/45 gKdos. 4. April 1945

Bezug: 1. OKW/WFSt/Op Qu Nr. 002711/45 gKdos. I., II., III. Ang. vom 19., 23. und 25. 3. 45.
2. OKW/WFSt/Qu 2 (röm. 2) Nr. 003090/45 gKdos. vom 30. 3. 45.

Betr.: Zerstörungsmaßnahmen im Reichsgebiet.
Die vom Führer am 30. 3. erlassenen Durchführungsbestimmungen zu seinem Befehl vom 19. 3. über Zerstörungsmaßnahmen im Reichsgebiet geben zu folgenden ergänzenden Hinweisen für die Wehrmacht Veranlassung:

20. 3. 1945

I. Grundsatz:
Alle Zerstörungsmaßnahmen im militärischen Bereich sind durch den Führerbefehl vom 19. 3. 45 im Bereich der Rüstung und Kriegsproduktion durch die Durchführungsbestimmungen zu diesem Befehl vom 30. 3. 45 eindeutig geregelt.

II. Verantwortlichkeit:
1. Die Verantwortlichkeit im zivilen Bereich, insbesondere für Industrie- und Versorgungsbetriebe, ist durch den Führer in der Weise geregelt worden, daß die Gauleiter und Reichsverteidigungskommissare für die Auslösung und Überwachung der Zerstörungsmaßnahmen, die Organe des Reichsministers für Rüstung und Kriegsproduktion für ihre Vorbereitung und Durchführung verantwortlich sind und daß der Reichsminister für Rüstung und Kriegsproduktion insoweit ein Weisungsrecht gegenüber den Gauleitern und Reichsverteidigungskommissaren hat.
2. Für die Zerstörung aller milit. Objekte und Anlagen (z. B. Waffen- und Gerätelager, Flugplätze, wehrmachteigene Betriebe) einschließlich aller Verkehrs- und Nachrichten-Anlagen ist ausschließlich die Wehrmacht verantwortlich und zwar:
   a) Innerhalb der Wehrmacht allgemein das jeweils territorial zust. Oberkdo. der Heeresgruppe.
   b) Für marine- und luftwaffeneigentümliche Objekte und Anlagen die jeweils territorial zust. Kdobehörde der KM bzw. der Luftwaffe.

III. Sonderbestimmungen:
1. Grundsatz und Verantwortlichkeit für die Zerstörungsmaßnahmen gem. Ziffer I und II gelten auch in der Kampfzone, hier jedoch mit der Einschränkung, daß die Forderungen der unmittelbaren Kampfführung den Vorrang haben vor allen anderen Forderungen und Erwägungen, daher verbleibt es hier bei der übergeordneten Verantwortlichkeit der Wehrmacht für sämtliche Zerstörungsmaßnahmen sowie deren Auslösung durch die Wehrmacht.
2. Für die Auslösung von Zerstörungsmaßnahmen in Anlagen — Betriebsstoffindustrie — gilt die Sonderregelung der Bezugsverfügung von 23. 3. 45. Die Verantwortlichkeit des zivilen Bereichs für die kalendermäßige Vorbereitung und fachmännische Mitwirkung bei den Zerstörungsmaßnahmen sowie für rechtzeitiges Aufmerksammachen auf gefährdete Betriebe wird dadurch nicht berührt.
3. Für sämtliche „Seehäfen" im Reichsgebiet einschließlich der in ihnen liegenden Schiffswerften gilt die Sonderregelung der Bezugsverfügung vom 25. 3. 45.

IV. Zusammenarbeit:
Die Wehrmacht ist verpflichtet, in die Verantwortlichkeit des zivilen Bereichs fallende Zerstörungsmaßnahmen mit allen verfügbaren materiellen Hilfen sowie durch enge Zusammenarbeit mit den verantwortlichen zivilen Dienststellen und deren zuverlässige Lageunterrichtung zu unterstützen; selbständige Eingriffe, vor allem eigenmächtige, durch unkontrollierte Feindmeldungen veranlaßte Zerstörungsmaßnahmen an Industriebetrieben im Hinterland sind der Wehrmacht verboten. Alle entgegenstehenden Befehle und Weisungen werden hierdurch aufgehoben.

Der Chef OKW
gez.: Keitel
Gen.-Feldmarschall

Or. Fernschreiben im Marine-Archiv. Die erste und die letzte der hier abgedruckten Verfügungen ebenfalls gedruckt bei Schramm, KTB/OKW IV.

73.

Fernschreiben von + KR Blitz (Im Hause SSD) GWBBL 05975 1/4 0015 = mit A. Ü. = KR Blitz nachr. OKM 1/Skl = gltd. Ob West nachr. Chef Genst. d. H. = nachr. OKM 1/Skl = nachr. Chef Genst. d. Lw. = nachr. Ob des Stab I.

— gKdos —
Bezug: Ob West I A 3517/45 gK v. 29. 3. u. 3576/45 gK v. 30. 3.

Betr. Antrag auf Wehrmachtbefugnisse.

Führerbefehl vom 7. 9. 44 (OKW WFSt Qu 2 (West) Nr. 0010783/44 gKdos gemäß kann Ob West alle in seinem Befehlsbereich verfügbaren Kampfkräfte u. Mittel der Wehrmachtteile und Waffen-SS sowie der Gliederungen und Verbände außerhalb der Wehrmacht einsetzen. Übertragung dieser Vollmacht auf die Oberbefehlshaber der Heeresgruppen bei derzeitiger Lage zweckmäßig.
Neue besondere Wehrmachtbefugnisse zur Erfassung von Waffen nicht erforderlich.

gez. Keitel, Generalfeldmarschall OKW/WFSt Qu 2
(I Nr. 003130/45 gKdos +)

* Vgl. oben Nr. 64a.

73 a.

Fernschreiben von: F R R GWBBL 06525 7. 4. 2335 = F R R OKM 1/Skl. = Gltd.: OB West = OB Füstab Nordküste = ObKdo. H-Gr. H = ObKdo. H. Gr. B = Ob. Kdo. H. Gr. G = AOK 11 = AOK 19 = AOK 25 = W B Niederlande = W B Dänemark = Genst. d. H. Op-Abt. = Genst. d. H. Org.-Abt. = Genst. d. H. Gen. Qu = Wehrm. Trsp. Chef = Oberbefehlshaber d. Ers.-Heeres/Stab = Chef HNW = Chef HPA = OKL Lw. Füstab = OKM (Admiral z. b. V.) = OKM (1/Skl.) = RF SS Feldkdostelle = Reichsleiter Bormann.

gKdos.

Die Entwicklung der Lage im Westen und der Ausfall zahlreicher operativer Nachrichtenverbindungen macht eine Anpassung der Befehlsgliederung auf dem Westkriegsschauplatz an die veränderten Verhältnisse erforderlich. Ich befehle daher folgende Neugliederung der Befehlsführung im Westen:

1) Dem **Oberkommando der Wehrmacht** werden unmittelbar unterstellt:
Der Oberbefehlshaber Nordwest (Oberkommando H. Gr. H).
Das Oberkommando der H-Gr. B.
Der Oberbefehlshaber West.
Das Marine-Oberkommando West.

7. 4. 1945

2) Dem Oberbefehlshaber Nordwest (Oberkommando H. Gr. H) werden unterstellt:
   a) Der bisherige Befehlsbereich des Führungsstabes Nordküste. Zur Führung dieses Befehlsbereiches steht dem Oberbefehlshaber Nordwest das Oberkdo. des Füstabes Nordküste zur Verfügung.
   b) Der Oberbefehlshaber der Niederlande.
   Ihm unterstehen:
   25. Armee, Wehrmachtbefehlshaber in den Niederlanden, Admiral Niederlande, die in den Niederlanden eingesetzten Luftwaffenkräfte. Der Oberbefehlshaber der Niederlande ist mir persönlich für die Verteidigung der Festung Holland und die Ausschöpfung aller hierfür erforderlichen und verfügbaren Mittel verantwortlich. Zur Durchführung seiner Aufgaben bedient sich der Oberbefehlshaber der Niederlande des Oberkdos. der 25. Armee.
   Für die Zusammenarbeit des Oberbefehlshabers der Niederlande mit dem Reichskommissar für die besetzten niederländischen Gebiete gelten die Bestimmungen des zusammenfassenden Befehls über Festungen, sobald die Landverbindungen zum Reich unterbrochen sind. (Siehe Anlage zu Chef OKW/WFSt/Qu 2 (II) Nr. 0850/45 geh. vom 30. 1. 1945).
   c) Armeegruppe Generaloberst Student, Fallschirm-Armee.
   d) Wehrkreis XI.

3) Dem Oberkommando der H. Gr. B bleiben wie bisher unterstellt: 5. Pz.-Armee, 15. Armee, Armeeabt. v. Luettwitz, sämtliche im Heeresgruppenbereich befindlichen Truppenteile und Soldaten aller Wehrmachtteile.

4) Dem Oberbefehlshaber West bleiben unterstellt: Das Oberkdo. der H. Gr. G mit 1. Armee und 7. Armee, unmittelbar 11. Armee und 19. Armee, außerdem die Wehrkreise V, VII, IX und XIII.

5) Trennungslinie zwischen OB. Nordwest und OB. West: Paderborn—Holzminden—Salzgitter—Oschersleben—Schönebeck (Orte zu Nordwest).

6) Die Gliederung der im Westen eingesetzten Kräfte der Luftwaffe ist der Gliederung des Heeres anzupassen. Hierzu ist je ein entsprechender Kdo.-Stab mit dem OB. Nordwest und dem OB. West zu koppeln und die Unterstützung der H. Gr. B besonders zu regeln. Mein Befehl für die Unterstellung der zur Unterstützung des Westheeres eingesetzten Flieger- und Flak-Verbände (OKW WFSt Op L Nr. 003228/45 gK v. 3. 4. 45) gilt sinngemäß für die neue Befehlsregelung. Diese Verbände sind dementsprechend den Oberbefehls-

habern Nordwest und West einsatzmäßig zu unterstellen. ObdL meldet mir neue Kräftegliederung. Übernahme der neuen Befehlsbereiche ist zu melden.

7) Einzelheiten der territorialen Befehlsgliederung (Unterstellung der Wehrkreise) enthält der Befehl „OKW WFSt Qu 2 Nr. 02147/45 geh. v. 7. 4. 45".

8) Die Übernahme der neuen Befehlsbereiche ist mir zu melden.

(gez.) Adolf Hitler.
OKW WFSt Op H Nr. 003342/45 gK
F. d. R.:
Meyer-Detring
Oberst d. G.

Gleichzeitige Abschrift im Marine-Archiv. Druck: Schramm, KTB/OKW IV S. 1585—1587.

74.

Führerbefehl betr. Befehlsgliederung im getrennten deutschen Nord- und Südraum. 15. April 1945

Der Führer hat am 15. 4. folgenden grundsätzlichen Befehl erlassen: „Für den Fall einer Unterbrechung der Landverbindung in Mitteldeutschland befehle ich:

1. Für denjenigen abgetrennten Raum, in dem ich selbst nicht anwesend bin, führt die gesamten militärischen Operationen ein von mir bestimmter Oberbefehlshaber, dem alle in dem betreffenden Raum eingesetzten Kräfte der drei Wehrmachtteile, aller Fronten, der Ersatzwehrmacht, der Waffen-SS, der Polizei und angegliederten Organisationen unterstellt werden.

2. Falls ich mich südlich der unterbrochenen Verbindung befinde, wird als Oberbefehlshaber im nördlichen Raum Großadmiral Dönitz bestimmt. Zu ihm tritt ein möglichst klein zu haltender Gen.-Stab d. Heeres (Chef Generalleutnant Kinzel) als Führungsstab. Ihm werden unterstellt:

   a) Der Oberbefehlshaber der Heeresgruppe Weichsel für die Führung der Ostfront,
   b) der Oberbefehlshaber Nordwest für die Führung der Westfront,
   c) der Wehrmachtbefehlshaber Dänemark,
   d) der Wehrmachtbefehlshaber Norwegen,

e) der Oberbefehlshaber der Luftflotte Reich für die eingesetzten Luftwaffenkräfte.

3. Falls ich mich nördlich der unterbrochenen Verbindung befinde, wird als Oberbefehlshaber im südlichen Raum Generalfeldmarschall Kesselring bestimmt. Ihm werden unterstellt:
   a) die Oberbefehlshaber der Heeresgr. Süd und Mitte für die Ostfront,
   b) der Oberbefehlshaber der Heeresgr. G für die Führung der gesamten Westfront,
   c) der Oberbefehlshaber Südost,
   d) der Oberbefehlshaber Südwest,
   e) der Oberbefehlshaber der Luftflotte 6 für die eingesetzten Luftwaffenstreitkräfte.

4. Die für die abgetrennten Räume in 2. und 3. bestimmten Oberbefehlshaber leiten die gesamte Reichsverteidigung in ihrem Raume insoweit selbständig, als sie meine Befehle und Entscheidungen infolge der Nachrichtenlage auch auf dem Funkwege nicht zeitgerecht erreichen. Sie sind mir für die restlose Ausschöpfung des gesamten Kriegspotentials in engster Zusammenarbeit mit dem eingesetzten obersten Reichsverteidigungskommissar des abgetrennten Raumes persönlich verantwortlich. Im übrigen ändert sich, soweit es die Nachrichtenverbindungslage irgend zuläßt, an der einheitlichen Führung der Operationen durch mich persönlich gegenüber der bisher gehandhabten Weise nichts. Insbesondere wird die Pflicht zu laufender Meldeerstattung nicht berührt.

   Das Oberkommando der Luftwaffe und Reichsführer SS als truppendienstlicher Vorgesetzter der Waffen-SS sind an den Entscheidungen im Rahmen des nachrichtentechnisch Möglichen zeitgerecht zu beteiligen.

5. Der Oberbefehlshaber eines vorübergehend abgetrennten Raumes bedient sich im übrigen der mit einem Befehl vom 11. 4. 45 eingesetzten Außenstellen der Versorgungs-, Transport-, Nachrichten-, Rüstungsorganisationen (vgl. OKW/WFStab Org. Qu Nr. 003511/45 gKdos.).

6. Die Hauptquartiere der in Aussicht genommenen Oberbefehlshaber eines abgetrennten Raumes sind im Benehmen mit dem Chef der Wehrmacht-Nachrichtenverbindungen, General der Nachrichtentruppen Praun, und in Anlehnung an den Erlaß Chef OKW 88801/45 gKdos. Chefs. II. Ang. vom 12. 4. 45 betr. Errichtung der Außenstellen unverzüglich festzulegen und vorzubereiten.

7. Die Tätigkeit des Oberbefehlshabers eines abgetrennten Raumes beginnt erst auf meinen besonderen Befehl, in dem auch die Unterstellung der einzelnen Armeen unter die Heeresgruppen geregelt wird.

8. Sinngemäß werde ich für einen abgetrennten Raum einen Obersten Reichsverteidigungskommissar ernennen, unter dem die gesamten Dienststellen der Partei und des Staates zusammengefaßt werden und der auf engste Zusammenarbeit mit dem Oberbefehlshaber des abgetrennten Raumes angewiesen wird.

9. Durchführungsbestimmungen erläßt der Chef des Oberkommandos der Wehrmacht."

Der OB. d. M. erhielt folgenden zusätzlichen Befehl:
Ich beauftrage den Oberbefehlshaber der Kriegsmarine mit der sofortigen Vorbereitung zur restlosen Ausschöpfung aller persönlichen und materiellen Möglichkeiten für die Verteidigung des Nordraums im Falle einer Unterbrechung der Landverbindung in Mitteldeutschland. Ich erteile ihm die Vollmacht, die für diesen Zweck erforderlichen Befehle an alle Stellen von Staat, Partei und Wehrmacht in diesem Raum zu erteilen.

KTB/Skl. Masch. Schr. — Druck: Schramm, KTB/OKW IV S. 1587—1589. Danach hier. Vgl. den ebd. Nr. 13 gedr. Befehl (gez. Jodl) v. 25. 4. 1945 betr. Führung der Gesamt-Operationen durch OKW und Befehl zum konzentrischen Angriff zum Entsatz von Berlin. — Auf Befehl Hitlers wurde am 28. 4. 1945 (gez. Keitel) der GenStdH dem Chef WFSt unterstellt (OKW/WFSt/Qu. Nr. 003857/45 gKdos.). Gedr. bei Schramm, a. a. O., Nr. 14.

75.

Fernschreiben von: SSD HZPH 6474 15. 4. 1415 = mit A. Ü. = OKM 1/Skl = Gltd.: OKM 1/Skl = OKM Mar Wehr = Adm. z. b. V. beim Ob. d. M. = MOK Ost, Kiel.

Nachstehende Abschrift eines Führerbefehls an die Oberbefehlshaber der Heeresgruppen mit der Bitte um Kenntnisnahme.
Nachstehender Tagesbefehl des Führers ist sofort bis zu Kompanien bekanntzugeben. Veröffentlichen in der Armee-Zeitung ist gestattet. Veröffentlichung in der Tagespresse verboten.
Die Heeresgruppen haben dafür zu sorgen, daß dieser Befehl umgehend jedem Soldaten der Ostfront bekannt wird.

—Geheim—

Soldaten der deutschen Ostfront!

Zum letzten Mal ist der jüdisch-bolschewistische Todfeind mit seinen Massen zum Angriff angetreten. Er versucht Deutschland zu zertrümmern und unser Volk auszurotten. Ihr Soldaten aus dem Osten wißt zu einem hohen Teil bereits selbst, welches Schicksal vor allem den deutschen Frauen, Mädchen und Kindern droht. Während die alten Männer und Kinder ermordet werden, werden Frauen und Mädchen zu Kasernenhuren erniedrigt. Der Rest marschiert nach Sibirien.

Wir haben diesen Stoß vorhergesehen, und es ist seit dem Januar dieses Jahres alles geschehen, um eine starke Front aufzubauen. Eine gewaltige Artillerie empfängt den Feind. Die Ausfälle unserer Infanterie sind durch zahllose neue Einheiten ergänzt. Alarmeinheiten, Neuaufstellungen und Volkssturm verstärken unsere Front. Der Bolschewist wird dieses Mal das alte Schicksal Asiens erleben, d. h. er muß und wird vor der Hauptstadt des Deutschen Reiches bluten. Wer in diesem Augenblick seine Pflicht nicht erfüllt, handelt als Verräter an unserem Volk. Das Regiment oder die Division die ihre Stellung verlassen, benehmen sich so schimpflich, daß sie sich vor den Frauen und Kindern, die in unseren Städten dem Bombenterror standhalten, werden schämen müssen. Achtet vor allem auf die verräterischen wenigen Offiziere und Soldaten, die, um ihr erbärmliches Leben zu sichern, in russ. Solde, vielleicht sogar in deutscher Uniform gegen uns kämpfen werden. Wer euch Befehle zum Rückzug gibt, ohne daß ihr ihn genau kennt, ist sofort festzunehmen und nötigenfalls augenblicklich umzulegen, ganz gleich welchen Rang er besitzt. Wenn in diesen kommenden Tagen und Wochen jeder Soldat an der Ostfront seine Pflicht erfüllt, wird der letzte Ansturm Asiens zerbrechen, genau so wie am Ende auch der Einbruch unserer Gegner im Westen trotz allem scheitern wird.

Berlin bleibt deutsch, Wien wird wieder deutsch und Europa wird niemals russisch.

Bildet eine verschworene Gemeinschaft zur Verteidigung nicht des leeren Begriffes eines Vaterlandes, sondern zur Verteidigung eurer Heimat, eurer Frauen, eurer Kinder und damit unserer Zukunft. In diesen Stunden blickt das ganze deutsche Volk auf euch, meine Ostkämpfer, und hofft nur darauf, daß durch eure Standhaftigkeit, euren Fanatismus, durch eure Waffen und unter eurer Führung der bolschewistische Ansturm in einem Blutbad erstickt. Im Augenblick, in dem das Schicksal den größten Kriegsverbrecher aller Zeiten dieser Erde weggenommen hat, wird sich die Wende dieses Krieges entscheiden.

gez. Adolf Hitler.

Gleichzeitige Abschrift in den Akten Marine-Archiv. Druck: Schramm KTB/OKW IV S. 1589.

Anhang

Operationsbefehl Nr. 6 (Zitadelle) vom 15. 4. 1943

Der Führer
OKH, GenStdH, Op.Abt.(I)
Nr. 430246/43 g.Kdos.Chefs.

F.H.Qu., den 15. April 1943

Geheime Kommandosache
Chefsache!
Nur durch Offizier!

13 Ausfertigungen
4. Ausfertigung

AOK 2 Ia 591/43 g.Kdos.Chefsache
Eing. 17. 4. 43 (2 Anlagen) Do.

Operationsbefehl Nr. 6

Ich habe mich entschlossen, sobald die Wetterlage es zuläßt, als ersten der diesjährigen Angriffsschläge den Angriff „Zitadelle" zu führen.

Diesem Angriff kommt daher ausschlaggebende Bedeutung zu. Er muß schnell und durchschlagend gelingen. Er *muß* uns die Initiative für dieses Frühjahr und Sommer in die Hand geben. Deshalb sind alle Vorbereitungen mit größter Umsicht und Tatkraft durchzuführen. Die besten Verbände, die besten Waffen, die besten Führer, große Munitionsmengen sind an den Schwerpunkten einzusetzen. Jeder Führer, jeder Mann muß von der entscheidenden Bedeutung dieses Angriffs durchdrungen sein. Der Sieg von Kursk muß für die Welt wie ein Fanal wirken.

Hierzu befehle ich:

1.) *Ziel des Angriffs ist,* durch scharf zusammengefaßten, rücksichtslos und schnell durchgeführten Vorstoß je einer Angriffsarmee aus dem Gebiet Belgorod und südlich Orel die im Gebiet Kursk befindlichen Feindkräfte einzukesseln und durch konzentrischen Angriff zu vernichten.

   Im Zuge dieses Angriffs ist eine verkürzte kräftesparende neue Front zu gewinnen in der Linie: Neshega — Korotscha-Abschnitt — Skorodnoje — Tim — ostw. Schtschigry — Ssosna-Abschnitt.

2.) *Es kommt darauf an*
   a) *das Überraschungsmoment* weitgehend zu wahren und den Gegner vor allem über den Zeitpunkt des Angriffs im Unklaren zu lassen,
   b) die *Angriffskräfte auf schmaler Breite schärfstens zusammenzufassen,* um mit örtlich überwältigender Überlegenheit *aller* Angriffsmittel (Panzer, Sturmgeschütze, Artillerie, Nebelwerfer usw.) in *einem Zuge* bis zur Vereinigung der beiden Angriffsarmeen im Feind durchzuschlagen und damit den Kessel zu schließen,
   c) den Angriffssturmkeilen so schnell wie möglich *aus der Tiefe* Kräfte zum Abdecken der Flanken nachzuführen, damit die Sturmkeile selbst nur *vorwärts* zu stoßen brauchen,
   d) durch frühzeitiges *Hineinstoßen* von allen Seiten *in den Kessel* dem Feind keine Ruhe zu lassen und seine Vernichtung zu beschleunigen,
   e) *so schnell* den Angriff durchzuführen, daß der Feind sich weder aus der Umklammerung absetzen, noch starke Reserven von anderen Fronten heranziehen kann.
   f) durch raschen *Aufbau der neuen Front* frühzeitig Kräfte, insbesondere schnelle Verbände, für weitere Aufgaben freizubekommen.

3.) *H.Gr. Süd* bricht, mit scharf zusammengefaßten Kräften aus Linie Belgorod — Tomarowka antretend, über die Linie Prilepy — Obojan durch und stellt ostwärts und bei Kursk die Verbindung mit der Angriffsarmee der H.Gr. Mitte her. Zur Abdeckung des Angriffs *nach Osten* ist baldmöglichst die Linie Neshega — Korotscha-Abschnitt — Skorodnoje — Tim zu erreichen, ohne daß hierdurch die schwerpunktmäßige Zusammenfassung der Kräfte in Richtung Prilepy — Obojan gefährdet wird. Zur Abdeckung des Angriffs *nach Westen* sind Teilkräfte anzusetzen, deren Aufgabe es zu gleich ist, in den sich bildenden Kessel hineinzustoßen.

4.) *H.Gr. Mitte* stößt mit der Angriffsarmee, unter schärfster Kräftezusammenfassung aus Linie Trossna — nördlich Malo-Archangelsk antretend, über die Linie Fatesh — Wereitenowo, Schwerpunkt auf dem Ostflügel, durch und stellt die Verbindung mit der Angriffsarmee der H.Gr. Süd bei und ostwärts Kursk her. Zur Abdeckung des Angriffs *nach Osten* ist baldmöglichst die Linie Tim — ostwärts Schtschigry — Ssossna-Abschnitt zu erreichen, doch darf die Kräftezusammenfassung im Schwerpunkt dadurch nicht gefährdet werden. Zur Abdeckung des Angriffs *nach Westen* sind Teilkräfte anzusetzen.
Die westlich Trossna bis zur Grenze zur H.Gr. Süd eingesetzten Kräfte der H.Gr. Mitte haben mit Angriffsbeginn durch örtliche Angriffe besonders zusammengestellter Angriffsgruppen den Feind zu fesseln und frühzeitig in den sich bildenden Kessel hineinzustoßen. Durch dauernde Erdaufklärung und Luftbeobachtung ist sicherzustellen, daß der Feind sich nicht unbemerkt absetzen kann. In diesem Fall ist sofort auf ganzer Front anzugreifen.
5.) *Die Bereitstellung der Kräfte beider Heeresgruppen* hat unter Ausnutzung aller nur möglichen Tarnungs-, Verschleierungs- und Täuschungsmaßnahmen, weit abgesetzt von der Ausgangsstellung so zu erfolgen, daß vom 28. 4. ab am 6. Tage nach Befehlserteilung durch OKH zum Angriff angetreten werden kann. Frühester Angriffstermin demnach 3. 5. Die Märsche zur Ausgangsstellung haben nur als Nachtmärsche unter jeder möglichen Tarnung zu erfolgen.
6.) Zur *Täuschung des Gegners* haben *im Bereich H.Gr. Süd* die Vorbereitungen für „Panther" weiter zu laufen. Sie sind mit allen Mitteln (auffällige Erkundungen, Auftreten von Panzern, Bereitstellung von Übersetzmaterial, Funk, Agenten, Gerüchtebildung, Einsatz der Luftwaffe usw.) zu verstärken und solange wie möglich aufrecht zu erhalten. Diese Täuschungsmaßnahmen werden auch durch die ohnehin erforderlichen Maßnahmen zur Erhöhung der Verteidigungskraft der Donezfront wirkungsvoll unterstützt. (Siehe Ziffer 11.) *Im Bereich der H.Gr. Mitte* sind Täuschungsmaßnahmen größeren Stils nicht durchzuführen, doch ist mit allen Mitteln dem Feinde das Lagenbild zu verwischen (rückläufige und falsche Bewegungen sowie Transporte bei Tage, Ausstreuen falscher Nachrichten über Angriffstermine erst im Juni usw.).
Bei *beiden Heeresgruppen* haben die zu den Angriffsarmeen neu zuzuführenden Verbände Funkstille zu halten.
7.) *Zur Geheimhaltung* sind nur die unbedingt notwendigen Persönlichkeiten in die Absicht einzuweisen. Diese Einweisung ist erst Zug um Zug so spät wie irgend möglich zu erweitern. Es *muß dieses* Mal auf *jeden* Fall erreicht werden, daß nicht wieder durch Unvorsichtigkeit oder Nachlässigkeit etwas von den Absichten verraten wird. — Durch verstärkte Abwehrorgane ist auch die Feindspionage dauernd zu bekämpfen.
8.) *Die Angriffskräfte* haben mit Rücksicht auf die im Gegensatz zu früheren Operationen räumlich beschränkte und genau bekannte Zielsetzung des Angriffs alle für den Angriff nicht *unbedingt* benötigten Fahrzeuge jeder Art und jeden erschwerenden *Ballast zurückzulassen!* Alles andere hindert nur und kann den Angriffsschwung und das rasche Folgen der nachzuführenden Kräfte weitgehend beeinflussen. Daher muß jeder Führer durchdrungen sein, nur das zum *Kampf* Notwendige mitzuführen. Die Kommandierenden Generale und Div.-Kommandeure haben die Durchführung strengstens und scharf zu überwachen. Straffe Verkehrsregelung ist aufzuziehen. Sie hat rücksichtslos durchzugreifen.
9.) *Die Anordnungen für die Versorgung* und die sofortige restlose Erfassung der *Gefangenen, Einwohner und Beute* und die *Propaganda* in den Feind sind in der Anlage 1—3 befohlen.
10.) *Die Luftwaffe* wird ebenfalls alle ihre verfügbaren Kräfte schwerpunktartig einsetzen. Die Besprechungen mit den Kommando-Stellen der Luftwaffe haben sofort zu beginnen. Auf die Geheimhaltung (siehe Ziffer 7.) wird besonders hingewiesen.
11.) Für das Gelingen des Angriffs ist es von ausschlaggebender Bedeutung, daß es dem Feind nicht gelingt, uns durch Angriff an anderen Stellen der H.Gr. Süd und Mitte zum Verschieben von „Zitadelle" oder zum vorzeitigen Abziehen von Angriffsverbänden zu zwingen.
Deshalb müssen beide Heeresgruppen ebenso wie die Angriffsschlacht „Zitadelle" die *Abwehrschlacht* an den übrigen hauptsächlich bedrohten Frontstellen planmäßig bis Ende des Monats mit allen Mitteln vorbereiten. Es kommt dabei hauptsächlich darauf an, den

Operationsbefehl „Zitadelle" v. 15. 4. 1943

Stellungsbau mit allen Mitteln zu beschleunigen, die panzergefährdeten Abschnitte reichlich mit Panzerabwehr auszustatten, örtliche Eingreifreserven bereitzustellen, durch rege Aufklärung besondere Schwerpunkte des Gegners frühzeitig zu erkennen usw.

12.) *Im Endziel* nach Abschluß der Operation ist beabsichtigt:
   a) die Verlegung der *Trennungslinie* zwischen H.Gr. Süd und Mitte in die allgemeine Linie Konotop (Süd) — Kursk (Süd) — Dolgoje (Mitte),
   b) der *Übertritt des A.O.K.* 2 mit 3 Gen.Kdos. und 9 Inf.-Div. sowie noch festzulegenden Heerestruppen von H.Gr. Mitte zu H.Gr. Süd,
   c) *die Bereitstellung* von 3 weiteren Inf.Div. der H.Gr. Mitte zur Verfügung OKH im Raum nordwestlich Kursk,
   d) das *Herausziehen sämtlicher schnellen Verbände* aus der Front zu anderer Verwendung.

Diesen Absichten sind die Bewegungen, insbesondere der Verbände der 2. Armee anzupassen.

Ich behalte mir vor, schon während der Operation je nach Verlauf der Kampfhandlungen Zug um Zug Teile der gem. Ziffern 12.) b) abzugebenden Stäbe und Verbände der H.Gr. Süd zu unterstellen.

Ich behalte mir ebenso vor, bei planmäßigem Ablauf der Operation so schnell wie möglich aus der Bewegung zum Angriff nach Südosten (Panther) antreten zu lassen, um die Verwirrung des Feindes auszunutzen.

13.) Die *Heeresgrupppen melden* die auf Grund dieses Operationsbefehls getroffenen Maßnahmen für Angriff und Abwehr unter Vorlage von Karten 1:300000 mit Ansatz, Beifügung der Verteilung der Heerestruppen sowie der mit Luftflotte 4 bzw. Luftwaffenkommando Ost getroffenen Vereinbarungen zur Unterstützung des Angriffs und der Täuschungsmaßnahmen.

Termin 24.4.

gez. Adolf Hitler
Für die Richtigkeit:
gez. Heusinger
Generalleutnant

Anlagen: *[hier nicht beigefügt]*
Anl. 1 Anordnungen für die Versorgung,
Anl. 2 Anordnungen für die Erfassung der Kriegsgefangenen, Arbeitskräfte und Beute,
Anl. 3 Anordnung für die Propaganda in den Feind (folgt).

Hier ohne Verteiler nach OKH/GenStdH/Op. — Nochmals gedruckt mit allen Ergänzungen und Anlagen in: Ernst Klink: Das Gesetz des Handelns. Die Operation „Zitadelle" 1943. Stuttgart 1966 (Beitr. zur Militär- u. Kriegsgeschichte 7), S. 292—295.

Abkürzungen

Abt.	=	Abteilung
Abw.	=	Abwehr
Adm.	=	Admiral
Ag.	=	Amtsgruppe
A. H. A.	=	Allgemeines Heeresamt
AK.	=	Armeekorps
A. O. K.	=	Armeeoberkommando
Ausb.	=	Ausbildung (Ausb.-Rgt. usw.)
Ausl.	=	Ausland bzw. = ausländisch
AWA	=	Allgemeines Wirtschaftsamt
A4	=	V2 = Aggregat Nr. 4 = Vergeltungswaffe Nr. 2
Bfh.	=	Befehlshaber
Chef Genst.	=	Chef des Generalstabs
Chef H Rü(st) u. BdE	=	Chef der Heeresrüstung und Befehlshaber des Ersatzheeres
Chefs.	=	Chefsache
d. G.	=	des Generalstabes
Div.	=	Division
Fest.-Btlne usw.	=	Festungsbataillone usw.
FHQu. (F. H. Qu.)	=	Führerhauptquartier
Fl.-Korps usw.	=	Flieger-Korps usw.
Flak	=	Flieger-Abwehrkanone
Fs(ch. Jg.)-Div.	=	Fallschirm-Jäger-Division
GBA	=	Generalbevollmächtigter für den Arbeitseinsatz
GBW	=	Generalbevollmächtigter f. d. Wirtschaft u. d. Vierjahresplan (Göring)
Geb.-Div. usw.	=	Gebirgs-Division usw.
geh.	=	geheim
Gen. (lt.)	=	General (-leutnant)
Gen. d. Art. bzw. Fl., Inf., Kav.	=	General der Artillerie bzw. Flieger, Infanterie, Kavallerie
Gen. d. Pi. u. Fest.	=	General der Pioniere und Festungen
Gen.-Qu.	=	Generalquartiermeister
GenStdH (bzw. L.)	=	Generalstab des Heeres (bzw. der Luftwaffe)
GKdo.	=	Generalkommando
gKdos	=	geheime Kommandosache
Gr.	=	Gruppe(n)
Gren.	=	Grenadier

Abkürzungen

GWNOL	=	Zeichen der Fernschreibstelle des WFSt im FHQu „Wolfschanze"
H	=	Heer
Hgr. (H.Gr.)	=	Heeresgruppe
HNW	=	Heeres-Nachrichtenwesen
HPA	=	Heeres-Personalamt
hs.	=	handschriftlich
i. A.	=	im Auftrag
I. D.	=	Infanterie-Division
i. G.	=	im Generalstab
IMT	=	Internationales Militärtribunal (Nürnberg)
Inf.	=	Infanterie
Insp.	=	Inspekteur
K	=	(Wehrmacht-) Kriegsgeschichte
K, KM	=	Kriegsmarine
Kdo.	=	Kommando
KG	=	Kampfgeschwader
KR	=	dringend, Vorrang, operative Bedeutung (bei Fernschreiben und Ferngesprächen)
KTB	=	Kriegstagebuch
L	=	Abt. Landesverteidigung (später: WFStab)
L	=	Luftwaffe
Lkw.	=	Lastkraftwagen
Lw.	=	Luftwaffe
Lw-Fü-Stab	=	Luftwaffen-Führungsstab
M(ar.)	=	Marine
MFP	=	Marine-Fährprahm
MGrKdo	=	Marine-Gruppen-Kommando
Mil.-Bef.	=	Militärbefehlshaber
MOK	=	Marine-Oberkommando
MWaWi	=	Marine-Waffen- und Wirtschaftsamt
NSFO	=	Nationalsozialistischer Führungs-Offizier
OB	=	Oberbefehlshaber
Ob. d. H.	=	Oberbefehlshaber des Heeres
Ob. d. L.	=	Oberbefehlshaber der Luftwaffe
Ob. d. M.	=	Oberbefehlshaber der Marine
Ob. Kdo.	=	Oberkommando
OKH	=	Oberkommando des Heeres
OKL	=	Oberkommando der Luftwaffe
OKM	=	Oberkommando der Kriegsmarine
OKW	=	Oberkommando der Wehrmacht
Op.Abt.	=	Operationsabteilung
OQu.	=	Oberquartiermeister
Org.Abt.	=	Organisationsabteilung
O. T.	=	Organisation Todt
Pak	=	Panzerabwehrkanone
Pi.	=	Pioniere
Pkw.	=	Personenkraftwagen
Pol.	=	Polizei
Pz.	=	Panzer
Pz.Gr.	=	Panzergruppe
Pz.-Gr(en).	=	Panzer-Grenadier
Qu.	=	Quartiermeister(abteilung)

Abkürzungen

RAD	=	Reichsarbeitsdienst
RAM	=	Reichsaußenminister
RdL	=	Reichsminister der Luftfahrt
RKS (Reikosee)	=	Reichskommissar für die Seeschiffahrt
Res.	=	Reserve
Rü.	=	Rüstung
San.	=	Sanitätswesen
SD	=	Sicherheitsdienst
SKL	=	Seekriegsleitung (OKM)
SS	=	Sturmstaffel der NSDAP
SS-FHA	=	SS-Führungshauptamt
SS-T	=	Sturm-Staffel-Totenkopf-Division
Stellv.	=	Stellvertretender (Chef WFSt. usw.)
Trsp.	=	Transport
Verb.Stab	=	Verbindungsstab
VGD	=	Volks-Grenadier-Division
VO	=	Verbindungsoffizier
WB	=	Wehrmachtsbefehlshaber
Wehrm.-Bef.	=	Wehrmachtsbefehlshaber
WFA	=	Wehrmacht-Führungsamt (später: -Stab) im OKW
WFSt(ab)	=	Wehrmacht-Führungsstab
WiRüAmt	=	Wehrwirtschafts- und Rüstungsamt (OKW)
WNV	=	Wehrmacht-Nachrichtenverbindungen
WPr	=	Wehrmacht-Presse- und Propaganda-Amt
WR	=	Wehrmacht-Rechts-Abteilung
WSt(ab)	=	Wirtschaftsstab (s. auch: Feld-Wirtschaftsstab) im OKW
WZ(A)	=	Wehrmacht-Zentralamt
z. b. V.	=	zur besonderen Verwendung

Decknamen

Achse (*Entwaffnung Italiens*) 223, 227
Alarich (= *Achse*) 227
Alpenveilchen (*Besetzung Albaniens*) 96
Anton (= *Attila*) 189
Attila (*Besetzung Südfrankreichs*) 79 f., 174, 189
Augsburg (*Haltbefehl Westen*) 37
Barbarossa (*Angriff auf Rußland*) 84, 88, 91, 102, 104 f., 116 f., 120, 129, 191
Blau (*Angriff der H.Gr. Süd*) 200
Blücher (*Einnahme Sewastopol*) 192 f.
Braunschweig (*Fortsetzung „Blau"*) 196
Danzig (*Angriff im Westen*) 37
Edelweiß (*Vorstoß auf Baku*) 198
Elbe (*Haltbefehl Westen*) 37
Felix (*Wegnahme von Gibraltar*) 67, 69, 72 f., 78, 132
Feuerzauber (*später Nordlicht*) 199, 201
Fischreiher (*Vorstoß auf Astrachan*) 198
Fünfundzwanzig (*Angriff auf Jugoslawien*) 111
Gelb (*Angriff im Westen*) 40, 45 f., 51
Grün (*Angriff auf Tschechoslowakei*) 9
Ilona (*Sicherung der Pyrenäen*) 190
Isabella (*Besetzung der iberischen Halbinsel*) 191
Kampf um Rom (*Gegenangriff Nettuno*) 241
Lachsfang (*Gewinnung der Murman-Bahn*) 195
Marita (*Angriff auf Griechenland*) 81—83, 106
Merkur (*Besetzung von Kreta*) 115—118
Naumburg (*Landung nördlich Narvik*) 57
Nordlicht (*Einnahme von Leningrad*) 201
Rhein (*Angriff im Westen*) 37
Schamil (*Besetzung von Maikop*) 193
Seelöwe (*Landung in England*) 15, 63, 66, 71
Sonnenblume (*Landung in Tripolis*) 96, 100
Taifun (*Angriff auf Moskau*) 153
Walküre (*Mobilmachung des Ersatzheeres*) 290
Weiß (*Angriff auf Polen*) 10, 17—20, 25
Weserübung (*Angriff auf Dänemark u. Norwegen*) 10, 15, 46—50
Wiesengrund (*Wegnahme der Fischerhalbinsel*) 196

Dienststellen

FH Qu 50, 53, 56, 58 f., 61, 65, 72, 74, 78 f., 81, 84, 88, 91, 93, 96, 98 f., 103, 106, 108, 111 f., 115-117, 120, 122, 127-129, 134, 136, 140, 142, 145, 148, 150, 153 f., 157, 161, 164, 167, 169, 171, 175 f., 182 f., 189, 192, 194, 196, 201, 206 f., 209, 216-218, 223, 231, 233, 243, 250, 252, 255, 260, 264

OKW 10-14, 19-27, 29-38, 40, 43-46, 49-51, 53-55, 57, 59, 61, 65-67, 71-75, 77-85, 88-97, 99 f., 103, 105-108, 110-112, 115-117, 120-123, 125-129, 131-133, 135-137, 139 f., 142-145, 147 f., 150, 153, 157, 160-164, 166-171, 174-176, 179, 181-183, 188-194, 196, 200 f., 204 f., 207, 209, 212, 214, 216-218, 221, 223 f., 226 f., 229-233, 235, 237-242, 250, 252-255, 258, 260 f., 268 f., 271-281, 285, 287-292, 297 f., 300-310

OKW/WFA 19, 21-27, 29, 31-37, 39 f., 43-45, 47, 49, 50 f., 55, 58 f., 61, 65 f.

WFSt 11 f., 67, 71-74, 77-79, 81, 83 f., 88, 90-100, 103, 105 f., 108, 111 f., 115-117, 119-122, 125-127, 129, 133-136, 140, 142, 144 f., 147 f., 150, 153 f., 157, 160 f., 164, 167, 169-171, 174-176, 182 f., 188 f., 191 f., 194, 196, 200 f., 205-207, 209, 214, 216-218, 222 f., 226 f., 229-233, 235, 237, 240, 242, 250, 252, 254, 261, 263, 266-269, 271 f., 274-276, 278-281, 285, 287-291, 302 f., 310

WFSt/L I abc 10 f., 19, 21 f., 24-27, 29, 31-37, 39 f., 43-45, 47, 49-51, 53, 55, 58 f., 61, 65-67, 71-74, 77-79, 81, 83 f., 88, 90-100, 103, 105 f., 108, 111 f. 115-117, 119 f., 122, 125-129, 133-136, 140, 142, 144 f., 147 f., 150, 153 f., 157, 161, 164, 167, 169-171, 175

WFSt/L I H 45, 66, 72, 103, 116, 160, 175

WFSt/L I K 45, 66, 103, 116, 160, 175

WFSt/L I L 45, 66, 100, 103, 116, 160, 175

WFSt/Sonderbevollm. Donau, Wien 254

WFSt/Heeresstab 254

WFSt/L II c 23 f., 167

WFSt/L II Org. 127, 136, 160

WFSt/L IV/Qu 88, 122, 157, 160, 175

WFSt/Op. (H) 214, 222, 227, 230, 232, 237, 242, 252, 254, 266, 275, 285, 287, 292, 297, 300 f.

WFSt/Op. (H/West) 237, 240, 249, 298, 308

WFSt/Op. (M) 214, 222, 227, 230, 232, 237, 254, 266

WFSt/Op. (L) 214, 223, 227, 230, 232, 237, 254, 266, 307

WFSt/I c 232, 254, 266

WFSt/Ausl. Abw. 43, 45, 50, 68, 72-74, 76-78, 80 f., 83, 92, 95-97, 99 f., 105, 108, 111, 115, 119, 122, 125, 129, 134-136, 142, 144, 147, 150, 170, 174, 182, 188, 193, 205, 214, 223, 227, 238, 254

WFSt/Qu 214, 223 f., 226-228, 230, 232, 237, 241, 253-256, 260, 264, 266, 275, 289 f., 292, 297 f., 301-305, 307 f., 310

WFSt/Org. 214, 223, 227, 237, 240, 254, 256, 266, 301, 309

WFSt/Ktb 45, 66, 103, 116, 160, 175, 214, 223, 227, 230, 232, 237, 254, 266

OKW/WNV 50, 64, 77 f., 81, 83, 95-97, 108, 111, 115 f., 119, 122, 125, 129, 136, 144, 147, 150, 170, 174, 182, 188, 205, 214, 218, 223, 227, 238, 266, 285, 304, 309

OKW/WZA 122, 127, 136, 214, 227, 266

OKW/AWA 125, 136, 160, 182, 205, 214, 227, 266

OKW/W Stb Rü Ia 24, 43, 45, 66, 90, 103, 105, 119, 122, 125, 129, 136, 159 f., 175, 182, 205, 227

OKW/WiAmt (OKW/F. WiAmt) 205, 266, 303 f.

OKW/WR 205, 214, 227, 266

OKW/WH 205

OKW/Abw. 45, 115, 135, 193

OKW/Heimatstab Übersee 131, 134, 157 f., 160, 164, 166 f., 169, 214, 227

OKW/K 43, 136

OKW/W Tr Ch (Chef Wehrmacht-Transport-Wesen) 72-74, 77 f., 83, 95-97, 99, 115 f., 119, 122, 125, 129, 133, 136, 147, 150, 153, 167, 169 f., 174, 182, 188, 205, 214, 218, 223, 225, 227 f., 238, 240, 254, 265, 267-269, 272, 275 f., 278 f., 282, 286, 288-290, 300 f., 303 f., 306

OKW/Heeresstab 205, 238, 266

OKW/NSF 266

OKW/W San. 266

OKW/GBA (General-Bevollm. f. d. Arbeitseinsatz) 266

OKW/Wehrm. Streifendienst 266

Dienststellen

OKW/Abt. Ausland 92, 105, 111, 119, 122, 125, 129, 136, 142, 144, 147, 150, 160

OKW/WPr. 111, 115, 119, 121 f., 125 f., 129, 136, 170, 182, 188, 205, 216, 227, 266

OKH 21, 24-27, 31, 33, 35, 39 f., 43, 45 f., 52 f., 57, 88-90, 92, 94, 97, 100, 104, 117, 119, 123, 127, 133, 135, 143, 159 f., 164-166, 168, 179, 181, 188, 190, 191, 197, 207, 228, 243-245, 247, 249

OKH/Gen St d. H. 10 f., 25, 36, 52, 105, 182, 193 f., 196, 200 f., 203-205, 207, 214, 218, 222-224, 226 f., 229, 232, 234 f., 237 f., 240, 243, 245, 247, 249 f., 252, 254, 261, 265, 267-269, 272, 275 f., 278 f., 282, 285, 288-290, 298, 300-304, 306, 308, 310

OKH/GenStdH, Org.Abt. 205, 214, 254, 289

OKH/GenStdH, Ausb.Abt. 205

OKH/GenStdH, Gen z. b. V., 205

ObdH/Op. Abt. 36, 53, 71, 77 f., 80, 83, 88, 92, 94-97, 99, 100, 108, 110 114, 117, 119, 122, 125, 129, 133, 135, 142, 144, 147, 150, 153, 157, 160, 164, 166, 168, 170, 174 f., 181 f., 188, 191, 194, 200 f., 205, 214, 218, 243, 245, 247, 249 f., 254, 265, 267-269, 272, 276, 278 f., 282, 289 f., 306

OKH/H Rüst u. B. d. E. (ObdE) 137, 160, 204 f., 214, 222, 227, 235, 237-240, 254, 261, 265, 272-276, 278-292, 298, 300, 303 f., 306

OKH/Heeresbekleidungsamt 159

Ob d. H. 10, 23 f., 29 f., 36-38, 46, 49-52, 55, 59, 61 f., 64-66, 70 f., 73-76, 80, 83, 87-93, 95, 97, 99, 103, 105, 108-110, 114, 116, 119, 122, 125, 128 f., 135, 137, 142, 144, 147, 150 f., 153, 157, 164, 166, 168, 170 f., 174 f.

ObdH/HPA 277, 282, 306

ObdH/Gen Q 74, 90, 119, 129, 160, 168, 205, 224 f., 227 f., 230, 254, 261, 265, 267-269, 272, 282, 285, 306

ObdH/O. Qu. IV 122, 126 f., 135

OKH/AHA 159 f., 265

OKH/Ag. K. 159

OKH/VA 158, 160

OKH/HNW 275 f., 278 f., 282, 289 f., 306

ObdH/Org. Abt. 168, 265, 306

ObdH/MiG 205

OKH/Gen. d. Art. 182, 237, 272, 276, 278 f., 282, 289 f.

OKH/Gen. Insp. d. Panzertruppen 234 f., 237, 240, 282, 289

OKH/Gen. d. Pi. u. Festung. 182, 214, 235, 267-269, 271 f., 274-279, 281 f., 289 f., 292

OKM 21, 24, 26 f., 29, 31, 33, 35, 39 f., 43, 45, 49, 51, 55, 57, 59, 61, 71, 81, 88, 94-98, 103 f., 108, 111, 116, 122, 133 f., 155, 157 f., 160, 164, 170, 174, 181 f., 191, 194, 196, 199 f., 205, 207, 214, 216, 218, 222 f., 227, 232, 237 f., 240 f., 265, 267-269, 275 f., 278 f., 282, 286, 288-290, 300-302, 304, 306, 310

OKM/SKL Ia (1. SKL) 19, 36, 71, 77, 83, 88, 92, 94-97, 99 f., 105, 108, 110, 114, 116, 119, 122, 125, 129, 133, 135 f., 142, 144, 147, 150, 153, 160, 164, 167, 169 f., 174, 181 f., 188, 191, 194, 196, 200 f., 207, 213 f., 218, 222, 227, 232, 237, 240 f., 252, 254, 265, 267-269, 272, 275 f., 279, 282, 286, 288-290, 300-306, 310

(3. SKL) 135

OKM/SKL Qu 160, 182, 237, 254, 265, 303 f.

OKM/Mar Wehr 303, 310

ObdM 19, 21, 24, 29, 44, 48-51, 55, 59, 61 f. 64-66, 69, 71, 73-75, 77 f., 80, 83, 87 f., 91 f., 95, 97, 99, 103, 105, 108, 110, 114, 116-119, 122, 125, 129, 135, 142, 144, 147, 150, 153, 157, 164, 166 f., 169 f., 174, 188, 194, 196, 200 f., 228, 232, 238, 252, 255, 261, 272, 298, 303 f., 310

ObdM (A. II) 119

ObdM/M WaWi 136

ObdM/MOK Nordsee 276, 278, 302

ObdM/MOK Ost 310

ObdM/MOK West 306

ObdM/MGrKdo West 252

ObdM/MGrKdo Ost 19

ObdM/MGrKdo Süd 170, 211, 213, 252

OKL/GenSt. d. Lw. 306

Ob. d. L. u. R. d. L. 21, 24, 26 f., 29-31, 33, 35, 37-40, 43-45, 48-51, 54-57, 59, 61 f., 65 f., 69 f., 73-78, 80, 83, 87 f., 91 f., 94-100, 103-105, 108-110, 112-119, 121-123, 125, 128 f., 131, 133, 135, 142, 144, 147, 150, 153, 157, 160, 164, 166 f., 169 f., 174, 181 f., 188, 191, 194, 196, 200 f., 205, 207, 212, 214, 216, 222, 227, 232, 237 f., 240 f., 252, 254, 261, 265, 267-269, 272, 275 f., 278 f., 282, 286, 288 f., 298, 300 f., 303 f., 306, 309

Lw. Fü. St. Ia 71, 77 f., 80, 83, 88, 92, 94, 96 f., 99 f., 105, 108, 110, 115 f., 119,

Dienststellen

122, 125, 129, 133, 135, 142, 144, 147, 150, 153, 157, 160, 164, 167, 169 f., 174, 181 f., 188, 191, 194, 196, 200 f., 205, 207, 214, 222, 227, 232, 237 f., 240 f., 252, 254, 265, 267-269, 272, 275 f., 278 f., 282, 286, 288-301, 303 f., 306
Lw. Fü. St. Ic 135
Ob. d. L./Gen. Qu. 119, 160, 169, 205, 227, 237, 254, 265

Waffenstillstandskommission 80, 135 f.
Chef. d. Banden-Kampfverbände 266
Turk-Verbände 204
Erkundungsstab 3 277
Pionier-Sonderstab 9 271
Fzg. 76 252 f.

Marineführer Nord 163
Führungsstab Nordküste 303 f., 306 f.

Reichsmarschall 254
Ob. d. Luftflotte Reich 309
Luftflotte 1 146, 149, 152
Luftflotte 2 141, 149, 152, 269
Luftflotte 3 252
Luftflotte 4 151, 153
Luftflotte 5 147, 154, 156, 163, 195
Luftflotte 6 309
Fliegerführer Nord 163
III./K. G. z. b. V. 1 98

A. O. K 1 238, 286 f., 307
Pz. A. O. K. 1 251
A. O. K. 2 110, 112 f., 147
Pz. A. O. K. 2 225, 227
A. O. K. 3 10
A. O. K. 4 52, 58
Pz. A. O. K. 4 143
Pz. A. O. K. 5 286 f., 307
A. O. K. 6 51, 58, 151
A. O. K. 7 238, 286, 307
A. O. K. 8 251
A. O. K. 9 58, 147, 151, 265
A. O. K. 10 241
A. O. K. 11 151, 172, 192 f., 197, 199, 306 f.
A. O. K. 12 52, 93, 107, 109, 116, 118, 127
A. O. K. 14 242
A. O. K. 15 238, 307
A. O. K. 16 141
A. O. K. 17 151
A. O. K. 18 141, 145
A. O. K. 19 238, 286, 306 f.
(Geb.) A. O. K. 20 182, 195 f., 207, 231 f., 254, 300 f.
A. O. K. 25 306 f.
A. O. K. Norwegen 142, 144, 154 f., 157-168, 254

Verb. Stab Nord 157, 160, 164, 166, 168, 195 f.
A. O. K. Lappland (A. O. K. Nordland) 164 f., 167, 179, 182
Pz. Armee Afrika 207
Armee List 94
Armeegruppe G 286-288
Armeegruppe Generaloberst Student 307
Gruppe XXI 47-50, 56 f., 85 f.
Armeeabt. v. Lüttwitz 307
2. ital. Armee 107, 110, 112 f., 175, 210, 219 f.
11. ital. Armee 127, 219
2. ungar. Armee 109
3. ungar. Armee 113
Karelische Armee 146 f., 152, 165
5. sowjet. Armee 140, 146, 149
6. sowjet. Armee 140
12. sowjet. Armee 140
21. sowjet. Armee 146

Ob. d. Kriegsschauplätze 298
Ob. des Stabes I 306
Ob. West 179, 181 f., 207, 235, 237-241, 252, 254, 272, 275, 279, 282, 285-290, 298, 300 f., 303 f., 306-308
Ob. Südwest 240-242, 254, 264, 267-272, 290 f., 298, 300 f., 309
Ob. Süd (Ob. Bfh. Süd) 169 f., 182, 207, 211-214, 216, 228
Ob. im Südosten (Wehrmachtsbefehlshaber Südost, Militärbefehlshaber Südost) 122-129, 131 f., 134 f., 170, 175, 179, 182, 199, 207, 210-222, 224-226, 254, 300 f., 309
Ob. d. dt. Truppen auf dem Balkan 118 f.
Admiral Südost 11, 119, 123, 125, 127
Befehlshaber Luftgau Balkan 123, 127

Heeresgruppe A 37, 50-54, 58-61, 197 f., 200, 249-251
Heeresgruppe B 36 f., 51-53, 58 f., 190, 197 f., 200, 228 f., 238, 240, 306 f.
Heeresgruppe C 60 f.
Heeresgruppe E 210, 222, 224 f., 227
Heeresgruppe F 224-227
Heeresgruppe G 254, 306 f., 309
Heeresgruppe H (Ob. Nordwest) 306-308
Sonderstab F 132, 134 f.
Heeresgruppe Nord 141, 143, 145 f., 149, 151 f., 162, 165, 172, 199, 231, 249, 264 f.
Heeresgruppe Mitte 140 f., 143, 145, 147, 149-152, 199, 249-252, 265, 309
Heeresgruppe Süd 140, 143, 146-152, 172 f., 187, 200, 249-252, 309

Dienststellen

Ob. Heeresgruppe Weichsel 308
ital. Heeresgruppe Ost 219 f.
Heeresgruppe Timoschenko 150 f., 153, 196, 198
Pzgr. Afrika 170
Panzergruppe 1 143, 146, 153
Panzergruppe 2 143, 145 f., 151
Panzergruppe 3 143, 145 f.
Panzergruppe 4 141, 143

I. A. K. 52
VIII. Fl. Korps 75, 146, 152
X. Fl. Korps 93 f., 98, 100, 107, 114, 118, 125, 216
XIV. A. K. 58
XVI. A. K. 52, 58
XVIII. A. K. 106, 128, 165
XIX. (Geb.) A. K. 231
XXI. A. K. 47, 49
XXXIX. A. K. 52
XXXXI. A. K. 109
XXXXVI. A. K. 110, 155, 162, 167
XLVII. Pz. Korps 286 f.
LXIV. A. K. 286
LXV. A. K. 252
LXVIII. A. K. 219
III. finn. A. K. 146 f., 155, 163
XII. amerik. A. K. 286
Gen. Kdo. ital. VIII. A. K. 219
ital. Alpini-Korps 198
rumän. Geb. Korps 197
Luftlande-Korps 118
Geb. Korps 141, 144, 146 f., 154 f., 162, 165
Geb. Korps Norwegen 195
Afrika-Korps 118, 130 f., 133

1. Geb. Div. 52. 94, 97
2. mot. Div. 52
2. Pz. Div. 151
2. Geb. Div. 155, 162, 165 f.
3. Geb. Div. 155, 162, 165-167
3. Pz. Div. 73 f.
3. Pz. Gren. Div. 287
5. le. Div. 130
5. Pz. Div. 151
5. Geb. Div. 155, 162, 165, 167 f., 195
6. Geb. Div. 146, 162
7. Geb. Div. 165, 167 f.
7. Fl. Div. 38, 190, 193
9. Pz. Div. 52
9. Flak-Div. 284
10. Pz. Div. 52
11. Pz. Div. 287
15. Pz. Gren. Div. 287
16. Pz. Div. 81 f.
17. SS-Pz. Gren. Div. 287
19. Inf. Div. 287
19. Lw. Feld-Div. 284
20. Lw. Feld-Div. 234
21. Pz. Div. 234, 239, 287
22. Luft-Lande-Div. 116 f., 193, 199
23. Pz. Div. 197
24. Pz. Div. 197, 200
29. mot. Div. 52
36. Gren. Div. 284, 287
69. Inf. Div. 105
90. Pz. Gren. Div. 240
99. le. Div. 165
102. Inf. Div. 149
159. Res. Div. 239
163. Inf. Div. 141, 155, 162, 165, 167
165. Res. Div. 239
169. Inf. Div. 162, 165, 167
198. Inf. Div. 153
212. Inf. Div. 165
230. Inf. Div. 231
243. Inf. Div. 239
270. Inf. Div. 231
271. Inf. Div. 239
272. Inf. Div. 239
275. Inf. Div. 239
348. Inf. Div. 239
559. Gren. Div. 284, 287
564. Gren. Div. 287
565. Gren. Div. 287
566. Gren. Div. 287
570. Gren. Div. 287
Inf. Div. mot. „Großdeutschland" 197, 200
Pz. Div. „Hermann Göring" 240
SS-Pz. Gren. Div. „Hitlerjugend" 234
SS. Div. mot. „Leibstandarte" 52
SS-Kampfgruppe Nord 162 f., 166
Pz. Brig. 106 287
Pz. Brig. 107 287
Pz. Brig. 108 287
Sturmgeschütz-Ausbildungs-Abteil. in Dänemark 235
Stoßgruppe Saarbrücken 60
SS-Regiment 9 162, 166
le. Pi. Komp./Lehrregt. Brandenburg 193
6. finn. Div. 163
7. bulg. Div. 221, 225
21. ital. Div. 95
ital. Oberkommando 94-100, 108, 111, 127 f., 170, 175, 212 f., 216
Oberkommando d. ital. Lw. 213
Supermarina 213, 218
ital. Admiral Dodekanes 213
Deutscher Gen. b. ital. Ob. Kdo. 95-100, 108, 111, 114, 119, 125, 127, 129, 131, 134 f., 170, 175, 191, 214, 222
Bevollm. Gen. d. dt. Wehrm. in Italien 267-269
Verb. Stab beim Duce 268 f.
Dt. Admiral b. Ob. Kdo. d. ital. Kriegsmarine 170

Dienststellen

Dt. Marinekommando Italien 211
OKH/Gen. Qu. Italien 228
Gebirgsstab Italien 270
SS u. Polizeiführer Italien 272
Finnisches Ob. Kdo. 162
Dt. Gen. b. Ob. Kdo. d. finn. Wehrm. 254
Ungar. Ob. Kdo. 110 f.
Dt. Gen. b. Ob. Kdo. d. ungar. Wehrmacht 110 f., 115
Heeresmission Rumänien 81
Wehrmachtsmission Rumänien 82 f., 108-111, 115, 129, 174
dt. Lw. Mission in Rumänien 70
Militärattaché in Sofia 211, 226 f.
Militärbefehlshaber Serbien 119, 123, 129
Kommandierender General und Befehlshaber in Serbien 211
Dt. General in Agram 128 f., 175
Der dt. Bevollmächtigte General in Kroatien 211, 222, 224-226
Der Befehlshaber d. dt. Truppen in Kroatien 211, 222
Militärbefehlshaber Griechenland 221, 223, 225 f,
Befehlshaber Süd-Griechenland 123 f., 211
Befehlshaber Saloniki-Ägäis 123, 211, 226
Festungskommandant Kreta 180, 211, 225 f.
Admiral Ägäis 211, 219
Mil. Befh. in Frankreich 272 f., 279
Wehrm. Befehlsh. in Belgien und Nordfrankreich 273, 275, 282, 285, 288 f.
W. Bfh. Niederlande 182, 275 f., 278-280, 282 f., 288 f., 306 f.
Ob. d. Niederlande 307
Admiral Niederlande 307
Bfh. d. dt. Truppen in Dänemark 179, 181 f., 235, 237
Wehrm. Bfh. Dänemark 240, 254, 276, 278, 300 f., 303 f., 306, 308
Höh. Kdo. XXXVI 141, 146, 165 f.
W. B. Norwegen 92, 179, 182, 207, 232, 237, 254, 300 f., 308
W. B. Ukraine 179, 182, 204 f.
W. B. Ostland 179, 182, 204 f., 265
Lw. Kdo. Südost 216
Verbind. Kdo. Syrien 121
Militärkommission Irak 120-122
Führungsstab Weststellung 285
Festungsbereich West 289

Wehrkreis I (Stellv. Gen. Kdo) 256, 262
Wehrkreis V 272 f., 279 f., 282-284, 290, 307

Wehrkreis VI 272, 275, 279 f., 282-284, 290, 297
Wehrkreis VII 307
Wehrkreis IX 297, 307
Wehrkreis X 276-278, 297
Wehrkreis XI 297, 307
Wehrkreis XII 272 f., 279 f., 282 f., 284, 290
Wehrkreis XIII 307
Wehrkreis XVII 290, 297
Wehrkreis XVIII 165, 290 f., 297
Reichskanzlei 254, 258, 266, 275 f., 278, 282, 289 f., 292, 297
Reichsaußenministerium (Ausw. Amt) 21, 67, 91, 105, 121, 126, 128, 132, 135 f., 216, 221, 254, 268 f. 272, 275, 279, 282, 289 f.
Reichsministerium des Inneren 297
Reichsverkehrsministerium 157 f., 254, 257, 296
Reichswirtschaftsministerium 254
Reichsverteidigungs-Ministerium (Reichs-Kriegs-Ministerium) 9, 11
Reichsminister f. d. bes. Ostgeb. 205, 266
Reichsminister f. d. Rüstung und Kriegsproduktion 254, 257, 296, 303-305
Generalbevollmächtigter f. d. Reichsverwaltung 258, 266, 272, 275 f., 278 f., 282, 289 f., 303 f.
Reichsarbeitsdienstführer (RAD) 205, 279, 281 f., 289
Reichskommissar f. d. Seeschiffahrt 225, 228, 254 f., 257, 296
Reichskohlenkommissar 158
Organisation Todt 160, 207, 254, 267-269, 271 f., 274-279, 281 f., 285, 289 f., 292
Baustab Speer 159
Generalbevollmächtigter f. d. Bauwesen (G. B. Bau) 137
Reichsminister f. Bewaffnung und Munition 137-139
NSDAP 259-263, 280, 292-294, 310
Parteikanzlei 258, 260, 267, 274, 278 f., 281, 292, 295
Reichsführer SS 89 f., 166 f., 182, 203, 205, 207, 229, 237, 240, 263, 265 f., 288, 296, 298, 301, 303 f., 306, 309
SS-Führungshauptamt 266, 289, 301, 303 f.
Reichs-SS-FeldKdostelle 303 f., 306
Verb. Offz. Reichsführer SS b. Führer 266
SD 206
Reichsverteidigungs-Kommissare 257-259, 262 f., 295 f., 303, 305, 309, 310

Bevollmächtigter d. Dt. Reiches in Griechenland 119, 124, 126, 214 f., 221, 223

Dienststellen

Reichskommissar f. d. besetzten niederländ. Gebiete 275, 279-283, 289, 307
Reichskommissar in Belgien und Nordfrankreich 272 f., 282
Reichskommissar f. d. besetzten norweg. Gebiete 254
    Reichsbevollmächtigter Dänemark 302
Reichskommissariat Ostland 265 f.
Höherer SS- und Polizeiführer Ostland 265 f.
Wi-Stab Ost 266
Heimatstab Nord 92
Heimatstab Skandinavien 254

Gau Baden-Elsaß 279 f., 282 f., 289
Gau Düsseldorf 279 f., 282 f., 289
Gau Essen 279 f., 282 f., 289
Gau Hamburg 278
Gau Hessen-Nassau 279, 282, 289
Gau Kärnten 290 f.
Gau Köln-Aachen 279 f., 283, 289
Gau Kurhessen 279 f., 282, 289
Gau Mainfranken 279 f., 282, 289
Gau Moselland 273, 279 f., 282 f., 289
Gau Niederdonau 290
Gau Osthannover 278
Gau Schleswig-Holstein 278
Gau Steiermark 290 f.
Gau Weser-Ems 278
Gau Westfalen-Nord 279 f., 282, 289
Gau Westfalen-Süd 279 f., 282, 289
Gau Westmark 273, 279 f., 282 f., 289
Gau Württemberg 279 f., 282, 289
Gau Wien 290

Orts- und Personenverzeichnis

Aachen 273, 275, 283, 289
Achsenmächte 74, 115, 169
Adria (Adriatisches Meer) 217, 219, 229, 270
Adriatisches Küstenland 264, 267-269, 272, 290 f.
Afrika 67, 73, 102, 130, 206 f.
—, Nord- 28, 70, 74 f., 94 f., 98, 107, 114, 118, 124, 129-134, 169 f., 189, 210
—, Ost- 114
—, Franz. West- 67, 79
—, Franz. Äquatorial- 67, 79
Ägäis (Ägäisches Meer) 70, 114, 119, 123, 127, 173, 209-211, 218 f., 226 f.
Ägäische Nordküste 81 f., 118
Ägypten 70, 93, 130, 133 f.
Agram 128 f., 175, 217
Aisne 51, 53
Ala 267
Albanien 81, 93-99, 110, 113, 219, 223, 225
Albert-Kanal 38, 273
Alderney 62
Alexandria 70
Algeciras 68
Alpenfront 61
Alpenvorland 264, 267-270, 272
Alpenstellung, Vor- 267 f., 270
Amand, St. 52
Amerika 137, 195, 208
Anapa 192
Ankara 135
Antikythera 123
Antwerpen 50, 288
Apennin-Stellung 268-271
Arabien 120, 131, 134
Archangelsk 85
Armavir 197
Arras 52
Artelnowsk 186
Artois 53 f.
Asien 311
—, Vorder- 130, 133
Astrachan 198
Athen 113, 118, 123, 126, 215, 217, 225
Atlantikhäfen 44
Atlantische Inseln 68 f., 71, 73, 132
Attika 211
Attolico 12
Australien 105
Avold, St. 54, 273
Azoren 69, 73

Baden Gau 279 f., 283, 289
Baku 198 f.
Balkan 70, 81 f., 106, 109, 112, 114, 117-119, 122-124, 127 f., 175, 179, 209 f., 212, 216-218
Baltikum 86, 89
Baltische Inseln 141, 152
Baltische (Rand-) Staaten 17 f.
Banat 106, 108, 112
Banya Luka 113
Bardufoss 56
Barry 41
Basra 134
Batum 148
Beirut 135, 217
Belfast 42
Belfort 54, 58, 61, 273
Belgien 20, 32-35, 38 f., 44, 46, 52 f., 241, 272 f., 275, 282 f., 285, 288 f.
Belgrad 106 f., 221, 224-226
Belluno 267
Beltbrücke, Kleine- 48
Berg 216
Bergbohm 205
Berger 301
Berlin 12, 17, 19, 92, 100, 149, 293, 310 f.
Bjeloj 151
Bjelomorsk 161, 195 f.
Blyth 41
Bobruisk 249
Böhme 128
Böhmen 295
Boguslaw 148
Bor 106
Borissoff 249
Bormann, Reichsleiter 260, 268 f., 272, 275 f., 278 f., 282, 289 f., 295, 301, 306
Bos Novi 113
Bourg 239
Brauchitsch 24, 33
Bresle 59
Brest 60, 252
Briansk 185
Brisancon 239
Bristol-Avonmouth 42
Brody 249, 251
Brünn 19
Brunsbüttel 277
Bürkel, Gauleiter, Gau Westmark 272 f., 279 f., 282, 289
Bug 143
Bukarest 141, 217

325

Orts- und Personenverzeichnis

Bulgarien 70 f., 81 f., 83, 106 f., 109 f., 114, 118, 124 f., 128, 130 f., 134, 175, 193, 210, 213, 221, 225, 227
Burckhardt 12
Buttlar 201, 214, 232, 237

Cardiff 41 f.
Castellane 12
Catania 98
Cavallero 93, 95
Chalons 60
Charkow 143, 148, 151, 186
Charleroi 46
Château-Thierry 58, 60
Cherbourg 60
Chios 123, 210 f.
Christian 100
Condor, Legion 121
Cornwall 62
Corsika 229
Cotentin 238
Cuxhaven 277
Cykladen 113
Cyrenaika 93, 98, 133, 169

Dänemark 15, 47-49, 179, 181 f., 233-237, 240, 254, 276, 278, 284, 300-304, 306, 308
Dagö 149
Danckworth 92, 168 f.
Danzig 17 f., 20
Delfzijl 277
Deutsche Bucht 24, 26-28, 276-278
Deutschland (Reichsgebiet) 17-19, 23, 61, 85
—, Mittel- 310
—, Nordwest- 236
—, Westgrenze 17 f., 20, 24, 26, 28, 32 f., 35, 174, 241
—, Westgrenzsicherung 17, 20, 28, 31, 36, 38, 297
—, Ostgrenze 19, 24, 27 f., 30, 84 f.
Diedenhofen 273 f., 284
Dietl 57, 165, 167 f.
Dijon 239
Dinant 46
Dirschau 20
Dizier, St. 239
Dnjepr 86, 140 f., 143, 146, 148, 151, 187
Dnjepropetrowsk 151, 153
Dnjestr 251
Dodekanes 210, 213
Dönitz 308
Don 143, 172, 184-187, 196-199
Donau 82, 106, 112 f., 128, 225, 254
—, Nieder- 290
Donez 148, 185 f.
— -Becken 87, 172, 195
Dorpat 249

Dorsch 254
Dover 62 f.
Drape 254
Drau 113
Dubosari 251
Duce 96, 109, 169 f., 268 f.
Düsseldorf, Gau 279 f., 282 f., 289
Dundee 42
Durazzo 95

Eben-Emael 39, 273
Edessa 106 f.
„Edelweiß" 198
Eiderstedter-Halbinseln 277
Eismeerstraße 86, 155, 158 f.
Elbe-Mündung 277
Elsaß 283, 289
Ems-Mündung 277, 297
England 15, 17, 20-23, 26-29, 31-35, 40-42, 44-47, 49, 53-55, 61-65, 67-72, 74-76, 81, 84, 93, 97 f., 100-104, 112 f., 115, 117, 120 f., 129-134, 137, 142, 144, 154, 195, 208, 233, 238, 242, 252
engl. Kanal (s. a. Dover) 23, 51, 53 f., 62-64
Epinal 59, 273
Estland 141, 143, 145, 265
Essen Gau 279 f., 282 f., 289
Etienne, St. 239
Etsch 270
Europa 102, 129, 136, 206, 242, 311
Europäische Küsten 176
Exler 116

Falkenhorst 47, 49
Fegelein 266
Felber 225
Felmy 120, 122, 134 f.
Feste Plätze 249
—, Kommandant der 243-247, 250
Fett 110
Ficker, Dr. 254
Finnland 85 f., 91 f., 133, 141 f., 144-147, 149, 152, 154-159, 161-168, 172 f., 179, 184, 195 f., 231 f., 254
—, Nord- 194, 231
Finnischer Meerbusen 18, 188
Fischerhalbinsel 155 f., 161-163
Fiume 106, 267
Flandern 53 f.
Florian, Gauleiter Gau Düsseldorf 279 f., 282, 289
Florina 112 f.
Foggia 94
Franco 75
Frankfurt 285
Frankreich 12, 17, 20-23, 26, 28, 31-35, 41 f., 44, 46, 53-55, 59-61, 64, 67 f., 72 f., 76, 79 f., 121, 129, 131-133, 174, 189 f., 229, 241, 273, 279

Orts- und Personenverzeichnis

Frankreich, Nord- 29, 32, 272 f., 275, 282 f., 285, 288 f.
Frantz 266
Fünen 48

Gdingen 18-20
Generalgouvernement 88 f., 204, 294, 297
Gerland, Gauleiter Kurhessen 282, 289
Gibraltar 67-69, 72-77, 130, 132 f.
Gießen 62
Glaise-Horstenau 226
Glasgow 42
Göring, Reichsmarschall u. Beauftragter f. d. Vierjahresplan 25, 33, 90, 100 205
Göttingen 14 f., 46
Göttke 283
Goole 42
Gorna Djumaya 107
Gorki 172
Grangemouth 42
Graz 106 f.
Graziani 93, 95
Grebbe 38
Griechenland 70, 81 f., 94, 106, 109, 112-119, 123 f., 126 f., 130, 133, 175, 213-217, 219-221, 223-227
Grimsby 42
Grobba 135
Grohé, Gauleiter Gau Köln-Aachen 272 f., 275, 279 f., 282 f., 289
Grossnyi 198 f., 211
Grusinische Heerstraße 198
Guderian 250
Gurkfeld 291
Garonne 79
de Gaulle 67, 132

Halder 12, 15, 46, 52
Ham 52
Hamburg 278
Hangö 85 f., 152, 173
Hannover, Ost- 278
Hellmuth, Gauleiter Gau Mainfranken 279, 282, 289
Helsinki 173
Hessen-Nassau 289
Himmler 296
Hindenburg-Damm 277
Hofer, Gauleiter Tirol 267-269
Hoffmann, Gauleiter Gau Westfalen Süd 279, 282, 289
Holyhead 42
Holzminden 307
Hoofden 51
Horning 122, 181

Horthy 109 f.
Hull 41 f.

Iberische Halbinsel 67 f., 74, 77, 129, 189 f.
Ijssel See 279 f., 283
Ilmensee 145, 152, 172
Indien 12
Ingermanland 184
Ionische Inseln 219
Irak 120-122, 131
Iran 130, 134, 199
Irun 72 f., 76
Isjum 185
Italien 12, 17, 32, 61 f., 69 f., 73, 80-83, 93-100, 106-114, 116-119, 122, 124-131, 133-135, 153, 169, 170, 175, 187, 189-191, 198, 209-213, 215, 217-223, 228-230, 241 f., 267-271
—, Nord- 267, 269
Ivalo 231

Jandl 268 f.
Japan 103-105
Jassy 251
Jerapetra 124
Jewi 249
Jodl 11, 36, 44, 46, 52, 65, 88, 94, 117, 119, 133, 136, 142, 166, 227, 230, 240, 242, 249, 254, 269, 275, 279, 290, 297 f., 301, 310
Jordan 205
Jütland 48
Jüttner 266
Jugoslawien 70, 82, 106-109, 111-113
Junge 105
Jury, Gauleiter Gau Niederdonau 290

Kärnten 290 f.
Kaiser-Wilhelm-Kanal 276
Kanada 154
Kanalinseln 142, 249
Kanaren 69, 73, 76
Kandalakscha 146, 154-156, 161, 163, 166-168, 195
Kanew 148
Kap Verden 69
Karelien 146 f., 152, 154, 162, 164 f., 172
Karelische Landenge 152
Karlovac 113
Karststellung (Tschitschen-Bogen) 267
Karesuando 231
Karpaten 251
Kaspisches Meer 198 f.
Kaufmann, Gauleiter Hamburg 276, 278
Kaukasien 134, 143
Kaukasus 172, 184 f., 192, 194, 196 f., 199

327

Keitel 10 f., 31, 33, 35 f., 39 f., 45, 49 f.,
    53, 61, 65 f., 78, 88, 91 f., 94, 105, 119,
    122, 127, 136, 142, 144, 150, 155, 157,
    160, 168, 216, 224, 226, 240, 250, 253 f.,
    256, 258, 260, 264, 272, 275, 285, 290,
    295, 297 f., 301, 304-306, 310
Kem 161
Kertsch 148, 185, 192, 197, 199
Kesselring 169, 241, 309
Kiel 310
Kiew (Kijew) 86, 140, 146, 148, 151
Kinzel 308
Kirchbach 127
Kirkenes 156, 163
Kischinew 251
Klagenfurt 107
Kleist, v. 61
Köln 283, 289
Königsbrück 228
Kolomea 251
Kolosjoki 231
Koltschanawo 172
Konotop 151
Konstantinowskaja 197
Korinth 82, 219
Korsika 190
Korsör 48
Kowel 249, 251 f.
Krapotkin 193
Krasnodar 172, 193
Krementschug 151, 153
Kreta 115 f., 118, 123 f., 165, 168, 180,
    209-211, 219, 225 f., 254
Krim 143, 148, 151, 185, 192 f., 199,
    251 f.
Kroatien 106, 128, 175, 211, 213, 219 f.,
    222, 224-226
Kronstadt 86, 152, 172
Kuban 193, 197
Kuntze 283, 289
Kurhessen 289
Kynstendil 107
Kythera 123

Labs, Dr. 266
Ladogasee 86, 141, 162, 172
Laibach 291
Lammers 258, 290, 293, 297, 301
Langres, Plateau v. 60
Lappland 154, 167, 179, 182
Larissa 82, 113, 221
Leith 42
Lemberg 251
Lemnos 107, 114, 118, 123, 211
Leningrad 86 f., 141, 143, 145, 149-151,
    172, 184, 195, 199
Leoben 107
Libyen 70, 94 f., 98 f., 130, 169
Liman 251

List 94, 122, 127 f.
Litauen 17 f., 28, 265
Liverpool 41 f.
Loire 59
London 21, 41 f.
Longarone 267
Lorient 60
Loßberg 21, 26 f., 33, 49, 74, 88
Louhi 146, 161
Lublin 86
Lubny 151
Liinahamari 155
Lüttich 39, 46, 51
Luettwitz 307
Luleå 158
Luneville 54, 60, 239
Luniniec 249
Luxemburg 20, 32-35, 38, 46
Lyngenfjord 56
Lyon 239

Maas 38, 46, 51 f., 282
Maastricht 38 f., 273, 275
Madeira 69
Mähren 295
Mährisch Ostrau 19
Maginotlinie 40, 54 f., 58-61, 273 f., 279
Maikop 192 f., 197
Main 285
Main-Franken 279, 289
Malta 98, 169
Manchester 41 f.
Mannerheim 163, 166, 168
Manstein 251
Mantua 228
Manytsch 200
Marne 58
Marsah-Matruh 70
Maurice, St. 273
Mazedonien 106, 109
Meendsen-Bohlken 24
Melitopol 151
Melos 123, 211
Merambelo 124
Metz 54, 58 f., 273 f.
Meyer, Gauleiter Gau Westfalen Nord
    205, 279, 282, 289
Meyer-Detring 308
Middlesbrough 42
Minsk 249
Mittelmeer 62, 67, 70, 74, 76, 79, 93 f.,
    99, 114 f., 117 f., 120, 124 f., 129-134,
    142, 169 f., 190, 209, 211 f., 216, 218,
    230, 241
Modlin 27
Mogilew 249
Moltke 9
Montdidier 54

Montenegro 219, 223, 225, 241
Morava 112
Mosel 273
Moselland, Gau 279 f., 282 f., 289
Moskau 12, 30, 86 f., 140 f., 143, 147, 149, 151 f., 172 f.
Mostar 110
Mosyr 149
Müller, Ob. Reg. R. im R. Verk. Min. 254
Murmanbahn 146, 154, 161, 195
Murmansk 86, 154-156, 161-163, 168
Murr, Gauleiter Gau Württemberg 279, 282, 289
Mytilene 123, 210 f.

Namur 50 f.
Nancy 54, 239, 273, 284
Narew 27, 30
Narva 143, 145, 231
Narvik 56, 146, 158
Nazaire, St. 60
Neamt 251
Nettuno 242
Neubacher 221, 223
Neufchâteau 61
Newa 152
Newcastle 41
Newport 42
Niederlande (Holland) 20, 32 f., 35-39, 44, 46, 51, 179, 182, 275 f., 278-283, 288 f., 301, 306 f.
—, Holländische (Westfriesische) Inseln 36, 38
—, Westküste 33
Nikolajew 249
Nimwegen 280, 283
Nordfriesische Inseln 276 f.
Nordmeer 142, 144, 163, 166
Nordraum 164 f., 310
Nordsee 18, 22, 31, 62, 276, 278
— Häfen 36
— Küste 17, 276, 303, 307
Norwegen 15, 44, 47—49, 51, 57, 85 f., 142, 144, 147, 154 f., 157-168, 179, 182, 195, 207, 232, 236 f., 254, 300 f., 308
—, Nord- 156, 231
—, Süd- 236
Nowo Ukrainka 249
Noworossijsk 192
Nyborg 48

Odessa 251 f.
Ösel 149
Österreich 9
Oise 54
Oka 151
Olymp 107
Opotschka 249

Orel 186 f.
Orient 131, 135
—, Mittlerer- 120 f.
—, Vorderer- 132
Orléans 60
Orscha 249
Ortona 242
Oschersleben 307
Oslo 49, 254
Ossetische Heerstraße 198
Osmussaar 173
Ostfriesische Inseln 276 f.
Osten 17 f., 21 f., 29 f., 71, 84, 92, 140, 171, 174 f., 179, 198, 201, 203 f., 207 f., 233, 269, 301 f., 311
—, Ferner- 103 f.
Ostfront 173, 184, 308-311
—, Nordteil der 145
—, Süd 250
Ostgebiete 144
Osthäfen 304
Ostland 265
Ostpreußen 18 f., 28, 30, 64, 86, 88 f., 256, 267
Ostroff 249
Ostsee 18, 22, 47, 87, 142, 152, 188, 302
Otranto 219
Owrutsch 149

Paderborn 307
Palästina 133 f.
Paris 54, 58-60
Patras, Golf v. 113
Paul, Min. Rat. 254
Pazifik 104
Peipus-See 231
Peloponnes 113, 115, 210, 217, 219
Peronne 52
Persischer Golf 120
Perwomaisk 249
Pétain 67
Petsamo 86, 155 f., 158, 161, 163
Piave-Tal 267, 270
Pindus, Gebirge 113
Pinsk 249
Piräus 211
Pisia 27, 30
Pleskau 249
Po-Mündung 269
Polarküste 144, 154
Poleck 256, 293, 297
Polen 9 f., 12, 17 f., 20, 22 f., 25-27, 29 f.
—, dt.-russ. Demarkationslinie 27 f., 30
Polozk 249
Poltawa 151
Pommern 18
Portland 62
Portugal 67-69, 74-77, 191

Praun 309
Preßburg 298
Pripet 146
— -sümpfe 85-87
Prespansko-See 113
Proskuroff 249
Pruth 87
Pyrenäen 76, 190

Quecke, Min. Rat 254

Raeder 19, 21, 33
Rahn 267-269
Rainer, Gauleiter Gau Kärnten 267-269, 290 f.
Ramsgate 62
Rapido-Fluß 242
Reichenau 75
Reims 54 f.
Reval 249
Rhein 285, 297
—, Ober- 54, 60
— -brücken 284 f.
Rhein-Marne-Kanal 286
Rhodos 127, 219
Rhône 79
Richthofen 75
Ritter, Botschafter 254, 268 f., 275, 290
Ritterbusch 280
Robinson 268
Roermond 280, 286
Rohde 265
Rom 17, 100, 175, 241
Romilly 60
Rositten 249
Roslawl 151
Rostow 172, 197
Rothkirch 229
Rovaniemi 86, 155, 162
Rovaniemi-Vuotsa Feldbahn 160
Ruhrgebiet 32, 36, 46, 54
Rumänien 70, 81-83, 85-87, 91 f, 107, 109-111, 115, 125, 128 f., 133, 140, 143, 148, 174, 187, 193, 197, 227, 275
Rundstedt 52, 288
Rußland 10, 17 f., 29 f., 71, 84-90, 109, 117, 129 f., 136, 140 f., 143, 145 f., 152, 154 f., 160, 172, 174, 183, 185-187, 208, 250 f., 311
—, Asiatisches 85
—, s. auch Sowjetunion
Rybinsk 172

Saaralben 273
Saarbrücken 60, 284
Saargemünd 54
Salmuth 52

Saloniki 82, 94, 106, 112-114, 118 f., 122 f., 211, 226
Salzgitter 307
Sambre 52
Samothraki 114
San 27, 30
Saros, Golf v. 114
Save 291
Seclin 52
Sedan 46
Seehäfen 305
Seeland 48
Seine 54, 58, 60
Serajevo 113
Serbien 114, 119, 123 f., 128 f., 165, 175, 211, 217, 220, 222, 225 f.
—, Alt- 112, 123, 211
Sewastopol 172, 185, 192
Seyss-Inquart 275, 278-283, 289
Shmerinka 249
Sibirien 311
Sieh, Gauleiter Gau Schleswig-Holstein 278
Simon, Gauleiter Gau Moselland 272 f., 279 f., 282, 289
Singapore 104
Sizilien 93 f., 218 f., 242
Skagen 48
Skagerrak 18
Skandinavien 44, 47 f., 254
Skyros 123
Slowakei 18, 24, 91, 297 f.
Smolensk 143 f., 151
Sofia 106 f., 211, 226 f.
Somme 46, 52-54
Sorge 43
Southampton 42
Sowjetunion 131, 134, 184, 194 f.
Spanien 67-69, 71-73, 75-78, 130, 190 f.
Spanisch Marokko 69, 74 f., 77, 132
Speer 159, 303 f.
Speidel 225
Spicherer Höhen 40
Sprenger, Gauleiter Gau Hessen-Nassau 279, 289
Sslusk 249
Südosten 122 f., 209-211, 216, 218, 290
Suezkanal 70, 114, 120, 130 f., 133 f.
Sunderland 41 f.
Suwalki 30
Swansea 41 f.
Swinemünde 302
Swir 152
Sylt 277
Syrien 121, 134 f.

Schelde 273
—, Mündung 283
Schirach, Gauleiter Gau Wien 290

Schlesien, Ober- 19
Schlessmann, Gauleiter Gau Essen 279 f., 282, 289
Schleswig-Holstein 276
Schlieffen 9
Schlüsselburg 152
Schönebeck 307
Schörner 264
Schröder 123
Schütte 254
Schwarzes Meer 173, 185, 188, 192 f., 197-199
Schweden 18, 47, 85 f., 91, 142, 146, 155, 158 f., 232
Schweiz 20, 267, 270, 280, 286

Stalingrad 172, 186 f., 197 f.
Stalin-Linie 140
Stanislau 251
Steiermark 290 f.
Stettin 19, 302
Strati 211
Stuckart, Dr. 266, 272, 275 f., 278 f., 282, 289 f., 303 f.
Student 307
Stutterheim, v. 266

Taganrog 187
Targul Neamt 251
Tarnopol 249, 251
Teheran 135
Telschow, Gauleiter Gau Osthannover 278
Temesvar 109, 111
Temrjuk 193
Texel 38
Thasos 114
Theiss 111, 113
Thrazien 112, 114, 211, 221, 225
Tichorezk 193, 197 f.
Tichwin 172
Tiligulskij 251
Tippelskirch 160
Timoschenko 150 f., 153, 194, 196, 198
Tobruk 130, 169
Todt, Dr. 63, 155, 160, 254, 271
Tolmein 291
Toropez 149
Toul 239
Toulon 79, 190
Transkaukasien 130 f.
Trier 273, 280, 284, 287
Triest 267
Tripolis 93-96, 98
Tripolitanien 93
Tromsö 56
Trotha 43
Troyes 60
Tschechoslowakei 9

Tuapse 192
Türkei 70, 82, 107, 109, 130 f., 134, 210 f., 219
Tundra 156, 164
Tunesien 190
Tyrrhenisches Meer 229

Udine 268, 270
Überreither, Gauleiter Gau Steiermark 290 f.
Ukraine 28, 86, 89, 143, 179, 182, 204 f.
Uman 148, 249
Ungarn 17, 82, 91 f., 106-111, 113, 115, 128, 153, 187, 252
Ural 85, 87
USA 104 (s. auch Amerika)

Valkenburg 273
Varazdin 291
Vardö 163
Venedig 267
Venlo 280
Verdun 59, 239
Verona 269
Vichy 190
Villach 107
Vogesen 273, 282, 286
Voormann, v. 265

Wagner, Gauleiter Gau Baden-Elsaß 272 f., 279 f., 282, 289
Waldaj 145
Warlimont 10 f., 15, 35, 66, 74, 88, 95-97, 111, 117, 133, 136, 142, 153, 200, 206, 222, 230, 253, 255 f., 258, 260, 265 f., 288
Warschau 27, 86
Wegener, Gauleiter Gau Weser-Ems 278
Weichs 224
Weichsel 27 f., 30, 308
Weisenberger 167
Weißrußland 89
Welikije Luki 145, 231
Werman-Abschnitt 161
Wesenberg 249
Weser-Mündung 277
Wesermünde 277
Westen 18, 20-23, 26, 28, 31, 33, 36, 46, 52 f., 92, 189, 197, 233, 235 f., 288, 306, 311
Westfront 309
—, Europas 233 f.
Westmächte 18, 20, 23, 32, 40
Westmark, Gau 273, 279, 280, 282 f., 288 f.
Westfalen-Nord 289
— -Süd 289
Westwall 20, 272-275, 279-290, 297

Weygand 79
Wien 107, 254, 290, 311
Wight, Insel 62
Wilhelmshaven 277, 302
Windisch 56
Winniza 249
Winter 302 f.
Witebsk 249
Wjasma 151, 185
Wolchow-Abschnitt 145, 152

Wolchowstroj 172
Wolga 85, 143, 151, 198
Woronesh 172, 185 f.
Woroschilowgrad 186
Wosnessensk 249
Württemberg 289

Zangen, v. 268-272
Ziegenberg 62
Zymljanskaja 197